Schumann

Das Abrechnungsbuch für Sanitäranlagen

DAS ABRECHNUNGSBUCH FÜR SANITÄRANLAGEN

Ratgeber für Kostenerstattung
und optimales Abrechnen

280 Stichwörter von A bis Z
1200 Suchwörter
Checkliste als Abrechnungshilfe

von

Harald Schumann

Werner-Verlag

1. Auflage 1994

Die Deutsche Bibliothek – CIP-Einheitsaufnahme

Schumann, Harald: Das Abrechnungsbuch für Sanitäranlagen : Ratgeber
für Kostenerstattung und optimales Abrechnen ; 280 Stichwörter von
A bis Z, 1200 Suchwörter Checkliste als Abrechnungshilfe /
von Harald Schumann. – 1. Aufl. – Düsseldorf : Werner, 1993
ISBN 3-8041-3445-9
NE: HST

ISB N 3-8041-3445-9

© Werner-Verlag GmbH · Düsseldorf · 1994
Printed in Germany

Zahlenangaben ohne Gewähr

Satz: Satz-Werkstatt Lehne, Grevenbroich-Kapellen
Offsetdruck und Bindearbeit: Bercker Graphischer Betrieb GmbH, Kevelaer
Archiv-Nr.: 944-12.93
Bestell-Nr.: 3-8041-3445-9

Der Autor in eigener Sache

Dieses Buch ist durch Sammeln und Auswerten von Abrechnungsbeispielen, Hinweisen, Argumenten, Anregungen, Gerichtsurteilen und Kommentaren entstanden.

Dieses Buch möchte Ihnen helfen, Ihre Rechte kennenzulernen und zu wahren. Es möchte erreichen, daß Sie immer optimal abrechnen. Auch zur Beilegung von Streitfällen kann es Ihnen vielleicht nützlich sein.

Was dieses Buch aber nicht sein kann und sein soll – ein juristischer Ratgeber.

Bei ernsten Abrechnungsstreitigkeiten oder anderen Differenzen mit Ihrem Auftraggeber sollten Sie immer einen erfahrenen Anwalt mit der Wahrung Ihrer Rechte beauftragen.

Dieses Buch kann nur einen Teil der bisherigen Gerichtsurteile berücksichtigen, und täglich kommen neue Streitfälle hinzu. Auch bin ich nicht berechtigt, juristische Auskünfte zu geben. Selbst wenn ich es wäre, ich könnte Ihre Rückfragen schon aus zeitlichen Gründen nicht beantworten. Ich bin kein Rechtsberater – ich bin Ingenieur und Schriftsteller und darf leider Ihre Auskunftswünsche nicht erfüllen. Über Anregungen und Hinweise, die mich erreichen, freue ich mich dagegen sehr.

Herzlichst Ihr Harald Schumann

Einleitung

An alle Unternehmer, Meister, Kaufleute, Ingenieure und Monteure, an alle interessierten Leser.

Jahr für Jahr, mit jeder Abrechnung, werden von Sanitärfirmen Millionen DM verschenkt! Diese Unternehmen vergessen schlicht und einfach, erhebliche Teile ihrer ausgeführten Leistung abzurechnen! Sie machen ihre Mehrkosten nicht geltend! Sie fordern keinen Schadenersatz! Sie lassen sich ihre Rechnungen zusammenstreichen und akzeptieren, wenn auch verbittert, daß der verbleibende Rest noch um Kosten für Bauleistungsversicherung, Bautafel, Strom, Wasser und Schuttbeseitigung reduziert wird! Sie nehmen ihre finanziellen Rechte nicht wahr!

Wie oft ist es Ihnen schon passiert, daß durch Änderungen und Umplanungen Reste Ihrer Bestellungen, wie Waschbecken, Armaturen oder Wasserzähler, bei Abschluß der Baustelle Ihr Lager füllten? Durch lange Lagerung werden diese Teile aber nicht gerade wertvoller. Haben Sie in jedem Fall wenigstens die Rücknahmekosten berechnet?

Ärgern Sie sich nicht auch, wenn durch bauseitige Terminverzögerungen die Festpreisbindung zusätzliche Kosten verursacht? Haben Sie zum Ausgleich Lohn- und Materialpreiserhöhungen geltend gemacht – trotz Festpreis? Wenn schlechtes Wetter war, haben Sie dann immer Ihre Schutzmaßnahmen gegen Witterungsschäden dem Bauherrn in Rechnung gestellt?

Wie oft sind die Räume für den Einbau der Wasserübergabestation oder der Gebrauchswasseraufbereitung und -verteilung so eng, daß Sie nur mit Mühe arbeiten können. Wer zahlt Ihnen diese Mühe? Kein Unternehmer kann vorher diese Erschwernisse kalkulieren. Ja, warum aber sollen Sie dann diese Arbeiten zu den abgegebenen Preisen abrechnen?

Das sollen Sie auch nicht – wenn Sie den Ratschlägen dieses Buches folgen. Der Autor sagt Ihnen in einfachen Worten, ohne „juristisch" zu werden, wie Sie optimal abrechnen können; erinnert Sie an alle Leistungen, die Sie vielleicht vergessen haben, auch solche, die Sie nebenbei und zusätzlich zum Auftrag ausgeführt haben. Er sagt Ihnen auch, auf welcher Grundlage und mit welchen Argumenten Sie diese und weitere Forderungen durchsetzen können. Sie sollen in die Lage versetzt werden, optimal abzurechnen. Durch Checkliste und ausführliche Erläuterungen zu fast allen Abrechnungsproblemen erleichtert dieses Buch Ihnen die Abrechnung Ihrer Leistungen.

Während der letzten 15 Jahre hat der Autor bei Prüfungen von Abrechnungen alle Fakten gesammelt, durch die es cleveren Sanitärfirmen gelungen ist, ihren Erlös aus der erbrachten Leistung wesentlich zu steigern. Dieses gesammelte Wissen will er mit diesem Buch an Sie weitergeben.

Grundlagen dieses Buches sind:

VOB, Verdingungsordnung für Bauleistungen
Ausgabe 1992

bestehend aus:

VOB Teil A, Allgemeine Bestimmungen für die Vergabe von Bauleistungen, DIN 1960 – Ausgabe Dezember 1992

VOB Teil B, Allgemeine Vertragsbedingungen für die Ausführung von Bauleistungen, DIN 1961 – Ausgabe Dezember 1992

VOB Teil C, Allgemeine Technische Vertragsbedingungen für Bauleistungen (ATV)
mit den folgenden für dieses Buch wichtigen ATV's:

Allgemeine Regelungen für Bauarbeiten jeder Art, DIN 18 299 – Ausgabe Dezember 1992

Metallbauarbeiten, Schlosserarbeiten, DIN 18 360 – Ausgabe Dezember 1992

Heizanlagen und zentrale Wassererwärmungsanlagen, DIN 18 380 – Ausgabe Dezember 1992

Gas-, Wasser- und Abwasser-Installationsarbeiten innerhalb von Gebäuden, DIN 18 381 – Ausgabe Juli 1990

Dämmarbeiten an technischen Anlagen, DIN 18 421 – Ausgabe Dezember 1992

Angabe weiterer Quellen:

VOB-Kommentar von Ingenstau/Korbion
erschienen im Werner-Verlag, Düsseldorf

Kommentar zur VOB DIN 18 379 / 18 380
von Enge/Kraupner/Salzwedel/Wurr
erschienen im Werner-Verlag, Düsseldorf

A

Abgasrohr Vergrößert sich die Zahl der Bogen und Reinigungsöffnungen gegenüber der im Leistungsverzeichnis genannten Anzahl oder gegenüber der üblichen Ausführung, so können Sie selbst dann Mehrkosten verlangen, wenn Sie für das gesamte Abgasrohr einschließlich Bogen und Reinigungsöffnungen einen Einheitspreis vereinbart haben. War die Bogenzahl vorgegeben, so erhöht sich bei jedem zusätzlichen Bogen der Einheitspreis des Abgasrohres so wesentlich, daß am vereinbarten Preis nicht festgehalten werden kann. Hier liegt eine Leistungsänderung im Sinne des § 2 Nr. 5 der VOB/B vor, bei der ein neuer Preis unter Berücksichtigung der Mehr- oder Minderkosten zu vereinbaren ist.

War die Bogenzahl nicht angegeben, sondern nur der Preis für den laufenden Meter Abgasrohr, einschließlich aller Formstücke vertraglich vereinbart, so ist eine Ausführung, die drei oder mehr Bogen oder Reinigungsöffnungen enthält, ein Grund für eine Mehrpreisforderung. Sie mußten, um günstig anbieten zu können, ein Abgasrohr mit nur zwei Bogen und zwei Reinigungsöffnungen kalkulieren. Jeder weitere Bogen beeinflußt aber Ihren Einheitspreis für das Abgasrohr so stark, daß auch hier von einer geänderten Leistung auszugehen ist, für die nach VOB/B § 2 Nr. 5 ein neuer Preis zu vereinbaren ist.

Besteht der Auftraggeber aber darauf, einen Pauschalpreis vereinbart zu haben, so verweisen Sie Ihn bitte auf § 2 Nr. 7 der VOB/B. Hiernach ist ein Festhalten an der Pauschalsumme nicht zumutbar (Hinweis auf § 242 BGB), wenn die ausgeführte Leistung von der vertraglich vorgesehenen Leistung erheblich abweicht. Auf Verlangen ist dann ein Ausgleich unter Berücksichtigung der Mehr- oder Minderkosten zu gewähren, heißt es unter diesem Paragraphen.

Haben sich andere Kalkulationsgrundlagen für das Abgasrohr geändert, wie Blechstärke oder Durchmesser, so können Sie ebenfalls Forderungen nach Preiserhöhung stellen.

Abgebot Geben Sie aufgrund einer Ausschreibung ein Angebot ab, so ist, neben weiteren Angaben wie Lieferzeit u. ä., der Gesamtpreis die wichtigste Angabe für den Anfrager. Der Gesamtpreis setzt sich aus den im Leistungsverzeichnis eingesetzten Beträgen und einem eventuellen

Abgebot zusammen. Dieser Nachlaß, häufig nur im Begleitschreiben angegeben, ist wesentlicher Bestandteil des von Ihnen abgegebenen Angebotspreises.

Wie aber die Praxis zeigt, wird bei der Rechnungserstellung sehr oft vergessen, dieses Abgebot vom Rechnungsbetrag abzusetzen. Das passiert leicht, wenn zum Beispiel dem mit der Abrechnung beauftragten Mitarbeiter lediglich das Leistungsverzeichnis übergeben wird und nicht die weiteren Vertragsbestandteile wie Angebotsschreiben, Auftragsschreiben oder der Bauvertrag.

Mit dieser Nichtberücksichtigung des Abgebotes kann bei Teil- oder Abschlagsrechnungen sogar ein Ausgleich für die immer bestehende Differenz von Leistungsstand zu Abrechnungsstand erreicht werden. Verlangt jedoch der Auftraggeber, auch bei diesen Teilrechnungen den Nachlaß vom Rechnungsbetrag abzuziehen, so können Sie dagegen nichts unternehmen, da diese Vorgehensweise vertragsgerecht ist.

Bei der Erstellung der Schlußrechnung ist es Pflicht des Auftragnehmers, selbst das Abgebot vom Rechnungsbetrag abzusetzen, denn nur so entspricht die Rechnung dem Angebot und der vertraglichen Vereinbarung. Versäumen Sie, in der Schlußrechnung den Nachlaß aufzuführen, und überlassen Sie diese Arbeit dem Auftraggeber, so kann daraus leicht der Schluß gezogen werden, daß Sie auf die Vergeßlichkeit des Auftraggebers spekulieren und sich unberechtigt bereichern wollten (siehe auch **Preisnachlaß** und **Koppelungsangebot**).

Abnahme Ist Ihre Leistung fertiggestellt, selbst wenn der vereinbarte Fertigstellungstermin noch nicht erreicht ist, sollten Sie unverzüglich deren Abnahme verlangen. Auch für Teilleistungen, die als „in sich abgeschlossener Teil der Leistung" anzusehen sind, können Sie zu jeder Zeit der Ausführung die Abnahme verlangen. Das kann mündlich geschehen, die Schriftform ist hier nicht vorgeschrieben. Der Auftraggeber hat daraufhin innerhalb von 12 Werktagen die Abnahme vorzunehmen. Verzichtet der Auftraggeber auf eine Abnahme, so sollten Sie ihm die Fertigstellung schriftlich melden. In diesem Fall gilt die Leistung 12 Werktage nach Ihrer Mitteilung automatisch als abgenommen (die Bedingungen der Abnahme regelt § 12 der VOB/B).

Wichtig für Sie ist eine möglichst frühe Abnahme, weil sich dadurch der Beginn der Gewährleistung vorverlegen läßt und weil mit der Abnahme die Gefahr für die Leistung auf den Auftraggeber übergeht. Das erspart Ihnen Ihre Überwachungspflicht und damit auch Geld. Beschädigungen durch andere Unternehmer, z. B. an der Rohrisolierung, müssen Sie nach der Abnahme nicht mehr auf eigene Kosten beseitigen lassen; das gehört dann zu den Pflichten des Auftraggebers.

Kostenmäßig am ungünstigsten ist es für Sie, keine Abnahme zu verlangen, sondern zu warten, bis die Anlage in Betrieb genommen wird. Diese sogenannte Gebrauchsabnahme gilt 6 Tage nach Beginn der Benutzung als erfolgt. Inzwischen können Wochen oder sogar Monate seit der Fertigstellung Ihrer Leistung vergangen sein, und was kann in dieser Zeit nicht alles beschädigt oder gestohlen werden.

Zusätzlich zu den bereits erwähnten Vorteilen einer Abnahme kommt noch hinzu, daß der Auftraggeber nach der Abnahme keine Ansprüche auf Beseitigung bereits bekannter Mängel mehr durchsetzen kann. Es sei denn, er hat sie bei der Abnahme ausdrücklich vorbehalten. Außerdem hat nach der Abnahme der Auftraggeber zu beweisen, daß Mängel, die während der Gewährleistungszeit festgestellt werden, auf eine vertragswidrige Leistung zurückzuführen sind. Und Vertragsstrafen, die der Auftraggeber sich bei der Abnahme nicht vorbehalten hat, kann er auch nicht mehr geltend machen.

Der Möglichkeit, **Teilabnahmen** vornehmen zu lassen, wird häufig noch viel zuwenig Aufmerksamkeit gewidmet. Nach VOB/B § 12 Nr. 2 können folgende Teile der Leistung vorzeitig abgenommen werden:

a) in sich abgeschlossene Teile der Leistung,
b) andere Teile der Leistung, wenn sie durch die weitere Ausführung der Prüfung und Feststellung entzogen werden.

Als „in sich abgeschlossene Leistungsteile" sind z. B. anzusehen: räumliche Bereiche, wie Hausanschlußraum; Technikzentralen; Gebäudeteile, wie z. B. Bauteil A oder B; auch stockwerkweise Abnahme der sanitären Installation und der Einrichtungsgegenstände ist möglich. Häufig wird aber nach funktionellen Anlagenbereichen getrennt: Gasversorgungsanlage, Feuerlöschanlage, Sprinkleranlage, Bewässerungsanlage und Entwässerungsanlage. Lehnt Ihr Auftrageber diese Teilabnahmen mit der Begründung ab, daß nur voll funktionsfähige Teilbereiche abgenommen werden können, dann sollten Sie Ihm vorschlagen, jetzt die Abnahme vorbehaltlich der später festzustellenden Funktionsfähigkeit anzuerkennen.

3

Zu den Leistungen, die durch die weitere Ausführung der Prüfung und Feststellung entzogen werden können, gehören z. B. erdverlegte Rohrleitungen, Grundleitungen, Be- und Entwässerungsleitungen in Bereichen mit abgehängten Decken und vor Beginn der Dämmarbeiten praktisch sämtliche zu isolierende Rohrleitungen.

Den Vorteil, daß sich nach der Abnahme die Beweislast umkehrt, also dann beim Auftraggeber liegt, und auch die Haftung bei Zerstörung oder Beschädigung nicht mehr Ihre Angelegenheit ist, sollten Sie möglichst häufig ausnutzen. Fordern Sie Ihren Auftraggeber, wann immer die Voraussetzungen gegeben sind, schriftlich und unter Hinweis auf VOB/B § 12 auf, Teilabnahmen durchzuführen.

Um zu verhindern, daß Sie den Abnahmezeitpunkt so früh wie möglich legen, versuchen Auftraggeber in ihren Allgemeinen Geschäftsbedingungen (z. B. in den Allgemeinen oder Zusätzlichen Vertragsbedingungen) mit entsprechenden Klauseln die Gebrauchsabnahme vertraglich festzulegen. Als Beispiel kann folgende Klausel dienen: „Der Auftragnehmer trägt die Gefahr für seine Leistung bis zur Gebrauchsabnahme." (Weitere Klauseln siehe **Verstöße gegen VOB und AGBG**.) Das widerspricht den vorgenannten Regelungen des § 12 VOB/B. Außerdem können Sie als Auftragnehmer im voraus nicht schätzen, welche kostenmäßige Belastung durch diese Klausel auf Sie zukommt; der Zeitpunkt der Gebrauchsabnahme ist unbestimmt und von vornherein nicht feststellbar. Der Zeitpunkt der Inbetriebnahme hängt ganz allein vom Auftraggeber ab. Diese Klausel verstößt gegen § 12 Nr. 1 und Nr. 5 VOB/B sowie § 9 und 10 Nr. 1 AGB-Gesetz und ist unwirksam. Enthält einer Ihrer Aufträge diese oder eine ähnliche Klausel, so können Sie trotzdem die Abnahme verlangen oder durch schriftliche Fertigmeldung eine zeitige Abnahme erreichen.

Abrechnungshöhe Kommt es zwischen Auftraggeber und Auftragnehmer zum Streit über die vereinbarte Abrechnungssumme und kann keiner seine Behauptung hinsichtlich der getroffenen Vereinbarung beweisen, so muß der Auftragnehmer mit der Bezahlung zufrieden sein, von der der Auftraggeber behauptet, sie sei vereinbart.

Behauptet z. B. nach Abschluß der Arbeiten Ihr Auftraggeber, er habe mit Ihnen mündlich einen Pauschalpreis für die Erstellung der Sanitärinstalation vereinbart, der deutlich unter der jetzt von Ihnen erstellten Abrechnung nach Einheitspreisen liegt, und ist das Ihrer Meinung nach unrichtig, so müssen Sie das Gegenteil beweisen. Haben Sie lediglich ein Angebot mit Einheitspreisen abgegeben, ohne eine schriftliche Bestellung erhalten zu haben, aus der die Abrechnung nach Einheitspreisen deutlich hervorgeht, so können Sie Ihrem Auftraggeber nicht das Gegenteil beweisen. In einem solchen Fall, so hat der Bundesgerichtshof in einem Urteil entschieden, muß Ihr Auftraggeber nicht mehr zahlen, als er behauptet, mit Ihnen vereinbart zu haben.

Auch wenn dem Auftrag die VOB vertraglich zugrunde gelegt wurde, ist damit noch nicht bewiesen, daß eine Abrechnung nach Einheitspreisen gewollt war. Obwohl in der VOB/B § 2 Nr. 2 steht, daß die Vergütung nach den vertraglichen Einheitspreisen und den tatsächlich ausgeführten Leistungen berechnet wird, wenn keine andere Berechnungsart (z. B. durch Pauschalsumme, nach Stundenlohnsätzen oder nach Selbstkosten) vereinbart ist, hat die Abrechnung nach Einheitspreisen keinen Vorrang, wenn deren Vereinbarung nicht bewiesen werden kann.

Dieses Urteil bedeutet aber für Sie, daß immer aus dem Auftragsschreiben Ihres Auftraggebers deutlich die vereinbarte Abrechnungsart hervorgehen sollte, z. B. durch den Satz: „Ich bestelle die Sanitäranlage zu den Bedingungen Ihres Angebotes. Mündliche Nebenabreden über die Höhe der Vergütung bestehen nicht." Fehlt eine klare Aussage zur Abrechnungsart, sollten Sie Ihren Auftraggeber, mit einem kurzen Anschreiben, bitten, Ihnen die vereinbarte Abrechnung nach Einheitspreisen und festgestellten Mengen schriftlich zu bestätigen. Da der Bundesgerichtshof die Auffassung vertritt, daß die ausführende Firma als Auftragnehmer die Höhe der vereinbarten Vergütung nachweisen muß, ist es für Sie unumgänglich, wollen Sie sich vor Schaden bewahren, jede Auftragserteilung daraufhin kritisch zu prüfen.

Abschlagszahlungen Zahlungsanforderungen sind möglichst häufig und so hoch wie es irgend geht zu stellen. Nur so erhalten Sie Abschlagszahlungen, die der bereits erbrachten Leistung entsprechen. Die VOB verpflichtet den Auftraggeber, für Leistungen, die durch prüfbare Aufstellungen nachgewiesen werden, Abschlagszahlungen in möglichst kurzen Zeitabständen zu gewähren. Die Höhe der Zahlung richtet sich dabei nach dem Wert der jeweils nachgewiesenen vertragsgemäßen Leistung. Auch die für die beauftragte Leistung besonders angefertigten oder bereitgestellten Bauteile und das bereits auf der Baustelle angelieferte Material gelten in diesem Sinne als vertragsgemäße Leistung. Hier kann der Auftraggeber jedoch zusätzlich eine Eigentumsübertragung oder eine andere Sicherheit beanspruchen.

Das bedeutet aber, daß Sie sämtliche Bauteile und Materialien, die für diesen Auftrag bereits an die Baustelle angeliefert wurden, in Rechnung stellen können. Sie müssen weder montiert noch sonstwie eingebaut sein. Zusätzlich dürfen die für diesen Auftrag besonders angefertigten Teile, z. B. Verteiler und Behälter, auch wenn sie noch bei Ihnen oder beim Hersteller lagern, abgerechnet werden. Als Nachweis können die Lieferscheine oder Rechnungen (ohne Preise) Ihrer Lieferanten verwendet werden. Im Sinne der VOB sind das prüfbare Aufstellungen, wenn sie zusätzlich mit den entsprechenden Positionsnummern des Auftrages oder Leistungsverzeichnisses versehen wurden.

Wichtig für Ihre Abschlagszahlungsanforderung ist, daß Sie nicht nur für fertige Arbeiten, also einschließlich Montage, einen Zahlungsanspruch haben, sondern auch für bereitgestellte Bauteile und Materialien.

Die Zahlung auf Ihre Abschlagsrechnung ist innerhalb von 18 Werktagen nach Zugang zu leisten (immer noch 2 Tage für den Postweg dazurechnen). Hält Ihr Auftraggeber diese Frist nicht ein, sollten Sie die Zahlung unter Nennung einer angemessenen Nachfrist (5 bis 10 Tage) anmahnen. Läßt Ihr Auftraggeber auch diese Frist ungenutzt verstreichen, so haben Sie ab diesem Termin einen Zinsanspruch. Sie sollten von diesem Recht der Fristsetzung ausgiebig Gebrauch machen, denn nur mit dieser Grundlage können Sie Verzugszinsen fordern. Das alleinige Anmahnen fälliger Zahlungen ohne Fristsetzung führt zu keinem Zinsanspruch (siehe auch **Zahlungen** und **Vorauszahlung**).

Absperrventile   Die in den Leistungsverzeichnissen ausgeschriebenen Absperrarmaturen entsprechen nicht immer den sich später bei der Ausführung ergebenden Bedingungen. Hier bietet sich Ihnen die Möglichkeit, neue Preise zu verlangen.

Welche Unterschiede bei Absperrarmaturen spielen nun eine so wesentliche Rolle, daß es zu Änderungen und damit zu einem entsprechend begründeten Nachtragsangebot kommt? Das können einmal grundlegende Ausführungsunterschiede sein, z. B. der Einbau von Schiebern anstelle von Ventilen. Aber auch die Änderung von Gradsitzventilen in Schrägsitzventile (bessere Strömungsverhältnisse, geringerer Druckverlust) kann manchmal empfohlen werden. Wurden z. B. als Absperrarmaturen Schrägsitz-Vollflutventile vorgesehen, so gibt es hier erhebliche Ausführungsunterschiede: Gegenüber der nicht DIN-gerechten und nicht DVGW-geprüften Armatur, ein der DIN 3502 oder 3503 entsprechendes und vom Deutschen Verein des Gas- und Wasserfaches (DVGW) geprüftes Ventil; ein Schrägsitz-Ventil mit steigender oder mit nicht steigender Spindel und zusätzlich stopfbuchsloser Abdichtung; mit oder ohne Entleerung; mit oder ohne Rückflußverhinderer; in Preßmessing, in Rotguß oder in Spezialausführung, geeignet für aggressives Wasser; für hohe Temperaturen und Drücke; schallschutzgeprüft.

Das alles können Sie Ihrem Auftraggeber nachträglich anbieten. Sie können immer davon ausgehen, daß die meisten Bauherrn nicht die notwendigen technischen Kenntnisse haben und deshalb für jeden Verbesserungsvorschlag dankbar sind.

Was müssen Sie bei der Kalkulation der neuen Preise beachten? Die VOB/B sieht im § 2 Nr. 5 vor, daß bei Leistungsänderung ein neuer Preis unter Berücksichtigung der Mehr- oder Minderkosten zu vereinbaren ist. Danach müssen Sie bei der Bildung neuer Preise zwar von Ihrer alten Kalkulationsgrundlage ausgehen, aber Sie können jetzt die Ihnen zusätzlich entstandenen Kosten berücksichtigen. Das sind z. B. Bestellkosten, Bearbeitungskosten, höhere Grundpreise durch neue Preislisten, niedrigere Rabatte wegen kleinerer Bestellmengen, Versand-, Fracht- und Verpackungskosten.

Absprache Preisabsprachen wurden bereits sowohl zwischen überregional tätigen Großunternehmen als auch zwischen regional tätigen mittelständischen Unternehmen und Handwerksbetrieben aufgedeckt. Diese Absprachen dienen dem Zweck, das vorhandene Auftragsvolumen gleichmäßig und zu auskömmlichen Preisen unter den Mitbewerbern aufzuteilen. Auch Gesichtspunkte der Auslastung der Betriebe bzw. die Höhe ihrer Auftragsbestände spielen dabei eine wesentliche Rolle.

Das hört sich zwar alles sehr vernünftig an, mag es sogar für eine gewisse Zeit auch sein, ist aber letztlich schädlich für einen gesunden Wettbewerb, weil dadurch der Zwang zur Rationalisierung, zur Erneuerung der Planung, der Fertigung, der Montage und des Verkaufs entfällt. Funktionieren diese Absprachen über längere Zeit, so schaden sich die beteiligten Unternehmer damit selbst, weil über kurz oder lang in diesen von außen dann als sehr lukrativ erscheinenden Markt neue Konkurrenten einzudringen versuchen. Damit werden Überkapazitäten geschaffen, die zum sicheren Preisverfall in dieser Branche oder in diesem Regionalgebiet führen. Und außerdem macht sich jeder Beteiligte an einer Preisabsprache strafbar, denn diese Absprache wird von den Strafbehörden nicht nur als Verstoß gegen das Kartellgesetz und als unlauterer Wettbewerb verfolgt, sondern auch als Betrug (Urteil des BGH vom 8.1.1992). Absprachen wurden in der Vergangenheit oft mit für die beteiligten Unternehmen empfindlichen Bußgeldern geahndet. Nach diesem Urteil kommt noch die Schadenersatzforderung des Auftraggebers hinzu und die strafrechtliche Verfolgung wegen Betrugs.

Vor diesem Urteil war die Aussicht auf eine Verurteilung wegen Betrugs äußerst gering, denn ein Betrug liegt nur dann vor, wenn auch ein Vermögensschaden nachgewiesen werden kann. Das aber kann ja nur der Fall sein, wenn die Absprache bereits darauf abzielte, gegenüber den üblichen Marktpreisen stark überhöhte Angebotspreise abzugeben. Da aber üblicherweise der Mitbieter, der absprachegemäß das günstigste Angebot abgibt, lediglich gut auskömmliche Preise verlangt, war für den Auftraggeber ein Vermögensschaden schwer nachweisbar. Nach diesem Urteil hat er es jedoch wesentlich leichter, seine Schadenersatzforderung zu beziffern. Hier reicht als Vergleich ein hypothetisch ermittelter Preis, der im freien Wettbewerb erzielt werden könnte, aus. Die Differenz zum Angebots- oder Auftragspreis stellt die Schadenshöhe dar.

Preisabsprachen zwischen Konkurrenten sind eigentlich überflüssig, denn erfahrungsgemäß funktionieren sie nur in den wirtschaftlich sehr guten Zeiten einwandfrei. Dann sind aber von jedem Mitbieter auch im normalen Wettbewerb auskömmliche Preise zu erzielen. In Zeiten mit geringem zu verteilenden Auftragsvolumen werden Absprachen häufig nicht eingehalten. Mitglieder des Absprachekreises räumen dann verdeckte Nachlässe ein oder versehen ihr Angebot absichtlich mit Rechenfehlern. Die Absprache wird also mit dem Ziel unterlaufen, letztlich selbst als günstigster Bieter den Auftrag zu erhalten.

Kann sich der Kreis der an der Absprache beteiligten Firmen nicht einigen, wer den Auftrag erhalten soll, kommt es häufig zur Bildung einer Bietergemeinschaft mit der Absicht, mehrere Firmen am Auftrag zu beteiligen. Hierbei ist jedoch zu bedenken, daß der Auftraggeber leicht mißtrauisch werden kann. Er fragt sich natürlich, warum sich große, leistungsstarke Firmen plötzlich mit einem kleinen Teil des Auftrages zufriedengeben und warum gerade immer die Unternehmen Partner in einer Bietergemeinschaft werden, die sämtlich von ihm zur Angebotsabgabe aufgefordert wurden.

Auch Ihr Auftraggeber weiß, daß der Bieterkreis, selbst bei einer Öffentlichen Ausschreibung, in Erfahrung zu bringen ist, wenn ein Anbieter das unbedingt will. Denn hier besteht neben dem Verletzen des Geheimhaltungsgebotes durch Angestellte, Bedienstete oder freie Mitarbeiter des Auftraggebers auch die Möglichkeit, den Firmenkreis von Zulieferern, deren Produkte ausgeschrieben wurden (z. B. Armaturenhersteller), oder über Interessenverbände der Unternehmer, die teilweise eine Anfragemeldepflicht eingeführt haben, zu erfahren. Häufig wird aber auch nur bei den Konkurrenzfirmen telefonisch nachgefragt. Die besten Aussichten, von den Mitbietern geschützt zu werden, hat ein Anbieter des Absprachekreises dann, wenn er angeben kann, die Planung für den Auftraggeber oder dessen Beauftragten ausgeführt zu haben (siehe auch **Angebotsmanipulation**).

Abstopfen von Leitungen Durch vorgezogene Putzarbeiten, Estrich- oder Fliesenarbeiten wird häufig das Abstopfen eines Teils der Be- und Entwässerungsleitungen notwendig. Enthält Ihr Auftrag (Leistungsbeschreibung) keinen Hinweis auf diese Arbeiten, so müssen Sie diese Leistung auch nicht kostenlos erbringen. Sie waren für Sie nicht kalkulierbar, zumal VOB Teil A unter § 9 vorschreibt, daß dem Auftragnehmer kein ungewöhnliches Wagnis aufgebürdet werden soll für Umstände und Ereignisse, auf die er keinen Einfluß hat und deren Einwirkung auf die Preise und Fristen er nicht im voraus schätzen kann.

Da bei einer plangerechten Bauabwicklung keine besonderen Kosten für das Abstopfen der Leitungen entstehen, können Sie, sofern nicht Sie selbst die Terminsituation zu vertreten haben, hier die Kosten des Materials sowie die der Regiestunden Ihrem Auftraggeber in Rechnung stellen. Grundlage Ihrer Forderung ist der § 2 Nr. 6 der VOB/B. Sie müssen jedoch beachten, daß Sie Ihren zusätzlichen Vergütungsanspruch Ihrem Auftraggeber bereits vor Beginn der Abstopfarbeiten ankündigen müssen. Das kann mündlich geschehen, aber beweiskräftiger ist ein Nachtragsangebot.

AGB-Gesetz Das Gesetz zur Regelung der Allgemeinen Geschäftsbedingungen, kurz AGB-Gesetz genannt, wurde im Bundesgesetzblatt

Nr. 142 vom 15. 12. 1976 bekanntgegeben. Es befaßt sich mit den vorformulierten Vertragsbedingungen, die bei Abschluß eines Vertrages, ohne im einzelnen von den Vertragspartnern ausgehandelt worden zu sein, von der einen Vertragspartei der anderen gestellt werden. Unter diese im einzelnen im § 1 des AGB-Gesetzes näher erläuterte Definition der vorformulierten Vertragsbedingungen fallen viele der Allgemeinen Geschäftsbedingungen der privaten Auftraggeber und viele der Vertragsbedingungen der öffentlichen Auftraggeber. Bei letzteren sind es die Allgemeinen und die Zusätzlichen Vertragsbedingungen, die unter das AGB-Gesetz fallen, während die Besonderen Vertragsbedingungen eine Sonderstellung einnehmen. Wurden diese Besonderen Vertragsbedingungen von den Vertragsparteien speziell für den betreffenden Auftrag ausgehandelt, dann unterliegen sie nicht dem AGB-Gesetz. Aushandeln bedeutet aber in diesem Zusammenhang, daß auch Sie als Auftragnehmer die Möglichkeit hatten, auf den Vertragsinhalt Einfluß auszuüben und, um Ihre Interessen zu wahren, ihn mitgestalten konnten.

Anders liegt der Fall, wenn Ihr Auftraggeber Ihnen zusammen mit dem Leistungsverzeichnis vorformulierte Besondere Vertragsbedingungen übersendet. Es bleibt Ihnen dann zur Angebotsabgabe keine andere Wahl, als diese einseitig vorgegebenen Geschäftsbedingungen mit Ihrer Unterschrift unter das Angebot anzuerkennen. Diese Besonderen Vertragsbedingungen sind dann eindeutig Allgemeine Geschäftsbedingungen im Sinne des AGB-Gesetzes.

Von den vielen Bestimmungen, die das AGB-Gesetz zu Ihrem Nutzen anführt, fallen die folgenden drei besonders ins Gewicht, weil sie häufig anzuwenden sind und Ihre Interessen besonders schützen:

§ 3: Überraschende Klauseln
Bestimmungen in Allgemeinen Geschäftsbedingungen, die nach den Umständen, insbesondere nach dem äußeren Erscheinungsbild des Vertrags, so ungewöhnlich sind, daß der Vertragspartner des Verwenders mit ihnen nicht zu rechnen braucht, werden nicht Vertragsbestandteil.

§ 5: Unklarheitenregel
Zweifel bei der Auslegung Allgemeiner Geschäftsbedingungen gehen zu Lasten des Verwenders.

§ 9: Generalklausel
Bestimmungen in Allgemeinen Geschäftsbedingungen sind unwirksam, wenn sie den Vertragspartner des Verwenders entgegen den Geboten von Treu und Glauben unangemessen benachteiligen.

Aus diesen drei Bestimmungen können Sie schon den Grundtenor dieses Gesetzes erkennen. Es dient wirklich dem Schutz des Partners des Anwenders der Allgemeinen Geschäftsbedingungen. Es schützt also Sie vor Ihrem Auftraggeber. Wie das in der Praxis im einzelnen aussieht, können Sie unter dem Stichwort **Verstöße gegen VOB und AGB-Gesetz** nachlesen. Dort sind einige Bestimmungen aus Allgemeinen Geschäftsbedingungen aufgeführt, die häufig in den Vertragsbedingungen enthalten sind, die aber eindeutig gegen die VOB oder gegen das AGB-Gesetz oder oft auch gegen beide verstoßen.

Zusammenfassend kann man sagen: Vertragsbestimmungen, die unter das AGB-Gesetz fallen und gegen dieses verstoßen, sind unwirksam und müssen weder bei der Angebotserstellung noch bei der Auftragsabwicklung oder der Rechnungsstellung berücksichtigt werden.

Um den Zwängen des AGB-Gesetzes zu entgehen, versuchen manche Bauherren, Verhandlungsprotokolle, die einige dieser nach dem AGB-Gesetz ungültigen Klauseln enthalten, mit dem Zusatz „im einzelnen ausgehandelt" zum Vertragsbestandteil zu machen. Selbst dieses Vorgehen reicht nicht aus, das AGB-Gesetz zu unterlaufen. Die Gerichte legen hier sehr strenge Maßstäbe an und rechnen selbst diese Protokolle zu den Vertragsteilen, die dem AGB-Gesetz unterliegen, weil meistens daraus nicht zu ersehen ist, daß sämtliche Klauseln oder Teile der Klauseln zur echten Verhandlung gestanden hätten. Wollen Sie gegen eine Regelung in einem solchen Verhandlungsprotokoll, die normalerweise AGB-widrig ist, vorgehen, so haben Sie sehr gute Aussichten auf Erfolg. Auftraggeber sind heute schon mehr oder weniger beweispflichtig, daß jedes Teil einer vereinbarten Klausel individuell ausgehandelt wurde und der Auftragnehmer durchaus die Möglichkeit hatte, die Klausel zu ändern.

Altbestand Nach VOB/C DIN 18 381, Gas-, Wasser- und Abwasser-Installationsarbeiten in Gebäuden, Punkt 0.2.28, sollte der Auftraggeber bereits in der Leistungsbeschreibung angeben, sofern ein Altbestand an Be- und Entwässerungsleitungen an den neu zu installierenden Bereich anzuschließen ist, ob bei diesen bestehenden Ver- und Entsorgungsleitungen eine Zustandsprüfung vorgenommen werden soll. Diese Angaben werden in den meisten Fällen nicht gemacht. Diese Geschäftsmöglichkeit sollten Sie sich nicht entgehen lassen. Reichen Sie Ihrem Auftraggeber ein Nachtragsangebot für das Überprüfen der bestehenden Anlagenteile und Rohrleitungen auf einwandfreie Funktion und betriebssicheren Zustand ein. Erteilt er Ihnen den Auftrag und stellen Sie an der bestehenden Anlage Mängel fest, kann sich der Auftragsumfang in erheblichem Maße erweitern. Für die Sanierung, Änderung oder Reparatur bestehender Anlagenbereiche sollten Sie Ihre Leistungen nur nach Zeitaufwand anbieten und abrechnen. Das Risiko, sich zu verkalkulieren, ist bei Einheitspreis-, oder Pauschalangeboten für derartige Arbeiten doch sehr groß.

Alternativposition Auftraggeber nehmen häufig in ihr Leistungsverzeichnis eine umfangreiche Anzahl von Alternativpositionen auf, um sich bei notwendig gewordenen Änderungen Nachtragspreisvereinbarungen zu ersparen. Diese Alternativpositionen sollen also nicht helfen, den Auftragsumfang festzulegen, sondern sie sollen es dem Auftraggeber ermöglichen, Entscheidungen über die endgültig einzubauenden Teile erst während der Bauausführung zu treffen. Der Auftraggeber glaubt häufig, daß er auch noch nach der Auftragserteilung auf die Alternativpositionen zurückgreifen kann. Auch viele Auftragnehmer glauben, daß sie an diese Preise gebunden sind, aber dem ist nicht so.

Wurde vertraglich in bezug auf Wahl- oder Alternativpositionen nichts Besonderes vereinbart, so sind nur die Positionen des Leistungsverzeichnisses Vertragsbestandteil geworden, die gemeinsam die Auftragssumme bilden. Da Alternativpositionspreise normalerweise nicht in die Auftragssumme eingehen, gelten sie auch nicht als vereinbart. Ist sich der Auftraggeber jedoch vor Zuschlagserteilung noch nicht endgültig über die Ausführung klar und damit über die mögliche Beauftragung der Alternativposition und teilt er Ihnen mit, daß die Ausführungsentscheidung erst später fällt, dann gilt auch der Preis dieser Alternativposition als vereinbart. Das Recht, auf Alternativpreise des Angebotes zurückzugreifen, muß vertraglich geregelt werden.

Mit Ausnahme dieser letzten Möglichkeit, die für ganz bestimmte Alternativpositionen ein Festhalten an den Angebotspreisen vorsieht, müssen Sie sich als Auftragnehmer nach Vertragsabschluß nicht mehr an die im Leistungsverzeichnis genannten Preise für Wahl- oder Alternativpositionen halten. Sie können bei Bedarf neue Preise bilden und somit auch höhere Vergütungen als im Ursprungsangebot fordern (siehe auch **Bedarfsposition**).

Änderungskosten Es gibt Bauherren, die auch während der Ausführungszeit noch Änderungswünsche äußern bzw. Änderungen anordnen. Jede Änderung, und sei es der Anbringungsort des Waschbeckens, die Lage der Rohrtrasse oder der Anschlußort der Waschmaschine, bedeutet für Sie zusätzliche Arbeit. Sie müssen Pläne ändern und kopieren lassen, Montageanweisungen geben und gegebenenfalls auch zusätzliche Einkäufe tätigen. Über Ihren Aufwand an Planungs- und Geschäftskosten sollten Sie Ihrem Auftraggeber bereits vor der Ausführung ein **Nachtragsangebot** übersenden. Damit erfüllen Sie die in VOB/B § 2 Nr. 6 verlangte Ankündigung Ihres Anspruchs auf besondere Vergütung.

Änderungssatz Die Lohnmehraufwendungen nach der sogenannten Pfennigklausel (**Lohngleitklausel**) sind abhängig vom gültigen Tariflohn und dem Lohnkostenanteil der Bauleistung. Bei dem Lohnkostenanteil ist auch der Zuschlag für die Gemeinkosten zu berücksichtigen, da sich diese auch in Abhängigkeit von den Tariflöhnen ändern. Der Änderungssatz wird wie folgt berechnet:

$$\text{Änderungssatz in \textperthousand} = \frac{1 \text{ Pf (Tariflohnänderung)}}{\text{Tariflohn des A-Monteurs in Pf}}$$

· Lohnanteil in % · (1 + Zuschlag für lohnabhängige Kosten in %)

Beispiel: Tariflohn des A-Monteurs (an dessen Stelle kann auch der Bundesecklohn des Spezialbaufacharbeiters vertraglich vereinbart werden) 16,21 DM = 1621 Pf; Lohnanteil 30%; Zuschlagssatz für lohnabhängige Kosten: 80%.

$$\ddot{A} = \frac{1}{1621} \cdot \frac{40}{100} \cdot (1 + \frac{80}{100}) = 0,333 \text{ v. T.}$$

Der Änderungssatz stellt den Wert dar, mit dem die ursprüngliche Vergütung zu multiplizieren ist, um die Lohnmehraufwendungen zu ermitteln, wenn sich die Lohnkosten um 1 Pf je Stunde erhöht haben. Bei einer Erhöhung des A-Monteur-Stundensatzes von z. B. 58 Pf ist demnach die der Abrechnung unterliegende Abrechnungssumme sowohl mit dem Änderungssatz als auch mit den 58 Pf zu multiplizieren, um die Lohnerhöhung zu ermitteln.

Beispiel für 1000 DM Abrechnungssumme:

$$1000 \text{ DM} \cdot \frac{0,333}{1000} \cdot 58 \text{ Pf} = 19,31 \text{ DM Lohnerhöhung}$$

Welchen Änderungssatz tragen Sie jetzt ins Leistungsverzeichnis ein, den berechneten oder einen wertmäßig höheren? Sieht das Leistungsverzeichnis einen Ansatz für die Berechnung der Lohnmehrkostensumme vor, so können Sie davon ausgehen, daß diese auch in die Angebotswertung mit einbezogen wird. In diesem Fall sollten Sie nur den tatsächlich berechneten Änderungssatz eintragen. Enthält jedoch das Leistungsverzeichnis keinen Ansatz für die Ermittlung der Höhe der Lohnmehrkosten, sondern verlangt nur den Eintrag des Änderungssatzes, so können Sie mitunter schon riskieren, einen etwas höheren Änderungssatz zu nennen. Erfahrungsgemäß werden nur bei einem Bruchteil dieser Ausschreibungen die Lohnmehrkosten in die Angebotswertung einbezogen.

Der nach der obigen Formel errechnete Änderungssatz wird auch der rechnerische Änderungssatz genannt. Diesen können Sie durch Abschläge oder Zuschläge verändern. Erwarten Sie z. B. eine Verringerung des angenommenen Lohnkostenanteils und rechnen Sie außerdem mit einer wertmäßigen Beurteilung der Lohnmehrkosten des abgegebenen Angebotes, so bietet sich eine Verringerung des Änderungssatzes an. Werden jedoch Sozialkostensteigerungen erwartet, die noch nicht im Zuschlagssatz für die lohnabhängigen Kosten berücksichtigt wurden, so können Sie den rechnerischen Änderungssatz auch entsprechend erhöhen. Welchen Änderungssatz Sie letztendlich in Ihr Angebot aufnehmen, liegt ganz allein in Ihrer Entscheidungsfreiheit.

Angaben liefern Zur Planung einer zentralen Leittechnik oder von zentralen Meß-, Steuer- und Regeleinrichtungen benötigt der Auftraggeber oft umfangreiche Daten der von Ihnen zu liefernden Maschinen, Apparate und Speicherbehälter. Diese Angaben verlangt er sehr zeitig, häufig zu zeitig. Um alle Angaben zu beschaffen und alle Vorgaben festzulegen, entstehen Ihnen mitunter erhebliche Kosten, vor allen Dingen durch zusätzliche Ingenieur- oder Meisterstunden. Diese Kosten können Sie sich von Ihrem Auftraggeber erstatten lassen. Grundlage Ihrer Forderung ist VOB/B § 2 Nr. 6, da es hier um **Zusätzliche Leistungen** geht und VOB/C DIN 18 381, Punkt 4.2.23. Diese DIN-Vorschrift bestimmt nämlich, daß das Liefern von Vorgaben für Meß-, Steuer- und Regeleinrichtungen und auch für die zentrale Leittechnik, sofern diese Bereiche nicht zum Lieferumfang des Auftragnehmers gehören, **Besondere Leistungen** sind, die der Auftraggeber zu vergüten hat.

Trägt Ihr Auftraggeber Ihnen den Wunsch nach Daten, Angaben und

Vorgaben für eine zentrale Meß-, Steuer- und Regeleinrichtung oder eine zentrale Leittechnik vor, sollten Sie sofort ankündigen, daß Sie entsprechend DIN 18 381 den dadurch entstandenen Kostenaufwand erstattet haben wollen. Schlagen Sie ihm eine Abrechnung der notwendigen Techniker- oder Ingenieurstunden vor oder bieten Sie ihm einen Pauschalpreis an.

Angebotsausschluß Teilnehmern einer Ausschreibung eines öffentlichen Auftraggebers kann es passieren, daß ihr Angebot von der weiteren Wertung ausgeschlossen wird. Die VOB/A, an die sich der öffentliche Auftraggeber halten muß, sieht für diesen Fall vor, daß diese Bieter sobald wie möglich über die Nichtberücksichtigung ihrer Angebote verständigt werden sollen. Enthält die Benachrichtigung keine Angaben über den Ausschlußgrund oder die Nichtberücksichtigung, so sollte unbedingt vom Auftraggeber verlangt werden, diese zu nennen. Ergibt nämlich die Prüfung des Ausschlußgrundes, daß z. B. Ihr Angebot zu Unrecht ausgeschlossen wurde, so steht Ihnen ein Schadenersatzanspruch gegen diesen Bauherrn zu.

Die VOB/A sieht folgende Ausschlußgründe vor:

a) Angebote, die bei Öffnung des ersten Angebotes dem Verhandlungsleiter nicht vorgelegen haben, es sei denn, Sie können beweisen, daß Ihr Angebot rechtzeitig beim Auftraggeber eingetroffen ist (siehe VOB/A § 22 Nr. 6)

b) Angebote, die außer den Preisen und den geforderten Erklärungen weitere nicht gewünschte Eintragungen enthalten

c) Angebote, die nicht unterschrieben sind

d) Angebote, die nicht zweifelsfreie Änderungen an den Eintragungen des Bieters enthalten

e) Angebote, bei denen die Verdingungsunterlagen vom Bieter geändert wurden

f) Angebote von Bietern, die nicht der Berufsgenossenschaft angehören

g) Angebote von Bietern, die an wettbewerbsbeschränkenden Abreden teilgenommen haben

h) Angebote mit einem unangemessenen hohen oder niedrigen Preis

15

i) Angebote von Bietern, die in Konkurs oder Vergleichsverfahren verwickelt sind, sich in Liquidation befinden, die eine schwere Verfehlung begangen haben, die ihre Steuern und Sozialversicherungsbeiträge nicht bezahlt haben oder vorsätzlich falsche Angaben zu ihrer Fachkunde, Leistungsfähigkeit und Zuverlässigkeit gemacht haben

Am häufigsten wird als Ausschlußgrund genannt, daß das Angebot nicht vollständig ausgefüllt war. Wurden z. B. geforderte Preise nicht eingetragen oder die Stundenlohnsätze nicht angegeben, so ist der Ausschluß dieses Angebotes durchaus zu Recht erfolgt, weil Bewertung und Vergleich mit den Mitbietern nicht möglich sind.

Fehlt dagegen lediglich die Eintragung des Änderungssatzes der Lohngleitklausel, so handelt es sich hierbei nicht um ein unvollständig ausgefülltes Leistungsverzeichnis, sondern lediglich um die Angabe des Anbieters, auf ein Geltendmachen der Lohnerhöhungskosten zu verzichten. Das Angebot darf deswegen nicht ausgeschieden werden, es ist zu werten.

Werden mit dem ausgefüllten Leistungsverzeichnis bei der Angebotseinreichung auch leere Formblätter, z. B. **Aufgliederung der Angebotssumme**, abgegeben und wird deswegen das Angebot von der weiteren Wertung ausgeschlossen, so ist das ein Grund für Schadenersatzforderungen des Bieters. Leere Formblätter können auch noch nachträglich ausgefüllt werden. Sie verhindern nicht die Wertung des Angebotes und stellen deswegen auch keinen ausreichenden Ausschlußgrund dar, es sei denn, die Angebotsbedingungen sehen für diesen Fall einen Ausschluß ausdrücklich vor.

Verlangt z. B. ein Auftraggeber im Text der Veröffentlichung einer Ausschreibung, daß mit dem Angebot auch die Unbedenklichkeits- und Eignungsbescheinigungen einzureichen sind, vergißt aber in den Verdingungsunterlagen, die er Ihnen dann auf Anforderung zusendet, dieses Verlangen schriftlich festzulegen, so sind sie nicht verpflichtet, die Bescheinigungen über gezahlte Steuern, Sozialversicherungsbeiträge und Leistungsfähigkeitsnachweise dem Angebot beizulegen. Die Angaben in der Veröffentlichung der Ausschreibung sind nicht bindend. Es ist von Ihnen nur das zu beachten, was in der eigentlichen Aufforderung zur Angebotsabgabe (Verdingungsunterlagen) enthalten ist. Wird Ihr Angebot trotzdem wegen der fehlenden Bescheinigungen von der Wertung ausgeschlossen, so haben Sie Anspruch auf Schadenersatz.

Bei allen zu Unrecht erfolgten Angebotsausschlüssen können Sie die Erstattung der Ihnen entstandenen Kosten verlangen. Das sind in jedem

Fall, und zwar unabhängig von den Auftragschancen, die Ihr Angebot hatte, die Kosten für Ihr Angebot. Hierzu zählen die Kosten für Kalkulation und Ausfüllen des Angebotes, Porto- und Versandkosten, Kosten für die Fahrt zum Eröffnungstermin und eventuelle Besichtigungsfahrten zur Baustelle sowie sonstige Ihnen nachweislich entstandene Kosten.

Ergab aber das Submissionsergebnis, daß Ihr Angebot das billigste war, so können Sie zusätzlich zu den Angebotserstellungskosten den Schaden geltend machen, der Ihnen durch entgangenen Wagnis- und Gewinnzuschlag entstanden ist. Mehrere Gerichte haben bereits in diesem Sinne entschieden, u. a. das Oberlandesgericht Stuttgart mit Urteil vom 30.12.1987. Haben Sie nachweislich trotz größter Bemühungen keinen Anschlußauftrag erhalten, so können Sie auch die Lohnkosten Ihrer Mitarbeiter als Schaden geltend machen.

Angebotsbindung Stellen Sie nach der Abgabe Ihres Angebotes fest, daß Ihnen bzw. einem Ihrer Mitarbeiter bei der Angebotskalkulation ein Irrtum unterlaufen ist, so können Sie dieses Angebot noch solange zurückziehen, wie es nicht der Angebotsbindung unterliegt. Das bedeutet, daß Sie bei einer Öffentlichen oder Beschränkten Ausschreibung eine Rücknahmeerklärung dem Auftraggeber so zeitig zukommen lassen müssen, daß ihn diese noch vor dem festgesetzten Eröffnungstermin erreicht. Sie muß ihm spätestens vor dem Öffnen des ersten Angebotes übergeben werden. Die Rücknahmeerklärung muß schriftlich abgegeben werden, auch Fernschreiben und Telegramme gelten als Schriftform. Wenn Sie Ihrem Auftraggeber innerhalb der Angebotsfrist, also vor Beginn der Angebotsbindung, lediglich mündlich die Rücknahme eines Angebotes erklären, so ist diese Erklärung unwirksam.

Die Angebotsbindung beim öffentlichen Auftraggeber bleibt dann während der gesamten Zuschlagsfrist, die in den Verdingungsunterlagen anzugeben ist, bestehen. Nach VOB/A § 19 Nr. 2 soll sie nicht länger als 30 Kalendertage sein. Der Auftraggeber hat jedoch die Möglichkeit, mit Ihrer Zustimmung die einmal festgelegte Frist zu verlängern. Nach Ablauf der Zuschlagsfrist sind Sie nicht mehr an Ihr Angebot gebunden. Dem gleichzusetzen ist die Mitteilung über das Aufheben einer Ausschreibung, über den Ausschluß Ihres Angebotes oder wenn Sie Ihr Angebot mit Erfolg angefochten haben. Auch in diesen Fällen sind Sie nicht mehr an Ihr Angebot gebunden.

17

Für Angebote an private Auftraggeber, wenn also kein Eröffnungstermin stattfindet, beginnt die Angebotsbindung mit dem Öffnen bzw. dem Zurkenntnisnehmen Ihres Angebotes. Sie endet nach einer ausreichend bemessenen, vom Einzelfall abhängigen Frist, die für eine eingehende Prüfung der Angebote und Vorbereitung der Auftragsvergabe benötigt wird (siehe auch **Zuschlagsfrist** und **Kalkulationsirrtum**).

Angebotskosten Werden Sie zur Abgabe eines Angebotes, auch bei einer Öffentlichen Ausschreibung, aufgefordert und erstellen Sie ein Angebot, so verlangen Sie üblicherweise für die Ihnen dabei entstandenen Kosten keine Erstattung. Das ist auch ganz im Sinne der VOB/A. Unter § 20 Nr. 2 wird nämlich festgelegt, daß für die Bearbeitung von Angeboten vom Auftraggeber keine Entschädigung gewährt wird. Aber wie in vielen anderen VOB-Bestimmungen auch, gibt es hier eine Ausnahme. Verlangt Ihr Auftraggeber, daß Sie mit Ihrem Angebot Entwürfe, Pläne, Zeichnungen, statische Berechnungen oder Mengenberechnungen einreichen oder andere Unterlagen ausarbeiten, so steht Ihnen hierfür eine angemessene Entschädigung zu. Die Höhe dieser Entschädigung ist bereits in den Ausschreibungsunterlagen anzugeben. Hat Ihr Auftraggeber es versäumt, die Entschädigungshöhe zu nennen, so fragen Sie Ihn besser vor Angebotsausarbeitung danach und lassen sich die Angabe schriftlich bestätigen.

Erstellen Sie ein Angebot aufgrund einer **Leistungsbeschreibung mit Leistungsprogramm**, so sind immer umfangreiche Berechnungen und Zeichnungen anzufertigen. Für die hierbei entstehenden Kosten ist vom Auftraggeber eine angemessene Entschädigung zu zahlen.

Angebotslose Wird eine Ausschreibung in mehrere Lose aufgeteilt und behält sich der Auftraggeber ausdrücklich vor, die ausgeschriebene Leistung losweise zu vergeben, so können Sie frei wählen, welche Lose Sie anbieten wollen. Selbst wenn Sie nur ein Los anbieten, muß Ihr Angebot gewertet werden, weil ja jedes einzelne Los zu einem Auftrag führen kann.

Damit Sie aber auch beurteilen können, wie groß Ihre Chancen sind, einen Auftrag zu erhalten, muß der öffentliche Auftraggeber bei der Angebotseröffnung nicht nur die Angebotsgesamtpreise verlesen, sondern auch die Angebotspreise der einzelnen Lose. Unterläßt er das, so können Sie während des Eröffnungstermins die Bekanntgabe der Angebotspreise der Lose verlangen. Ohne diese Preise können Sie nicht erkennen, ob mit einer losweise getrennten Vergabe oder mit einer Vergabe des gesamten Auftrages zu rechnen ist.

Hat der Auftraggeber weder im Anschreiben noch im Leistungsverzeichnis auf eine beabsichtigte losweise Vergabe hingewiesen, so muß er den Auftrag als Ganzes vergeben. Das gilt auch dann, wenn das Leistungsverzeichnis in einzelne Lose aufgeteilt ist. Versucht Ihr Auftraggeber in solch einem Fall, Ihnen nur einen Teil des Auftrages zu geben oder überhaupt keinen Teil, weil Mitbieter jeweils einzelne Lose günstiger angeboten haben, so lassen Sie sich das nicht gefallen. Sie können, sofern Sie das annehmbarste Angebot, bezogen auf den Gesamtpreis, abgegeben haben, vom öffentlichen Auftraggeber verlangen, daß Ihnen der Zuschlag auf Ihr Angebot erteilt wird. Erhalten Sie trotzdem nicht den Auftrag, können Sie die Erstattung sämtlicher Kosten sowie die Entschädigung für den Ihnen entgangenen Gewinn fordern (siehe auch **Eröffnungstermin**).

Angebotsmanipulation Zur Beeinflussung oder nachträglichen Änderung von Wettbewerbsergebnissen werden auf unterschiedlichste Weise Angebote manipuliert. Als eine der häufigsten Methoden kann die **Absprache** genannt werden. Bei der Absprache einigen sich die Bieter bereits vor Angebotsabgabe, wer den Auftrag erhalten soll. Die Schwierigkeiten hierbei sind aber mannigfaltig. So möchte, gerade in schlechten Zeiten, jeder den Auftrag haben, und eine Einigung, wer als billigster Bieter auftreten soll, wird häufig nicht erreicht. Oder es ergibt sich ein Kompromiß, indem sich eine Arbeitsgemeinschaft bildet und das günstigste Angebot abgibt. Hierbei wird aber der Auftraggeber leicht mißtrauisch. Er fragt sich, natürlich zu Recht, woher denn die Arge-Partner erfahren haben, daß sie alle die gleiche Anfrage zu bearbeiten hatten und warum sich die sonst so leistungsstarken Firmen zu einer Arge zusammenschließen mußten.

Ist nun aber eine Absprache erfolgt und hat man sich darauf geeinigt, wer den Auftrag erhalten soll, so ist damit noch nicht gesagt, daß diese Firma oder Arbeitsgemeinschaft den Auftrag auch wirklich erhält. Zwar weiß jeder Anbieter, falls er überhaupt noch ein Angebot abgibt, wie hoch die Angebotsendsumme sein soll, die er abzugeben hat, und er gibt auch so ab, aber überraschenderweise stellt der Auftraggeber bei der Angebotsnachrechnung sehr häufig Rechenfehler fest, die oft so erheblich sind, daß dann letztendlich ein anderer Bieter dieser Absprachenrunde den Auftrag erhält.

Um das Unterlaufen der Absprachen durch diese gezielten Rechenfehler doch noch zu verhindern, wurden u. a. die folgenden Methoden entwickelt (die natürlich auch bei einem normalen Angebotswettbewerb eingesetzt werden): Bestimmte Blätter des Angebotes werden zweifach eingeordnet und abgegeben. Jedes Blatt enthält unterschiedliche Preisangaben. Nach der Angebotsprüfung oder bereits nach der Angebotseröffnung wird das für den Bieter günstigere Blatt im Angebot belassen und das zweite entfernt. Auch das Offenlassen von Preisangaben bei einzelnen Positionen wird praktiziert – mit der Absicht, diese später entsprechend dem jeweiligen Bedarf zu ergänzen. Ebenso ist es eine beliebte Variante geworden, Preiszahlen ohne Komma zu schreiben und diese später wunschgemäß nachzutragen. Auch das Schreiben der Ziffer 1 als senkrechter Balken erlaubt noch ein späteres Ändern in 4 oder 7. Manche Bieter versuchen auch, die absichtlich sehr klein geschriebenen Nullen später, je nach Bedarf, in eine 6 oder 8 zu ändern.

Bei dieser kurzen Aufzählung einiger Manipulationsmöglichkeiten werden Sie schon gemerkt haben, daß mit Ausnahme der Absprache sämtliche anderen Methoden entweder die Mitarbeit eines Beauftragten oder Verantwortlichen der Auftraggeberseite erfordert oder ein Eindringen in fremde Büroräume notwendig macht. Diese Manipulationen sind daher, und sei es durch Mitwisser, sehr risikoreich. Werden sie, aus Sicht der Anbieter, jedoch erfolgreich abgeschlossen, handelt es sich hierbei eindeutig immer um Urkundenfälschung und, falls ein Schaden des Auftraggebers nachgewiesen werden kann, sogar um Betrug.

Die erwähnten Praktiken sind bei den Prüfungsbehörden, wie z. B. dem Bundesrechnungshof, bestens bekannt, und es wird bereits seit längerer Zeit eine umfassende Aufklärung der Bediensteten der öffentlichen Auftraggeber durchgeführt, um ein weiteres Ausbreiten dieser Manipulation von Angeboten zu verhindern. Werden von den Verantwortlichen Angebote entdeckt, die für eine Manipulation vorbereitet worden sind, so werden diese Angebote vom Wettbewerb ausgeschieden, und über die anbietende Firma wird meistens eine mehrjährige Wettbewerbssperre verhängt (siehe auch **Absprache**).

Angebotswertung   Bei der Ausschreibung eines öffentlichen Auftraggebers wird Ihr Angebot in die Wertung einbezogen, wenn keiner der folgenden Ausschlußgründe vorliegt:

a) Lag Ihr Angebot zum Eröffnungstermin beim Öffnen des ersten Angebotes dem Verhandlungsleiter nicht vor, so wird es ausgeschieden. Auch das telefonische Durchsagen des Angebotspreises hilft Ihnen nicht, falls Sie mit der Angebotsbearbeitung nicht rechtzeitig fertig geworden sind. Ihr Angebot kann zum Eröffnungstermin dem Verhandlungsleiter nämlich nur dann vorliegen, wenn er auch etwas Schriftliches von Ihnen, gut verschlossen in einem Umschlag, vorliegen hat (siehe auch **Telefax-Angebote**). Eine Ausnahme sieht die VOB/A im § 22 Nr. 6 vor: Können Sie nachweisen, daß Ihr Angebot, obwohl es zum Eröffnungstermin nicht vorlag, dem Auftraggeber rechtzeitig zugegangen ist, so ist es wie ein rechtzeitig vorliegendes Angebot zu behandeln.

b) Ihr Angebot muß rechtsverbindlich unterschrieben sein. Fehlt diese Unterschrift oder hat ein Mitarbeiter unterschrieben, der nicht befugt ist, Ihre Firma zu vertreten, so kann das Angebot ausgeschlossen werden.

c) Haben Sie an den Verdingungsunterlagen, dazu gehören neben der Leistungsbeschreibung auch die beigefügten Vertragsbestimmungen, Änderungen vorgenommen, wird Ihr Angebot nicht gewertet. Haben Sie zum Beispiel eine Position durchgestrichen oder einfach keinen Preis eingetragen, dann heißt das, Sie wollen oder können diese Leistung nicht ausführen. Damit ist Ihr Angebot nicht mehr mit denen der Mitbieter vergleichbar und muß ausgeschlossen werden. Enthält das Angebot eine Lohngleitklausel und haben Sie diese nicht ausgefüllt, so wird das so gewertet, als verzichten Sie freiwillig auf Vergütungsansprüche aus Lohnsteigerungen. In diesem Fall wird das Angebot nicht ausgeschlossen. Ergänzungen, die zur Erläuterung des Angebotes dienen, führen nicht zum Ausschluß.

d) Sie werden nicht zum Wettbewerb zugelassen, wenn Sie nicht bei der Berufsgenossenschaft angemeldet sind. Haben Sie bei Angebotsabgabe lediglich versäumt, die geforderte Erklärung abzugeben, ist das kein Grund für ein Ausscheiden Ihres Angebotes. Der Auftraggeber muß Ihnen eine angemessene Frist, meistens die Zuschlagsfrist, einräumen, um diese geforderte Unterlage nachzureichen.

e) Kann der Auftraggeber beweisen, daß Sie bei dem zu wertenden Angebot an einer Preisabsprache mitgewirkt haben, wird Ihr Angebot ausgeschlossen. Auch jeder andere Verstoß gegen das Wettbewerbsbeschränkungsgesetz, der Ihnen angelastet werden kann, führt zum Ausschluß Ihres Angebotes.

f) Hat der Auftraggeber in seinen Verdingungsunterlagen ausdrücklich darauf hingewiesen, daß Nebenangebote und Änderungsvorschläge nicht gewertet werden, hat es normalerweise keinen Zweck, solche Angebote zu unterbreiten. Sie werden doch nur ausgeschlossen. In äußerst seltenen Fällen verleiten trotzdem abgegebene Nebenangebote den Auftraggeber zur Aufhebung der Ausschreibung und zur freihändigen Auftragsvergabe. Ob es sich deswegen aber lohnt, immer Nebenangebote abzugeben, ist, wegen des damit verbundenen Aufwandes, mehr als fraglich.

g) Ihr Angebot kann ausgeschlossen werden, wenn über Ihr Vermögen das Konkurs- oder Vergleichsverfahren eröffnet oder beantragt ist, wenn Ihre Firma sich in Liquidation befindet oder wenn schwere Verfehlungen begangen wurden, wie z. B. Erpressung, Betrug, Bestechung, Urkundenfälschung, Diebstahl oder andere Straftaten. Ein Ausschlußgrund kann auch vorliegen, wenn Sie die gesetzlichen Abgaben, wie Steuern und Sozialversicherungsbeiträge, nicht ordnungsgemäß abgeführt haben. Auch falsche Angaben oder Erklärungen über Ihre Fachkunde, Leistungsfähigkeit und Zuverlässigkeit können zum Ausschluß führen.

h) Zeigt Ihr Angebot ein offenkundiges Mißverhältnis zwischen Leistung und Preis, so kann es ebenfalls ausgeschlossen werden. Das kann sowohl für zu niedrige als auch für zu hohe Angebotspreise zutreffen. Auch ist hier nicht nur der Angebotsgesamtpreis ausschlaggebend (ausgenommen Pauschalpreisangebote), sondern auch einzelne in sich abgeschlossene Leistungen oder Teile der Gesamtleistung. Der Auftraggeber kann sowohl Unterangebote ausscheiden als auch Angebote mit wesentlich überhöhten Preisen. Die Beweislast, daß Ihr Angebot in einem offenbaren Mißverhältnis zur Leistung steht, liegt jedoch bei ihm. Er muß anhand anderer Ausschreibungsergebnisse und Preisermittlungen darlegen, daß zwischen seinen Preiserwartungen und Ihrem Angebotspreis eine zu große Differenz liegt.

Trifft für Ihr Angebot keiner der Ausschlußgründe zu, kommt es, sofern es eine einwandfreie Ausführung einschließlich Gewährleistung erwarten läßt, in die engere Wahl. Von diesen übriggebliebenen Angeboten erhält nicht automatisch das billigste den Zuschlag, sondern das annehmbarste

Angebot. Hierzu wird überprüft, ob der Anbieter auch die Sicherheit bietet, daß die zu vergebende Leistung ausgeführt wird. Es werden also seine Fachkunde, Leistungsfähigkeit und Zuverlässigkeit überprüft. Sie sollten deshalb Ihren Angeboten immer Referenzlisten beifügen.

Weiterhin ist es für den Auftraggeber auch wichtig zu wissen, ob Sie über ausreichende technische und wirtschaftliche Mittel verfügen, um diesen Auftrag ohne Probleme ausführen zu können. Die technischen Mittel, die Sie zur Installation einer Sanitäranlage einsetzen müssen, sind nicht so ausschlaggebend wie z. B. im Bauhauptgewerbe mit dem dort unbedingt notwendigen Maschinenpark. Die von Ihnen benötigten Schweißgeräte, Bohrhämmer und Transportgeräte kann praktisch jeder Bieter vorweisen. Es bleibt also die Frage nach Ihren wirtschaftlichen Verhältnissen. Falls Sie dem Auftraggeber nicht bekannt sind, wird er sich die Antwort durch eine Bankauskunft holen.

Ist nach diesen Vorprüfungen Ihr Angebot immer noch in der Wertung, wird nach Berücksichtigung der technischen, falls notwendig auch der gestalterischen und funktionsbedingten Gesichtspunkte die wirtschaftliche Prüfung durchgeführt. Dabei ist die rechnerische Prüfung genauso wichtig wie das kritische Bewerten des Angebotsgesamtpreises. Liegt er um mehr als 10 % unter dem des nächsten Bieters, kann bereits von einem Unterangebot gesprochen werden. Da diese Grenze stark vom Einzelfall abhängig ist, wird das betroffene Angebot zumindest einer vertieften Prüfung unterzogen. Werden dabei einige wenige Einzelpreise festgestellt, die absolut unauskömmlich sind, so ist das unerheblich, denn das Einsetzen sogenannter **Spekulationspreise** ist zulässig. Sind jedoch ganze Leistungsteile oder -gruppen mit zu niedrigen Preisen versehen worden, muß der Auftraggeber damit rechnen, daß die Leistung nicht ordnungsgemäß erbracht werden kann. In diesem Fall handelt es sich nicht um das annehmbarste Angebot.

Bei der wirtschaftlichen Prüfung der Angebote sind auch die Richtlinien für **bevorzugte Bewerber** zu berücksichtigen sowie Nachlässe, Skonti und Folgekosten, z. B. spätere Wartungskosten. Sämtliche dieser wirtschaftlichen Faktoren müssen jedoch objektbezogen sein. Zum Beispiel dürfen gleichzeitig vom Anbieter gewährte Spenden für ein Altenheim nicht gewertet werden. Ebenso ist die Bevorzugung ortsansässiger Bieter unzulässig. Selbst die geringeren Wartungskosten der ortsansässigen Bieter sind bei den üblichen Sanitärinstallationen kein ausreichendes Argument, denn es steht dem Auftraggeber nichts im Wege, nach Ablauf der Gewährleistungsfrist eine ortsansässige Firma mit der Wartung der Sanitäranlage zu beauftragen.

Nach Abschluß der Angebotswertung erhält der Bewerber mit dem annehmbarsten Angebot das Zuschlagsschreiben, während den anderen Bietern, ohne Angabe von Gründen, mitgeteilt wird, daß ihr Angebot nicht berücksichtigt werden konnte. Wenn Sie erfahren wollen, wie das Endergebnis lautet und warum Ihr Angebot nicht berücksichtigt wurde, müssen Sie Ihren Auftraggeber um Auskunft bitten (siehe auch **Eröffnungstermin**). Er ist dann verpflichtet Ihnen innerhalb von 15 Kalendertagen die Gründe für die Nichtberücksichtigung Ihrer Bewerbung zu nennen. Das endgültige Wettbewerbsergebnis muß Ihnen der öffentliche Auftraggeber auf Ihren Wunsch hin nach VOB/A § 22 Nr. 7 und § 23 Nr. 4 bekanntgeben. Eine Frist ist hierfür nicht festgelegt.

Wird eines Ihrer Angebote ausgeschlossen, weil Sie ein nicht ausgefülltes Formblatt mit abgegeben haben, so sollten Sie das nicht akzeptieren, sondern Einspruch einlegen (siehe **Aufgliedern der Angebotssumme**).

Anschlüsse Werden an bauseits gelieferten Geräten, an Fremdleistungen oder an vorhandenen Einrichtungen Anschlüsse nötig, so sind das Leistungen, die Sie zusätzlich zu Ihrer kalkulierten Montageleistung erbringen müssen. Verlangt der Bauherr oder sein Beauftragter von Ihnen, daß Sie mit Ihrer Lieferung an vorhandene oder beigestellte Geräte, Einrichtungen oder Rohrleitungen anschließen sollen, so lassen Sie sich den dafür notwendigen Aufwand vergüten. Es handelt sich hierbei um eine im Vertrag nicht vorgesehene Leistung nach VOB/B § 2 Nr. 6, für die Sie als Auftragnehmer Anspruch auf besondere Vergütung haben.

Das Anschließen von bauseits gestellten sanitären Einrichtungsgegenständen oder Anlagenteilen an Rohrleitungen und Kanälen ist keine Nebenleistung. Die VOB/C sieht vor, daß im Leistungsverzeichnis für diese Anschlüsse ein besonderer Ansatz aufzunehmen ist. Unter Punkt 4.2.14 legt die DIN 18 381, Gas-, Wasser- und Abwasser-Installationsarbeiten, fest, daß das Anschließen und Einbauen von bauseits gestellten Anlageteilen an Rohrleitungen eine besondere Leistung ist, die auch besonders zu vergüten ist. Hat der Auftraggeber versäumt, im Leistungsverzeichnis für Anschlüsse an bauseitige Leistungen eine eigene Position aufzunehmen, und sollen Sie diese Arbeiten trotzdem ausführen, so handelt es sich um **zusätzliche Leistungen**, die nach § 2 Nr.6 zusätzlich zu vergüten sind. Anschlußkosten können Sie entweder als Regiestunden, sofern sie der Bauleiter unterschrieben hat, oder als Einzelpreis je Stück Anschluß abrechnen. Am günstigsten wäre es natürlich, wenn Sie ein **Nach-**

tragsangebot eingereicht haben und einen schriftlichen Auftrag erhalten. Aber in der Hektik wird das oft versäumt, und die Anschlußkosten werden erst mit der **Schlußrechnung** gefordert.

VOB/B § 2 Nr. 6 verlangt zwar, daß Sie Ihre Forderungen nach besonderer Vergütung dem Auftraggeber vor Beginn der Ausführung ankündigen müssen, aber falls Sie das vergessen haben, kann Ihr Auftraggeber nicht einfach davon ausgehen, daß Sie die Leistung ohne Vergütung erbringen wollten. Dem steht deutlich entgegen, daß es sich ausdrücklich nicht um eine **Nebenleistung** handelt und daß der Auftraggeber, der von Ihnen diese Leistung verlangt hat, es selbst versäumt hat, die Anschlüsse mit in das Leistungsverzeichnis aufzunehmen.

Nach Urteilen des Landgerichts Köln und des Oberlandesgerichts Frankfurt kann mit guten Aussichten auf Erfolg ein Anspruch auf Mehrvergütung nach § 2 Nr. 6 der VOB/B auch dann durchgesetzt werden, wenn eine vorherige Ankündigung unterblieben ist.

Arbeitsplätze Auf jeder Baustelle benötigt ein Auftragnehmer einen Raum, den er als Werkstatt einrichten kann. Hier werden Teile vorgefertigt, abgeändert und für eine schnellere Montage vorbereitet. Hier stehen die Einrichtungen und Maschinen, die nicht immer zur Montagestelle mitgenommen werden können. Zu jedem Arbeitsplatz gehören aber auch immer Aufenthaltsräume und Sanitäreinrichtungen. Sie sollten sich in der Nähe der Arbeitsplätze befinden, um zusätzliche Wegekosten zu vermeiden.

Haben Sie mit Ihrem Auftraggeber keine besondere vertragliche Regelung hinsichtlich dieser Räume getroffen, so gilt, falls die VOB vereinbart ist, folgendes: Der Auftraggeber hat dem Auftragnehmer die notwendigen Lager- und Arbeitsplätze auf der Baustelle unentgeltlich zur Benutzung oder Mitbenutzung zu überlassen (VOB/B § 4 Nr. 4). Stellt Ihr Auftraggeber Ihnen keine geeigneten Räume zur Verfügung, so müssen Sie diese Räume anmieten oder vorhalten, z. B., indem Sie auf der Baustelle einen Werkstattwagen aufstellen. Sämtliche Kosten, die Ihnen hierdurch entstehen, können Sie Ihrem Auftraggeber in Rechnung stellen.

Grundlage Ihrer Forderung sind, neben dem bereits genannten § 4 Nr. 4 der VOB/B, folgende Bestimmungen der VOB Teil C: Nach DIN 18 299 Punkt 0.1.6 muß der Auftraggeber in seiner Leistungsbeschreibung Angaben zur Lage und Größe der dem Auftragnehmer zur Benutzung oder

Mitbenutzung überlassenen Flächen bzw. Räume machen. Aus Punkt 4.1.5 der gleichen DIN geht hervor, daß lediglich das Beleuchten, Beheizen und Reinigen der Aufenthalts- und Sanitärräume seiner Beschäftigten Nebenleistungen des Auftragnehmers sind. Hält der Auftragnehmer Aufenthalts- und Lagerräume vor, weil der Auftraggeber entsprechende Räume, die leicht verschließbar gemacht werden können, nicht zur Verfügung stellt, so ist das eine besondere Leistung, die auch zu vergüten ist (DIN 18 381 Punkt 4.2.2).

Aus den vorgenannten VOB-Bestimmungen ist eindeutig zu entnehmen, daß Arbeitsplätze, Aufenthalts- und Lagerräume sowie Sanitärräume entweder vom Auftraggeber zu stellen sind oder daß er die Kosten hierfür zu übernehmen hat. Von diesen Räumen haben Sie als Auftragnehmer nur die Aufenthalts- und Sanitärräume zu beleuchten und zu beheizen. Die Kosten für das Licht und die Heizung der Arbeitsplätze hat der Auftraggeber zu tragen.

Arbeitsunterbrechung Behinderung und Unterbrechung regelt § 6 der VOB/B. Danach hat der Vertragspartner Anspruch auf Schadenersatz, wenn die Umstände der Behinderung und Unterbrechung vom anderen Vertragspartner zu vertreten sind. Liegt sogar Vorsatz oder grobe Fahrlässigkeit vor, so darf neben dem nachweislich entstandenen Schaden auch der entgangene Gewinn geltend gemacht werden. Entstehen Ihnen also durch Behinderung und Unterbrechung der Ausführung, deren Ursache der Auftraggeber zu vertreten hat, zusätzliche Kosten bzw. ergeben sich dadurch Terminverzögerungen, so müssen Sie Ihrem Auftraggeber die Behinderung unverzüglich schriftlich mitteilen, es sei denn, ihm waren diese hindernden Umstände offenkundig bekannt. Diese Anzeigepflicht ist ernst zu nehmen, denn der Auftraggeber kann Ihren Anspruch auf Schadenersatz im Falle einer unterlassenen schriftlichen Mitteilung unter Hinweis auf § 6 Nr. 1 der VOB/B erfolgreich abwehren. Die Anzeige muß jedoch keine Angaben über die zu erwartende Höhe des Schadens enthalten (Urteil des Bundesgerichtshofes vom Dezember 1989).

Welche der Ursachen einer **Behinderung** oder Unterbrechung hat nun der Auftraggeber zu vertreten? Mit Ausnahme der höheren Gewalt und sonstiger unabwendbarer Umstände hat der Auftraggeber Ihnen gegenüber, unter Berücksichtigung der nachfolgend aufgeführten Einschränkung, sämtliche anderen Ursachen zu vertreten. Das Abwälzen Ihrer Schadenersatzansprüche auf andere Unternehmer oder Personen ist nicht zulässig, es sei denn, Ihr Auftraggeber hat trotz guter Terminplanung, sorgfältigster Bauabwicklung und Ausschöpfen sämtlicher zumutbarer Möglichkeiten die von einem Dritten verursachte Baustellenstillegung nicht verhindern können. In einem solchen Fall darf er Sie mit Ihren Forderungen an den Verursacher verweisen.

Ebenfalls unzulässig ist es, wenn der Auftraggeber mit seinen Allgemeinen Geschäftsbedingungen (siehe auch **AGB–Gesetz**) Schadenersatz und entgangenen Gewinn bei Behinderungen und Unterbrechungen ausschließt. Hierfür werden z. B. folgende Klauseln verwandt:

1. Zeitliche Unterbrechungen, gleich aus welcher Ursache, schließen Nachforderungen aus.

2. Kosten für zu erwartende, wiederholte Arbeitsunterbrechungen sind in die Einheitspreise einzukalkulieren.

3. Bei längerer Unterbrechung der Arbeiten durch höhere Gewalt, behördliche Maßnahmen, Baustoffmangel, Schlechtwetter oder andere Behinderungen (gleichgültig durch wessen Verschulden) hat der Auftragnehmer keinen Anspruch auf Schadenersatz oder entgangenen Gewinn.

Diese Klauseln verstoßen gegen § 6 Nr. 6 der VOB/B. Dort ist der Schadenersatzanspruch ausdrücklich aufgeführt. Da die Länge möglicher Unterbrechungen und die dabei zusätzlich entstehenden Kosten nicht im voraus zu schätzen sind, können diese auch nicht bei der Angebotsabgabe in der Kalkulation der Einheitspreise berücksichtigt werden. Diese Auftraggeberforderungen verstoßen gleichzeitig gegen VOB/A § 9 Nr. 2, welche bestimmt, daß dem Auftragnehmer kein ungewöhnliches Wagnis aufgebürdet werden soll für Umstände und Ereignisse, auf die er keinen Einfluß hat und deren Einwirkung auf die Preise und Fristen er nicht im voraus schätzen kann. Da diese Klauseln außerdem verhindern sollen, daß der Auftraggeber selbst bei vorsätzlichem Verschulden oder auch grober Fahrlässigkeit schadenersatzpflichtig wird, verstoßen sie gegen § 9 und § 11 Nr. 8 des AGB-Gesetzes und sind unwirksam.

Zur Klausel Nr. 2 lehnen Auftraggeber Forderungen nach Kostenerstattung häufig mit der Begründung ab, daß der Hinweis in den Ausschreibungsunterlagen auf die wiederholte Arbeitsunterbrechung die Forderung der VOB ausreichend erfüllt. Hier stellt sich die Frage, kann ein Unternehmer mit diesen Angaben seine Leistung einwandfrei kalkulieren? Satz 1 der VOB/A § 9 Nr. 3 lautet wie folgt: „Um eine einwandfreie

Preisermittlung zu ermöglichen, sind alle sie beeinflussenden Umstände festzustellen und in den Verdingungsunterlagen anzugeben." In dieser Bestimmung wird verlangt, daß alle Umstände, die die Preiskalkulation beeinflussen, anzugeben sind. Für den vorliegenden Fall der wiederholten Arbeitsunterbrechung würde das aber bedeuten, daß der Auftraggeber genaue Termine und Fristen für jede Arbeitsunterbrechung anzugeben hätte. Anders ist eine einwandfreie Preisermittlung unter Berücksichtigung sämtlicher durch die Arbeitsunterbrechung entstehenden Kosten nicht möglich. Deswegen verlangt auch VOB/A § 9 Nr. 3 Satz 4 die Beachtung der Hinweise für das Aufstellen der Leistungsbeschreibung in Abschnitt 0 der Allgemeinen Technischen Vertragsbedingungen für Bauleistungen, DIN 18 299. Dort werden unter Punkt 0.2.1 folgende Angaben gefordert: „Vorgesehene Arbeitsabschnitte, Arbeitsunterbrechungen und -beschränkungen nach Art, Ort und Zeit."

Bei Arbeitsunterbrechungen, die vorher nicht kostenmäßig erfaßt wurden und die der Auftraggeber zu vertreten hat, können Sie sämtliche der Ihnen dadurch entstandenen Kosten dem Bauherrn in Rechnung stellen. Außerdem können Sie die gesamte bis zum Zeitpunkt der Unterbrechung erbrachte Leistung sofort abrechnen. Weitere Rechte, die Sie in diesem Zusammenhang haben, sind unter dem Stichwort **Baustellenunterbrechung** aufgeführt (siehe auch **Behinderung** und **Fertigstellungstermin**).

Aufenthaltsräume Auf jeder Baustelle werden Aufenthalts- und Sanitärräume benötigt. Um zum Aufenthalt in den Pausen geeignet zu sein, sollten Aufenthaltsräume trocken und belüftbar sein und in der Nähe der **Arbeitsplätze** liegen. Diese Aufenthaltsräume hat Ihnen der Auftraggeber unentgeltlich zur Benutzung oder zumindest zur Mitbenutzung zu überlassen. So sieht es die VOB/B im § 4 Nr. 4 vor. Dort wird zwar von Lager- und Arbeitsplätzen gesprochen, aber zu jedem ordentlichen Arbeitsplatz gehören auch ein Aufenthaltsraum und sanitäre Einrichtungen.

Kann Ihr Auftraggeber keinen geeigneten Aufenthaltsraum zur Verfügung stellen, müssen Sie entsprechende Räumlichkeiten oder Einrichtungen anmieten, besorgen oder vorhalten. Sämtliche Kosten, die Ihnen hierdurch entstehen, können Sie Ihrem Auftraggeber in Rechnung stellen. Sie müssen jedoch, bevor Sie Räume anmieten oder einen Baustellenwagen herbeischaffen lassen, Ihrem Auftraggeber ankündigen, daß Sie für Ihre **zusätzliche Leistung** eine angemessene Vergütung beanspruchen. Ihre Forderung stützt sich auf VOB/C, DIN 18 381 Punkt 4.2.2, wonach das Vorhalten von Aufenthalts- und Lagerräumen, wenn der Auftraggeber Räume, die leicht verschließbar gemacht werden können, nicht zur Verfügung stellt, eine **Besondere Leistung** ist, die zu vergüten ist.

Weitere Leistungen, wie das Beleuchten, Heizen und Reinigen des Aufenthaltsraumes und der Sanitärräume, hat Ihr Auftraggeber aber nicht zu erbringen; diese Kosten sind von Ihnen zu übernehmen (VOB/C, DIN 18 299 Punkt 4.1.5) (siehe auch **Arbeitsplätze, Lagerräume, Toiletten**).

Aufgliedern der Angebotssumme Mit den meisten Ausschreibungsunterlagen der öffentlichen Auftraggeber wird Ihnen auch ein Formblatt übersandt, mit dem von Ihnen verlangt wird, die Angebotssumme so aufzugliedern, daß u. a. die Kostenanteile für Material, Lohn, Wagnis und Gewinn zu ersehen sind. Da die Angebotsabgabe häufig unter besonderem Termindruck erfolgt, wird dieses Formblatt oft nur ungenau oder überhaupt nicht ausgefüllt. Öffentliche Auftraggeber haben Angebote mit nicht ausgefüllten Formblättern des öfteren vom Wettbewerb ausgeschlossen. Sie verweisen auf VOB/A § 21 Nr. 1 (1), § 23 Nr. 1 und § 25 Nr. 1b. Danach sind Angebote, die nicht (nur) die Preise und die geforderten Erklärungen enthalten, von der Prüfung und Wertung auszuschließen.

Passiert Ihnen so etwas, d. h., wird eines Ihrer Angebote ausgeschlossen, weil Sie ein nicht ausgefülltes Formblatt mit abgegeben haben, so sollten Sie das nicht akzeptieren, sondern Einspruch einlegen. Das Oberlandesgericht Celle hat nämlich in einem Urteil festgestellt, daß das Fehlen des Formblattes „Aufgliederung der Angebotssumme" keinen Ausschließungsgrund darstellt. Das bedeutet aber, wenn die Angebotsbedingungen nichts Gegenteiliges enthalten, daß Sie jeden Schaden, der Ihnen durch das Nichtwerten bzw. durch den Ausschluß Ihres Angebotes nachweislich entstanden ist, geltend machen können. Das gilt auch für andere Formblätter, wie z. B. Materialauflistungen oder Lohngleitklausel. Sie können Ihren Auftraggeber aus Verschulden bei Anbahnung eines Vertragsverhältnisses schadenersatzpflichtig machen. Falls Sie der günstigste Bieter waren, haben Sie dann die Möglichkeit, neben den reinen Angebotskosten auch die in die Preise einkalkulierten allgemeinen Geschäftskosten, sonstige Umlagen sowie Wagnis und Gewinn geltend zu machen. Weiteren Schaden hätten Sie im einzelnen nachzuweisen (siehe **Aufhebung der Ausschreibung, Angebotsausschluß**).

Aufhebung der Ausschreibung Die VOB/A nennt im § 26 drei Gründe, die es dem Auftraggeber erlauben, die Ausschreibung aufzuheben:

a) wenn kein Angebot eingegangen ist, das den Ausschreibungsbedingungen entspricht,

b) wenn die Verdingungsunterlagen grundlegend geändert werden müssen,

c) wenn andere schwerwiegende Gründe bestehen.

Anders als bei a) sind die Gründe bei b) und c) nicht eindeutig bestimmbar. Sie bieten dem Ausschreibenden einen Auslegungsspielraum. Dieser ist jedoch nicht sehr groß, denn die angeführte grundlegende Änderung der Verdingungsunterlagen oder andere schwerwiegende Gründe sollten nachprüfbar und vom Auftraggeber zu belegen sein. VOB/A schreibt unter § 26 Nr. 2 u. a. vor, daß die Bieter von der Aufhebung der Ausschreibung unter Angabe der Gründe unverzüglich zu unterrichten sind. Hier reicht es nicht, wenn der Auftraggeber Ihnen die Aufhebung nur mit dem Hinweis auf diesen § 26 mitteilt. Vielmehr muß er Ihnen die genauen Gründe nennen, denn Zweck der Mitteilung soll es ja sein, daß Sie beurteilen können, ob die Ausschreibung auch wirklich aufzuheben war. Nennt Ihr Auftraggeber Ihnen die genauen Gründe der Aufhebung nicht, so sollten Sie unter Hinweis auf VOB/A § 27 Nr. 2 verlangen, daß Ihnen innerhalb von 15 Tagen nach Eingang Ihres Antrages die Gründe für die Nichtberücksichtigung Ihres Angebotes mitgeteilt werden. Auch die VOB-Stellen sehen hier einen deutlichen Zusammenhang zwischen dem § 26 Nr. 2 und dem § 27 Nr. 2 der VOB/A.

Wird eine Ausschreibung aufgehoben und liegt ein Verstoß gegen § 26 der VOB/A vor, so können Sie den Ausschreibenden für den Ihnen entstandenen Schaden ersatzpflichtig machen. Sie können, egal welche Auftragschancen Ihr Angebot hatte, die Erstattung der Kosten für die Angebotsbearbeitung verlangen. Waren Sie günstigster Bieter, so können Sie zusätzlich die entgangenen Einnahmen aus Wagnis und Gewinn vom Ausschreibenden fordern. Sollte es Ihnen nach dieser Ausschreibung nicht mehr möglich gewesen sein, neue Aufträge zu erhalten, so können

Sie auch die Lohnkosten der Mitarbeiter, die Sie danach nicht beschäftigen konnten, aber bezahlen mußten, als Schaden geltend machen.

Die Schadenersatzpflicht des Ausschreibenden bleibt auch dann bestehen, wenn dieser in den Ausschreibungsunterlagen, sofern sie zu den Allgemeinen Geschäftsbedingungen zu rechnen sind (siehe **AGB-Gesetz**), eine Bestimmung aufgenommen hat, in der er sich vorbehält, die Ausschreibung ohne Entschädigungsverpflichtung aufzuheben. Diese Bestimmung verstößt sowohl gegen § 26 der VOB/A als auch gegen § 3 des AGB-Gesetzes und ist unwirksam.

Ausschreibungen können aufgehoben werden, ohne gegen § 26 der VOB/A zu verstoßen – und trotzdem macht sich der Auftraggeber dabei schadenersatzpflichtig. Hierzu sei als Beispiel der folgende Ausschreibungstext genannt: „Der Auftraggeber behält sich vor, die Ausschreibung aufzuheben, falls der Grunderwerb nicht rechtzeitig abgeschlossen werden kann oder die notwendigen Finanzierungsmittel ihm nicht rechtzeitig zur Verfügung gestellt werden." Tritt einer dieser Fälle oder treten auch beide gemeinsam ein, so liegt nach VOB/A § 26 Nr. 1c ein schwerwiegender Grund zur Aufhebung einer Ausschreibung vor. Hierbei ist jedoch zu bedenken, daß der Auftraggeber sich nicht an die Grundsätze der Ausschreibung nach § 16 Nr. 1 der VOB/A gehalten hat. Darin heißt es: „Der Auftraggeber soll erst dann ausschreiben, wenn alle Verdingungsunterlagen fertiggestellt sind und wenn innerhalb der angegebenen Fristen mit der Ausführung begonnen werden kann." Der Auftraggeber hat in diesem Fall die schwerwiegenden Gründe, die für die Aufhebung sprechen, durch einen Verstoß gegen § 16 Nr. 1 VOB/A selbst verursacht. Er kann deshalb von Ihnen aus Verschulden bei Anbahnung eines Vertragsverhältnisses schadenersatzpflichtig gemacht werden. Auch in diesem Fall können Sie, sofern Sie günstigster Bieter waren, neben den reinen Angebotskosten die in die Preise einkalkulierten allgemeinen Geschäftskosten, sonstige Umlagen sowie Wagnis und Gewinn geltend machen. Aber auch für jeden weiteren Schaden, den Sie nachweisen können, dürfen Sie den Ausschreibenden ersatzpflichtig machen.

Nach den obengenannten Punkten b) und c) kann die Ausschreibung aufgehoben werden, wenn „die Verdingungsunterlagen grundlegend geändert werden müssen" oder wenn „andere schwerwiegende Gründe bestehen".

Zur näheren Erläuterung, was unter schwerwiegenden Gründen oder Änderung der Grundlagen der Ausschreibung zu verstehen ist, sei ein Urteil des Oberlandesgerichts Düsseldorf erwähnt. Danach wurden Änderungen von Angebotspositionen im Wert von etwa 5 % des Auftragswertes nicht als schwerwiegender Grund für eine Aufhebung der Ausschreibung anerkannt. Dem günstigsten Anbieter wurde nicht nur die Erstattung der Kalkulationskosten, sondern auch das Geltendmachen des entgangenen Gewinns zuerkannt.

Änderungen in der Ausführung, die vor Auftragsvergabe festgestellt werden, berechtigen den Auftraggeber erst dann zur Aufhebung der Ausschreibung, wenn es nicht mehr möglich ist, über geänderte und zusätzliche Leistungen unter Anwendung der entsprechenden Vergütungsregelungen der VOB/B (§ 2 Nr. 5 und 6) eine wirtschaftliche Ausführung der Gesamtleistung zu erhalten.

Unter Änderung der Grundlagen der Ausschreibung ist nach Meinung einiger Kommentare zur VOB eventuell der Fortfall der Finanzierungsgrundlage, eine wesentliche bauliche Änderung oder der Fortfall ganzer Bauteile des Baukörpers zu verstehen (siehe auch **Fachkunde** und **Beschränkte Ausschreibung**).

Aufmaß Zur Feststellung der endgültigen Abrechnungsmengen wird, falls es sich nicht um einen Pauschalauftrag handelt, üblicherweise ein Aufmaß erstellt. Dieses kann während des Baufortschritts vor Ort oder auch nach Abrechnungsplänen genommen werden. Die VOB/C, DIN 18 299 versucht zwar, in ihren Abrechnungsbestimmungen das Aufmaß nach Zeichnung zu favorisieren, aber nach wie vor ist das örtliche Aufmaß üblich.

Wer soll dieses Aufmaß machen: ein Baustellenfremder aus Ihrem Büro oder der Monteur oder Obermonteur, der die Baustelle kennt? Letztere sind bestimmt besser geeignet, die Leistung, die sie selbst erbracht haben, festzuhalten. Vor allen Dingen erinnern sie sich sofort wieder an Schwierigkeiten und zusätzliche Arbeiten, die nicht mit den Vertragspreisen abgegolten sein können. Geben Sie dann diesen Mitarbeitern noch eine Baustellenprämie, die sich am Ergebnis der Baustelle orientiert, so werden Sie ein optimales und vollständiges Aufmaß erhalten.

Bei größeren Bauvorhaben werden vom Auftraggeber häufig Bauleiter oder Fachingenieure eingesetzt, die mit Ihren Mitarbeitern ein gemeinsames Aufmaß machen sollen. Das muß jedoch nicht so weit gehen, daß der Fachingenieur stundenlang beim Aufmaß mitwirkt. Diese Fachleute werden nicht nach Stunden bezahlt, sondern das Honorar hängt direkt von der Abrechnungssumme ab. Und außerdem haben sie wenig Zeit, weil sie noch andere Aufgaben zu erledigen und andere Baustellen zu betreuen haben. Versuchen Sie mit diesen Leuten zu einer Vereinbarung zu kommen, die beiden Seiten nur Vorteile bringt, ohne dem Bauherrn zu schaden. Schlagen Sie ein nachkontrollierbares Aufmaß, unterteilt nach Baubereichen oder Zeichnungsabschnitten, vor, das Ihre Mitarbeiter selbst in Ruhe erstellen können und der Bauleiter oder Fachingenieur trotzdem jederzeit die Möglichkeit behält, seine Kontrollfunktion wahrzunehmen. Das hat zwei Vorteile – Ihre Mitarbeiter vergessen keine ausgeführte Leistung, wie es sonst unter dem Zeitdruck unvermeidlich gewesen wäre, und der Vertreter des Auftraggebers spart Zeit, ohne seine Pflichten zu vernachlässigen. Im übrigen ist diese Regelung ganz im Sinne der VOB/C, DIN 18 299, denn eine Abrechnung nach Zeichnung setzt kein gemeinsames Aufmaß voraus.

Sie sollten versuchen, für jedes Aufmaß die Anerkennung durch Unterschrift des Fachingenieurs oder Architekten zu erlangen. Durch eine datumsgleiche Unterschrift wird das Aufmaß zum gemeinsamen Aufmaß erklärt. Ein gemeinsam vom Auftragnehmer und Auftraggeber durchgeführtes Aufmaß ist für die Vertragspartner bindend und kann nur, z. B. beim Feststellen von Meßfehlern, wegen Irrtums nach § 119 BGB oder wegen arglistiger Täuschung angefochten werden. Auch der öffentliche Auftraggeber unterliegt dieser Bindung. Daran kann auch ein Rechnungsprüfer, der sich Jahre später Ihre Rechnung vornimmt, nichts ändern. Das gemeinsame Aufmaß kann auch auf Veranlassung des Rechnungsprüfers nur dann vom Auftraggeber angefochten werden, wenn der Nachweis von Aufmaßfehlern oder Rechenfehlern erbracht wird. Bei falscher Anwendung der Aufmaßbestimmungen allerdings entfällt die gemeinsame Bindung sofort, und dem betroffenen Vertragspartner steht umgehend der kostenmäßige Ausgleich des Aufmaßfehlers zu.

Nach VOB/B § 14 Nr. 1 haben Sie Ihre Leistung prüfbar abzurechnen. Auch die Leistungen, für die Sie Abschlagszahlungen verlangen, sind durch eine prüfbare Aufstellung nachzuweisen (VOB/B § 16 Nr. 1). Das bedeutet aber, daß Ihre Leistung von Beginn an exakt aufzumessen ist. Hat der Bauherr oder ein Vertreter, z. B. der Fachingenieur, diese Aufmaße mit Ihnen gemeinsam gemacht, so bestätigt seine Unterschrift auf den Aufmaßblättern bereits Ihre Leistung. Wie liegt aber der Fall, wenn trotz Ihrer Aufforderung niemand für ein gemeinsames Aufmaß Zeit hat? Dann erstellen Sie eben allein ein nachprüfbares Aufmaß und übersenden es, z. B. mit Ihrer Abschlagsrechnung, Ihrem Auftraggeber mit der Bitte um Anerkennung und Zahlung. Erhalten Sie daraufhin Ihr Geld ohne irgendwelche Einschränkungen, gilt Ihr Aufmaß als anerkannt. Ändert dagegen Ihr Auftraggeber das von Ihnen allein erstellte Aufmaß, so muß er auch nachweisen, das Ihre Massenermittlung falsch war. Kann er diesen Nachweis nicht detailliert führen, so bestehen Sie auf Anerkennung Ihrer Zahlen. Sie sind nicht verpflichtet, ein neues, gemeinsames Aufmaß mit Ihrem Auftraggeber zu erstellen, wenn er früher trotz Ihrer Bitte für ein gemeinsames Aufmaß keine Zeit hatte.

Aufrechnung Es gibt eine Bestimmung in der VOB/B, die von allen Unternehmern als äußerst ungerecht empfunden wird. Sie steht im § 16 Nr. 3 Abs. 2 und lautet:

> „Die vorbehaltlose Annahme der Schlußzahlung schließt Nachforderungen aus, wenn der Auftragnehmer über die Schlußzahlung schriftlich unterrichtet und auf die Ausschlußwirkung hingewiesen wurde."

Das ist wohl eine der am meisten diskutierten Bestimmungen der VOB. Es wird wohl keinen Unternehmer geben, der noch nie vergessen hat, eine erbrachte Leistung abzurechnen. Aber nach vorbehaltloser Annahme der Schlußzahlung tritt die Ausschlußwirkung ein, und weitere Forderungen, auch wenn sie berechtigt sind, können dem Auftraggeber nicht mehr gestellt werden.

Von dieser Regel gibt es jedoch Ausnahmen. Solche offenen Forderungen können Sie z. B. gegen Rückzahlungsforderungen des Auftraggebers aufrechnen. Rückforderungen seitens des Auftraggebers können nach erneuter Prüfung der Schlußrechnung durch den Bauherrn selbst oder bei öffentlichen Bauten durch eine Prüfungsinstanz, z. B. den Bundesrechnungshof, entstehen.

Es gibt aber noch weitere Möglichkeiten, um zu Ihrem Geld zu kommen. Haben Sie mit dem Bauherrn oder Auftraggeber noch ein zweites Vertragsverhältnis, so können Sie Überzahlungen aus diesem Bauvertrag einbehalten und mit Ihren Forderungen aus dem ersten Bauvertrag ausgleichen, und zwar unabhängig davon, ob der erste Bauvertrag inzwischen der Ausschlußwirkung des § 16 Nr. 3 Abs. 2 unterliegt. Sie müssen also der Forderung des Auftraggebers auf Rückzahlung der überzahlten Beträge aus dem zweiten Vertragsverhältnis nicht nachkommen (BGH-Urteile vom 5.11.1964 und vom 16.6.1969).

Die Begründung für diese Möglichkeit der Aufrechnung wird in den BGH-Urteilen vom 6.12.1973, vom 27.4.1978, vom 8.6.1978 und vom 24.3.1983 gegeben:

Die vorbehaltlose Annahme der Schlußzahlung gemäß § 16 Nr. 3 Abs. 2 VOB/B führt nicht zum Erlöschen von (bis dahin) berechtigten Mehrforderungen des Auftragnehmers, sondern lediglich dazu, daß der Auftragnehmer die Bezahlung nicht mehr erzwingen kann. Die Forderungen erlöschen entsprechend den Gesetzesbestimmungen über die Verjährung.

Haben Sie bei der Aufstellung Ihrer Schlußrechnung Abschlagszahlungen irrtümlich doppelt abgezogen oder Abschlagszahlungen, die bereits auf gesondert berechnete Leistungen gutgeschrieben wurden, noch einmal berücksichtigt, so können Sie auch nach vorbehaltloser Annahme der Schlußzahlung die Rückzahlung dieser doppelt abgesetzten Abschlagszahlungen verlangen (BGH-Urteil vom 6.5.1985) (siehe auch **Nachberechnung**).

Aufstellungszeichnung Verlangt der Auftraggeber oder sein bevollmächtigter Fachingenieur von Ihnen die Anfertigung von Aufstellungszeichnungen, z. B. für Hebeanlagen, Pumpen oder Warmwasserbereiter, so müssen Sie diese nicht umsonst zeichnen lassen. Sie können für solch eine **zusätzliche Leistung** eine angemessene Extra-Vergütung verlangen.

Zur Abwehr Ihrer Forderung kann sich der Auftraggeber auf VOB Teil C berufen. Dort heißt es in der DIN 18 381, Gas-, Wasser- und Abwasser-Installationsarbeiten innerhalb von Gebäuden, unter Punkt 3.1.2: „Der Auftragnehmer hat dem Auftraggeber vor Beginn der Montagearbeiten alle Angaben zu machen, die für den reibungslosen Einbau und ordnungsgemäßen Betrieb der Anlage notwendig sind. Der Auftragnehmer hat nach Planungsunterlagen und Berechnungen des Auftraggebers die für die Ausführung erforderliche Montage- und Werkstattplanung zu erbringen und, soweit erforderlich, mit dem Auftraggeber abzustimmen. Dazu gehören insbesondere: Montagepläne, Werkstattzeichnungen, Stromlaufpläne, Fundamentpläne. Der Auftragnehmer hat dem Auftraggeber rechtzeitig Angaben zu machen über die Gewichte der Einbauteile, Stromaufnahme und gegebenenfalls den Anlaufstrom der elektrischen Bauteile und sonstige Erfordernisse für den Einbau."

Sollte Ihr Auftraggeber diese Bestimmungen anführen, so können Sie kontern und erklären, daß Sie gern bereit sind (oder es auch waren), die für die Montage und das Fundament notwendigen Angaben zu machen, aber nicht mit einer zusätzlichen Aufstellungszeichnung. Und wenn nach den Plänen des Auftraggebers, die meist nur im Maßstab 1:50 vorliegen, die Einbausituation nicht klar ist und zusätzliche Maße am Bau genommen werden müssen, dann ist das eine zusätzliche und von Ihnen vorher nicht kalkulierbare Leistung.

Das Anfertigen einer Aufstellungszeichnung gehört nicht zu den **Nebenleistungen**. Mit Nebenleistungen sind alle die Leistungen gemeint, die der Auftragnehmer im Zusammenhang mit den in der Leistungsbeschreibung genannten Hauptleistungen erbringen muß. In den in der VOB/C, DIN 18 299 und DIN 18 381 aufgeführten Nebenleistungen ist die Aufstellungszeichnung jedoch nicht enthalten, so daß alle Gründe dafür sprechen, daß das Anfertigen von Aufstellungszeichnungen eine Leistung ist, die zusätzlich zu vergüten ist. Vor der Ausführung müssen Sie Ihrem Auftraggeber aber Ihren Anspruch auf zusätzliche Vergütung ankündigen.

Auftragsbestätigung Nach einer mündlichen Auftragserteilung wird von vielen Unternehmern eine Auftragsbestätigung geschrieben und dem Auftraggeber zugesandt. Wird hiermit der Auftrag fest abgeschlossen, oder welchen Wert hat die schriftliche Auftragsbestätigung?

Selbst nach dem gesetzlichen Vertragsrecht ist in Zweifelsfällen die Auftragsbestätigung nicht viel wert, wenn es Ihnen nicht gelingt nachzuweisen, daß Ihnen der Auftrag mündlich erteilt wurde. Auch das VOB-Vertragsrecht sieht nur die schriftliche Form der Auftragserteilung vor. In § 28 VOB/A wird zwar nur von „Zuschlag" gesprochen, aber im § 29 heißt es dann schon „Zuschlagsschreiben und andere Schriftstücke".

Für Sie noch ungünstiger ist es, wenn Ihnen der mündliche Auftrag von einem öffentlichen Auftraggeber erteilt wurde. Hier ist Ihre Auftragsbestätigung absolut wertlos. Abgesehen von ganz wenigen Ausnahmen ist nämlich der öffentliche Auftraggeber verpflichtet, seine Aufträge nur in schriftlicher Form zu erteilen. Damit ist jede mündliche Auftragsvergabe ungültig, auch wenn sie vor Zeugen stattfand. Auf diese ungültige Auftragserteilung mit einer schriftlichen Auftragsbestätigung zu reagieren, ist ohne Wert. In jedem Fall ist es für Sie günstiger, auf eine mündliche

Auftragserteilung Ihrem Auftraggeber ein schriftliches Angebot mit Leistungsaufstellung zu senden und ihn zu bitten, auf der Zweitschrift die Auftragserteilung schriftlich zu bestätigen.

Erhalten Sie einen schriftlichen Auftrag und reagieren Sie mit einer Auftragsbestätigung, so hat das nur beim privaten Bauherrn Erfolg, weil damit Ihre Liefer- und Montagebedingungen Vertragsbestandteil werden, sofern Ihr Auftraggeber einzelnen Bestimmungen nicht widerspricht.

Bei öffentlichen Auftraggebern bedeutet die schriftliche Auftragsbestätigung nur zusätzliche Arbeit, denn Ihre Allgemeinen Geschäftsbedingungen werden immer nur ergänzend zu den Bedingungen des Auftragschreibens gültig. Widersprechen Sie mit einer Auftragsbestätigung einzelnen Leistungsteilen und beabsichtigen Sie damit eine Auftragsänderung, so gilt Ihre Auftragsbestätigung als neues Angebot an den Auftraggeber. Dieser muß neu über die Annahme Ihres Angebotes entscheiden. Sie haben mit diesem Änderungsersuchen das gesamte Vertragsverhältnis wieder geöffnet. Der Auftrag kann jetzt auch einem anderen Anbieter erteilt werden. Es ist also für Sie fast immer günstiger, auf eine schriftliche Auftragsbestätigung zu verzichten. In jedem Fall sparen Sie sich damit erhebliche Kosten.

Auftragserteilung   Die Zeiten, in denen ein Geschäft mündlich vereinbart und durch Handschlag besiegelt wurde, sind vorbei. Heute sollten Sie immer darauf bestehen, daß Aufträge schriftlich erteilt werden. Das gilt sowohl für Aufträge des privaten als auch des öffentlichen Bauherrn.

Die Schriftform beim privaten Auftraggeber verhindert Unklarheiten bei späteren Streitfällen. Sie verhilft Ihnen darüber hinaus dazu, Ihre Abwicklungs- und Zahlungsbedingungen vertraglich zu vereinbaren, wenn Ihr Auftraggeber Ihnen den Auftrag „zu den Bedingungen Ihres Angebotes" erteilt. Spätere Behauptungen des Auftraggebers, daß mündlich etwas ganz anderes vereinbart wurde, sind dann als reine Schutz- oder Zweckbehauptungen zu werten. Es sei denn, er kann Zeugen benennen oder anderweitig glaubhaft machen, daß es triftige Gründe gab, den Auftrag nicht auch schriftlich zu ändern.

Noch wichtiger als beim privaten Bauherrn ist die schriftliche Auftragserteilung beim öffentlichen Auftraggeber. Mit wenigen Ausnahmen (z. B. bei einigen staatlichen Aufträgen) ist hier jede mündliche Auftragserteilung unwirksam. Einzelheiten sind in den Landkreis- und Gemeindeordnungen festgelegt. Jeder Auftrag einer Kommune bedarf zum Wirksamwerden der Schriftform. Hieraus folgert, daß z. B. sämtliche Änderungen und Nachträge, die Ihnen entweder vom Bauleiter oder vom Fachingenieur auf der Baustelle mitgeteilt oder mündlich in Auftrag gegeben werden, später von der Kommune nicht ohne weiteres bezahlt werden müssen. Hier gelten die Bestimmungen der VOB/B § 2 Nr. 8 (2). Gilt ein mündlicher Auftrag nicht als erteilt, so haben Sie eine Leistung ohne Auftrag erbracht. Nach der genannten VOB-Bedingung werden solche Arbeiten nicht vergütet. Auch über die Höhe der Ihnen zustehenden Vergütung kann später der öffentliche Auftraggeber ganz anderer Meinung sein als Sie. Bedenken Sie bitte, daß die meisten Aufträge nur vom Bau- und Vergabeausschuß der Kommune (Stadt, Gemeinde, Landkreis) beschlossen werden und daß dort mitunter auch Konkurrenten von Ihnen sitzen oder andere Mitbürger, die aus den unterschiedlichsten Gründen meinen, Ihre Preise wären überhöht.

Auch ein Mitarbeiter des zuständigen Bauamtes, z. B. der Stadt- oder Kreisbaumeister, kann Ihnen mündlich keine Aufträge erteilen. Diese Mitarbeiter des öffentlichen Auftraggebers sind selbst bei schriftlichen Aufträgen meistens nur befugt, bis einige Tausend Mark Einkaufswert alleinige Entscheidungen zu treffen. Bei allen Aufträgen, die Ihnen ein öffentlicher Auftraggeber erteilt, bestehen Sie auf die Schriftform, und bestehen Sie auch darauf, daß die Höhe der Vergütung darin festgelegt ist. Nur so sind Sie vor späteren Streichungen, z. B. durch Rechnungsprüfungsämter, oder anderen Streitigkeiten sicher (siehe auch **Nachtragsangebot**).

Außenkorrosion Verzinkte Rohrleitungen müssen, um Korrosion an der äußeren Rohroberfläche zu vermeiden, normalerweise nicht besonders geschützt werden. Es ist nur darauf zu achten, daß die Oberfläche unbeschädigt und trocken bleibt.

Beim Verlegen der Rohrleitungen im Freien, im Erdreich, in Wandschlitzen oder in feuchten Räumen besteht die Gefahr der Oberflächenbeschädigung und -korrosion. Auch für isolierte Rohrleitungen, bei Verwendung der normalen offenporigen und hohlräumigen Dämmstoffe, besteht bei Eindringen von Feuchtigkeit erhebliche Korrosionsgefahr. In diesen Fällen hilft häufig das Umwickeln der Rohre mit PE- oder PVC-Kunststoffbändern oder das Aufziehen eines Isolierschlauches. Diese Bänder oder Schläuche schützen die Oberfläche schon rein mechanisch gegen Beschädigung und verhindern, wenn sie doppelt überlappt gewickelt werden, daß Feuchtigkeit an das Rohr gelangt. Für Innenraumverlegung kann auch eine Isolierung der Rohre mit geschlossenporigen Dämmstoffen, bei denen die Schnittstellen dampfdicht verklebt werden müssen, Korrosion verhindern.

In allen vorgenannten Fällen bietet sich Ihnen die Möglichkeit, ein **Nachtragsangebot** einzureichen, denn häufig wird in den Leistungsbeschreibungen versäumt, entsprechende Positionen aufzunehmen. Sie sollten aber für diese **zusätzliche Leistung** nicht erst mit der Schlußrechnung Ihre Preise nennen. Ein während der Ausführung eingereichter Nachtragspreis wird vom Bauherrn leichter akzeptiert, als eine Position in der **Schlußrechnung**. Außerdem erfüllen Sie mit dem Nachtragsangebot die Forderung der VOB/B im § 2 Nr. 6, wonach Sie Ihrem Auftraggeber Ihren Vergütungsanspruch für eine zusätzliche Leistung immer vor der Ausführung ankündigen müssen.

Ausführungsunterlagen Es gibt mehrere Hinweise in der VOB, aus denen hervorgeht, daß die zur Ausführung notwendigen Zeichnungen, Berechnungen und sonstigen Angaben vom Auftraggeber zu liefern oder zu beschaffen sind. Vorrangig ist hier § 3 Nr. 1 der VOB/B zu nennen, dessen Text wie folgt lautet: „Die für die Ausführung nötigen Unterlagen sind vom Auftraggeber unentgeltlich und rechtzeitig zu übergeben." Weiterhin sagt die VOB/C, DIN 18 381 in Punkt 3.1.3 aus, daß der Auftragnehmer bei der Prüfung der vom Auftraggeber gelieferten Planungsunterlagen und Berechnungen u. a. auf die Rohrleitungsquerschnitte und Pumpenauslegungen mit Netzhydraulik zu achten hat. Daraus geht eindeutig hervor, daß der Auftraggeber u. a. die Rohrnetzberechnung und die **Ausführungszeichnungen** zu liefern hat. In diesen Zeichnungen müssen die Rohrnennweiten eingetragen sein.

Werden Ihnen die Ausführungsunterlagen nicht zur Verfügung gestellt, so müssen Sie, falls Sie Verzögerungen bei der Bauausführung vermeiden wollen, die Ausführungszeichnungen und die Rohrnetzberechnung selbst anfertigen. Sämtliche Kosten, die Ihnen dabei entstehen, können Sie Ihrem Auftraggeber in Rechnung stellen. § 2 Nr. 9 der VOB/B sagt hierzu wörtlich: „Verlangt der Auftraggeber Zeichnungen, Berechnungen oder andere Unterlagen, die der Auftragnehmer nach dem Vertrag, besonders den Technischen Vertragsbedingungen oder der gewerblichen Verkehrssitte, nicht zu beschaffen hat, so hat er sie zu vergüten. Läßt er vom Auftragnehmer nicht aufgestellte technische Berechnungen durch den

Auftragnehmer nachprüfen, so hat er die Kosten zu tragen." Bevor Sie mit der Anfertigung der Ausführungsunterlagen beginnen, müssen Sie Ihrem Auftraggeber ankündigen, daß Sie für diese zusätzliche Leistung eine besondere Vergütung fordern; ein Nachtragsangebot ist in diesem Fall genau das Richtige. Auf die Beauftragung müssen Sie nicht warten.

Versucht ein Auftraggeber, sich durch entsprechende Klauseln in den Vertragsbedingungen von dieser Vergütungspflicht zu befreien, so sind derartige Klauseln unwirksam, soweit sie als Allgemeine Geschäftsbedingungen im Sinne des **AGB–Gesetzes** gelten. Folgende Klausel wird gern verwendet: „Sollten dem Auftragnehmer Ausführungsunterlagen für die Ausführung seiner Leistung fehlen, hat er sie auf eigene Kosten zu beschaffen und dem Auftraggeber zur Genehmigung vorzulegen." Diese Bestimmung verstößt gegen § 9 AGB- Gesetz und § 3 Nr. 1 VOB/B und ist ungültig.

Zum Angebotszeitpunkt weiß der Auftragnehmer noch nicht, welche Ausführungsunterlagen fehlen und welche Kosten ihm für deren Erstellung oder Beschaffung entstehen werden. Insofern ist diese Ausschreibung nicht mit § 9 der VOB/A in Einklang zu bringen, wonach die Leistung eindeutig und erschöpfend zu beschreiben ist und dem Auftragnehmer kein ungewöhnliches Wagnis aufgebürdet werden soll für Umstände und Ereignisse, auf die er keinen Einfluß hat und deren Einwirkung auf Preise und Fristen er nicht im voraus schätzen kann.

Durch diese oder ähnliche Klauseln wird der Risikobereich so einseitig zu Lasten des Auftragnehmers vergrößert, daß von einer unangemessenen Benachteiligung im Sinne der Generalklausel des AGB-Gesetzes gesprochen werden muß (§ 9). Eine solche Klausel in den Allgemeinen Geschäftsbedingungen (z. B. Allgemeine oder Zusätzliche Vertragsbedingungen, u. U. auch Besondere Vertragsbedingungen, siehe **AGB-Gesetz**) ist unwirksam. Auch wenn Sie den Vertrag bzw. das Angebot unterschrieben haben, müssen Sie sich nicht an diese Klausel halten. Sie können dem Auftraggeber die Ihnen bei der Erstellung oder Beschaffung der Ausführungsunterlagen entstehenden Kosten in Rechnung stellen (siehe auch **Ausführungszeichnungen**).

Ausführungszeichnungen Wer hat die Ausführungspläne anzufertigen, der Fachingenieur oder der Auftragnehmer und wer trägt die Kosten? Wenn keine besondere vertragliche Regelung getroffen wurde, aber die VOB Gültigkeit hat, gilt folgendes: Im Normalfall haben Sie als

Auftragnehmer nach den Planungsunterlagen des Auftraggebers, die für die Ausführung erforderliche Montage- und Werkstattplanung zu erbringen (VOB/C, DIN 18 381 Punkt 3.1.2). Da die Montageplanung aber etwas anderes ist und erheblich weiter geht als die Ausführungsplanung, geht aus dieser Bestimmung bereits hervor, daß der Auftraggeber Ihnen die Ausführungszeichnungen zu liefern hat.

Nach DIN 18 381 Punkt 3.1.5 kann der Auftraggeber aber auch Ihnen die freie Wahl der Leitungsführung überlassen. Liegt hierfür eine vertragliche Vereinbarung (Auftrag) vor, haben Sie als Auftragnehmer die Ausführungspläne selbst aufzustellen. Diese Pläne müssen Sie dem Auftraggeber zur Genehmigung vorlegen. Ist er mit der geplanten Ausführung einverstanden, können Sie die erforderlichen Montagepläne, Fundament-, Schlitz- und Durchbruchpläne anfertigen. Unabhängig vom Einverständnis des Auftraggebers bleibt die Verantwortung für die vorgelegte Ausführungsplanung bei Ihnen.

Wer die Verantwortung für die Ausführung trägt, sollte auch für die Planung bezahlt werden! Diesem Gedanken folgt auch die VOB. Nach Punkt 4.2.20 der DIN 18 381 sind Planungsleistungen, wie Entwurfs-, Ausführungs- und Genehmigungsplanung sowie die Planung von Schlitzen und Durchbrüchen **Besondere Leistungen**. Was aber sind nach VOB Besondere Leistungen? Das sind Leistungen, die nicht **Nebenleistungen** sind und nur dann zur vertraglichen Leistung gehören, wenn sie in der Leistungsbeschreibung besonders erwähnt sind. Das heißt aber, daß Ihnen, sofern Sie keine andere vertragliche Regelung getroffen haben, das Anfertigen von Ausführungszeichnungen vergütet werden muß.

Erhalten Sie von Ihrem Auftraggeber, dem bevollmächtigten Ingenieur oder Architekten, lediglich Gebäudegrundrisse und -schnitte, so müssen Sie sich durch Einzeichnen der Behälter, Pumpen, Verteiler, Rohrleitungen und Einrichtungsgegenstände selbst Ausführungszeichnungen herstellen. Das sollten Sie jedoch erst dann machen, wenn Sie von Ihrem Auftraggeber vergeblich, und zwar schriftlich, Ausführungspläne verlangt und ihm angekündigt haben, daß Sie die Ausführungszeichnungen gegen zusätzliche Vergütung selbst anfertigen werden. Am einfachsten ist es, wenn Sie für den Zeitaufwand Ingenieurstundensätze in Rechnung stellen.

Ihre Forderung nach Vergütung der Ausführungsplanung wird nicht nur durch Punkt 4.2.20 der DIN 18 381 bestätigt, sondern auch durch die VOB/B. Hier heißt es im § 2 Nr. 9 u. a. wörtlich: „Verlangt der Auftraggeber Zeichnungen, Berechnungen oder andere Unterlagen, die der Auftragnehmer nach dem Vertrag, besonders den Technischen Vertragsbedingungen oder der gewerblichen Verkehrssitte, nicht zu beschaffen hat, so hat er [der Auftraggeber!] sie zu vergüten."

Falls nicht bereits Ihr Angebot feste Sätze für die in Rechnung zu stellenden Meister- oder Ingenieurstunden enthält, können Sie diese so kalkulieren, daß auch die Umlage für die Allgemeinen Geschäftskosten sowie Wagnis und Gewinn in gleicher Höhe enthalten sind, wie Sie sie bereits im Hauptangebot einkalkuliert haben (siehe auch **Ausführungsunterlagen**).

Liefert Ihnen Ihr Auftraggeber oder sein Beauftragter zwar die Ausführungszeichnungen, hält aber die notwendigen Termine nicht ein, so können Ihnen auf der Baustelle Stillstandszeiten entstehen. Die hierdurch anfallenden Kosten können Sie Ihrem Auftraggeber in Rechnung stellen. Voraussetzung ist allerdings, daß Sie ihn vorher auf die zwangsläufige Unterbrechung der Arbeiten bei Fehlen der Ausführungspläne und die dadurch entstehenden Mehrkosten aufmerksam gemacht haben. Ihre Forderung begründet sich in diesem Fall auf § 6 Nr. 6 der VOB/B, da diese **Behinderung** vom Auftraggeber zu vertreten ist.

Ausschreibung Liegt die Baugenehmigung vor und ist die Planung abgeschlossen, der Leistungsumfang festgelegt, sind die Finanzen gesichert und die Ausführungsfristen bekannt, kann normalerweise die Leistung ausgeschrieben werden. Dem öffentlichen Auftraggeber wird im Teil A der VOB im § 16 sogar vorgeschrieben, daß er erst dann eine Bauleistung ausschreiben soll, wenn alle Verdingungsunterlagen fertiggestellt sind und mit der Ausführung innerhalb der angegebenen Fristen begonnen werden kann. Verstößt er gegen diese Vorschrift, indem er die Leistung ausschreibt, und es kommt nicht zu einer Auftragserteilung, z. B. weil das Bauvorhaben nicht ausgeführt wird, so können Sie sämtliche Kosten, die Ihnen durch die Angebotsabgabe entstanden sind, in Rechnung stellen. Den Auftraggeber trifft in diesem Fall ein Verschulden bei Anbahnung eines Vertragsverhältnisses, wodurch er für Sie schadenersatzpflichtig wird. Das gilt auch, wenn der öffentliche Auftraggeber eine Ausschreibung durchführt, die vergabefremden Zwecken dient, z. B. nur einer Kostenermittlung.

Die Schadenersatzpflicht endet aber nicht bei den reinen Angebotskosten, sondern umfaßt jeden Schaden, der Ihnen entstanden ist. Waren Sie günstigster Bieter, so können Sie zusätzlich die entgangenen Einnahmen aus Wagnis und Gewinn vom Ausschreibenden fordern. Sollte es

Ihnen nach dieser Ausschreibung nicht mehr möglich gewesen sein, neue Aufträge zu erhalten, so können Sie auch die Lohnkosten der Mitarbeiter, die Sie danach nicht beschäftigen konnten, aber bezahlen mußten, als Schaden geltend machen (siehe auch **Beschränkte Ausschreibung, Aufhebung der Ausschreibung**).

Ausschreibungskosten Bei einer Öffentlichen Ausschreibung darf der Auftraggeber für die Verdingungsunterlagen, das sind im wesentlichen die Leistungsbeschreibung und die beigefügten Vertragsunterlagen, die er auf Anforderung abgibt, eine Entschädigung fordern. Das schreibt die VOB/A im § 20 vor.

Anders ist es bei der Beschränkten Ausschreibung und der Freihändigen Vergabe geregelt. In diesen beiden Fällen sind sämtliche Ausschreibungsunterlagen kostenlos abzugeben. Sollte doch mal ein Auftraggeber versuchen, auch bei diesen Ausschreibungsverfahren Abgabegebühren in Rechnung zu stellen oder zu verlangen, so können Sie unter Hinweis auf VOB/A § 20 Nr. 1 (2) dieses Verlangen zurückweisen.

Bei der Öffentlichen Ausschreibung ist vom Auftraggeber bereits in der Bekanntmachung anzugeben, wie hoch die für die Verdingungsunterlagen zu leistende Entschädigung ist. Weiterhin verlangt die VOB/A im § 20, daß in der Bekanntmachung auch anzugeben ist, daß diese Entschädigung nicht zurückgezahlt wird. Fehlt dieser Hinweis, können Sie, sofern Sie ein Angebot abgegeben haben, die Erstattung der Entschädigung verlangen. Aber selbst wenn der Auftraggeber bekanntgemacht hat, daß eine Rückzahlung unterbleibt, sollte bei größeren Beträgen immer die Erstattung verlangt werden. Hier muß vom Grundgedanken, der zur Einführung dieser Entschädigung für die Abgabe der Ausschreibungsunterlagen führte, ausgegangen werden:

Was wollte der Auftraggeber mit der Entschädigung erreichen? Bei einer Öffentlichen Ausschreibung werden die Verdingungsunterlagen auch von Bewerbern angefordert, die entweder von vornherein nicht beabsichtigt haben, ein Angebot abzugeben, weil sie diese Unterlagen für andere Zwecke benötigen oder aus anderen Gründen angefordert haben oder die nur halbherzig die Absicht haben, ein Angebot abzugeben. Die für die Herausgabe der Ausschreibungsunterlagen verlangte Entschädigung soll den Auftraggeber vor diesen nicht ernsthaft interessierten Bewerbern schützen.

Verfolgt man jetzt diesen Gedanken konsequent weiter, so muß man eindeutig zu dem Schluß kommen, daß den Bewerbern, die ein Angebot abgegeben haben, die Entschädigung erstattet werden muß. Für dieses Ergebnis spricht ja auch, daß die VOB ausdrücklich vorsieht, bei Beschränkter Ausschreibung und Freihändiger Vergabe für die Ausschreibungsunterlagen kein Entgelt zu verlangen. Warum sollen Anbieter bei einer Öffentlichen Ausschreibung schlechter gestellt sein als Anbieter bei einer Beschränkten Ausschreibung?

Verweigert ein öffentlicher Auftraggeber die Erstattung der Entschädigung, so verstößt er gegen den Gleichbehandlungsgrundsatz. Sie sollten in jedem Fall die für die Ausschreibungsunterlagen bezahlte Entschädigung zurückfordern. Zu beachten ist in diesem Zusammenhang, daß nur der öffentliche Auftraggeber angewiesen ist, sich an die Vorschriften der VOB/A zu halten. Für den privaten Auftraggeber stellt es ein übliches Regelwerk dar, das weder Verordnung noch Gesetz ist. Da während der Ausschreibung kein Vertragsverhältnis besteht, kann der private Auftraggeber sich nach der VOB/A richten, wenn er will, er muß es aber nicht.

Gelegentlich wird argumentiert, daß die Erstattung der Entschädigung einen höheren Verwaltungsaufwand verursacht, als es der Betrag wert ist. Dem kann nur entgegengehalten werden, daß jeder auf ein Erstattungsgesuch herausgehende ablehnende Bescheid einen noch viel größeren Verwaltungsaufwand bewirkt als die Auszahlungsanweisung an die Kasse. Und außerdem läßt sich leicht eine größere Anzahl Verwaltungsakte auflisten, die erheblich aufwendiger sind als ihr Nutzen und die trotzdem ausgeführt werden müssen.

Verlangt ein Auftraggeber als Entschädigung für die Ausschreibungsunterlagen einen Betrag, der deutlich über die Kosten für das Kopieren der einzelnen Seiten hinausgeht, so können Sie in jedem Fall den zuvielbezahlten Betrag zurückfordern. Verweigert Ihr Auftraggeber die Erstattung dieser überhöhten Entschädigung, die Sie für die Abgabe der Ausschreibungsunterlagen bezahlt haben, so sollten Sie sich sofort an Ihre zuständige VOB-Beratungsstelle wenden. Wenn Sie dort den Sachverhalt ausführlich schildern, wird diese Ihnen helfen, zumindest bei öffentlichen Auftraggebern, daß dieser VOB-Verstoß gerügt wird und Sie zu Ihrem Geld kommen.

B

Bankbürgschaft Sicherheitsleistungen sind von Ihnen nur zu erbringen, wenn sie vertraglich vereinbart wurden. Sie dienen dazu, die vertragsgemäße Ausführung der Leistung und der Gewährleistung sicherzustellen. Falls Sie im Vertrag nichts anderes mit Ihrem Auftraggeber vereinbart haben, kann die Sicherheit durch Hinterlegung von Geld oder Stellung einer Bankbürgschaft geleistet werden. Welche dieser beiden Möglichkeiten Sie wählen wollen, liegt ganz allein bei Ihnen. Da die Bankbürgschaft üblicherweise die kostengünstigere Lösung darstellt, empfiehlt es sich, jeden Sicherheitseinbehalt, auch den bei Abschlagszahlungen, durch eine Bankbürgschaft abzulösen.

Die Höhe der Sicherheit für die Erfüllung sämtlicher Verpflichtungen aus dem Vertrag sollte nicht über 5 % der Auftragssumme liegen. Dieser Wert wird im § 14 der VOB/A dem öffentlichen Auftraggeber vorgeschrieben. Aber auch der private Bauherr muß schon außergewöhnliche Gründe haben, um eine Sicherheitshöhe, die seit Jahren als ausreichend bekannt ist, noch weiter zu erhöhen. Ist vertraglich vereinbart, daß der Auftraggeber bei jeder Abschlagszahlung 10 % als Sicherheit einbehalten kann, muß er aber auch hier die Grenze von 5 % beachten. Nach VOB/B § 17 Nr. 6 darf er also nur solange 10 % einbehalten, bis die vereinbarte Sicherheitssumme erreicht ist. Danach sind keine Sicherheitseinbehalte und damit auch keine Ablösungen durch Bankbürgschaften mehr vorzunehmen.

Wurde die gelieferte Sanitäranlage – also Ihre Leistung – vom Bauherrn abgenommen und ist Sicherheit nur noch für die Gewährleistung zu stellen, so können Sie eine Reduzierung der Höhe der Bürgschaft auf 3 % der Abrechnungssumme verlangen. Das schreibt § 14 Nr. 2 vor.

Sie können sogar fordern, daß die Sicherheit ganz entfällt. Sollte eine entsprechende vertragliche Regelung, z. B. durch die Zusätzlichen Vertragsbedingungen für die Ausführung von Bauleistungen im Hochbau (ZVH) oder ähnliche Bedingungen, nicht gegeben sein, so stützen Sie Ihre Forderungen auf § 14 Nr. 1 der Allgemeinen Vergabebestimmungen VOB/A. Dort wird festgelegt, daß auf Sicherheitsleistung und damit auf die Bankbürgschaft ganz oder teilweise verzichtet werden soll, wenn Mängel der Leistung voraussichtlich nicht eintreten oder wenn Sie als Unternehmer ausreichend bekannt sind und genügend Gewähr für die vertragsgemäße Leistung und die Beseitigung etwa auftretender Mängel bieten.

Lesen Sie bitte zuerst die Zusätzlichen oder auch die Besonderen Vertragsbedingungen, die eventuell Bestandteil des Vertrages sind, denn auf dort festgelegte Reduzierungen der Höhe der Sicherheitssumme haben Sie einen Rechtsanspruch. Stützen Sie Ihre Forderung dagegen auf die VOB/A, müssen Sie immer bedenken, daß diese Vergabebestimmungen nicht Vertragsbestandteil werden; jedoch ist der öffentliche Auftraggeber durch Verordnung verpflichtet, die Bestimmungen der VOB/A zu beachten (siehe auch **Sicherheitsleistung, Bürgschaftskosten**).

Bau-WC Häufig verlangt der Auftraggeber, die sanitären Einrichtungen für die Baustelle so zeitig zu installieren, daß Sie, ohne den Hauptauftrag in Händen zu haben, anfangen müssen. Aber selbst wenn Sie den Auftrag schon haben, sind mit Sicherheit keine Preise für die Baustellen-WC-Einrichtung darin enthalten. Diese Leistung wird in den Leistungsbeschreibungen meistens vergessen. Und weil der zeitliche Abstand zwischen Ausführung und Schlußrechnung der Hauptleistung so groß ist, wird auch von vielen Auftragnehmern die Abrechnung dieser Leistung vergessen.

Wenn Sie diese Leistung nicht gleich nach Abschluß mit einer eigenen Rechnung abgerechnet haben, rechnen Sie die Installation eines Baustellen-WCs am besten mit der Schlußrechnung als geänderte Leistung ab. Aufbauend auf einer Position der Leistungsbeschreibung können Sie sämtliche zusätzlichen Kosten, die Ihnen entstanden sind, in Rechnung stellen. Hier sind häufig erhebliche Mehrkosten durch die vorgezogene Installation der Bewässerungsleitung und Verlegung der Entwässerungsleitung angefallen. Aber auch eine Abrechnung als Regieleistung ist denkbar, wenn die Bauleitung Ihnen die Stunden bestätigt hat. Wichtig ist, daß keine Kosten vergessen werden.

Baugenehmigung Für die Einholung der Baugenehmigung ist allein der Bauherr zuständig. Verzögert sich die Erteilung der Baugenehmigung durch die Behörden oder werden dem Bauherrn Auflagen genannt, durch deren Berücksichtigung der ganze Bauablauf terminlich nicht mehr den mit Ihnen getroffenen vertraglichen Regelungen entspricht, so werden Sie in der Ausführung des Ihnen erteilten Auftrages behindert. Diese **Behinderung** hat der Auftraggeber zu vertreten. Nach VOB/B § 4 Nr. 1

ist er verpflichtet, die benötigten öffentlich-rechtlichen Genehmigungen einzuholen und sonstige Voraussetzungen für den Baubeginn zu schaffen. Entsteht Ihnen durch diese Behinderung ein Schaden, so können Sie von Ihrem Auftraggeber die Erstattung der angefallenen Kosten verlangen (siehe VOB/B § 6 Nr. 6). Eine Behinderungsanzeige ist in diesem Fall nicht erforderlich, da die hindernde Wirkung durch die Verzögerung der Baugenehmigungserteilung dem Auftraggeber offenkundig bekannt ist.

Welche Kosten können durch eine derartige Behinderung entstehen? Da der Termin für den Baubeginn sich verzögert hat, entstand z. B. ein Leerlauf beim Einsatz der Montagegruppen. Vielleicht mußten Sie auch die Baustelle zweimal einrichten oder der spätere Beginn machte den Einsatz zusätzlicher und teurer Leihkräfte erforderlich. Die Höhe eines Ihnen entstandenen Schadens muß in jedem Fall von Ihnen nachgewiesen werden (siehe auch **Behinderung**).

Bauleistungsversicherung Der Versicherungsschutz einer Bauwesenversicherung erstreckt sich auf nicht voraussehbare Beschädigung oder Zerstörung der versicherten Bauleistung. Er umfaßt meistens nicht die Baustelleneinrichtung, Baubuden, Baufahrzeuge und Maschinen. Aus diesem Grund spricht man nicht mehr von Bauwesenversicherung, sondern von Bauleistungsversicherung. Die Versicherung erstattet die Kosten, die Sie aufwenden müssen, um die Schäden zu beseitigen, d. h. den Ursprungszustand wiederherzustellen. Sie sollten, ganz unabhängig von spektakulären Schadensfällen wie Diebstahl oder ähnliches, in bestimmten Zeitabständen die bereits erbrachte Leistung begutachten, eventuelle Beschädigungen feststellen und Ansprüche daraus Ihrem Auftraggeber melden.

Zum Zeitpunkt der Ausschreibung kennen viele Bauherren die Höhe der Prämie für die Bauleistungsversicherung noch nicht, weil sie diese Versicherung noch garnicht abgeschlossen haben. In den Ausschreibungsunterlagen müssen sie aber angeben, welchen Prozentsatz sie den Auftragnehmern von der Abrechnungssumme in Abzug bringen werden. Diese Angabe muß mit der später mit der Versicherung vereinbarten Prämie nicht übereinstimmen. Hier lohnt es sich häufig, den Bauherrn zu bitten, den von der Schlußrechnung abgezogenen Prozentsatz zu belegen und, falls der echte Versicherungssatz niedriger ist, den Differenzbetrag zurückzuverlangen. Damit Ihr Vorgehen aber nach VOB/B korrekt ist, müssen Sie nach Erhalt der Schlußzahlung innerhalb von 24 Werktagen Ihren Vorbehalt erklären (VOB/B § 16 Nr. 3 Abs. 5).

Ob Sie jedoch eine Minderung des Abzuges für die Versicherungsprämie erreichen können, hängt überwiegend von der getroffenen vertraglichen Regelung ab. Ist im Vertrag vorgesehen, daß der Auftragnehmer einen bestimmten Prozentsatz für die Bauleistungsversicherung einkalkulieren soll, der bei der Schlußabrechnung vom Bauherrn in gleicher Höhe einbehalten wird, ist Ihnen kein Schaden entstanden. Daraus kann der Bauherr herleiten, daß Sie auch keinen Anspruch auf den Differenzbetrag zwischen der vereinbarten Prämie und der tatsächlichen Versicherungsprämie haben. In diesem Fall läßt sich nichts erzwingen, ein für Sie positives Ergebnis läßt sich nur auf dem Verhandlungswege erreichen. Die Frage muß jedoch erlaubt sein, ob es gerecht ist, wenn sich der Auftraggeber durch diese Versicherung bereichert. Ihr Auftraggeber wird Ihnen zwar entgegenhalten, daß von einer Bereicherung nicht gesprochen werden kann. Er habe mit der Zahlung der vereinbarten Vergütung den einkalkulierten Betrag für die Bauleistungsversicherung bereits voll vergütet, so daß er keinen Vorteil von der vereinbarten höheren Prämie hatte. Aber hierzu kann nur erwidert werden, daß diese relativ kleinen Prozentsätze nur selten Eingang in die Kalkulation finden.

Enthalten aber die Vertragsbedingungen lediglich den Hinweis, daß bauseits eine Bauleistungsversicherung abgeschlossen wird, ohne auf eine detaillierte Kostenbeteiligung der am Bau beschäftigten Unternehmen hinzuweisen, müssen Sie die anteilige Prämie weder in Ihre Angebotspreise einkalkulieren noch sich einen entsprechenden Abzug von der Schlußzahlung gefallen lassen.

Werden Ihnen vor der Abnahme Teile der Sanitäranlage gestohlen oder beschädigt, so ist das keine höhere Gewalt und auch kein unabwendbarer Umstand, wie es die VOB/B in § 7 beschreibt. Sie können demnach die Kosten für die erneute Beschaffung bzw. Beseitigung des Schadens nicht bei Ihrem Auftraggeber geltend machen. In diesem Fall bleibt Ihnen nur die Bauleistungsversicherung, die diese Schäden abdeckt. Die Versicherungsbedingungen schreiben hierzu vor, daß z. B. in Diebstahlsfällen eine Anzeige bei der Polizei zu erstatten ist. Üblicherweise liegt aber diese Anzeigepflicht nicht bei Ihnen, sondern beim Versicherungsnehmer, und das ist fast immer der Auftraggeber. Unterläßt der Auftraggeber diese Diebstahlsanzeige, obwohl Sie ihm, möglichst schriftlich, die Umstände geschildert und alle notwendigen Angaben gemacht haben, und verweigert die Versicherung daraufhin die Zahlung, so haben Sie gegen Ihren Auftraggeber einen Schadenersatzanspruch in Höhe der nichterhaltenen Versicherungsleistung.

Baumängel Treten bereits während der Ausführungszeit Mängel an dem von Ihnen erstellten Werk auf, werden Sie sie in den meisten Fällen auf Ihre Kosten beseitigen lassen müssen. In diesem Stadium der Ausführung ist es erfahrungsgemäß sehr schwer, einem Dritten, z. B. einer anderen am Bau beteiligten Firma, ein Verschulden nachzuweisen. Auch eine Erstattung aus der Bauleistungsversicherung zu erhalten, ist nicht immer einfach durchzusetzen. Doch es sollte, sobald der Schaden die Selbstbeteiligung übertrifft, der Versuch unternommen werden.

Nach der **Abnahme** sind Schäden an der Sanitäranlage nur dann noch von Ihnen kostenlos zu beseitigen, wenn es sich um einen Gewährleistungsfall handelt. Das bedeutet aber, daß Sie nur verpflichtet sind, die Baumängel zu beseitigen, die während der **Gewährleistungsfrist** hervortreten und die auf eine vertragswidrige Leistung zurückzuführen sind. Sie haben ja mit der Gewährleistung nicht die Verpflichtung übernommen, jeden auftretenden Schaden zu beheben, sondern leisten nur Gewähr dafür, daß Ihre Leistung zum Zeitpunkt der Abnahme die vertraglich zugesicherten Eigenschaften hat, den anerkannten Regeln der Technik entspricht und nicht mit Fehlern behaftet ist, die den Wert oder die Tauglichkeit aufheben oder mindern. Damit sind aber z. B. Schäden, die auf mangelnde Wartung während der Gewährleistungszeit zurückgeführt werden können, nicht von Ihnen zu vertreten, es sei denn, Ihre Firma war auch mit der Wartung beauftragt.

Treten erst nach Ablauf der Gewährleistungsfrist Mängel an der Sanitärinstallation auf, sind Sie nicht mehr verpflichtet, die Schäden kostenlos zu beseitigen, es sei denn, Ihr Auftraggeber kann Ihnen arglistiges Verschweigen von Baumängeln nachweisen. Das aber ist nicht ganz einfach. Dazu muß der Auftraggeber den Beweis führen, daß der Mangel schon bei der Abnahme vorlag und daß Ihnen oder dem bei der Abnahme anwesenden Vertreter Ihrer Firma der Baumangel und seine Bedeutung (Erheblichkeit) für den Auftraggeber bereits zum Abnahmezeitpunkt bekannt war. Gelingt Ihrem Auftraggeber der Nachweis, daß Sie Mängel arglistig verschwiegen haben, so verjähren seine Ansprüche erst nach 30 Jahren (siehe auch **Nachbesserung**).

Bauseitige Geräte Liefert Ihr Auftraggeber Armaturen oder sonstige Geräte, die Sie einbauen und anschließen sollen, so können Sie sämtliche Kosten, die Ihnen entstehen, bzw. die dafür vereinbarten Einheits- oder Pauschalpreise in Rechnung stellen (siehe auch **Anschlüsse**).

Nach VOB/C, DIN 18 299 Punkt 0.2.15 sind in der Leistungsbeschreibung anzugeben: Art, Menge, Gewicht der Stoffe und Bauteile, die vom Auftraggeber beigestellt werden, sowie Art, Ort und Zeit ihrer Übergabe. Hat Ihr Auftraggeber versäumt, entsprechende Angaben zu machen und/ oder es auch versäumt, Hinweise zur Vergütungsregelung zu geben (z. B. LV-Position), so handelt es sich beim Einbau und Anschließen der Geräte um eine zusätzliche Leistung, die Ihnen auch extra zu vergüten ist. Nach VOB/B § 2 Nr. 6 steht Ihnen hierfür jedoch nur dann eine Vergütung zu, wenn Sie bereits vor der Ausführung Ihrem Auftraggeber Ihren Vergütungsanspruch angekündigt haben. Über die Form der Ankündigung ist nichts näher gesagt, so daß auch eine mündliche Ankündigung vertragsgerecht ist.

Ihr Vergütungsanspruch leitet sich aus folgenden Bestimmungen ab: Nach VOB/C, DIN 18 299 Punkt 4.1.9 ist nur das Befördern der vom Auftraggeber beigestellten Stoffe und Bauteile eine von Ihnen kostenlos zu erbringende Nebenleistung. Die DIN 18 381, Gas-, Wasser- und Abwasser-Installationsarbeiten innerhalb von Gebäuden, regelt unter Punkt 4.2.14, daß das Anschließen und Einbauen von bauseits gestellten Anlageteilen an Rohrleitungen eine besondere Leistung ist. Auch unter Berücksichtigung des oben zitierten Punktes 0.2.15 der DIN 18 299 ist eindeutig, daß der Einbau und jedes Anschließen von bauseits beigestellten Geräten oder Bauteilen jeder Art keine Nebenleistung und daher vergütungspflichtig ist.

Zu den zu vergütenden Kosten gehören Lohn-, Maschinen- und Materialkosten; letztere sind z. B. Schrauben, Dübel, dämpfendes Unterlegmaterial und Befestigungs- und Haltekonstruktionen (siehe auch **Beigestellte Stoffe**).

Baustellenräumung Müssen Sie eine Baustelle räumen aus Gründen, die Sie nicht zu vertreten haben, z. B. Geldmangel des Bauherrn, Behinderung oder Unterbrechung nach § 6 VOB/B, so können Sie die Kosten, die Ihnen dadurch entstehen, beim Auftraggeber geltend machen. Das können Kosten sein für: Abbruch der Baubude, Abtransport des Materials und des Werkzeuges, Transport von Schweißtrafo und Gasflaschen im und aus dem Gebäude. Und wenn die Baustelle wieder zu besetzen ist, fallen Kosten für die Wiedereinrichtung der Baustelle mit Aufbau der Baubude, Material- und Werkzeugtransport an. Auch Ausfallzeiten Ihrer Monteure, die nachweislich durch die Baustellenräumung entstehen, sind Schäden, deren Erstattung Sie von Ihrem Auftraggeber verlangen können (siehe auch **Behinderung, Baustellenunterbrechung**).

Baustellentransport Zu den Nebenleistungen, die Sie kostenlos erbringen müssen, gehören nach VOB/C, DIN 18 299 Punkt 4.1.9 folgende Arbeiten: Befördern aller Stoffe und Bauteile, auch wenn sie vom Auftraggeber beigestellt sind, von den Lagerstellen auf der Baustelle bzw. von den in der Leistungsbeschreibung angegebenen Übergabestellen zu den Verwendungsstellen und etwaiges Rückbefördern.

Die Kosten für diesen Baustellentransport können aber nur dann kalkuliert werden, wenn der Bauherr in seiner Ausschreibung gemäß Punkt 0.1.1 und 0.1.6 der DIN 18 299 die Baustelle und besonders die Lage und Größe der Ihnen für die Ausführung Ihrer Leistung zur Benutzung überlassenen Flächen näher beschreibt. Hat Ihr Auftraggeber es versäumt, hierzu Angaben zu machen und weist er Ihnen einen Lagerplatz für Ihr Material an, der nicht auf der Baustelle liegt oder haben sich entgegen der Leistungsbeschreibung die Transportwege durch andere Umstände wesentlich verlängert, so entstehen Ihnen zusätzliche, nicht kalkulierbare Transportkosten. Unter Hinweis auf VOB/A § 9 Nr. 2, wonach dem Auftragnehmer kein ungewöhnliches Wagnis aufgebürdet werden soll für Umstände und Ereignisse, auf die er keinen Einfluß hat, können Sie für die Ihnen aufgezwungene Leistung eine besondere Vergütung nach VOB/B § 2 Nr. 6 verlangen. Ihren zusätzlichen Vergütungsanspruch müssen Sie Ihrem Auftraggeber jedoch vor der Ausführung ankündigen.

Üblicherweise werden die Transportkosten in die Einheitspreise der Bauteile, Geräte und Einrichtungsgegenstände einkalkuliert. Um zu vermeiden, daß jeder einzelne Preis, unter Berücksichtigung der Mehrkosten, neu ermittelt werden muß, sollte für die zusätzlichen Transportkosten ein Pauschalpreis oder eine prozentuale Preiserhöhung der betroffenen Teile vereinbart werden. Diese Vereinbarung sollte zwar möglichst vor der Ausführung getroffen werden, aber das ist keine Mußvorschrift. Selbst wenn Sie den neuen Preis erst mit der Schlußrechnung bringen, muß der Auftraggeber ihn anerkennen, vorausgesetzt, der Preis ist vertragsgemäß.

Baustellenunterbrechung Werden Sie durch Umstände, die Sie nicht zu vertreten haben, so behindert, daß Sie für längere Zeit die Ausführung der beauftragten Arbeit unterbrechen müssen, haben Sie folgende Möglichkeiten, zu Ihrem Geld zu kommen: Wenn die **Behinderung** Ihrem Auftraggeber nicht eindeutig bekannt ist, müssen Sie Ihm eine schriftliche Behinderungsanzeige zusenden. Die bereits erbrachte Leistung können Sie dann sofort zu den vereinbarten Preisen abrechnen. Zusätzlich sind Ihnen noch die Kosten zu erstatten, die durch die noch nicht fertiggestellte Leistung entstanden sind. Hier können Sie z. B. Materialkosten für bereits bestellte Teile berechnen, die jetzt bei Ihnen lagern. Auf Wunsch sind Sie bestimmt auch gern bereit, diese Teile Ihrem Auftraggeber anliefern zu lassen. Sie können auch Leistungen aus Ihrer Werkstatt, z. B. fertiggestellte Verteiler und Sammler, in Rechnung stellen oder Kosten aus dem kaufmännischen Bereich, die durch Preisvergleiche, Bestellungen und Stornierungen von Teilen, die jetzt erst viel später benötigt werden, angefallen sind. Sie können jeden Schaden, der Ihnen durch die Baustellenunterbrechung entstanden ist, dem Auftraggeber weiterberechnen, wenn er die Behinderung, die zur Unterbrechung führte, zu vertreten hat. Welche Behinderungen hat er nicht zu vertreten? Höhere Gewalt, andere unabwendbare Umstände und Terminverzögerungen, die andere am Bau tätige Firmen verursacht haben, wenn er zur Verhinderung alle Möglichkeiten, die in seiner Macht stehen, genutzt hat. Im letzteren Fall besteht für Sie auch die Möglichkeit, sich Ihren Schaden von dieser für die Behinderung verantwortlichen Firma erstatten zu lassen.

Dauert die Unterbrechung länger als drei Monate, so können sowohl Sie als auch Ihr Vertragspartner nach Ablauf dieser Zeit den Vertrag kündigen. Kommt es dazu, dürfen Sie sämtliche Leistungen, die Sie bereits erbracht haben, und sämtliche Aufwendungen, die Ihnen bereits entstanden sind, abrechnen. Auch die Kosten der Baustellenräumung müssen Ihnen erstattet werden. Grundlage dieser Abrechnungsrichtlinien ist VOB/B § 6 Nr. 5-7 (siehe auch **Arbeitsunterbrechungen, Baustellenräumung, Behinderung**).

Baustrom und -wasser   Zu diesem Thema gibt es einen bemerkenswert kurzen Hinweis in den Allgemeinen Regelungen für Bauarbeiten jeder Art (VOB/C), DIN 18 299. Unter Nebenleistungen ist im Punkt 4.1.7 folgendes aufgeführt: „Liefern der Betriebsstoffe."

Haben Sie mit Ihrem Auftraggeber keine Vereinbarung über kostenlose Lieferung von Strom und Wasser getroffen, so müssen Sie, um Ihre vertraglichen Verpflichtungen zu erfüllen, d. h. die beauftragte Leistung zu erbringen, die Betriebsstoffe selbst liefern. Hiermit ist aber nicht gemeint, daß Sie diese Betriebsstoffe auf Ihre Kosten von weit entfernt liegenden Ihnen unbekannten Anschlußstellen herbeischaffen müssen. Nach Punkt 0.1.5 der DIN 18 299 wird vom Auftraggeber verlangt, daß er in der Leistungsbeschreibung Angaben zu Lage, Art, Anschlußwert und den Bedingungen für das Überlassen von Anschlüssen für Wasser, Energie und Abwasser macht. Hat er versäumt, diese Angaben zu machen, müssen Sie für Ihre Preiskalkulation davon ausgehen, daß Ihr Auftraggeber Ihnen Anschlüsse, die in der Nähe liegen, kostenlos zur Verfügung stellt. Die Kosten für Wasser und Strom müssen Sie selbst tragen und deshalb bei der Preisbildung berücksichtigen.

Bei diesem Vorgehen stützen Sie sich auf die Aussage der VOB/B § 4 Nr. 4, wonach der Auftraggeber, wenn nichts anderes vereinbart ist, vorhandene Anschlüsse für Wasser und Energie dem Auftragnehmer unentgeltlich zur Benutzung oder Mitbenutzung zu überlassen hat. Die Kosten für den Verbrauch und für den Wasser- oder Stromzähler trägt jedoch der Auftragnehmer. Das bedeutet auch, daß von Ihnen keine anteiligen Kosten für die Verlegung dieser Leitungsnetze (bis auf die Kosten der Zähler) zu tragen sind, falls nichts Gegenteiliges im Vertrag vereinbart worden ist.

Für die Erbringung seiner Leistung liefert also der Auftragnehmer die Betriebsstoffe, d. h., er hat die Kosten zu tragen. Von dieser Regelung gibt es bei fast jedem Auftrag eine wichtige Ausnahme: Nach DIN 18 381 Punkt 4.2.7 ist das Liefern der für die Druckprobe, die Inbetriebnahme und den Probebetrieb nötigen Betriebsstoffe keine Nebenleistung, sondern eine Besondere Leistung. Diese Kosten darf man Ihnen nicht in Rechnung stellen bzw. können Sie Ihrem Auftraggeber weiterberechnen.

Eine weitere Ausnahme ist dann gegeben, wenn die Ihnen berechneten Einheitspreise für Wasser und Strom so unverhältnismäßig hoch sind, daß sie bedeutend über dem Durchschnitt Ihrer anderen Baustellen liegen (bezogen auf die Einheiten kWh Strom und m^3 Wasser). In diesem Fall war es Ihnen bei Angebotsabgabe nicht möglich, diese Kosten kalkulatorisch zu erfassen. Da dem Anbieter nach VOB/A § 9 Nr. 2 kein ungewöhnliches Wagnis aufgebürdet werden soll für Umstände und Ereignisse, auf die er keinen Einfluß hat und deren Einwirkung auf die Preise er nicht im voraus schätzen kann, können Sie mit guten Erfolgsaussichten von Ihrem Auftraggeber verlangen, daß er die über dem Durchschnitt liegenden Kostenanteile übernimmt.

Bautafel Wird Ihre Schlußrechnung um einen Betrag für das Aufstellen einer Bautafel gekürzt, so sollten Sie prüfen, ob dieser Abzug vertraglich vereinbart war. Hat Ihr Auftraggeber in den Ausschreibungsunterlagen verlangt, daß Sie für die Bautafel einen bestimmten Prozentsatz in Ihre Preise einkalkulieren sollen, so können Sie gegen einen Abzug in gleicher Höhe wenig unternehmen. Sie können sich jedoch die tatsächlichen Kosten und den auf Ihre Rechnungssumme entfallenden Anteil belegen lassen. Ergibt sich dadurch eine Differenz, so sollten Sie diese zurückverlangen. Verweigert Ihr Auftraggeber die Rückzahlung mit der Begründung, daß er Ihnen nur den Betrag abgezogen hat, den Sie in die Preise einkalkuliert haben, und Ihnen also kein Schaden entstanden ist, so hat er dann Recht, wenn er Ihnen nachweisen kann, daß dieser Prozentsatz auch wirklich einkalkuliert wurde. Das ist aber meistens nicht möglich, weil so kleine Prozentsätze selten bei der Preiskalkulation berücksichtigt werden.

Wurde in den Ausschreibungsunterlagen angekündigt, daß von der Schlußrechnung ein angegebener Pauschalbetrag abgezogen wird, so besteht kaum eine Möglichkeit, diesen Abzug zu verhindern. Sie können lediglich die tatsächlichen anteiligen Kosten mit dem Pauschalabzug vergleichen.

Enthielten jedoch die Ausschreibungsunterlagen lediglich einen Hinweis, daß eine Bautafel aufgestellt wird und daß die Kosten auf die Auftragnehmer aufgeteilt werden, so ist ein Abzug von Ihrer Rechnung nicht zulässig. Kosten, deren Höhe Sie nicht kennen, können Sie auch nicht in Ihre Preise einkalkulieren. Eine solche Ausschreibung verstößt eindeutig gegen VOB/A § 9 und AGB- Gesetz § 9. Um Ihre Rechte zu wahren, müssen Sie in jedem Fall innerhalb von 24 Werktagen nach Eingang der Schlußzahlung Ihren Vorbehalt Ihrem Auftraggeber erklären und Ihre Forderung begründen. Wegen der besseren Beweiskraft sollten Sie Vorbehalte immer schriftlich und per Einschreiben mit Rückschein einreichen (siehe auch **Schlußrechnung**).

Bauwasserleitung Auf den meisten Baustellen sorgt der Auftraggeber für die Bereitstellung von Strom und Wasser, damit alle Auftragnehmer ihre Maschinen betreiben und das für die jeweilige Bauleistung benötigte Wasser entnehmen können. Das Herstellen des Anschlusses an das öffentliche Wassernetz und das Verlegen der Bauwasserleitung sind Leistungen, die selten in den Leistungsbeschreibungen enthalten sind, aber oft von der Sanitär-Fachfirma verlangt werden. Da der zeitliche Abstand zwischen der Errichtung der Bauwasserleitung und der eigentlichen Sanitärinstallation meist doch sehr groß ist, empfiehlt es sich, diese Leistung sofort mit einer Teilrechnung abzurechnen. Hier besteht leicht die Gefahr, daß später vergessen wird, diese Leistung in Rechnung zu stellen.

Das Einrichten und das spätere Demontieren der Bauwasserleitung sind, falls sie nicht im Auftrag enthalten sind, zusätzliche Leistungen, für die Ihnen nach VOB/B § 2 Nr. 6 eine besondere Vergütung zusteht. Sie sollten diese Leistung nicht mit den im Leistungsverzeichnis genannten Preisen abrechnen, sondern sämtliche Kosten berücksichtigen, die angefallen sind. Das können z. B. sein: Kosten für vorgezogene Beschaffung des Materials, für zusätzliche Baustellenfahrten und erschwerte Montagebedingungen.

Bedarfsposition Im Gegensatz zu **Alternativpositionen**, die zusätzlich zu einer vergleichbaren Leistung in die Leistungsbeschreibung aufgenommen werden, um für die Auftragsvergabe die Wahl zwischen beiden zu haben, entscheidet sich die Notwendigkeit der Leistung bei Bedarfspositionen meist erst während der Ausführung. Bedarfs- oder Eventualpositionen werden dann in Leistungsverzeichnisse aufgenommen, wenn der Auftraggeber trotz gewissenhafter Vorarbeit noch nicht festlegen konnte, ob diese Leistung notwendig wird oder nicht. Die mögliche Ausführung hängt also noch von anderen Einwirkungen ab, die der Auftraggeber zum Zeitpunkt der Ausschreibung nicht genau beurteilen kann. Aber der Umfang der Eventualleistung liegt meistens fest, so daß eine einwandfreie Preiskalkulation möglich ist. Hierzu gehört es auch, daß die Bedarfsposition als solche gekennzeichnet wird. Das ist für Sie als Auftragnehmer sehr wichtig, denn diese Positionen gehen im Gegensatz zur Alternativposition mit in die Angebotswertung ein.

Muß der Wert einer Bedarfs- oder Eventualposition, um zur Leistungspflicht zu gehören, im Auftragsumfang enthalten sein? Nein, das muß er nicht! Sofern die Bedarfsposition in der Leistungsbeschreibung eindeutig gekennzeichnet ist, kann die Ausführung während der gesamten Bauzeit nachträglich beauftragt werden. Der angebotene Preis bleibt gültig. Aber auch der andere Weg wird häufig beschritten: Die Bedarfspositionen sind im Auftragswert bereits enthalten und werden, falls sie zur Ausführung kommen, nur noch abgerufen. Hierbei ist aber Voraussetzung, daß diese

Eventualpositionen im Auftragsumfang besonders als solche erwähnt oder gekennzeichnet werden. Andernfalls hätten Sie bei Fortfall der Auftragsleistung eventuell einen Schadenersatzanspruch nach § 8 Nr. 1 VOB/B.

Bedarfspositionen sollen nicht mehr als 10 % des Wertes eines Auftrages ausmachen, sagt der VOB-Ausschuß. Bei größeren Anteilen hätten Sie eventuell Schwierigkeiten bei der vorausschauenden Planung Ihrer Leistungskapazitäten und der richtigen Kalkulation der Preise, da z. B. Gemeinkosten, sofern sie nicht speziell durch die Bedarfsleistung entstehen, nicht einkalkuliert werden sollten. So haben Sie bei Wegfall der Leistung keine Nachteile.

Zur Ausführung von Bedarfs- oder Eventualpositionen muß der Auftraggeber die Leistung abrufen oder nachbeauftragen. Er muß Ihnen eine angemessene Frist für Vorbereitung, Materialbestellung und Durchführung einräumen. Ändern sich die Mengen der Bedarfspositionen, so ist die Regelung des § 2 Nr. 3 der VOB/B anzuwenden (siehe auch **Mengenänderung**). Werden die im Angebot und eventuell auch im Auftrag enthaltenen Bedarfspositionen nicht ausgeführt, so haben Sie als Auftragnehmer kein Schadenersatzanspruch. In diesem Fall liegt keine Teilkündigung des Auftrages vor, denn Eventual- bzw. Bedarfspositionen gelten nicht schon dadurch als beauftragt, daß ihr Wert in der Auftragssumme enthalten ist, sondern erst nach Abruf oder Nachbeauftragung. Das unterscheidet sie von anderen Leistungspositionen.

Bedenken anmelden   Haben Sie Bedenken gegen die vorgesehene Art der Ausführung, gegen die Güte der vom Auftraggeber gelieferten Stoffe oder Bauteile oder gegen die Leistungen anderer Unternehmer, so müssen Sie diese Bedenken unverzüglich schriftlich Ihrem Auftraggeber mitteilen. So will es die VOB/B in § 4 Nr. 3. Sie können Bedenken vor oder auch während der Ausführung anmelden. Es ist wichtig, daß das Anmelden der Bedenken schriftlich erfolgt, nur so haben Sie zum Abrechungszeitpunkt auch noch den Beweis für **Erschwernisse**, Nach- und Anpaßarbeiten, die Ihnen zusätzliche Kosten verursacht haben und die Sie als **zusätzliche Leistung** abrechnen können.

Häufig finden Sie jedoch in den Ausschreibungsunterlagen folgende Klausel: „Bedenken sind vom Auftragnehmer vor Ausführungsbeginn schriftlich geltend zu machen; spätere Einwendungen werden nicht mehr berücksichtigt." Diese Klausel ist unwirksam. Sie verstößt gegen den § 4 Nr. 3 der VOB/B, der ja ausdrücklich und ohne Zeitbegrenzung verlangt, daß Sie jederzeit und unverzüglich Ihre Bedenken schriftlich anmelden müssen. Da Bedenken gegen die Leistung anderer Unternehmer häufig erst während der Bauzeit festgestellt werden können und diese Klausel außerdem auch Auswirkungen auf die Gewährleistungspflicht haben kann, erhöht sich das Risiko für den Auftragnehmer so, daß im Sinne des § 9 und des § 10 Nr. 5 des AGB-Gesetzes von einer unangemessenen Benachteiligung des Auftragnehmers gesprochen werden kann.

Diese Klausel ist dann unwirksam, wenn sie vom Auftraggeber in seinen Allgemeinen Geschäftsbedingungen verwendet wurde. Hierzu zählen in jedem Fall die Allgemeinen und Zusätzlichen Vertragsbedingungen, aber häufig auch die Besonderen Vertragsbedingungen (siehe **AGB-Gesetz**). Selbst wenn Sie diese Klausel mit Ihrer Unterschrift unter den Vertrag anerkannt haben, können Sie jederzeit, auch während der Bauzeit, Ihre Bedenken schriftlich anmelden und die sich durch die gemeldeten Umstände ergebenen zusätzlichen Kosten in Rechnung stellen.

Wurde die VOB nicht vereinbart, so geht aus dem allgemeinen Grundsatz von Treu und Glauben eindeutig hervor, daß auch im reinen Werkvertragsrecht eine Prüfungs- und Hinweispflicht besteht. Also auch im Falle eines Vertragsverhältnisses, für das die VOB nicht anwendbar ist, haben Sie nicht nur das Recht, sondern sogar die Pflicht, mögliche Bedenken gegen die vorgesehene Ausführung bzw. Planung oder gegen die vorgeschriebenen Baustoffe Ihrem Auftraggeber mitzuteilen.

Müssen Sie, aufgrund der vorgefundenen Umstände oder der Anordnungen des Auftraggebers, sehr häufig Ihre Bedenken anmelden, so kann es zu Unstimmigkeiten mit dem Bauherrn, manchmal sogar zum Zerwürfnis kommen. Hier kann es dann passieren, daß der Auftraggeber deshalb das Vertragsverhältnis kündigt. Aber keine Sorge, eine solche Kündigung ist ungültig. Selbst wenn Sie bei Ihrem vorsorglichen Anmelden von Bedenken einmal Unrecht haben sollten, ist eine Vertragskündigung nicht gerechtfertigt. So jedenfalls hat im November 1991 das Oberlandesgericht Düsseldorf in einem rechtskräftigen Urteil entschieden.

Befestigungskonstruktion Für die Montage von Rohrleitungen, Behältern, Apparaten, Pumpen oder sonstigen Maschinen und Einrichtungen werden häufig spezielle Befestigungskonstruktionen benötigt. Hierzu gehören auch Widerlager, Rohrleitungsfestpunkte, schwere

Rohrlager, Konsolen und Stützgerüste. Um die Kosten dieser Konstruktionen dem Bauherrn in Rechnung zu stellen, gibt es meistens zwei Abrechnungsmöglichkeiten. Enthält Ihr Auftrag einen Einheitspreis für Form- und Profilstahl, so können Sie für die Befestigungskonstruktionen das Gewicht ermitteln und es dann unter der Form- und Profilstahlposition abrechnen. Für diese Art der Abrechnung müssen Sie Ihrem Auftraggeber keine zusätzlichen Forderungen ankündigen und mit Ihm keine neuen Preisvereinbarungen treffen. Nachträge sind also nicht einzureichen. Leider sind die vertraglich festgelegten Einheitspreise für Profileisen meist sehr niedrig.

Die zweite Möglichkeit erweist sich dagegen als einträglicher. Sie behandeln diese Befestigungskonstruktionen als einzelne **zusätzliche Leistungen** nach VOB/B § 2 Nr. 6 und reichen als Ankündigung Ihres Vergütungsanspruches zeitig entsprechende Nachträge ein. Sie können so wesentlich höhere Preise erzielen. Das ist auch gerechtfertigt, da der Aufwand für Befestigungskonstruktionen dieser Art ungleich höher ist als der von einfachen Stützen oder Rohrträgern, wie sie häufig für die Form- und Profilstahlposition abgerechnet werden. Ihr Vergütungsanspruch stützt sich nicht nur auf die genannte VOB-Regelung nach § 2 Nr. 6, sondern auch auf die VOB/C, DIN 18 381 Punkt 4.2.8. Danach ist das Liefern und Einbauen dieser besonderen Befestigungskonstruktionen eine **Besondere Leistung**, die nur dann mit den Einheitspreisen abgegolten ist, wenn diese Leistung im Leistungsverzeichnis ausdrücklich aufgeführt wird.

Behälterabmessungen Waren Sie durch Umstände, die der Bauherr zu vertreten hat, gezwungen, Boiler, Speicher oder andere Behälter mit vom Angebot abweichenden Abmessungen zu liefern, so entstehen Ihnen meistens Mehrkosten. Das können z. B. sein: Mehrkosten durch eventuelle Umbestellung (siehe auch **Rücknahmekosten**) oder weil Ihr Lieferant Ihnen auf den Behälter mit den neuen Abmessungen keinen Sonderpreis mehr eingeräumt hat. Hier handelt es sich in jedem Fall um eine geänderte Leistung, für die ein neuer Preis zu vereinbaren ist. Die Preisvereinbarung soll vor der Ausführung unter Berücksichtigung der Mehr- und Minderkosten getroffen werden. Sie muß es aber nicht. Wenn Sie erst mit der Schlußrechnung den neuen Preis fordern, wobei die Änderung zu begründen und zu belegen ist, reicht das auch noch aus.

In diesem Zusammenhang denken Sie bitte auch an eventuelle zusätzliche Kosten für Erschwernisse beim Transport und bei der Montage der neuen Behälter. Oder wenn die Oberfläche der gelieferten Behälter größer als die der angebotenen ist, so hat das Auswirkungen auf die Behälterisolierung. Eine größere Isolierfläche verursacht auch höhere Kosten. Die gesamten Ihnen entstandenen Mehrkosten können Sie bei der Bildung eines neuen Preises berücksichtigen, Grundlage hierfür ist § 2 Nr. 5 der VOB/B.

Behälterisolierung Haben sich die Abmessungen des von Ihnen gelieferten Behälters gegenüber Ihrem Angebot geändert, so ändert sich auch der Preis für die Behälterisolierung. Da der Preis der Isolierung meistens in den Behälterpreis mit einzurechnen oder als Pauschalpreis anzugeben ist (nur selten wird nach Quadratmeter Oberfläche ausgeschrieben), sollten Sie prüfen, ob der gelieferte Behälter eine größere Oberfläche hat als ursprünglich vorgesehen war. Ist das der Fall, so können Sie einen entsprechend der Flächenvergrößerung höheren Gesamtpreis für die Isolierung abrechnen. Als Grundlage Ihrer Forderung ist sowohl VOB/C, DIN 18 421, Wärmedämmarbeiten an betriebstechnischen Anlagen, Punkt 5.1.3, als auch § 2 Nr. 5 der VOB/B für geänderte Leistungen heranzuziehen.

Hat sich bei bleibender Behältergröße allein die Isolierdicke geändert, so ist zu beachten, daß einmal der Einheitspreis je Quadratmeter Oberfläche zu erhöhen ist, aber daß auch die abzurechnende Isolieroberfläche größer wurde. Als Abrechnungsgrundlage bei Außendämmung von Behältern ist jeweils die größte Oberfläche, gemessen außen an der fertigen Ummantelung, anzusetzen.

Behinderung Werden Sie in der vertragsgemäßen Ausführung Ihrer Leistung behindert, so entsteht Ihnen in der überwiegenden Zahl der Fälle ein finanzieller Schaden. Sind die Umstände, die Sie bei der Leistungserbringung behindern, vom Auftraggeber zu vertreten, so haben Sie Anspruch auf Erstattung des Ihnen nachweislich entstandenen Schadens.

Um welche Art von Behinderung kann es sich in diesem Zusammenhang handeln, und wie wird die Schadenshöhe ermittelt? Es handelt sich fast immer um Behinderungen, deren Folge Bauzeitverzögerungen sind und die ihre Ursache u. a. in folgenden Ereignissen haben können: Umplanungen des Bauherrn, Leistungsverzug bei Architekten oder Fachingenieuren, Terminüberschreitungen durch andere am Bau beteiligte Firmen (siehe auch **Fertigstellungstermin**). Für diese hindernden Umstände trägt fast immer der Auftraggeber die Verantwortung, weil ihnen Ereignisse zugrunde liegen, die er selbst verursacht hat oder die dem normalen Risikobereich eines Bauvorhabens zugeordnet werden müssen. Tritt einer oder treten mehrere dieser Umstände ein, so haben Sie entsprechend VOB/B § 6 Nr. 6 das Recht, vom Auftraggeber Ersatz für den Ihnen entstandenen Schaden, in nachgewiesener Höhe, zu fordern.

Wenn Sie von Ihrem Auftraggeber keinen Schadenersatz fordern, sondern aufgrund einer eingetretenen Behinderung lediglich eine Verlängerung der Ausführungsfrist verlangen, so ist die Aufzählung der Ursachen möglicher Bauzeitverzögerungen, die vom Auftraggeber anerkannt werden müssen, noch wie folgt zu verlängern: Streiks, Aussperrungen bei Arbeitskämpfen, Schlechtwetterperioden, Erkrankung von Arbeitnehmern, Lieferschwierigkeiten von Zulieferern, Reparaturen an Maschinen und Geräten u. ä.

Verlangen Sie jedoch von Ihrem Auftraggeber zusätzlich zur Fristverlängerung auch Schadenersatz der Ihnen durch die Behinderung entstandenen Kosten, so müssen Sie die Höhe dieser Kosten nachweisen. Können Sie diesen Nachweis nicht für jeden Kostenanteil führen, so ist auch eine der Wirklichkeit sehr nahe kommende Schätzung zulässig. Folgende Kosten können anfallen:

1. Baustellenkosten: z. B. werden wegen der Terminverlängerung Ihre Leistungen in einer weiteren Winterperiode erbracht. Hierdurch entstehen Ihnen zusätzliche Kosten für Heizungsmaterial, Schutzmaßnahmen und Schneeräumen. Längere Bauzeiten bedingen längere Standzeiten der Gerüste. Kommt die Baustelle fast völlig zum Stillstand, so müssen Sie Ihr Personal auf anderen Baustellen einsetzen. Hierbei entstehen Ihnen Kosten durch Fehlzeiten und Transport. Bereits erbrachte Leistungen und angeliefertes Material sind besonders abzusichern. Wird nach Beendigung der Behinderung versucht, die Terminverzögerung wieder einzuarbeiten, z. B. mit Überstunden, so ergeben sich weitere zusätzliche Kosten.

Baustellengemeinkosten, die während der Behinderungsphase entstehen, z. B. für Montageinspektor, Sachbearbeiter und das Baubüro, sind ebenfalls zu berücksichtigen. Fallen für Baugeräte (Boschhammer, Schweißgeräte u. ä.) wegen der längeren Bauzeit höhere Abschreibungskosten an, so sind auch diese in die Baustellenkosten mit aufzunehmen.

2. Lohnmehrkosten: für den Zeitraum der Ausführung, also einschließlich Fristverlängerung, können Sie die gegenüber dem kalkulierten Lohn eingetretenen Erhöhungen einschließlich der Steigerung der Lohnnebenkosten für das auf der Baustelle beschäftigte Personal geltend machen. Hierzu gehören auch Sachbearbeiter, Abrechner und weitere Mitarbeiter, die für diesen Auftrag im Stammhaus oder an anderer Stelle tätig sind.

Wurde für den in Frage kommenden Auftrag eine Lohngleitklausel vereinbart, so deckt diese nicht sämtliche anfallenden Kosten ab. Die aufgrund der Bauzeitverlängerung anfallenden, aber kalkulatorisch in der Gleitklausel nicht erfaßten Lohnnebenkosten und Tarifzuschläge können Sie zusätzlich fordern. Wichtig für Sie ist die Tatsache, daß sich bei Bauzeitverzögerung der zeitliche Schwerpunkt der Leistungserbringung verschiebt. Ein Großteil der Leistungen wird dann in späteren Zeiträumen erbracht als ursprünglich geplant. Damit ist Ihre Angebotskalkulation bezüglich der Höhe der Lohnkosten nicht mehr zutreffend. Das nachstehend beispielhaft aufgeführte Rechenschema soll einen Anhalt für die Mehrkostenermittlung geben.

Ausführungs-zeitraum	Lohnstunden		Mehrkosten DM/h	Lohnmehrkosten DM	
	kalku-liert	tatsäch-lich		kalku-liert	tatsäch-lich
04/94-03/95	1400	200	0,00	0,00	0,00
04/95-03/96	1800	400	0,40	720,00	160,00
04/96-03/97	600	2000	0,80	480,00	1600,00
04/97-11/97	0	1200	1,20	0,00	1440,00
	3800	3800		1200,00	3200,00

Lohnmehrkosten <u>2000,00 DM</u>

Die Mehrkosten für jeden Tarifzeitraum sind in diesem Beispiel willkürlich gewählt und müssen in jedem Einzelfall nachgewiesen werden. Zu beachten ist dabei, daß als Grundlage nicht der Tariflohn des A-Monteurs herangezogen wird, sondern der Durchschnittslohn der auf der Baustelle beschäftigten Arbeiter und Angestellten.

61

Während Ihnen der Nachweis der Lohnmehrkosten keine Schwierigkeiten bereiten wird, ist die Zuordnung von Ausführungszeitraum und Lohnstunden nicht so einfach zu belegen. Hier müssen Sie entweder Ihre Lohn- und Gehaltsabrechnung offenlegen oder vom Zeitpunkt der ersten Behinderung an eine Dokumentation der Baustelle mit Angabe der Baustellenbesetzung erstellen und vom Auftraggeber oder seinem Beauftragten (z. B. Bauleiter) jeweils bestätigen lassen. In einem Urteil des Bundesgerichtshofes vom 20.2.1986 ist ausdrücklich darauf hingewiesen worden, daß zum Nachweis der Schadenshöhe das Anfertigen einer ausführlichen Dokumentation über die Situation an der Baustelle ab der Behinderung dem Auftragnehmer zuzumuten ist.

Weitere zusätzliche Lohnkosten entstehen, wenn durch die Behinderung nicht zügig und zusammenhängend gearbeitet werden kann. Müssen z. B. Ihre Monteure häufig innerhalb der Baustelle mit Werkzeug und Material umziehen, um überhaupt weiterarbeiten zu können, so sind die Zeiten dieser Umzüge festzuhalten oder abzuschätzen. Diese für Sie nutzlos vergeudeten Lohnkosten können Sie ebenfalls vom Auftraggeber zurückfordern.

3. Materialkosten: Der Einsatz- bzw. Bedarfszeitpunkt für das Material verschiebt sich entsprechend der Bauzeitverzögerung. Materialpreiserhöhungen innerhalb der Ausführungszeit wirken sich stärker aus, als bei Angebotsabgabe kalkulatorisch berücksichtigt werden konnte. Dadurch entstehen Ihnen Mehrkosten, die durch Vorlage von Rechnungskopien, Preislisten und Vorauszahlungsbelegen nachzuweisen sind. Letztere werden dann benötigt, wenn Sie durch Vorauszahlungen verhindert haben, daß Ihnen Preissteigerungen in Rechnung gestellt wurden. In diesem Fall sind dem Auftraggeber nicht die angefallenen Zinskosten, sondern die vermiedenen Preissteigerungen als Materialmehrkosten weiterzugeben.

Diesen drei Kostengruppen – Baustellenkosten, Lohnmehrkosten und Materialmehrkosten – sind die Allgemeinen Geschäftskosten zuzuschlagen, soweit sie nicht bereits enthalten sind, und zwar mit dem nachweislich bei Ihrer Kalkulation üblichen Satz. Ihren normalen Zuschlag für den Unternehmensgewinn dagegen dürfen Sie nur geltend machen, wenn es Ihnen gelingt nachzuweisen, daß der Ihnen entstandene Schaden vom Auftraggeber vorsätzlich oder grob fahrlässig verursacht wurde (VOB/B § 6 Nr. 6).

Ihr Anspruch auf Erstattung des Ihnen durch die Behinderung entstandenen Schadens steht aber erst dann fest, wenn Sie Ihrem Auftraggeber die

Behinderung angezeigt haben. Diese Anzeige muß schriftlich erfolgen und sollte unbedingt auch auf die Kostenauswirkungen durch die Bauzeitverzögerung hinweisen. In einer Entscheidung des Bundesgerichtshofes vom Dezember 1989 wird jedoch ausdrücklich gesagt, daß Sie keine Angaben zur Höhe, auch nicht zur ungefähren Höhe des zu erwartenden Schadens machen müssen. Auf die Möglichkeit, daß Sie auch dann Anspruch auf Berücksichtigung der hindernden Umstände haben, wenn dem Auftraggeber offenkundig die Tatsache und deren hindernde Wirkung bekannt waren (VOB/B § 6 Nr. 1), sollten Sie sich aus Sicherheitsgründen nur in ganz eindeutigen Fällen verlassen.

Einen Sonderfall stellt die Behinderung dar, die so lange dauert, daß die Baustelle unterbrochen werden muß (siehe auch **Arbeitsunterbrechung** und **Baustellenunterbrechung**).

Im Zusammenhang mit Ihren Schadenersatzansprüchen wegen Behinderung ist die Verjährung von besonderer Bedeutung. Da hier Verjährungsfristen des Bürgerlichen Gesetzbuches gelten (BGB § 196), verlieren Sie Ihren Anspruch auf Schadenersatz bereits in vielen Fällen nach zwei Jahren. Haben Sie jedoch Ihre Leistung nicht für den Auftraggeber als Privatperson, also z. B. für seine eigene Villa, sondern für seinen Gewerbebetrieb erbracht, verlängert sich die Verjährungsfrist auf vier Jahre (siehe auch **Verjährung**). Die Verjährungsfrist beginnt nicht zum Zeitpunkt des Entstehens Ihres Schadenersatzanspruches zu laufen, sondern erst am Ende des Jahres, in dem Ihr Anspruch entstand.

Beigestellte Stoffe Nach VOB/C, DIN 18 299 Punkt 0.2.15 sind vom Auftraggeber in der Leistungsbeschreibung Art, Menge und Gewicht der Stoffe und Bauteile, die beigestellt werden, sowie Art, Ort (genaue Bezeichnung) und Zeit ihrer Übergabe anzugeben. Müssen Sie diese Stoffe oder Bauteile von ihrer Lagerstelle auf der Baustelle zu den Verwendungsstellen hin- und vielleicht auch wieder zurückbefördern, so sind das **Nebenleistungen**, die nicht vergütet werden (VOB/C, DIN 18 299 Nr. 4.1.9). Anders sieht es aus, wenn sich die Situation auf der Baustelle wesentlich verändert hat. Erfolgt die Übergabe z. B. entgegen der Leistungsbeschreibung außerhalb der Baustelle oder müssen Sie extra einen LKW einsetzen, so sind das nicht kalkulierbare Kosten. Wurden die Transportwege länger oder liegt ein neuer Übergabezeitpunkt jetzt außerhalb der normalen Arbeitszeit, so entstehen Ihnen auch durch diese

Veränderungen zusätzliche Kosten. Für **zusätzliche Leistungen**, die Sie vorher nicht kalkulieren konnten, steht Ihnen eine zusätzliche Vergütung zu.

Sind die beigestellten Stoffe und Bauteile in einem Zustand, in dem sie nicht verwendungsfähig sind, so müssen sie aufgearbeitet, ausgebessert oder entrostet werden. Führt diese Arbeit nicht der Bauherr aus (er wäre hierzu von Ihnen aufzufordern), so sollten Sie ankündigen, daß Sie diese Aufarbeitung gegen angemessene Vergütung vornehmen werden. Für diese zusätzlichen Leistungen steht Ihnen nach VOB/B § 2 Nr. 6 eine Extra-Vergütung zu. Auch VOB/C, DIN 18 381 führt unter Punkt 4.2.10 auf, daß sowohl das Entrosten als auch das Aufarbeiten und Ausbessern des Innen- und Außenschutzes der vom Auftraggeber beigestellten Stoffe und Bauteile eine **Besondere Leistung** ist, die auch besonders zu vergüten ist.

Falls die beigestellten Stoffe oder Bauteile einzubauen oder anzuschließen sind, ist Ihnen diese Leistung auch zu bezahlen. Hat der Auftraggeber es versäumt, eine entsprechende Regelung im Vertrag bzw. in der Leistungsbeschreibung aufzunehmen, so können Sie für sämtliche Einbau- und Anschlußarbeiten eine zusätzliche Vergütung fordern (siehe auch **Bauseitige Geräte**).

Waren die von Ihrem Auftraggeber beigestellten Teile ursprünglich Bestandteil Ihres Auftrages oder sollten Sie, nach dem Vertragsinhalt, die Leistung, die vom Auftraggeber übernommen wurde, selbst erbringen, so können Sie trotzdem Anteile Ihrer Angebotspreise in Ihre Rechnung aufnehmen. Sämtliche in Ihren Preis einkalkulierten Umlagen, einschließlich Wagnis und Gewinn, können Sie in Rechnung stellen (Einzelheiten hierzu siehe unter **Entfallene Leistung**).

Berechnungen   Genau wie Zeichnungen werden Berechnungen üblicherweise vom Auftraggeber (Fachingenieur) erstellt. Wenn aber diese Leistung von Ihnen verlangt wird, ohne daß hierfür eine Vergütung vertraglich geregelt ist, so können Sie diesen Zeitaufwand in Rechnung stellen. Aber auch dann, wenn Sie die Berechnungen nicht selbst machen, sondern von Ihrem Auftraggeber erhalten, um sie gründlich zu prüfen, können Sie die dadurch entstandenen Kosten berechnen.

Die Grundlage Ihrer Forderung auf Kostenerstattung liefert die VOB/C, DIN 18 381 Punkt 3.1.2. Dort heißt es u. a.: „Der Auftragnehmer hat nach

Planungsunterlagen und Berechnungen des Auftraggebers die für die Ausführung erforderliche Montage- und Werkstattplanung zu erbringen..." Danach hat eindeutig der Auftraggeber die Berechnungen zu liefern. Verlangt er dagegen Berechnungen von Ihnen, z. B. des Rohrnetzes oder der Wirtschaftlichkeit der Anlage, so verlangt er eine **zusätzliche Leistung**, die er Ihnen auch vergüten muß.

Liefert Ihr Auftraggeber die Berechnungsunterlagen, so sind Sie nach VOB/B § 3 Nr. 3 verpflichtet, sie auf etwaige Unstimmigkeiten zu überprüfen. Hierzu schreibt Ihnen die DIN 18 381 unter Punkt 3.1.3 noch vor, worauf Sie bei dieser Prüfung insbesondere zu achten haben: auf die Querschnitte der Abgasschornsteine, die Zuluftöffnungen der Verbrennungsluft, die Sicherheitseinrichtungen, die Rohrleitungsquerschnitte, Pumpenauslegungen (Netzhydraulik), die Meß-, Steuer- und Regeleinrichtungen, den Schallschutz und den Brandschutz. Stellen Sie bei dieser Prüfung Fehler oder Unstimmigkeiten fest, so müssen Sie Ihre Bedenken Ihrem Auftraggeber mitteilen.

Nach DIN 18 381 Punkt 4.1.2 ist dieses Überprüfen eine kostenlos zu erbringende **Nebenleistung**. Sie sollten die Planungsunterlagen und Berechnungen immer so genau prüfen, daß Sie keine Mängel, die die Funktion und Beschaffenheit der Anlage beeinträchtigen, übersehen. Verlangt Ihr Auftraggeber aber eine komplette Nachrechnung oder Neuberechnung, dann ist dieser Aufwand bei der Angebotsabgabe meistens nicht kalkulierbar. Auch die VOB/B sieht unter § 2 Nr. 9 vor, daß Ihnen Ihre diesbezügliche Leistung vom Auftraggeber zu vergüten ist. Dort ist folgendes festgelegt:

„Verlangt der Auftraggeber Zeichnungen, Berechnungen oder andere Unterlagen, die der Auftragnehmer nach dem Vertrag, besonders den Technischen Vertragsbedingungen oder der gewerblichen Verkehrssitte, nicht zu beschaffen hat, so hat er sie zu vergüten. Läßt er vom Auftragnehmer nicht aufgestellte technische Berechnungen durch den Auftragnehmer nachprüfen, so hat er die Kosten zu tragen."

Sie können danach zum Beispiel für jede gründliche Prüfung der Rohrleitungsquerschnitte unter Hinweis auf VOB/B § 2 Nr. 9 Abs. 2 die angefallenen Ingenieurstunden in Rechnung stellen. Vor Ausführung sollten Sie jedoch, wie es VOB/B § 2 Nr. 6 verlangt, am besten mit einem **Nachtragsangebot** Ihrem Auftraggeber ankündigen, daß Sie die geforderte Nachprüfung der Berechnung nur gegen eine zusätzliche Vergütung ausführen werden.

Beschränkte Ausschreibung Wird nach einer Vorauswahl nur eine bestimmte Zahl von Unternehmen zur Angebotsabgabe aufgefordert, so spricht man von einer Beschränkten Ausschreibung (siehe VOB/A § 3 Nr. 1). Nur der Auftraggeber kann diese Auswahl treffen; hier gibt es kein einklagbares Recht auf Teilnahme am Angebotswettbewerb. Wann eine Beschränkte Ausschreibung stattfinden soll, regelt § 3 Nr. 3 der VOB/A.

Lädt bei einer Beschränkten Ausschreibung ein öffentlicher Auftraggeber eine Firma zur Angebotsabgabe ein, die nicht die notwendige Fachkunde, Leistungsfähigkeit und Zuverlässigkeit besitzt, die für die Auftragsvergabe Voraussetzung sind, und schließt deshalb später diese Firma von der Angebotswertung aus, so hat er sich „schuldig bei Anbahnung eines Vertragsverhältnisses" gemacht. Juristen benutzen hierfür den Ausdruck „culpa in contrahendo". In diesem Fall konnte die zur Angebotsabgabe aufgeforderte Firma aufgrund der Vorauswahl davon ausgehen, daß sie die geforderten Voraussetzungen zur Ausführung der ausgeschriebenen Leistung besitzt und reelle Chancen bei der Auftragsvergabe hat. Daß dieser Anbieter aber völlig chancenlos an der Beschränkten Ausschreibung teilgenommen hat, somit sein Vertrauen in das Handeln des Auftraggebers enttäuscht wurde, sichert ihm einen Schadenersatzanspruch aus „Verschulden des Auftraggebers bei Vertragsanbahnung" zu.

Sollte auch Ihnen aus diesem Grunde einmal ein Schaden entstehen, so können Sie den Ersatz sämtlicher Aufwendungen, die Sie im Zusammenhang mit dieser Angebotserstellung hatten, verlangen. Hierzu rechnen vor allen Dingen die Kosten für Beschaffung bzw. Vervielfältigung der Verdingungsunterlagen (komplette Angebotsunterlagen), Telefongebühren (z. B. beim Einholen von Zuliefererangeboten), Sachbearbeiterkosten, Baustellenbesichtigungs- und Auftraggeberbesuchskosten (z. B. zwecks Planeinsichtnahme oder zum Eröffnungstermin).

Haben Sie darüber hinaus durch das Submissionsergebnis erfahren, daß Sie das günstigste Angebot abgegeben haben, sollten Sie unbedingt vom Auftraggeber das endgültige nachgeprüfte und bewertete Wettbewerbsergebnis anfordern (das steht Ihnen zu, siehe **Eröffnungstermin**). Wenn Sie aufgrund des für Sie günstigen Ergebnisses auf weitere Angebotsabgaben bei anderen Bauvorhaben verzichtet haben, können Sie, sofern diese Voraussetzungen belegbar sind, auch Ersatz für ein (möglicherweise) entgangenes Geschäft verlangen. Grundsätzlich sind Sie jedoch für den Eintritt und die Höhe des Schadens beweispflichtig (siehe auch **Aufhebung der Ausschreibung, Angebotsausschluß**).

Fordert ein Auftraggeber bei einer ganz normalen Beschränkten Ausschreibung mehrere Firmen zur Angebotsabgabe auf, so wundert er sich
nicht selten, wenn er dann u. a. ein Angebot von einer Bietergemeinschaft
erhält, zu der sich zwei oder mehr der ursprünglich zur Angebotsabgabe
aufgeforderten Unternehmen zusammengeschlossen haben. Auch können noch zusätzliche, nicht aufgeforderte Firmen Mitglieder der Bietergemeinschaft geworden sein. Bei solchen eingehenden Angeboten liegt es
im Ermessen des Auftraggebers, ob er sie zur Angebotswertung zuläßt.
Hier ist also Vorsicht geboten. Besser ist es, wenn Sie schon vor der
Angebotsaufforderung mit dem Auftraggeber klären konnten, ob er Ihre
Bietergemeinschaft zu Angebotswertung zuläßt.

Besondere Leistungen Erstmals in der VOB-Ausgabe 1988 er-
schien die DIN 18 299 – Allgemeine Regelungen für Bauarbeiten jeder
Art. Als Bestandteil der VOB/C gehört diese DIN zu den Allgemeinen
Technischen Vertragsbedingungen für Bauleistungen. Sie gilt auch für
Sanitäranlagen, wenn in der DIN 18 381 – Gas-, Wasser- und Abwasser-
Installationsanlagen innerhalb von Gebäuden – keine abweichende Rege-
lung vorgesehen ist.

Mit der DIN 18 299 erscheint auch erstmals der Begriff „Besondere Leistungen", der folgendermaßen erläutert wird:

„Besondere Leistungen sind Leistungen, die nicht Nebenleistungen
gemäß Abschnitt 4.1 sind und nur dann zur vertraglichen Leistung
gehören, wenn sie in der Leistungsbeschreibung besonders erwähnt
sind."

Diese Definition ist wichtig für Sie. Besondere Leistungen, die für Ihren
Fachbereich wichtig sind, werden unter Punkt 4.2 sowohl in der
DIN 18 299 als auch in der DIN 18 381 aufgeführt. Mußten Sie eine dieser
unter Punkt 4.2 in den DIN-Vorschriften aufgeführten Leistungen erbringen, ohne daß Ihr Auftrag diese Leistung erwähnt, so haben Sie eine
zusätzliche Leistung erbracht, für die Ihnen nach VOB/B § 2 Nr. 6 auch
eine besondere Vergütung zusteht.

In den jeweiligen DIN-Vorschriften der VOB/C, die für die Abwicklung und
Abrechnung Ihrer Aufträge von Interesse sind, werden diese Besonderen
Leistungen immer unter Punkt 4.2 beispielhaft aufgeführt. In Zweifelsfällen können Sie Ihrem Auftraggeber anhand dieser Aufstellung leicht beweisen, welche Leistungen zusätzlich zu vergüten sind.

Da die Aufzählung der Besonderen Leistungen unter Punkt 4.2 nur beispielhaft ist, kann sie auch nicht vollständig sein. Das bedeutet aber, daß auch noch andere Leistungen, die dort nicht erwähnt werden, zusätzliche Leistungen sein können. Sofern eine Leistung nicht ausdrücklich unter Punkt 4.1 der DIN-Vorschriften als **Nebenleistung** aufgeführt ist, kann sie als Besondere Leistung zusätzlich vergütungsfähig sein.

Bestandszeichnungen Nach VOB/C, DIN 18 381 Punkt 0.2.19 sind vom Auftraggeber in der Leistungsbeschreibung Angaben über den Umfang der vom Auftragnehmer zu liefernden Zeichnungen, Beschreibungen und Berechnungen zu machen. Hierbei werden auch Bestandszeichnungen aufgeführt. Sie werden als Darstellung der ausgeführten Anlage in den Bauplänen beschrieben.

Will Ihr Auftraggeber Bestandspläne haben, muß er das bereits in der Leistungsbeschreibung verlangen. Dort muß auch die Anzahl genannt sein und ob farbig angelegte Exemplare zu liefern sind. Nur so ist es Ihnen möglich, diese nicht unerhebliche Leistung auch kalkulatorisch im Angebotspreis zu berücksichtigen.

Daß das Anfertigen von Bestandsplänen keine Nebenleistung ist, geht eindeutig aus Punkt 3.5 der DIN 18 381 hervor. Dort werden sämtliche Unterlagen aufgeführt, die von Ihnen als Auftragnehmer im Rahmen Ihres Leistungsumfanges aufzustellen und dem Auftraggeber spätestens bei der Abnahme zu übergeben sind. Bestandspläne gehören nicht dazu. Dagegen wird das Erstellen von Bestands- und Revisionsplänen als **Besondere Leistung** unter Punkt 4.2.27 der DIN 18 381 aufgeführt.

Fehlt in der Leistungsbeschreibung der Hinweis, daß Bestandszeichnungen zu liefern sind, so müssen Sie auch keine liefern. Verlangt Ihr Auftraggeber trotzdem Bestandspläne und wollen Sie seinen Wünschen entsprechen, so handelt es sich hierbei um eine **zusätzliche Leistung**, für die Sie Ihren Vergütungsanspruch ankündigen müssen, am besten in Form eines **Nachtragsangebotes**. Haben Sie die Angebotspreise unter Berücksichtigung der Grundlagen der Preisermittlung des Hauptangebotes kalkuliert und außerdem den Wunsch nach Bestandsplänen schriftlich vorliegen, so können Sie mit deren Anfertigung beruhigt beginnen. Ein schriftlicher Auftrag, der die geforderte Vergütung bestätigt, ist dann nicht erforderlich. Auch wenn Ihr Auftraggeber bezüglich der Bestandszeichnungen keine Wünsche geäußert hat, sollten Sie die Gelegenheit zu einem Zusatzgeschäft nicht versäumen. Unterbreiten Sie Ihm ein Angebot! Die Ausführungszeichnungen sind ja in den meisten Fällen vorhanden, so daß die Anfertigung der Bestandspläne gut machbar ist (es müssen nicht unbedingt farbig angelegte Pläne sein). Ihr Vergütungsanspruch richtet sich nach VOB/B § 2 Nr. 6, VOB/C, DIN 18 381 Punkt 0.2.19, 3.5 und 4.2.27.

Betonstemmarbeiten Enthält das Leistungsverzeichnis Positionen für Wand- und Deckendurchbrüche, Schlitze, Bohrungen und Stemmarbeiten, so muß unbedingt unterschieden werden, ob diese Arbeiten an Wänden aus Mauerwerk oder aus Beton auszuführen sind. Enthält das Leistungsverzeichnis keine Angaben, so konnten Sie aus Wettbewerbsgründen natürlich nur Arbeiten am Mauerwerk kalkulieren. Betonstemmarbeiten können Sie zusätzlich abrechnen.

Ist die Leistungsbeschreibung so aufgebaut, daß in ein und derselben Position sowohl die Arbeiten an Mauerwerk als auch an Beton enthalten sind, so sind Sie nicht gezwungen, gleich große Anteile beider Werkstoffe für Ihre Preiskalkulation anzunehmen. Vielmehr können Sie erwarten, daß der Betonanteil wesentlich kleiner ist, weil Durchbrüche und Schlitze üblicherweise bereits während der Herstellung vorgesehen werden. Hier sollten Sie die gewählten Anteile im Begleitbrief zum Angebot angeben. Erfordert die Ausführung dann einen wesentlich größeren Anteil Stemmarbeiten an Wänden oder Decken aus Beton, so können Sie auch diesen zusätzlichen Anteil mit höheren Preisen abrechnen.

Voraussetzung für die Abrechnung als **zusätzliche Leistung** ist die Ankündigung Ihres Vergütungsanspruches, bevor Sie mit der Ausführung beginnen. Sowohl ein **Nachtragsangebot** als auch eine mündliche oder schriftliche Mitteilung ohne Preisangabe erfüllt diese von der VOB/B im § 2 Nr. 6 geforderte Maßnahme. Haben Sie diese Ankündigung versäumt, so bleibt Ihnen immer noch die Möglichkeit, bei Erstellung der **Schlußrechnung** Mehrpreise entsprechend VOB/B § 2 Nr. 5 (siehe auch **Leistungsänderung**) zu verlangen. Die Preisvereinbarung nach dieser VOB-Bestimmung soll zwar vor der Ausführung getroffen werden – sie muß es aber nicht (siehe auch **Mauerdurchbrüche**).

Betriebsanleitung Für einen sicheren Betrieb der Anlage benötigt der Bauherr auch Betriebs- und Wartungsanleitungen. Nach VOB/C,

DIN 18 381 Punkt 3.5 haben Sie Ihrem Auftraggeber spätestens bei der Abnahme alle für einen sicheren und wirtschaftlichen Betrieb erforderlichen Betriebs- und Wartungsanleitungen zu übergeben. Die Unterlagen sind in dreifacher Ausfertigung (schwarz/weiß) auszuhändigen. Nach Wahl des Auftraggebers können Zeichnungen auch einfach pausfähig übergeben werden. Die Kosten müssen Sie, wenn keine besondere Regelung vorgesehen ist, in die Einheitspreise einkalkulieren. Eine Extravergütung steht Ihnen nur dann zu, wenn das Leistungsverzeichnis hierfür eine Position enthält. Liefern müssen Sie die Unterlagen aber in jedem Fall.

Verlangt Ihr Auftraggeber von Ihnen jedoch zusätzliche Exemplare oder sollen die mitzuliefernden Zeichnungen farbig angelegt sein, so können Sie für diese **zusätzliche Leistung** auch eine zusätzliche Vergütung verlangen.

Betriebseinweisung Das Bedienungs- und Wartungspersonal für die installierte Sanitäranlage ist von Ihnen einzuweisen, aber nur einmal. Das wird ausdrücklich in Punkt 3.4 der DIN 18 381 verlangt. Über diese Einweisung ist ein Protokoll zu fertigen und spätestens bei der Abnahme dem Auftraggeber auszuhändigen (Punkt 3.5 der DIN 18 381). Das Einweisen ist also von Ihnen durchzuführen, ohne daß Sie eine besondere Vergütung verlangen können. Ausnahmen sind dann gegeben, wenn das Leistungsverzeichnis hierfür eine eigene Position vorsieht.

Jedes weitere Einweisen des Bedienungspersonals aber muß Ihnen zusätzlich vergütet werden. Oft verlangt der Auftraggeber, nachdem er neues oder weiteres Personal eingestellt hat, daß Sie auch diese Leute unterweisen. Das müssen Sie tun, aber nicht kostenlos. Die DIN 18 381 für Gas-, Wasser- und Abwasser-Installationsarbeiten innerhalb von Gebäuden führt unter Punkt 4.2.26 folgende **Besondere Leistung** auf:

„Wiederholtes Einweisen des Bedienungs- und Wartungspersonals."

Wird ein zweites oder sogar drittes Einweisen des Personals verlangt, sollten Sie erst dann die Kundenanfahrt veranlassen, wenn Sie Ihrem Auftraggeber angekündigt haben, daß Sie dafür eine besondere Vergütung beanspruchen. Die Ankündigung ist wichtig, da es sich hier um eine **zusätzliche Leistung** entsprechend VOB/B § 2 Nr. 6 handelt, die das Ankündigen des Vergütungsanspruchs als Anspruchsgrundlage voraussetzt. Ihr Meister, Monteur oder Ingenieur, der die Einweisungen vornimmt, sollte sich die Einweisungsdauer vom Auftraggeber oder seinem Bedienungspersonal unbedingt schriftlich bestätigen lassen, damit die spätere Abrechnung ohne Schwierigkeiten erfolgen kann.

Betriebsfremde Leistung Art und Umfang der Auftragsleistung richten sich nach dem Vertrag, den Sie mit Ihrem Auftraggeber abgeschlossen haben. Enthält dieser Vertrag auch Leistungen, die Sie in Ihrem Betrieb oder mit Ihren Monteuren nicht ausführen können, so sind Sie bei Vertragsabschluß dieses Risiko bewußt und mit der Absicht eingegangen, diese Arbeiten einem Nachunternehmer zu übertragen. Anders sieht es aus, wenn Ihr Auftraggeber während der Ausführung des Auftrages Ihnen weitere Leistungen übertragen will. Bisher nicht vereinbarte Leistungen, die zur Erfüllung der vertraglichen Leistung erforderlich werden, müssen Sie ausführen, wenn es Ihr Auftraggeber verlangt. Ist Ihr Betrieb auf die geforderte Arbeit jedoch nicht eingerichtet, so können von Ihnen diese Leistungen nur mit Ihrer Zustimmung verlangt werden.

Können oder wollen Sie, aus welchen Gründen auch immer, diese zusätzlichen Arbeiten nicht ausführen, so haben Sie bei betriebsfremden Leistungen die Möglichkeit, sich von der bestehenden Ausführungspflicht zu befreien. Manche Unternehmen schieben den Begriff „Betriebsfremde Leistung" auch nur vor, um sich von einer für sie zur Zeit lästigen Pflicht zu befreien.

Um eine betriebsfremde Leistung handelt es sich immer dann, wenn Ihr Betrieb auf die Ausführung derartiger Arbeiten nicht eingerichtet ist. Das gilt in bezug auf Ausstattung und Einrichtungen, wie z. B. Maschinen und Werkzeuge, aber auch in bezug auf das bei Ihnen beschäftigte Personal. Verfügen Sie z. B. zur Zeit nicht über einen qualifizierten Fachingenieur, so können Sie eine notwendig gewordene Wirtschaftlichkeitsberechnung, die Ihr Auftraggeber von Ihnen verlangt, nicht ausführen; oder fehlt eine technische Zeichnerin, können Sie einen Zusatzauftrag über das farbliche Anlegen von Bestandsplänen nicht annehmen.

Andere Leistungen, die nicht zur Erfüllung der vertraglichen Leistung erforderlich sind, z. B. das Schweißen einer Leiter für den Schornsteinfeger, kann Ihnen Ihr Auftraggeber nur mit Ihrem ausdrücklichen Einverständnis übertragen (VOB/B § 1 Nr. 4). Diese Regelungen gelten sowohl beim VOB-Vertrag als auch bei einem Vertrag, dem das BGB zugrunde liegt. Führen Sie jedoch eine dieser betriebsfremden **zusätzlichen Lei-**

stungen aus, so steht Ihnen selbstverständlich eine vertragsgerechte Vergütung entsprechend VOB/B § 2 Nr. 6 zu.

Bevorzugte Bewerber Zum Zeitpunkt der Drucklegung gehören zu den bevorzugten Bewerbern:

1. Unternehmen aus den Beitrittsgebieten.

2. Kleine und mittlere Unternehmen in Handel, Handwerk und Industrie aus den „neuen" Ländern.

3. Vertriebene, Sowjetzonenflüchtlinge, Verfolgte, Werkstätten für Behinderte und Blindenwerkstätten.

Der Bund und die Länder haben mehrere Richtlinien für die Berücksichtigung bevorzugter Bewerber erlassen. Danach sind diese Bewerber teilweise bereits bei der Angebotsaufforderung zu bevorzugen, häufig bei der Bewertung ihrer Angebotspreise, und manchmal dürfen sie auch in den Angebotspreis des günstigsten Bieters einsteigen.

Welche Vorschriften in Ihrem Bundesland gültig sind und ob Sie zu den bevorzugten Bewerbern gehören, erfahren Sie bei der Landesregierung, der Industrie- und Handelskammer, der Handwerkskammer oder Ihrem Fachverband.

Bewerber Die Allgemeinen Vergabebestimmungen der VOB/Teil A sagen aus, daß alle Teilnehmer am Wettbewerb gleich zu behandeln sind. An diese Bestimmungen muß sich jedoch nur der öffentliche Auftraggeber aufgrund bestehender Verordnungen halten. Für den privaten Auftraggeber stellt dieser Teil A nur eine unverbindliche Richtlinie dar.

Insbesondere ist der Ausschreibungswettbewerb nicht nur auf regional- oder ortsansässige Firmen zu beschränken, auch sind, entgegen früherer (1952) Fassungen der **VOB**, ortsansässige Firmen heute nicht mehr zu bevorzugen. Zum Wettbewerb mit gewerblichen Unternehmen sind folgende Bewerber nicht zugelassen: Justizvollzugsanstalten, Einrichtungen der Jugendhilfe, Aus- und Fortbildungsstätten und ähnliche Einrichtungen sowie Betriebe und Verwaltungen der öffentlichen Hand.

Vom Wettbewerb ausgeschlossen werden können Firmen, über deren Vermögen ein Konkurs- oder Vergleichsverfahren eröffnet oder beantragt wurde, die sich in Liquidation befinden oder die Steuern und Abgaben sowie Beiträge zur Sozialversicherung nicht ordnungsgemäß gezahlt haben. Auch schwere Verfehlungen und vorsätzlich unzutreffende Erklärungen zur Fachkunde können zum Ausschluß führen. Der öffentliche Auftraggeber kann Nachweise, z. B. über die Abgabe von Steuern und Sozialversicherungsbeiträgen, von den Bewerbern verlangen. Diese Unterlagen müssen vor Zuschlagserteilung dem Auftraggeber vorliegen. Treffen diese Nachweise zu spät ein, kann das Angebot vom Wettbewerb ausgeschieden werden.

Dieser Aufzählung von Bewerbern, die vom Wettbewerb ausgeschieden oder gar nicht erst zugelassen werden können, stehen die Bewerber gegenüber, die besonders zu bevorzugen sind. Wer gehört zu den bevorzugten Bewerbern? Mit Sicherheit die Werkstätten für Behinderte und Blinde, aber die spielen in Ihrer Branche keine Rolle. Durch die Wiedervereinigung Deutschlands ist der Kreis der Berechtigten zum Zeitpunkt der Drucklegung stark im Umbruch begriffen, so daß Ihnen hierzu nur eine Rückfrage bei Ihrer zuständigen Regierung oder Ihrem Fach- oder Innungsverband bleibt. Auch die Industrie- und Handelskammern geben Ihnen auf Anfrage sicher die neuesten Bevorzugtenrichtlinien. Gehören Sie zu den bevorzugten Bewerbern, so sollten Sie sich das von der Handwerkskammer oder einer vergleichbaren Institution bestätigen lassen. Diesen Nachweis können Sie dann, falls gefordert, den Angeboten beilegen. Um Ihren Anspruch als bevorzugter Bewerber nicht zu verlieren, reicht es aber aus, wenn der Auftraggeber den Nachweis vor der Zuschlagserteilung erhält.

Bezeichnungsschilder Das Liefern und Befestigen der Funktions-, Bezeichnungs- und Hinweisschilder ist nach DIN 18 381 Punkt 4.2.13 eine **Besondere Leistung**, die auch extra zu vergüten ist. Hat Ihr Auftraggeber vergessen, hierfür im Leistungsverzeichnis eine Position vorzusehen, so sollten Sie Ihm Ihren Vergütungsanspruch für diese **zusätzliche Leistung** mit einem **Nachtragsangebot** ankündigen.

Bezeichnungsschilder gibt es in unterschiedlichster Ausführung: z. B. aus Kunststoff oder Aluminium, mit ein-, zwei- oder mehrzeiliger Beschriftung, in farbiger oder schwarz/weißer Ausführung, mit Schraub- oder Kunststoffbandbefestigung oder auf verzinktem Profileisenträger. Mußten Sie Bezeichnungsschilder liefern, die von der ausgeschriebenen und kalkulierten Ausführung abwichen, z. B als Ergebnis einer Bemusterung oder auf Anordnung des Auftraggebers, so ist das eine **Leistungsänderung**, die neue Preise erforderlich macht. Die Änderung der Ausführung kommt bei Bezeichnungsschildern sehr häufig vor, da viele Bauherren verlangen, daß für sämtliche haustechnischen Fachlose eine einheitliche Schilderausführung gewählt wird.

Bei der Bildung neuer Preise können Sie sämtliche Mehrkosten berücksichtigen, die Ihnen durch diese Ausführungsänderung entstanden sind. Das können z. B. sein: Stornierungskosten, Bestellkosten, Fracht- und Verpackungskosten und natürlich die reinen Material- und Montagekosten. In diesem Zusammenhang verlangt die VOB/B entsprechend § 2 Nr. 5 lediglich, daß zur neuen Preisermittlung nur die Mehr- und Minderkosten heranzuziehen sind. Sie müssen also den ursprünglichen Angebotspreis für die Bezeichnungsschilder als Grundlage der neuen Kalkulation nehmen.

Zum Feststellen der Abrechnungsstückzahl wird üblicherweise vor Ort ein Aufmaß genommen. Einfacher ist es jedoch, der Rechnung als Beleg die Bestell- oder Beschriftungslisten der Bezeichnungsschilder beizulegen. Hierdurch wird Aufmaßzeit gespart, und keines der Schilder wird übersehen und abzurechnen vergessen.

Bindefrist   Die Frist, bis zu deren Ablauf Sie an Ihr Angebot gebunden sind, nennt man Bindefrist. Diese Zeitspanne können Sie bei Abgabe Ihres Angebotes festlegen, wenn sie nicht durch die Ausschreibungsbedingungen des Auftraggebers als sogenannte **Zuschlagsfrist** vorgegeben wurde. Da Sie mit Abgabe des Angebotes akzeptieren, daß Ihnen bis Ablauf der Zuschlagsfrist der Auftrag zu den Angebotsbedingungen erteilt werden kann, binden Sie sich damit bis Fristende an Ihr Angebot. Zuschlagsfrist und Bindefrist sind also zeitgleich und haben die gleichen Auswirkungen. Die Zuschlagsfrist soll nur in begründeten Ausnahmefällen mehr als 30 Kalendertage betragen.

Innerhalb der Bindefrist sind Sie verpflichtet, den auf Ihr Angebot erteilten Auftrag anzunehmen. Nach Ablauf der Bindefrist müssen Sie das nicht mehr. Erteilt Ihnen der Auftraggeber trotzdem den Auftrag, so haben Sie das Recht, zu prüfen, ob Sie zu den Bedingungen des Angebotes und unter besonderer Berücksichtigung der Angebotspreise diesen Auftrag annehmen wollen. Wenn die Angebotspreise Ihnen nicht mehr auskömmlich erscheinen, können Sie z. B. eine Preiserhöhung fordern. Sie können aber den Auftrag auch ablehnen, ohne daß Ihnen daraus ein Schaden erwachsen kann.

Für den Fall, daß Sie versuchen, die Angebotspreise zu verbessern, sollten Sie bedenken, daß je nach Höhe Ihrer Forderung dann auch der zweitgünstigste Bieter für den Auftraggeber interessant werden kann. Vielleicht wird sein Angebot durch Ihre Forderung das preiswerteste. Wenn Sie auf die Auftragserteilung mit Forderungen nach Preiserhöhungen antworten, ist der Auftraggeber wieder frei in seiner Entscheidung, ob er unter den veränderten Bedingungen Ihnen den Auftrag überträgt oder einem anderen Bieter. Selbst der öffentliche Auftraggeber ist nicht verpflichtet, Ihnen den **Zuschlag** auf Ihr Angebot zu geben, wenn Sie nach Ablauf der Binde- und Zuschlagsfrist Ihren Angebotspreis erhöhen oder Forderungen zu anderen Angebotsbedingungen stellen, die für den Auftraggeber nachteiliger sind als die des nächstgünstigen Bieters.

Bindung an Schlußrechnung Unter der Bindung an eine einmal gestellte und als solche deutlich gekennzeichnete **Schlußrechnung** versteht die Rechtsprechung, daß anschließende Nachforderungen für bisher vergessen abzurechnende Leistungen nicht mehr möglich (durchsetzbar) sind. Dieser Grundsatz der Bindung an die Schlußrechnung gilt jedoch nur beim Werkvertrag, dem das BGB (Bürgerliches Gesetzbuch) zugrunde liegt, wie z. B. beim Architektenvertrag.

In den Fällen, in denen Sie Verträge abgeschlossen haben, ohne daß darin die VOB vereinbart wurde, ist Vorsicht bei der Stellung der Schlußrechnung geboten. Bevor diese erstellt werden soll, ist die gesamte erbrachte Leistung lückenlos zusammenzustellen, damit keine wesentlichen Arbeiten vergessen werden. Wenn Sie sich nicht ganz sicher sind, ob auch wirklich der ganze Leistungsumfang erfaßt worden ist, empfiehlt es sich, eine Rechnung zu erstellen, die keinerlei Hinweis tragen darf, daß es sich um eine Schlußrechnung handelt. Die Kennzeichnung als Teilschlußrechnung ist jedoch möglich, da Ihnen dann der Weg für weitere Abrechnungen offenbleibt.

Bei VOB-Verträgen gibt es die Bindung an die Schlußrechnung nicht. Jedenfalls hat der Bundesgerichtshof in einem Urteil 1987 so für den Fall entschieden, daß nach Kürzung der Schlußrechnung durch den Auftraggeber der Auftragnehmer das Recht hat, weitere bisher vergessene

Forderungen zu stellen. Das bedeutet für Sie in der Praxis, daß selbst bei geringer Minderung des Schlußrechnungsbetrages Sie erneut prüfen können, ob nicht doch Leistungen vergessen wurden abzurechnen, z. B. Regieleistungen, oder ob eine erschwerte Ausführung der Leistung bei der Rechnungsstellung auch ausreichend berücksichtigt wurde. Ergeben sich dabei zusätzliche Forderungen, so können Sie diese mit einer neuen Rechnung, einer Teilschlußrechnung, Ihrem Auftraggeber zusenden. Diese Nachberechnung ist aber unbedingt innerhalb von 24 Werktagen nach Erhalt der Schlußrechnung dem Auftraggeber zuzustellen. Hierbei handelt es sich um die Vorbehaltsfrist nach VOB/B § 16 Nr. 3. Wenn diese Frist verstrichen ist, haben Sie, wie weiter unten erläutert wird, wenig Möglichkeiten der Nachberechnung. Wenn Sie also Ihre neue Teilschlußrechnung erst später absenden, haben Sie keinen Anspruch mehr auf Zahlung. Das gilt selbst dann, wenn Ihre Forderung absolut zu Recht besteht.

Ist nach Eingang der **Schlußzahlung** abzusehen, daß eine erneute Prüfung des Leistungsumfanges länger dauert, vielleicht, weil der zuständige Mitarbeiter noch in Urlaub ist, sollten Sie sofort vorsorglich Vorbehalt gegen diese Zahlung einlegen, und zwar schriftlich per Einschreiben mit Rückschein. Letzteres ist wegen der Beweiskraft leider notwendig. Sie gewinnen dann weitere vier Wochen Zeit, um die bisher nicht erfaßten Leistungen in Rechnung stellen zu können.

Etwas anders sieht es aus, wenn Ihre Schlußrechnung vom Auftraggeber ohne jede Kürzung anerkannt und der noch offene Restbetrag bezahlt wird. Hierzu sagt der Bundesgerichtshof, daß der Auftraggeber bei voller Begleichung des geforderten Schlußzahlungsbetrages eventuell darauf vertrauen könnte, keine weiteren Forderungen mehr zu erhalten. Es hängt aber immer von den Umständen des Einzelfalles ab, ob weitere Forderungen des Auftragnehmers gegen Treu und Glauben verstoßen. Haben Sie eine eindeutig und nachweislich erbrachte Leistung vergessen abzurechnen und stellen nach erfolgter Schlußzahlung, aber noch vor Verstreichen der Frist nach VOB/B § 16 Nr. 3, Ihrem Auftraggeber diese Leistung in Rechnung, so haben Sie auch Anspruch auf Zahlung. Gegen Treu und Glauben kann höchstens die Nachberechnung von nicht nachweisbaren Leistungen oder das Fordern von Bagatellbeträgen verstoßen.

Aber auch noch nach der vorbehaltlosen Annahme der Schlußzahlung können Sie unter bestimmten Voraussetzungen weitere Forderungen an Ihren Auftraggeber stellen. Hier sind im wesentlichen drei Möglichkeiten von Bedeutung.

1. Werden durch die vereinbarten Vertragsbedingungen wesentliche Vorschriften der VOB außer Kraft gesetzt, wird auch der § 16 Nr.3 der VOB/B unwirksam. Sie können dann auch noch längere Zeit nach der Schlußzahlung weitere Leistungen in Rechnung stellen.

2. Stellt Ihr Auftraggeber aufgrund von Rechnungsprüfungen Rückzahlungsforderungen, so müssen Sie diese nicht zahlen, wenn Sie selbst noch Forderungen an ihn haben. Bis zur Höhe dieser sogenannten **Überzahlungen** können Sie eigene bisher vergessen abzurechnende Leistungen aufrechnen.

3. Auch für zusätzliche Leistungen, die zum Ursprungsauftrag hinzugekommen sind, können Sie nach der vorbehaltlosen Annahme der Schlußzahlung eine eigene Rechnung stellen. Hierbei muß es sich um einen Nachtragsauftrag zum oder einen vom Hauptauftrag völlig getrennten Auftrag handeln, der den Leistungsumfang vergrößert. Selbst wenn für diesen Auftrag die gleichen Bedingungen wie für den Ursprungsauftrag vereinbart wurden, kann er getrennt abgerechnet werden, da er wie ein eigener Auftrag behandelt werden muß.

Bodenablauf Wer verlegt die Grundleitungen? Meistens die Rohbaufirma und damit nicht Sie, sondern ein anderer Auftragnehmer. In Ihrem Auftragsumfang ist aber das Liefern und Anschließen von Bodenabläufen und Entwässerungsleitungen enthalten. Um diese Leistungen erbringen zu können, müssen die Grundleitungen freigelegt und von allen Rückständen gesäubert sein. Das ist aber häufig nicht der Fall, meistens sind die Anschlußstellen sehr verschmutzt und teilweise sogar zubetoniert.

Um Ihre Leistung erbringen zu können, müssen Sie die Grundleitungen suchen, freilegen, ausstemmen oder reinigen. Nur so wird es überhaupt möglich, Bodenabläufe einzusetzen oder Entwässerungsleitungen anzuschließen. Hiermit wird von Ihnen eine **zusätzliche Leistung** gefordert, die im Vertrag nicht vorgesehen ist, denn in den seltensten Fällen enthalten Leistungsverzeichnisse bereits dieses Freilegen von Grundleitungen.

Bevor Sie mit den notwendigen Regiearbeiten beginnen, müssen Sie jedoch immer Ihrem Auftraggeber ankündigen, daß Sie für diese zusätzliche Leistung eine besondere Vergütung beanspruchen; das verlangt VOB/B § 2 Nr. 6 von Ihnen. Durch diese Ankündigung wird dem Auftraggeber die Möglichkeit gegeben, die Arbeiten entweder noch als Gewährleistung vom Rohbauunternehmer zu verlangen oder durch eine andere Firma vielleicht preisgünstiger ausführen zu lassen.

Gibt Ihnen der Auftraggeber keinen Hinweis, daß er das Freilegen der Grundleitungen von einer anderen Firma ausführen lassen will, so können Sie mit den Arbeiten beginnen. Einen schriftlichen Auftrag brauchen Sie hierfür nicht, da diese Leistung technisch notwendig ist und damit als „gefordert" im Sinne der VOB/B § 2 Nr. 6 gilt. Damit Sie den für diese Arbeiten benötigten Zeitaufwand auch nachweisen können, empfiehlt es sich immer, die Regiezettel vom Bauleiter sofort unterschreiben zu lassen.

Bürgschaftskosten Die Kosten der Ausführungs- und Gewährleistungsbürgschaften sind abhängig von deren Inanspruchnahme, also von ihrer Laufzeit. Durch Verzögerungen oder **Baustellenunterbrechungen** verlängert sich die Laufzeit der Bürgschaften mitunter erheblich. Hierbei entstehen Ihnen zusätzliche Kosten. Liegt die Ursache der Montageverzögerung oder -unterbrechung nicht bei Ihnen, sondern hat der Auftraggeber sie zu vertreten, so können Sie ihm, entsprechend der Laufzeitverlängerung, die Bürgschaftsmehrkosten in Rechnung stellen (siehe auch **Arbeitsunterbrechung** und **Fertigstellungstermin**).

Haben Sie Ihrem Auftraggeber eine Ausführungsbürgschaft übergeben, so sollten Sie mit deren Rückforderung nicht bis zum Zeitpunkt der Schlußzahlung warten. Häufig wird erst bei Ablösung des Sicherheitseinbehaltes gegen eine Gewährleistungsbürgschaft die Ausführungsbürgschaft zurückgegeben. Das ist aber ungünstig für Sie, weil der Bauherr ab Abnahme Ihrer Leistung doppelte Sicherheit hat, einmal durch die Ausführungsbürgschaft und zum anderen durch den einbehaltenen Sicherheitsbetrag. Da vom Zeitpunkt der Abnahme bis zum Schlußzahlungstermin häufig mehrere Monate vergehen, können Sie für diesen Zeitraum die laufenden Kosten der Ausführungsbürgschaft einsparen, indem Sie unverzüglich nach erfolgter Abnahme diese Bürgschaft zurückfordern.

Eine weitere Möglichkeit, Geld zu sparen, bietet Ihnen der Sicherheitseinbehalt. Versuchen Sie jeden vom Auftraggeber einbehaltenen Sicherheitsbetrag mit einer Bankbürgschaft abzulösen, auch schon bei Abschlagszahlungen. Das Geld, richtig angelegt, bringt Ihnen mehr Zinsgewinn, als die Bürgschaften kosten. Verlangen Sie jedoch spätestens unmittelbar nach der Abnahme der Leistung die Auszahlung des Sicherheitseinbehaltes gegen eine Gewährleistungsbürgschaft. Warten Sie nicht bis zur Schlußzahlung, es ist Ihr Zinsgewinn.

Versucht ein öffentlicher Auftraggeber, von Ihnen eine Gewährleistungsbürgschaft auf „erstes Anfordern" zu erhalten, so sollten Sie das ablehnen. Selbst der VOB-Ausschuß empfiehlt dieser Auftraggebergruppe, nach der vorbehaltlosen Annahme der **Schlußzahlung** sich mit einer „einfachen" Gewährleistungsbürgschaft zu begnügen. Der Bürgschaftsbetrag sollte zu diesem Zeitpunkt nicht über 3 % der Abrechnungssumme liegen (in Anlehnung an VOB/A § 14 Nr. 2). Bei einer Bürgschaft auf erstes Anfordern muß die Bank auf Verlangen des Auftraggebers sofort den geforderten Betrag überweisen. Ihre Zustimmung als Auftragnehmer oder ein Schuldbeweis muß der Bank nicht vorgelegt werden (siehe auch **Sicherheitsleistung**).

C

CV-Verbinder Von allen für Entwässerungsleitungen geeigneten Rohrsystemen werden am häufigsten muffenlose Gußrohre installiert. Somit werden auch die zur Verbindung der einzelnen Rohr- und Formstücke benötigten CV-Verbinder, bestehend aus Dichtmanschette und Spannhülse, sehr häufig eingebaut. Je nach Anordnung der sanitären Einrichtungsgegenstände und den Platzverhältnissen schwankt die Zahl der benötigten CV-Verbinder sehr stark. Sie wird dadurch für Sie zu einem sehr wesentlichen Kostenfaktor.

Wenn vertraglich nichts anderes vereinbart wurde, sind Manschettenverbindungen getrennt nach Art, Nenndruck und Nennweite nach Anzahl (Stück) abzurechnen. Das bestimmt die VOB/C, DIN 18 381, Gas-, Wasser- und Abwasserinstallationsarbeiten innerhalb von Gebäuden. Prozentuale Zuschlagsätze oder das Einrechnen in die Rohreinheitspreise entspricht also nicht der DIN. Diese Möglichkeiten sind nur für die Abrechnung von Form- und Verbindungsstücken in Rohrleitungen mit einer kleineren Nennweite als DN 50 vorgesehen. Und damit praktisch nur bei Gewinderohrleitungen, aber nicht bei Gußrohren. Trotzdem werden immer wieder Aufträge erteilt, denen Leistungsverzeichnisse zugrunde liegen, bei denen Gußrohre einschließlich CV-Verbinder anzubieten waren. In solchen Fällen besteht für den Auftragnehmer ein hohes Kalkulationsrisiko. Denn ob je 10 Meter Gußrohrlänge mit 10 CV-Verbindern oder mit 5 zu rechnen ist, hängt von der Anordnung der Sanitäranlagen und den beeinflussenden Baugegebenheiten ab.

Um ein Angebot abgeben zu können, bei dem die wirklichen Kosten für die CV-Verbinder berücksichtigt wurden, müßten Sie intensiv sämtliche Ausführungspläne der Sanitäranlage und des Baukörpers studieren. Diese Zeit steht vor Angebotsabgabe meist nicht mehr zur Verfügung, abgesehen von der Tatsache, daß Sanitärausführungspläne in der benötigten Ausführlichkeit zu diesem Zeitpunkt selten vorhanden sind. Liegt Ihnen eine Leistungsbeschreibung vor, die entgegen der DIN das Einrechnen der CV-Verbinder in den Rohrleitungspreis verlangt, empfiehlt es sich, im Begleitschreiben zum Angebot dem Auftraggeber mitzuteilen, mit wieviel CV-Verbindern je 10 Meter Rohrlänge Sie kalkuliert haben. Sollte sich bei der Ausführung herausstellen, daß Ihr Kalkulationsansatz nicht stimmte und Sie erheblich mehr Manschettenverbindungen einbauen mußten, so können Sie von Ihrem Auftraggeber dafür einen Mehrpreis verlangen. Ihre Mehrleistung können Sie entweder mit einem Aufmaß belegen oder anhand der ebenfalls gestiegenen Anzahl der **Rohrbogen**, Abzweige und Paßstücke begründen.

Ihre Forderung nach höherer Vergütung stützt sich einmal auf VOB/B § 2 Nr. 7. Hier wird zwar für Pauschalsummen bestimmt, daß bei erheblichen Abweichungen der ausgeführten Leistung von der vertraglichen Leistung ein Ausgleich unter Berücksichtigung der Mehr- und Minderkosten zu gewähren ist. Da aber nach Absatz 2 dieser Paragraph auch für Pauschalsummen gilt, die nur für Teile der Gesamtleistung vorgesehen sind, trifft er auch hier zu. Das pauschale Einkalkulieren einer bestimmten Zahl Verbindungselemente je Gußrohrlänge oder in einen Zuschlagsatz ist eine Pauschale für Teile der Gesamtleistung.

Des weiteren stützt sich Ihre Forderung auf VOB/A § 9 Nr. 1, wonach die Leistung eindeutig und erschöpfend zu beschreiben ist. Das ist hier nicht geschehen, denn die benötigte Anzahl Manschettenverbindungen wurde nicht genannt. Und da dem Auftragnehmer kein ungewöhnliches Wagnis aufgebürdet werden soll (§ 9 Nr. 2), besteht Ihre Forderung auf eine höhere Vergütung wegen der gestiegenen Zahl der CV-Verbinder zu Recht. Zwar wird der Teil A der VOB nie Vertragsbestandteil, aber der öffentliche Auftraggeber ist aufgrund von Verordnungen verpflichtet, sich danach zu richten, und dem privaten Bauherrn werden damit Richtlinien gegeben, an denen sich auch Richter orientieren.

Wurden neben den CV-Verbindern auch **Tempokrallen** und **Konfix-Verbinder** benötigt, so können Sie, falls keine Einheitspreise vereinbart waren und keine anderen vertraglichen Regelungen bestehen, für diese zusätzlichen Leistungen auch zusätzliche Vergütungen verlangen.

D

Dämmung Regeln für die Abrechnung der Dämmarbeiten an technischen Anlagen enthält VOB/C, DIN 18 421. Hier wird in einer Vielzahl von Bestimmungen festgelegt, was bei der Abrechnung nach Längenmaß, Flächenmaß und Rauminhalt alles zu beachten ist. Darüber hinaus führt diese DIN unter Punkt 4.2.1 bis 4.2.20 noch **Besondere Leistungen** auf, die Sie als **Zusätzliche Leistung** abrechnen können, wenn das Leistungsverzeichnis dafür nicht eine andere Abrechnungsart vorschreibt. Das aber ist leider sehr häufig der Fall. Wegen der Vielzahl der in der DIN festgelegten Abrechnungsbedingungen – hiernach müßten die Stückzahlen der herzustellenden Ausschnitte, Blenden, Einsätze, Bögen, Knicke, Regenabweiser, Übergangsstücke, Trennungen, trichterförmigen Ausbildungen, Kappenstützen, Paßstücken, Abkantungen, Manteleinschnürungen, Konussen, Hosenstücken, Kreisringen, Endstellen und Stutzen stückzahlmäßig erfaßt und ausgeschrieben werden – behilft sich der Auftraggeber gern mit einer sehr vereinfachten Form der Leistungsaufstellung:

„Isolierung der Verteilleitungen mittels alukaschierten Mineralfaserschalen einschließlich aller Formstücke mit Abschlußmanschetten und Farbkennzeichen

lfd m Gewinderohr, s = 30 mm."

Was ist zu beachten, wenn die Leistungsbeschreibung nicht den Abrechnungsvorschriften der DIN 18 421 folgt?

In einem Urteil vom 4.4.1990 hat das Oberlandesgericht Köln festgestellt, daß die besonderen vertraglichen Abrechnungsregeln (also die jeweiligen Leistungsbeschreibungen) Vorrang vor den Bestimmungen der Allgemeinen Technischen Vertragsbedingungen für Bauleistungen, zu denen die DIN-Vorschriften der VOB/C gehören, haben. Selbst wenn das Leistungsverzeichnis erkennbar lückenhaft ist, muß der Auftragnehmer versuchen, die zur Preiskalkulation noch erforderlichen Angaben zu besorgen. Er darf nicht ins „Blaue hinein kalkulieren". Ist der Auftraggeber nicht in der Lage, z. B. die fehlenden Stückzahlen der zu isolierenden Formstücke zu nennen, so bleibt Ihnen als Anbieter nichts weiter übrig, als Ihre Kalkulationsgrundlage selbst festzulegen, indem Sie die einzubauenden Stückzahlen überschlägig bestimmen. Die angenommenen Stückzahlen sollten Sie mit dem Angebot, z. B. durch Aufnahme im Begleitbrief, Ihrem Auftraggeber bekanntgeben. Ergibt ein Aufmaß nach Beendigung der Arbeiten, daß Sie wesentlich mehr Formstücke isolieren mußten als bei Angebotsabgabe angenommen, so können Sie diese Mehrkosten dann geltend machen.

Das Gericht hat ausdrücklich festgestellt, daß der alleinige Hinweis im Angebotsbegleitbrief – „Abrechnung nach DIN 18 421" – nicht ausreicht. Es muß vielmehr genau angegeben werden, welche Angaben zur richtigen Kalkulation fehlten und wie Sie sich beholfen haben bzw. mit welchen zusätzlichen Kosten der Auftraggeber noch zu rechnen hat.

Interessant ist an diesem Urteil, daß es wieder einmal den absoluten Vorrang der Leistungsbeschreibung vor allen sonstigen Vertragsbestimmungen bestätigt. Eine genaue Analyse der im Leistungsverzeichnis aufgeführten Arbeiten ist deshalb unerläßlich. Nur so stellen Sie Lücken fest, die Sie dann durch Nachfragen beim Auftraggeber versuchen müssen zu schließen. Sollte das nicht möglich sein, sind Sie berechtigt, selbst die Kalkulationsvorgaben festzulegen.

Diebstahl In keinem anderen Handwerkszweig sind die Verluste durch Diebstahl so groß wie im Sanitärhandwerk. Von der Rohrleitung bis zur Badewanne findet jedes Teil der sanitären Installation seinen Liebhaber. Besonders begehrt sind die **sanitären Einrichtungsgegenstände**. Sowohl die bereits fest eingebauten Bade- und Brausewannen, Handwaschbecken, Klosett- und Bidetanlagen als auch Spiegel, Papierrollenhalter, Aschenbecher, Ablagen, Handtuchstangen und -haken und sogar Duschtrennwände verschwinden über Nacht.

Wie können Sie als Auftragnehmer den Schaden, der Ihnen durch diese Diebstähle entsteht, so klein wie möglich halten? Da Sie Ihre Leistung bis zur **Abnahme** vor Beschädigung und Diebstahl schützen müssen (VOB/B § 4 Nr. 5), sollten Sie die Zeitspanne zwischen Anlieferung bzw. Montage der sanitären Einrichtungsgegenstände und der Abnahme so klein wie möglich halten. Nicht montierte Teile sind in verschließbaren Räumen zu lagern. Toiletten-, Wasch- und Duschräume sind nach Feierabend und nach Beendigung der Montage zu verschließen. In nicht abschließbaren Räumen sollten Sie jede Montage ablehnen. Für einzelne Bauteile oder Stockwerke, die, im Sinne von VOB/B § 12 Nr. 2, als in sich abgeschlossene Leistungsteile anzusehen sind, sollte nach der Fertigmontage umgehend die Abnahme beantragt werden. Lose Ausstattungsgegenstände, wie z. B. Papierkörbe und Toilettenbürsten, sollten dem Bauherrn erst bei der Abnahme übergeben werden.

Mit der Abnahme geht die Gefahr, d. h. die Verantwortung für den Schutz vor Beschädigung und Diebstahl von Teilen der sanitären Installation, auf den Auftraggeber über. Das ist auch der Grund, warum **Teilabnahmen** nur sehr ungern akzeptiert werden. Verweigert Ihr Auftraggeber die Abnahme von Teilbereichen der Leistung, so sollten Sie Ihn schriftlich per Einschreiben mit Rückschein zur Abnahme auffordern und gleichzeitig die Fertigstellung melden. In einem solchen Fall hat der Auftraggeber die Abnahme binnen 12 Werktagen durchzuführen. Versäumt er diese Frist, so gilt die Leistung als abgenommen, wenn es sich um einen „in sich abgeschlossenen" Leistungsteil handelt. Für den Schutz vor Beschädigung und Diebstahl sind Sie dann nicht mehr zuständig.

Werden während der Ausführung Teile der sanitären Installation beschädigt oder gestohlen, so können Sie die Erstattung dieser Kosten bei der **Bauleistungsversicherung** geltend machen. Zahlt die Versicherung nicht, sollten Sie prüfen, ob nicht der Bauherr, z. B. durch unverschlossene Räume oder leicht zugängliche Baustelle, seine Sorgfaltspflicht verletzt hat und für den Schaden selbst aufkommen muß.

Verlangt Ihr Auftraggeber nach der Abnahme oder nachdem durch Fertigstellung oder Inbetriebnahme der sanitären Installation die Verantwortung für deren Schutz auf ihn übergegangen ist, gestohlene oder beschädigte Teile zu erneuern, so steht Ihnen hierfür die Vergütung des notwendigen Zeit- und Materialaufwandes zu. Sind z. B. neue Wasserhähne zu montieren, Perlatoren einzuschrauben oder beschädigte Armaflex-Isolierungen zu kleben, so können Sie diese Regiestunden, die montierten Teile und das benötigte Verbrauchsmaterial bis hin zur Tube Klebstoff Ihrem Auftraggeber in Rechnung stellen. Regiestunden sollten Sie sich immer sofort nach der Ausführung durch Unterschrift auf dem Regiezettel bestätigen lassen. Und da der Aufwand für die Nachbestellung der zu ersetzenden Teile auch zu vergüten ist, sind bei der Abrechnung dieser Regiearbeiten nicht mehr die Preise des Hauptauftrages einzusetzen. Hier kann ein Wasserhahn plötzlich doppelt soviel kosten wie vorher (siehe auch **Stundenlohnarbeiten**).

Druckprobe Bei Sanitäranlagen muß bezüglich der Druckprobe zwischen Be- und Entwässerungsleitungen unterschieden werden. Bewässerungsleitungen sind vor dem Schließen der Mauerschlitze, Wand- und Deckendurchbrüche einer Druckprobe zu unterziehen. Die Kosten trägt, auch ohne besondere Erwähnung in der Leistungsbeschreibung, der Auftragnehmer. Aber nur für eine Druckprobe! Zusätzliche Druckprüfungen sowie zusätzliches Füllen und Entleeren der Leitungen aus Gründen, die der Auftraggeber zu vertreten hat, zahlt der Auftraggeber. VOB/C, DIN 18 381 führt unter Punkt 4.2.21 diese Leistung ausdrücklich als **Besondere Leistung** an. Verlangt Ihr Auftraggeber von Ihnen z. B., Teilbereiche des Bewässerungsnetzes auf Dichtigkeit zu prüfen, so sollten Sie Ihm mitteilen, welche Kosten damit auf Ihn zukommen. Sie erfüllen mit dem Ankündigen Ihrer Forderung nach zusätzlicher Vergütung gleichzeitig die Anspruchsvoraussetzung nach VOB/B § 2 Nr. 6.

Entwässerungsleitungen sind von Ihnen zwar sorgfältig zu verlegen, aber ob sie auch dicht sind, stellt sich häufig erst heraus, wenn die Anlage in Betrieb genommen wird. Ohne Erwähnung in den vertraglichen Unterlagen (Leistungsbeschreibung, Technische Ausführungsvorschriften, usw.) gehören Druckproben für Entwässerungsleitungen nicht zu Ihrem Leistungsumfang. Das wird auch eindeutig in der DIN 18 381 unter Punkt 4.2.22 bestätigt. Danach sind Druck- und Dichtheitsprüfungen von Entwässerungsleitungen besondere Leistungen, die auch besonders zu vergüten sind. Diese Prüfung, sofern sie nicht bereits in Ihrem Auftrag enthalten ist, bietet Ihnen die Möglichkeit einer Auftragserweiterung. Es ist sicher auch im Interesse des Bauherrn, wenn die Dichtigkeit der Entwässerungsleitungen zu einem Zeitpunkt bestätigt wird, zu dem noch keine abgehängten Decken eventuelle Änderungsarbeiten behindern oder Teppichböden verschmutzt werden können. Sie sollten Ihrem Auftraggeber entsprechend zeitig ein **Nachtragsangebot** einreichen.

Zu diesen Druckproben benötigen Sie Wasser und Energie. Diese Betriebsstoffe hat Ihnen der Auftraggeber unentgeltlich zur Verfügung zu stellen. Das ist klar im Punkt 4.2.7 der DIN 18 381 geregelt. Dort wird als besondere Leistung folgendes aufgeführt:

„Liefern der für die Druckprobe, die Inbetriebnahme und den Probebetrieb nötigen Betriebsstoffe."

Stellt Ihnen der Auftraggeber die Betriebsstoffe nicht zur Verfügung, so sind sie von Ihnen zu beschaffen. Sämtliche Kosten, die Ihnen dabei entstehen, können Sie in Rechnung stellen. Falls Sie das von Ihnen benötigte Wasser aus einer vom Auftraggeber bereitgestellten Leitung entnehmen müssen, mit entsprechender Wasseruhr für jeden Auftragnehmer, so empfiehlt es sich darauf zu achten, daß das für die Druckprobe benötigte Wasser Ihnen entweder nicht berechnet wird oder daß Sie es Ihrem Auftraggeber weiterberechnen.

E

Eigentumsverletzung Die Verjährungsfrist für Gewährleistungen beträgt üblicherweise zwei oder fünf Jahre, je nachdem, ob dem Vertragsverhältnis in diesem Punkt die VOB oder das Bürgerliche Gesetzbuch zugrunde gelegt wurde. Verlangt jetzt Ihr Auftraggeber, trotz Ablauf der Gewährleistungsfrist, unter Berufung auf Eigentumsverletzung, daß Sie einen eingetretenen Schaden für ihn kostenlos beseitigen, so lehnen Sie das rundweg ab. Zwar kann die Schadenersatzpflicht für das widerrechtliche Verletzen des Eigentums eines anderen bis zu 30 Jahren betragen, (BGB § 823 und § 852), aber das trifft für Sie nicht zu.

Wenn nach Ablauf der Gewährleistungsfrist der Gewährleistungsanspruch vom Auftraggeber nicht mehr durchsetzbar ist, so sind auch keine Mängelbeseitigungskosten, die der Auftraggeber unter dem Gesichtspunkt der Eigentumsverletzung geltend macht, von Ihnen zu ersetzen. Das gilt, soweit es sich um Kosten für die Beseitigung von Schäden handelt, die im Falle einer Gewährleistungspflicht auch Ihnen entstanden bzw. von Ihnen zu tragen gewesen wären. Auch Erstattung von Kosten für ein Gutachten, das der Auftraggeber wegen Bauschäden hat anfertigen lassen, kann er nach Ablauf der Verjährungsfrist nicht mehr von Ihnen verlangen. Bitten Sie Ihn in jedem Fall um schriftliche Auftragserteilung, damit Sie die Arbeiten anschließend abrechnen können.

Einheitspreis Enthält ein Angebot einen Einheitspreis, der zur Leistung in einem offensichtlichen Mißverhältnis steht, so spielt das keine Rolle und darf bei der Angebotswertung nicht nachteilig ausgelegt werden. In keinem Fall rechtfertigt ein zu niedriger Einheitspreis unter Hinweis auf VOB/A § 25 Nr. 3 Abs. 1 einen Ausschluß des Angebotes. Die angesprochene VOB-Bestimmung lautet wörtlich:

> „Auf ein Angebot mit einem unangemessen hohen oder niedrigen Preis darf der Zuschlag nicht erteilt werden."

Diese Vorschrift ist, wie bereits in mehreren Gerichtsverfahren entschieden wurde und wie auch von den VOB-Stellen immer wieder klargestellt wird, nur auf die Angebotsendsummen anwendbar. Sollte einmal Ihr Angebot wegen zu niedriger Einheitspreise von der Wertung ausgeschlossen werden, so steht Ihnen ein Schadenersatzanspruch aus „Verschulden bei Anbahnung eines Vertragsverhältnisses" zu. Sie können den Ersatz des Ihnen nachweislich entstandenen Schadens geltend machen (siehe auch **Aufhebung der Ausschreibung** und **Spekulationspreis**).

Auch bei der Prüfung der Angebote spielt der Einheitspreis eine Rolle, hier jedoch eine bedeutendere als bei der vorher erwähnten Angebotsbeurteilung.

„Stimmt der Gesamtbetrag einer Ordnungszahl (Position) mit dem Einheitspreis nicht überein, so ist der Einheitspreis maßgebend."

Diese VOB-Vorschrift (VOB/A § 23 Nr. 3 Abs. 1) war schon oft der Anlaß von Meinungsverschiedenheiten zwischen Auftraggeber und Auftragnehmer. Sie gilt jedoch als unbestrittene Regelung und zwingt daher jeden Anbieter, den im Angebot eingetragenen Einheitspreisen seine uneingeschränkte Aufmerksamkeit zu widmen. Ein Schreibfehler bei den Einheitspreisen kann erhebliche Auswirkungen haben. Ein Rechenfehler oder Schreibfehler bei der Bildung der Positionspreise oder des Angebotspreises ist dagegen unerheblich, da er bei der Angebotsprüfung korrigiert werden muß.

Einheitspreisvertrag Gliedert ein Bauherr eine Leistung in viele kleine Teilleistungen auf und beauftragt diese Leistungen, nachdem er sich hierfür hat Einheitspreise anbieten lassen, so spricht man vom Abschluß eines Einheitspreisvertrages. Diese Vertragsart hat den Vorteil, daß beide Vertragspartner bei Leistungsänderungen leicht eine Anpassung der vereinbarten Vergütung vornehmen können. Bei **Mengenänderungen** wird der vertraglich vereinbarte **Einheitspreis** lediglich mit der neuen Menge multipliziert.

Mengenänderungen bewirken aber häufig auch eine Änderung des jeweiligen Einheitspreises. Nicht umsonst enthält die VOB/B unter § 2 Nr. 3 die Bedingungen für zulässige Preiserhöhungen. Ändert sich die vertragliche Menge um mehr als 10 %, und entstehen Ihnen dadurch Kosten, so können Sie die Erhöhung der Einheitspreise verlangen. Das können Kosten für Ab- oder Nachbestellungen sein, für höhere Frachtgebühren oder Teuerungszuschläge; bei Mengenminderungen für nicht gedeckte Gemeinkosten, z. B. Baustelleneinrichtungskosten.

Ändert sich jedoch eine der beschriebenen Teilleistungen eines Einheitspreisvertrages, dann muß, unter Berücksichtigung der Mehr- und Minderkosten, der zugehörige Einheitspreis auch angepaßt werden. Bei verlangten **Leistungsänderungen** aber auch bei technisch notwendigen Änderungen bietet sich Ihnen immer die Chance, neue und damit bessere Preise zu vereinbaren. Nutzen Sie diese Chance! Berücksichtigen Sie neben den neuen Material- und Lohnkosten auch sämtliche Änderungskosten für Bestellung, Planung, Überwachung und Zeichnungsergänzung.

Kommen dagegen Leistungen hinzu, die bisher nicht als Teilleistung beauftragt waren, so sind gänzlich neue Einheitspreise zu vereinbaren. Jede **Zusätzliche Leistung** bietet Ihnen die Möglichkeit, „gute" Preise zu vereinbaren. Nach VOB/B § 2 Nr. 6 bestimmt sich die Vergütung für zusätzliche Leistungen nach den Grundlagen der Preisermittlung für die vertragliche Leistung und den besonderen Kosten der geforderten Leistung. Zu den besonderen Kosten gehören z. B. Bestellkosten, Planungskosten, Fracht- und Verpackungskosten sowie Kosten für die Ergänzung der Zeichnungen und der Betriebs- und Wartungsanleitung.

Einschweißmuffen Für den Einbau von Meßinstrumenten werden Einschweißmuffen oder Tauchhülsen benötigt. Sind diese Teile nicht ausdrücklich im Leistungsverzeichnis erwähnt, z. B. als Einzelposition, als Zubehör zu den Meßinstrumenten oder in der Zuschlagsposition zur Rohrleitung, so können Sie für die Einschweißmuffen eine zusätzliche Vergütung fordern. Selbst wenn nach dem Angebotstext der Rohrleitungszuschlag die Mehraufwendungen für Form- und Verbindungteile, u. a. auch T-Stücke oder Sonderformstücke, abdecken soll, sind hierunter, entgegen der Meinung vieler Auftraggeber, nur Form- und Verbindungteile der Rohrleitung selbst zu verstehen. Anschlußteile für Meßgeräte, z. B. Thermometer oder Manometer, gehören nicht zu den Formstücken der Rohrleitung.

Enthält auch Ihr Auftrag für Einschweißmuffen oder Tauchhülsen keine Einzelposition und wurden auch sonst im Lieferumfang anderer Leistungen keine erwähnt, so können Sie die Lieferung und Montage dieser Teile als **Zusätzliche Leistung** in Rechnung stellen. Grundlage Ihrer Forderung ist die VOB/B § 2 Nr. 6. Voraussetzung für die Anerkennung Ihrer Forderungen ist jedoch das zeitige Ankündigen Ihrer Ansprüche beim Auftraggeber. Ihren Anspruch auf besondere Vergütung müssen Sie in jedem Fall vor der Ausführung, und sei es beim Bauherrn in mündlicher Form, bekanntgeben. Haben Sie diese zeitige Ankündigung versäumt, besteht nur noch die Möglichkeit, die Kosten der Einschweißmuffen als Mehrkosten bei der Abrechnung der Meßinstrumente (Thermometer, Manometer o. ä.) geltend zu machen. Bei dieser Abrechnungsform stützen Sie sich auf den § 2 Nr. 5 der VOB/B. Nach dieser Bestimmung können Sie bei **Leistungsänderungen**, wenn sich die Grundlagen des Vertragspreises geändert haben, einen neuen Preis unter Berücksichtigung der Mehr- und Minderkosten mit Ihrem Auftraggeber vereinbaren. Diese Vereinbarung kann auch noch mit der Schlußrechnungsstellung und -prüfung getroffen werden.

Aber selbst wenn das Liefern und Einbauen von Einschweißmuffen im Leistungsumfang der Meßgeräte eingeschlossen war oder durch Mehrpreisbildung von Ihnen eingeschlossen wurde, sollten Sie überprüfen, ob nicht noch zusätzliche Einschweißmuffen oder Tauchhülsen für Meßgeräte anderer Auftragnehmer, z. B. des Lieferanten der Steuer- und Regelungsanlage, von Ihnen geliefert wurden. Für diese Leistungen können Sie immer eine zusätzliche Vergütung fordern.

Elektroinstallation   Es gibt nur sehr wenige Sanitär-Fachbetriebe, die über einen eigenen Elektroinstallateur verfügen, denn dieser Mann macht sich erst ab einer bestimmten Firmengröße bezahlt. Wenn Sie aber nicht in dieser glücklichen Lage sind, müssen Sie die anfallenden Verkabelungs- und Anschlußarbeiten an einen Nachunternehmer weitergeben. Nach erbrachter Leistung stellt Ihnen diese Elektrofirma eine Rechnung. Sie werden dann Ihrem Auftraggeber diesen Leistungsumfang zu den vertraglichen Bedingungen weiterberechnen.

Üblicherweise erhalten Sie auch einen Beleg für die Leistung des Elektroinstallateurs, und zwar in Form eines Aufmaßes. Bevor Sie die Rechnung zahlen, sollten Sie dieses Aufmaß prüfen. Und hier beginnen meistens schon die Schwierigkeiten, denn viele Aufmaße sind überhaupt nicht prüfbar. Das ist z. B. dann der Fall, wenn das Aufmaß lediglich aus Zahlenkolonnen besteht, die keinerlei Zuordnung zu Stromkreisen, Raumnummern oder Zeichnungskoordinaten enthalten. Waren Sie oder einer Ihrer Mitarbeiter nicht selbst am Elektroaufmaß beteiligt, bleiben Ihnen eigentlich nur zwei Möglichkeiten: Sie glauben der Elektrofirma, daß ihr Aufmaß stimmt und hoffen, daß der Architekt oder Fachingenieur Ihres Auftraggebers wirklich am Aufmaß mitgewirkt und nicht nur guten Glaubens seine Unterschrift darunter gesetzt hat, oder Sie verlangen von Ihrem Elektroinstallateur ein prüfbares Aufmaß. Dieses Aufmaß muß so detailliert sein, daß einzelne Leitungsstrecken ohne großen zeitlichen Aufwand stichprobenartig nachgemessen werden können, denn jede in Rechnung gestellte Leistung muß für den Auftraggeber nachprüfbar sein, z. B. mit Kabelliste, Stromkreiszuordnung oder räumlicher Unterteilung.

Ihre Forderung nach einem prüfbaren Aufmaß können Sie außerdem noch mit der VOB/B § 14 Nr. 1 begründen. Darin heißt es u. a.:

„Der Auftragnehmer hat seine Leistung prüfbar abzurechnen. Die zum Nachweis von Art und Umfang der Leistung erforderlichen Mengenberechnungen, Zeichnungen und anderer Belege sind beizufügen."

Da auch Sie Ihrem Auftraggeber gegenüber verpflichtet sind, eine prüfbare Abrechnung vorzulegen, außer es wurde Pauschalvergütung vereinbart, können Sie dasselbe auch von Ihrem Nachunternehmer verlangen. Sie erhalten dadurch auch die Gewißheit, nur soviel gezahlt zu haben, wie nachweislich an Leistung durch den Elektroinstallateur erbracht wurde (siehe auch **Elektroleitungen**).

Elektroleitungen   Beim Ausfüllen von Leistungsverzeichnissen finden Sie häufig Pauschalpositionen, mit denen Sie die gesamte elektrische Verkabelung für die Meß- und Regelgeräte und für die Elektroantriebe anbieten sollen. Hier wird von Ihnen verlangt, daß Sie das Verlegen der elektrischen Leitungen und Kabel vom Schaltschrank zu den einzelnen Geräten und Elektromotoren kalkulieren sollen, und zwar einschließlich der Elektroleitungen, der Anschlüsse selbst und der Kabelkanäle, STAPA-Rohre, Kabelschellen und Klemmkästen. Um einen richtigen Angebotspreis ermitteln zu können, benötigen Sie genaue Angaben der Längen und Stückzahlen. Enthält die Leistungsbeschreibung diese Zahlen nicht, müßten Sie zur Angebotskalkulation erst eine komplette Elektroplanung erstellen.

Hier verlangt der Auftraggeber von Ihnen Unmögliches. Eine derartige Ausschreibung verstößt gegen VOB/A § 9 Nr. 1, 2 und 3. Die Leistung ist nicht eindeutig beschrieben. Die Anbieter müssen hier auf Erfahrungswerte zurückgreifen, die für den speziellen Fall überhaupt nicht zutreffen müssen. Deshalb werden die Angebotspreise dieser Position bei den einzelnen Bietern sehr stark voneinander abweichen.

Enthält eine Anfrage eine solche Pauschalposition, so sollten Sie vom Bauherrn weitere Angaben anfordern. Sie können sich dabei auf VOB/C, DIN 18 381 Punkt 0.2.6 stützen; danach ist vom Auftraggeber in der

Leistungsbeschreibung der Umfang der Installation der anlageninternen elektrischen Leitungen einschließlich dem Auflegen auf die Klemmen anzugeben. Kann er Ihnen wegen fehlender Planungsunterlagen aber nicht weiterhelfen, so bleibt Ihnen noch die Möglichkeit, die gewünschte Leistung, so gut es eben geht, zu kalkulieren. Diesen Pauschalpreis sollten Sie dann im Angebotsschreiben unter Angabe der Mengen und Einheitspreise in Einzelleistungen aufschlüsseln. Gleichzeitig sollten Sie dem Auftraggeber mitteilen, daß Sie beabsichtigen, im Auftragsfall die tatsächlich benötigten Mengen abzurechnen. Nur so können Sie verhindern, daß Ihnen aus der unzureichenden Leistungsbeschreibung ein finanzieller Schaden entsteht.

Die häufig geübte Praxis in einem solchen Fall, ohne Rückfrage eine Minimalleistung zu kalkulieren, um dann auf die Abrechnung der tatsächlichen Leistung zu hoffen, ist heute, wie mehrere Gerichtsurteile inzwischen belegen, nicht mehr durchführbar. Wenn ein Auftragnehmer es versäumt, weitere für die genaue Kalkulation unbedingt benötigte Angaben und Daten vom Bauherrn zu erfragen, so werten die Gerichte das als schuldhaftes Verhalten, welches das Recht auf Mehrforderung ausschließen kann.

Es besteht natürlich auch die Möglichkeit, daß Sie sich an Ihr Angebot halten, d. h. den vertraglich vereinbarten Pauschalpreis für die gesamte Verlegung der elektrischen Kabel und Leitungen in Rechnung stellen – vielleicht, weil der Preis einigermaßen auskömmlich war. In diesen Fällen sollten Sie jedoch prüfen, ob nicht Ereignisse eingetreten sind oder ob sich nicht Umstände ergeben haben, die ein Mehrpreisverlangen rechtfertigen. Das können z. B. sein:

Der Schaltschrank hat einen ungünstigeren Standort erhalten.
Die Zahl der Meßstellen hat sich vergrößert.
Eine zusätzliche Pumpe wurde installiert.

Falls Ihr Auftraggeber Ihr Verlangen nach Vergütung der **zusätzlichen Leistung** unter Hinweis auf diese „Pauschalleistung", in der alles enthalten sein muß, ablehnt, können Sie, gestützt auf das BGB und die VOB, entgegenhalten, daß Ihnen bei erheblicher Abweichung der ausgeführten von der vertraglich vereinbarten Pauschalleistung ein Ausgleich unter Berücksichtigung der Mehr- und Minderkosten zusteht (siehe auch **Pauschalierte Teilleistung**).

In den Fällen, in denen der Auftraggeber eine vernünftige Ausschreibung gemacht und die benötigen Materialien mit Mengenangabe aufgeführt hat, sollten Sie vor Rechnungsaufstellung nachprüfen, ob diese Materialaufstellung auch alles enthält, was Sie einbauen mußten, z. B. Klemmkästen, Leitungsschellen, Verschraubungen für STAPA-Rohre und Anschlüsse bauseitiger Geräte. Diese Leistungen können Sie, falls sie angefallen sind und hierfür keine Position im Leistungsverzeichnis enthalten ist, nach VOB/B § 2 Nr. 6 zusätzlich abrechnen.

Emaillierte Gußrohre Gußrohre mit einer inneren Emaillierschicht können nur in vorgefertigten Längen installiert werden. Jedes Kürzen oder Einpassen der Rohre würde die Emailschicht beschädigen. Die Verlegung innenemaillierter Gußrohre ergibt dadurch zwangsweise einen hohen Anteil an Paßlängen. Hinzu kommt, daß diese **Paßstücke** nicht nur bis 0,5 m lang sind, wie es die DIN 18 381 unter Punkt 0.5.2 vorsieht, sondern auch größere Längen haben können.

Enthält Ihr Vertrag keine Position für Paßstücke, während für Bögen und andere Formstücke eine Vergütung vorgesehen ist, sollten Sie Ihren Auftraggeber auf DIN 18 381 Punkt 5.2 und 0.5.2 hinweisen. Aus dieser Allgemeinen Technischen Vertragsbedingung für Bauleistungen geht eindeutig hervor, daß Paßstücke gleichwertig genauso wie Bögen und Formstücke zu behandeln sind und daß im Leistungsverzeichnis Paßstücke für Entwässerungsleitungen bis zu einer Länge von 0,5 m nach Stückzahl auszuschreiben sind.

Für sämtliche Paßstücke der emaillierten Gußrohre sollten Sie bei Ihrem Auftraggeber mit einem **Nachtragsangebot** Ihren Vergütungsanspruch nach VOB/B § 2 Nr. 6 für **zusätzliche Leistungen** ankündigen. Enthält Ihr Vertrag nur für Paßstücke bis 0,5 m Länge eine Vergütungsregelung, so beschränken Sie das Nachtragsangebot auf die längeren Teile. Bei emaillierten Gußrohren ist die Abrechnung von Paßlängen über 0,5 m eine materialbedingte Notwendigkeit.

Sieht Ihr Vertrag vor, daß sämtliche Form-, Paß- und Verbindungsstücke in die Einheitspreise der Rohrleitung einzukalkulieren sind, so verstößt diese Regelung gegen DIN 18 381 und gegen VOB/A § 9 Nr. 1 und Nr. 2, wonach die Leistung eindeutig und erschöpfend zu beschreiben ist. Auch soll dem Auftragnehmer bei der Preisgestaltung kein ungewöhnliches Wagnis aufgebürdet werden. Wie sollten Sie die benötigte Anzahl der Form- und Paßstücke bereits zum Angebotszeitpunkt kennen, wenn sie Ihnen der Auftraggeber nicht vorgibt? Auch ist nicht zumutbar, daß Sie schon zur Preisermittlung eine genaue Ausführungsplanung machen müssen.

Die Angabe, wie viele Paßstücke und sonstige Formstücke anzubieten sind, hat der Auftraggeber oder sein Fachingenieur zu machen. Hat er das nicht getan, ist es ratsam, im Angebotsbegleitschreiben anzugeben, mit welchen Stückzahlen Sie kalkuliert haben. Stellt sich nach Abschluß der Arbeiten heraus, daß Sie mehr Formstücke und Paßlängen benötigt haben, als vorgesehen, so können Sie für die Mehrleistung eine angemessene Vergütung fordern. Sie stützen sich dabei auf VOB/B § 2 Nr. 7 Abs. 2. Hiernach ist Ihnen ein Ausgleich zu gewähren, wenn die ausgeführte Leistung erheblich von der beauftragten abweicht. Das gilt auch für Pauschalsummen, die als Bezahlung für Teile der Gesamtleistung vereinbart wurden. Im vorliegenden Fall mußte eine Pauschalleistung für Rohrleitungen mit Form-, Paß- und Verbindungsstücken kalkuliert werden. Daß diese dann wieder über eine angegebene Rohrlänge als Einheitspreis dargestellt wird, beeinflußt Ihre Forderung nicht wesentlich, zumal auch ein Verstoß gegen VOB/A § 9 Nr. 1 und 2 vorliegt.

Entfallene Leistung Leistungen, die beauftragt, aber dann nicht ausgeführt wurden, und zwar aus Gründen, die ausschließlich vom Auftraggeber zu vertreten sind (also nicht Ihr Verschulden sind), verursachen häufig doch erhebliche Kosten. Und unter Kostengesichtspunkten betrachtet, ist es auch nicht einzusehen, warum bei entfallenen Leistungen diese Positionen nicht mehr in der Schlußrechnung aufgeführt werden sollen. Zumindestens anteilig sind diese entfallenen Leistungen trotzdem zu vergüten. Die VOB sieht für folgende Fälle eine Preisanpassung bzw. einen Kostenausgleich vor:

VOB/B § 2 Nr. 3 – Diese Bestimmung regelt bei Mengenminderung und -mehrung die Anpassung des Einheitspreises an die tatsächlich ausgeführte Menge. Wird die Menge kleiner, so kann z. B. der Einheitspreis erhöht werden, weil die Allgemeinen Geschäftskosten und Baustellenkosten jetzt auf eine kleinere Menge umgelegt werden müssen. Wird die Menge so klein, daß praktisch von einer entfallenen Leistung gesprochen werden kann, bleibt als angemessener Einheitspreis ein Betrag übrig, der den gesamten in dieser Position einkalkulierten Baustellen- und Allgemeinen Geschäftskosten entspricht.

VOB/B § 2 Nr. 4 – Entfällt eine Leistung, weil der Auftraggeber sie selbst übernommen hat, dann schreibt hier die VOB vor, sofern keine andere Vereinbarung besteht, daß hierfür auch § 8 Nr. 1 Abs. 2 gilt. Darin heiß es wörtlich: „Dem Auftragnehmer steht die vereinbarte Ver-

93

gütung zu. Er muß sich jedoch anrechnen lassen, was er infolge der Aufhebung des Vertrages an Kosten erspart oder durch anderweitige Verwendung seiner Arbeitskraft und seines Betriebes erwirbt oder zu erwerben böswillig unterläßt (§ 649 BGB)." Mit Vertragsaufhebung ist hier lediglich die Herausnahme dieser einen Leistung aus der vertraglichen Vereinbarung gemeint. Danach können Sie von Ihrem Auftraggeber bei Fortfall einer Leistung eine Vergütung für sämtliche in den Preis einkalkulierten Umlagen einschließlich Wagnis und Gewinn verlangen. Die Nachweispflicht für die Kostenhöhe liegt bei Ihnen.

VOB/B § 2 Nr. 5 – Bei Änderung des Bauentwurfs oder bei anderen Anordnungen des Auftraggebers, sofern sich dadurch die Preisgrundlage für eine im Vertrag vorgesehene Leistung geändert hat, ist ein neuer Preis unter Berücksichtigung der Mehr- und Minderkosten zu vereinbaren. Diese Preisanpassungsregelung kann auch bei Fortfall einer Leistung aus den hier genannten Gründen herangezogen werden. Wird eine Leistung nicht mehr ausgeführt, so hat sich deren Preis (manchmal auch andere davon abhängige Vertragspreise) und damit eine im Vertrag vorgesehene Leistung so grundlegend geändert, daß ein neuer Preis zu vereinbaren ist. Da die Leistung nicht mehr ausgeführt werden soll, werden meist die Stoff- und Lohnkosten entfallen, aber nicht die Umlagekosten, auch sind besondere Planungs- und Änderungskosten zu berücksichtigen, und Wagnis und Gewinn bleiben im neuen Preis enthalten.

In jedem Fall können Sie bei einer Änderung des Bauentwurfs oder bei einer anderen Anordnung des Auftraggebers genauso verfahren wie bei den Leistungen, die deswegen entfallen, weil der Auftraggeber sie selbst ausführt. Jede der angeführten VOB-Bestimmungen zeigt deutlich den Willen dieser Verordnung, bei der Auftragsreduzierung die Deckung der ursprünglich einkalkulierten Allgemeinen Geschäftskosten und Baustellenkosten sicherzustellen.

Zusammengefaßt läßt sich feststellen: Für den Fall, daß eine Ihnen in Auftrag gegebene Leistung aus Gründen, die Sie nicht zu vertreten haben, entfällt oder anderweitig (von einem anderen Auftragnehmer, vom Auftraggeber selbst) erbracht wird, haben Sie Anspruch auf Vergütung nach VOB/B § 8 Nr. 1 Abs. 2. Danach können Sie den Vertragspreis abzüglich der ersparten Aufwendungen, wie Material und Lohn, in Rechnung stellen. Vom Auftraggeber sind Ihnen alle Umlagen, einschließlich Wagnis und Gewinn, die Sie in den entfallenen Auftragswert einkalkuliert hatten, zu vergüten. Die Höhe dieser Kosten müssen Sie auf Verlangen Ihres Auftraggebers beweisen.

Sollte der Auftraggeber in seinen Allgemeinen Geschäftsbedingungen, dazu gehören z. B. die Allgemeinen und die Zusätzlichen Vertragsbedingungen (manchmal auch die Besonderen Vertragsbedingungen, siehe **AGB-Gesetz**), eine Klausel aufgenommen haben, die Ihnen diese Vergütung abspricht, so ist diese Klausel ungültig. Die Klausel kann z. B. folgenden Text haben:

„Der Auftraggeber behält sich vor, den Auftragsumfang jederzeit zu ändern bzw. Lose, Abschnitte, Teile oder Positionen zu streichen oder anderweitig zu vergeben, ohne daß dem Auftragnehmer ein Recht zu Mehr- oder Nachforderung oder entgangenem Gewinn gegeben wird."

Diese Klausel verstößt gegen § 2 Nr. 5 VOB/B, § 9 und § 10 Nr. 3 und 4 AGB-Gesetz. Auch die Rechtsprechung ist der Auffassung, daß Klauseln in Allgemeinen Geschäftsbedingungen, durch die sich der Auftraggeber vorbehält, den vertraglichen Leistungsumfang zu verringern und gleichzeitig die Schadenersatzansprüche des Auftragnehmers ausschließt, unzulässig sind.

Entgangener Gewinn Wird bei einem öffentlichen Bauherrn eine Ausschreibung zu Unrecht aufgehoben oder Ihr Angebot ohne haltbare Gründe ausgeschlossen, so steht Ihnen ein Schadenersatzanspruch gegen den Auftraggeber zu. Dieser Anspruch umfaßt im wesentlichen sämtliche Kosten, die Ihnen bei der Erstellung des Angebotes entstanden sind. Waren Sie außerdem der günstigste Bieter, was Sie durch Anfordern des Submissionsergebnisses leicht feststellen können, so haben Sie Anspruch auf Erstattung des entgangenen Gewinns. Das gilt übrigens auch für einzelne **Angebotslose**, wenn vom Auftraggeber eine losweise Vergabe vorbehalten oder vorgesehen war. Wenn z. B. eines der von Ihnen angebotenen Lose das preisgünstigste war, aber trotz Ankündigung der losweisen Vergabe der Auftraggeber den Auftrag insgesamt einem Mitbieter erteilt hat, der bei diesem Angebotslos nicht so günstig war, so steht Ihnen auch hier ein Schadenersatzanspruch zu.

Der Anspruch auf entgangenen Gewinn richtet sich aber nicht nach den im Angebot einkalkulierten Summen für Wagnis und Gewinn, sondern nach dem tatsächlich entstandenen Schaden. Die Höhe dieses Schadens wird ermittelt aus der Abrechnungssumme des Mitbewerbers, der mit der Ausführung beauftragt wurde. Sämtliche Änderungen und Zusatzaufträge werden also mitberücksichtigt. Hat der Mitbewerber ein Angebot über 100.000 DM abgegeben, aber 120.000 DM abgerechnet, so dürfen auch Sie Ihre Angebotssumme im gleichen Verhältnis, hier um 20 %, erhöhen. Von dieser fiktiven Abrechnungssumme ist dann unter Zugrundelegung Ihres durchschnittlichen Gewinns, den Sie anhand Ihrer Betriebsunterlagen belegen müssen, die Schadenshöhe auszurechnen. In dieser Höhe können Sie dann die entgangenen Einnahmen aus Wagnis und Gewinn beim Auftraggeber geltend machen (siehe auch **Aufhebung der Ausschreibung**).

Erdaushub Enthält ein Auftrag auch das Herstellen von Rohrleitungsgräben, so sollten Sie der entsprechenden Position im Leistungsverzeichnis besondere Aufmerksamkeit widmen. Bei dieser Leistung wird häufig versäumt, eine eindeutige Abrechnungsvereinbarung zu treffen. Meistens wird nicht festgelegt, wie aufgemessen werden soll und welche Nebenleistungen enthalten sind.

Wenn vertraglich nichts anderes vereinbart wurde, gelten folgende Abrechnungsrichtlinien:

DIN 18 300, Erdarbeiten, für das Herstellen von Baugruben und Gräben

DIN 18 303, Verbauarbeiten, für den Verbau von Baugruben und Gräben

Diese beiden Vorschriften der VOB/C legen darüber hinaus noch fest, daß der Ausführung jeweils die

DIN 4124, Baugruben und Gräben; Böschungen, Arbeitsraumbreiten, Verbau

zugrunde zu legen ist. Diese DIN-Vorschriften erfassen zwar viele Leistungen und geben die Aufmaßbestimmungen an, aber über die Arbeitsraumbreiten für die Verlegung von Mehrfachleitungen enthalten sie keine Angaben. Hier können Sie sich auf die Empfehlungen des Fachausschusses Tiefbau stützen, die bei den nachfolgenden Abrechnungshinweisen beachtet wurden:

a) Baugruben (z. B. für Behälter, Speicher), Erdaushub in m^3:

Auszugehen ist von den Abmessungen des Behälters. Zur Länge und Breite sind bei nicht verbauten Gruben jeweils 2 · 0,5 m Arbeitsraumbreite hinzuzurechnen. Die Tiefe der Baugrube ergibt sich aus der Behälterhöhe, einschließlich eines eventuellen Domes, der verlangten Überdeckung und der Dicke der notwendigen Sandbettung. Aus Länge · Breite · Höhe ist das Volumen der Baugrube bei Aushub mit senkrechten Wänden zu berechnen. Da die DIN 4124 Punkt 4.2.1 aber festlegt, daß nur Baugruben bis zu einer Tiefe von 1,25 m mit senkrechten Wänden hergestellt werden dürfen, können Sie bei den tieferen Baugruben noch zusätzlich das Erdvolumen der Böschung abrechnen. Zur Ermittlung des Volumens ist mit folgenden Böschungswinkeln zu rechnen:

40 grad für Bodenklasse 3 und 4 (leicht und mittelschwer lösbar)
60 grad für Bodenklasse 5 (schwer lösbarer Boden)
80 grad für Bodenklasse 6 und 7 (leicht bis schwer lösbarer Fels)

Eine ausführliche Boden- und Felsklassifizierung finden Sie unter Punkt 2.3 der VOB/C, DIN 18 300, Erdarbeiten.

Haben Sie unter Berücksichtigung der Arbeitsraumbreite, der Überdeckung und der Sandbettung die Abmessungen der Baugrube mit senkrechten Wänden ermittelt, errechnet sich das abzurechnende Aushubvolumen einschließlich der Böschung wie folgt:

$$V = (L + f \cdot H) \cdot (B + f \cdot H) \cdot H$$

wobei der Faktor f für die jeweiligen Böschungswinkel unterschiedlich einzusetzen ist:

Böschungswinkel 40 grad, f = 1,192
Böschungswinkel 60 grad, f = 0,5774
Böschungswinkel 80 grad, f = 0,1763
(L = Länge, B = Breite, H = Höhe oder Tiefe der Baugrube)

b) Gräben (z. B. für Rohrleitungen und Kabel):

Diese Leistung kann sowohl nach Länge als auch nach Volumen abgerechnet werden, beides ist üblich.

Bei der Abrechnung nach Länge ist zu beachten, daß die Grabenlänge nicht mit der verlegten Rohrlänge identisch sein muß. Bei Richtungsänderungen beispielsweise, wenn die Länge der Rohrleitung in der Rohrachse aufzumessen ist, wird die Grabenlänge von einer Grabenstirnseite zur anderen gemessen.

Wird der Grabenaushub nach Volumen abgerechnet, so sind zu unterscheiden:

1. Gräben ohne betretbaren Arbeitsraum
2. Gräben mit betretbarem Arbeitsraum

Zu 1: DIN 4124 sieht vor, daß Gräben bis zu einer Tiefe von 1,25 m keinen betretbaren Arbeitsraum neben der Rohrleitung haben müssen. Um trotzdem eine vernünftige Grabenbreite zu erhalten, wurden die folgenden Mindestbreiten vorgeschrieben:

Grabentiefe	bis 0,70 m	über 0,70 m bis 0,90 m	über 0,90 m bis 1,00 m	über 1,00 m bis 1,25 m
Grabenbreite	0,30 m	0,40 m	0,50 m	0,60 m

Bei Einfach-Rohrverlegung errechnet sich das vergütungsfähige Volumen jeweils aus den beiden Werten – Breite · Tiefe –, multipliziert mit der Grabenlänge. Werden zwei oder mehr Rohrleitungen nebeneinander verlegt, so ist zu der angegebenen Grabenbreite noch der Verlegeabstand von Rohrmitte zu Rohrmitte hinzuzurechnen.

Zu 2: Für Gräben, die tiefer als 1,25 m sind, darf ein zusätzlicher Arbeitsraum abgerechnet werden. Die vergütungsfähigen Mindestbreiten sind abhängig vom äußeren Rohrdurchmesser (einschließlich Isolierung) und der Ausführungsart (mit oder ohne Verbau). Diese Mindestbreiten können Sie nach der folgenden Tabelle selbst berechnen:

Äußerer Rohrdurchmesser d (in m)	Lichte Mindestbreite b (in m)	
	Verbauter Graben	Nichtverbauter Graben
bis 0,4	$b = d + 0,4$ a)	$b = d + 0,4$
über 0,4 bis 0,8	$b = d + 0,7$	$b = d + 0,4$ b)
über 0,8 bis 1,4	$b = d + 0,85$	$b = d + 0,4$ b)
über 1,4	$b = d + 1,0$	$b = d + 0,4$ b)

a) Müssen während der Verlegearbeiten Grabenaussteifungen herausgenommen und wieder eingebaut werden, erhöht sich dieser Wert auf $b = d + 0,7$.

b) Bei einem Böschungswinkel größer als 60 Grad (schwer lösbarer Boden bis einschließlich Fels) vergrößert sich die Mindestbreite auf b = d + 0,7.

Diese Regelungen ergeben in einigen Fällen, besonders bei kleinen Rohrdurchmessern und senkrechten Grabenwänden, sehr geringe Arbeitsräume. Deswegen sieht DIN 4124 in Abhängigkeit der Grabentiefe folgende Mindestbreiten vor, die Sie auch Ihrer Abrechnung zugrunde legen können:

b = 0,6 m   Gräben bis 1,75 m Tiefe, die nicht verbaut sind oder nur abgeböschte Kanten oder eine Saumbohle haben

b = 0,7 m   Gräben bis 1,75 m Tiefe, die teilweise oder ganz verbaut sind

b = 0,8 m   Gräben von mehr als 1,75 m Tiefe bis einschließlich 4,00 m Tiefe

b = 1,0 m   Gräben von mehr als 4,00 m Tiefe

Die richtige Ermittlung des Erdaushubs ist zwar etwas umständlich, aber meistens lohnt es sich, die hierfür notwendige Zeit aufzubringen. Eins sollten Sie jedoch beachten: an der zur Standsicherheit erforderlichen Abböschung sollte nicht gespart werden. Haben Sie z. B., entgegen den Unfallverhütungsvorschriften, nicht die nach DIN 4124 vorgegebenen Böschungswinkel angelegt, so dürfen Sie nicht nach den obengenannten Abrechnungsrichtlinien verfahren, sondern nur den wirklich ausgeführten Böschungswinkel für die Berechnung heranziehen (Urteil des Oberlandesgerichts Düsseldorf vom Januar 1992).

Gegenüber der beauftragten Leistung kann die ausgeführte Leistung auch noch Änderungen erfahren haben. Diese **zusätzlichen Leistungen** oder **Leistungsänderungen** müssen auch zusätzlich vergütet werden. Nachstehend seien hierfür einige Beispiele aufgeführt:

Die Bodenklasse hat sich gegenüber der Ausschreibung oder, falls keine angegeben war, gegenüber der Kalkulation geändert.

Das ausgehobene Material mußte zusätzlich noch abgefahren werden.

Der Mutterboden mußte extra gelagert und später wieder aufgefüllt werden.

Sandbettung und Sandhinterfüllung sind zusätzlich ausgeführt worden.

Das Auffüllen der Gräben durfte nur mit stein-(fels-)freier Erde ausgeführt werden.

Durch Fremdeinwirkung sind Gräben teilweise eingestürzt. Diese mußten wieder freigelegt werden.

Grabenübergänge oder Überfahrrampen wurden gebaut.

Mehrkosten sind durch Handaushub entstanden, da ein Baggereinsatz (wie kalkuliert) nicht immer möglich war.

Ergibt sich während der Ausführung, und zwar durch Planungsänderung, daß der Aushub wesentlich tiefer werden muß, so darf der Auftraggeber hierfür nicht den bisher vereinbarten Einheitspreis ansetzen. Diese Leistungsmehrung unterliegt nicht den Abrechnungsbestimmungen des § 2 Nr. 3 (**Mengenänderung**), sondern § 2 Nr. 5 (**Leistungsänderung**). Sie dürfen unter Berücksichtigung der Mehr- und Minderkosten einen neuen Einheitspreis ermitteln und von Ihrem Auftraggeber fordern.

Eröffnungstermin Dem öffentlichen Auftraggeber ist es durch die VOB/A vorgegeben, einen Eröffnungstermin abzuhalten. Hierbei werden die vorliegenden Angebote geöffnet, gekennzeichnet, der Name des Bieters genannt und die Angebotspreise verlesen. An diesen Terminen sollten Sie teilnehmen, denn bei dieser Gelegenheit erfahren Sie sofort die Angebotspreise Ihrer Mitbieter und ob Nebenangebote oder Änderungsvorschläge abgegeben wurden. Falls eine losweise Vergabe des Auftrages vorgesehen ist, sind beim Eröffnungstermin sogar die Angebotspreise der einzelnen Lose bekanntzugeben. Geschieht das nicht, sollten Sie diese Angaben sofort verlangen. Weiterhin können Sie Einfluß darauf nehmen, daß Angebote, die zwar während des Eröffnungstermins, aber erst nach Öffnung des ersten Angebotes eingehen, ausgeschieden werden.

Findet ein Eröffnungstermin statt und ist kein Vertreter eines anbietenden Unternehmens erschienen, entfällt eine von der VOB vorgesehene wichtige Kontrollfunktion. Falls auch Sie als Bieter einmal keine Möglichkeit hatten, am Eröffnungstermin teilzunehmen, können Sie vom Auftraggeber verlangen, daß er Ihnen entweder Einsicht in das Eröffnungsprotokoll gewährt oder Ihnen das Ergebnis mitteilt. Ihre Forderung stützt sich auf VOB/A § 22 Nr. 7, wonach den Bietern und Ihren Bevollmächtigten die Einsicht in die Niederschrift und ihre Nachträge zu gestatten ist. Außerdem können Sie verlangen, daß Ihnen die Namen der Bieter und die Endbeträge der Angebote sowie die Zahl ihrer Änderungsvorschläge und Nebenangebote mitgeteilt werden. Da eine Veröffentlichung des Ergebnisses des Wettbewerbs dem Auftraggeber untersagt ist, die Angebotspreise also nur den Mitbietern bekanntzugeben sind, bleibt dem öffentlichen Auftraggeber aus Sicherheitsgründen für diese Mitteilung nur die Schriftform.

Auf diesem Wege können Sie aber nicht nur das Ergebnis des Eröffnungstermins erfahren, sondern auch das endgültige Wettbewerbsergebnis nach Prüfung der Angebote, Nachträge und Nebenangebote. Das geht aus dem ersten Satz des § 22 Nr. 7 der VOB/A hervor, wonach die Einsicht in die Niederschrift und ihre Nachträge zu gestatten ist unter Hinweis auf § 22 Nr. 5, Nr. 6 und § 23 Nr. 4. Die Nrn. 5 und 6 befassen sich mit den verspätet eingehenden Angeboten, deren Preise und Bieter Ihnen also auch mitgeteilt werden müssen. § 23 Nr. 4 befaßt sich mit den geprüften Endsummen der Angebote, hierzu zählen auch die der Nebenangebote, die in die Niederschrift über den Eröffnungstermin einzutragen sind und Ihnen danach auf Wunsch ebenfalls mitgeteilt werden müssen.

Sie sollten nach jedem Wettbewerb, an dem Sie teilgenommen haben, verlangen, daß man Ihnen das endgültige Wettbewerbsergebnis mitteilt. Sie erhalten so wichtige Hinweise über Ihre eigene Wettbewerbssituation, über das Verhalten Ihrer Konkurrenten und über eventuelle VOB-Verstöße.

Ersatzteilangebot In den älteren Fassungen forderte noch die VOB/C zur Abnahme das Liefern einer Ersatzteilliste. Diese Liste müssen Sie heute nicht mehr beibringen. Wenn der Auftraggeber eine Ersatzteilliste haben will, so muß er das bereits in der Leistungsbeschreibung angeben. So verlangt es DIN 18 381 unter Punkt 0.2.19. Damit erhalten Sie bereits zur Angebotsabgabe die Möglichkeit, Ihren Zeitaufwand für das Aufstellen der Ersatzteilliste preislich zu berücksichtigen. Versäumt es Ihr Auftraggeber, diesen Hinweis in der Leistungsbeschreibung zu geben, und verlangt er trotzdem von Ihnen eine Ersatzteilliste, so können Sie Ihm den Zeitaufwand in Rechnung stellen.

Unabhängig davon, ob Sie eine Ersatzteilliste liefern müssen oder nicht, sollten Sie aber Ihrem Auftraggeber immer ein Ersatzteilangebot unterbreiten. Hier wird von vielen Unternehmern eine zusätzliche Geschäftsmöglichkeit versäumt. Da Sie als Auftragnehmer diese Anlage gut kennen, sind Sie auch in der Lage, die wirklich benötigten **Ersatzteile** aufzulisten. Nur Sie können die richtigen Gründe nennen, warum es für den

Auftraggeber unbedingt zweckmäßig ist, sich Pumpen, Armaturen, Regelungsteile, Meßgeräte oder elektrische Schaltgeräte und Sicherungen für den Störfall bereitzulegen. In vielen Fällen wird Ihr Auftraggeber von Ihrem Angebot Gebrauch machen und Ihnen einen Nachtragsauftrag erteilen.

Ersatzteile Ohne Auftrag sollten Sie normalerweise keine Lieferung tätigen. Bei den Ersatzteilen wird hiervon jedoch häufig abgewichen. Und zwar handelt es sich dann um Teile, die bei der Räumung der Baustelle entweder wieder ans Lager zu nehmen sind oder die auch dem Kunden als Ersatzteile dienen können. Diese Teile, wie Ventile, Schmutzfänger, Auslaufhähne oder ähnliches, sollten Ihre Monteure, auch ohne Auftrag, dem Hausmeister oder sonstigen Beauftragten des Auftraggebers übergeben und sich einen entsprechenden Ersatzteillieferschein unterschreiben lassen. Diese Gegenstände nehmen Sie dann als reine Lieferung in Ihre Rechnung auf. In den überwiegenden Fällen wird dieser Posten der Schlußrechnung, belegt durch den Lieferschein, vom Bauherrn oder seinem Vertreter bei der Prüfung der Rechnung nicht beanstandet (siehe auch **Ersatzteilangebot**).

Erschwernisse Leistungen, die unter besonderen Erschwernissen zu erbringen sind, verursachen meistens höhere Kosten als die Ausführung normaler Arbeiten. Aus diesem Grund muß auch der Auftraggeber bereits in der Leistungsbeschreibung angeben, ob während der Ausführung besondere Erschwernisse zu erwarten sind (VOB/C, DIN 18 299 Punkt 0.2.2). Versäumt er das, so können Sie die Erstattung aller dadurch zusätzlich entstandenen Kosten geltend machen. Besondere Erschwernisse können z. B. sein:

Arbeiten bei unzureichenden Platzverhältnissen (zu geringe Raumhöhe, zu „enge" Technikzentralen, zu hohe Installationsdichte).

Arbeiten bei zu hohen Raumtemperaturen (Arbeiten in Heizzentralen, deren Betrieb nicht unterbrochen werden darf).

Arbeiten in Geschäfts-, Büro- und Produktionsräumen, in denen der normale Betrieb weiterläuft und so wenig wie möglich gestört werden darf.

Zusätzliche Kosten entstehen Ihnen durch einen höheren Montageaufwand. Ihre Monteure können bei unzureichenden Platzverhältnissen nicht „normal", d. h. zügig, arbeiten, sondern bringen eine geringere Leistung. Die Ursache hierfür können z. B. zusätzliche Transport- und Vorbereitungszeiten sowie verlängerte Einpaß- und Schweißzeiten sein. Auch Behinderungen durch Personal des Auftraggebers, durch betriebsfremde Personen (Publikum) oder häufige Pausen aufgrund zu hoher Raumtemperaturen bringen erhebliche zusätzliche Montagezeiten.

Ihre Forderung nach einer Kostenerstattung gründet sich auf § 2 Nr. 5 der VOB/B (siehe auch **Geänderte Leistung**). Nach dieser Vorschrift ist ein neuer Preis unter Berücksichtigung der Mehr- und Minderkosten zu vereinbaren. Da die Ihnen entstehenden Mehrkosten in ihrer Höhe aber nicht genau zu belegen sind, wäre hier zu versuchen, eine frühzeitige Vereinbarung mit dem Auftraggeber über einen prozentualen Zuschlag für die betroffenen Einheitspreise zu erreichen. Natürlich besteht auch die Möglichkeit, die zusätzlichen Kosten mit einer Nachkalkulation zu ermitteln. Nur läßt sich leider nie beweisen, daß der Mehraufwand allein durch die vorgefundenen Erschwernisse bedingt war (siehe auch **Transportwege** und **Schmutzzulage**).

F

Fabrikatsangabe Der öffentliche Auftraggeber ist aufgrund einschlägiger Verordnungen verpflichtet, bereits bei der Ausschreibung von Bauleistungen die VOB/A zu beachten. Ein privater Auftraggeber dagegen muß sich zwar nicht „kraft Gesetzes oder Verordnung" an die Bestimmungen der VOB/A halten, aber auch für ihn ist es zweckmäßig, diese Bestimmungen zu befolgen. Andernfalls kann er leicht in eine für ihn ungünstige Rechtsposition gedrängt werden.

VOB/A § 9 Nr. 5 sagt u. a. aus, daß bestimmte Erzeugnisse, Ursprungsorte und Bezugsquellen nur dann ausdrücklich vorgeschrieben werden dürfen, wenn dies durch die Art der geforderten Leistung gerechtfertigt ist. Bezeichnungen, z. B. Markennamen (Fabrikatsangaben), für bestimmte Erzeugnisse dürfen ausnahmsweise, wenn eine Beschreibung durch hinreichend genaue, allgemeinverständliche Bezeichnungen nicht möglich ist, verwendet werden, jedoch nur mit dem Zusatz „oder gleichwertiger Art". Das bedeutet, vereinfacht ausgedrückt, Fabrikatsangaben in Leistungsverzeichnissen ohne diesen Zusatz sind eigentlich nur für Umbauten und Erweiterungen zulässig, um mit den gleichen Fabrikaten eine wirtschaftliche Ersatzteilhaltung und Wartung zu erreichen.

Bei Ausschreibungs- und Auftragstexten mit Fabrikatsangabe und dem Zusatz „oder gleichwertiger Art" lohnt es sich für Sie, das Fabrikat der zu liefernden Teile selbst nach eigenen Wünschen zu bestimmen. Diese Wünsche können sowohl dem Interesse des Auftraggebers dienen, wie z. B. Liefertermintreue, Wartungsfreiheit, vereinfachte Ersatzteilhaltung, als auch Ihrem Interesse, wie z. B. Preisnachlässe oder Montagefreundlichkeit. Obwohl der Teil A der VOB bei Aufträgen der öffentlichen Hand nicht Vertragsbestandteil wird, haben Sie in diesen Fällen große Chancen, die Fabrikate Ihrer Wahl liefern zu können. Ihr Auftraggeber muß Ihnen glauben, daß Sie im Vertrauen auf die Vorschrift des § 9 Nr. 5 der VOB/A, die dem gesunden Wettbewerb dienen soll, die Fabrikate Ihrer Wahl kalkulatorisch berücksichtigt haben und nicht die im Leistungsverzeichnis angegebenen. Er kann lediglich von Ihnen den Nachweis der Gleichwertigkeit verlangen.

Bei Aufträgen der privaten Auftraggeber ist es im Zweifelsfall empfehlenswert, sich ganz nach den Vertragsbestimmungen des jeweiligen Auftrages zu richten.

Fachkunde VOB/A schreibt in § 2 Nr. 1 vor, daß Bauleistungen nur an fachkundige, leistungsfähige und zuverlässige Unternehmer zu angemessenen Preisen zu vergeben sind. Während die Beurteilung der Zuverlässigkeit selten Anlaß zu Unstimmigkeiten zwischen Auftraggeber und Bieter gibt, sieht das bei der vorgeschriebenen Fachkunde und der Leistungsfähigkeit doch anders aus. Diese Begriffe werden ab und zu vorgeschoben, um nichterwünschte Anbieter aus dem Wettbewerbskreis auszuschließen.

Häufig wird z. B. der Nachweis verlangt, daß der Bewerber eine Anlage gleicher Art und Größe wie die ausgeschriebene bereits gebaut hat und daß er ausreichend Personal beschäftigt, um die in Auftrag zu gebende Anlage in der vorgesehenen Zeit zu installieren. Kann ein Bewerber diese Nachweise nicht erbringen und wird sein Angebot daraufhin ausgeschieden, so muß er sich das nicht gefallen lassen. Passiert Ihnen so etwas, so bestehen Sie darauf, daß Ihr Angebot gewertet wird. Fachkunde setzt nur voraus, daß Sie umfassende Kenntnisse auf diesem besonderen Fachgebiet haben müssen, und nicht, daß Sie gleichartige und gleichgroße ausgeführte Bauvorhaben vorweisen können. Und reicht Ihr Personalstand zum Angebotszeitpunkt nicht aus, dieses Bauvorhaben termingerecht abzuwickeln, so haben Sie ja immer noch Zeit, weiteres Personal einzustellen bzw. mit einem Subunternehmer zusammenzuarbeiten.

Lagen Sie bei der Submissionseröffnung als günstigster Bieter an erster Stelle und wird Ihr Angebot aus vorgenannten Gründen nicht gewertet, so können Sie vom Auftraggeber Schadenersatz fordern. Sie können die Erstattung der Angebotserstellungskosten, der in die Preise einkalkulierten Umlagen für Geschäftskosten, Wagnis und Gewinn und, falls Sie Ihr Personal danach nicht anderweitig beschäftigen konnten, auch die Erstattung der Lohn- und Lohnnebenkosten verlangen, denn hier liegt ein eindeutiger Verstoß gegen VOB/A § 25 Nr. 2 vor. Waren Sie nicht günstigster Bieter, so steht Ihnen zumindest Schadenersatz in Höhe Ihrer Aufwendungen für die Angebotsausarbeitung zu (siehe auch **Aufhebung der Ausschreibung**).

Fallrohrstütze Um das Gewicht von längeren Falleitungen aufzufangen, werden Fallrohrstützen eingebaut. Bei Gebäuden mit bis zu fünf Stockwerken wird üblicherweise für jeden Fallstrang unmittelbar oberhalb der Kellerdecke eine Fallrohrstütze gesetzt.

Bei der Aufstellung der Leistungsbeschreibung werden Fallrohrstützen häufig vergessen. Versucht ein Auftragnehmer dann die Leistung abzurechnen, wird er oft auf Zuschlagpositionen für Formstücke hingewiesen oder auf Rohrbefestigungen, die mit den Preisen der Rohrleitung bereits vergütet wurden. So sollten Sie nicht mit sich argumentieren lassen!

Fallrohrstützen sind Spezialformstücke, sie sind nicht den üblichen Formstücken zuzuordnen. Auch die Befestigung einer Fallrohrstütze hat mit den normalen Rohrbefestigungen nichts zu tun. Häufig muß hierfür eine spezielle Profileisenkonstruktion angefertigt werden.

Mußten Sie Fallrohrstützen liefern und einbauen, ohne daß das Leistungsverzeichnis hierfür eine besondere Vergütung vorsah, so können Sie die Leistung zusätzlich in Rechnung stellen. Ihre Forderung begründen Sie mit DIN 18 381 Punkt 4.2.8, wonach das Liefern und Einbauen von Widerlagern, Rohrleitungsfestpunkten, schweren Rohrlagern mit Gleit- und Rollenschellen, Konsolen und Stützgerüsten eine **Besondere Leistung** ist, die auch besonders zu vergüten ist. Diese Leistung wurde von Ihnen gefordert, weil sie technisch notwendig ist. Und dafür steht Ihnen nach VOB/B § 2 Nr. 6 eine angemessene Bezahlung zu.

Da es sich hier aber um eine **zusätzliche Leistung** handelt, müssen Sie Ihrem Auftraggeber, bevor Sie mit der Ausführung beginnen, Ihren besonderen Vergütungsanspruch ankündigen. Das kann entweder mündlich oder aber schriftlich, z. B. mit einem **Nachtragsangebot**, erfolgen. Ein Zusatzauftrag muß Ihnen aber nicht erteilt werden, Ihr Vergütungsanspruch ist ganz allein von Ihrer Ankündigung abhängig. Nur über die Höhe der Vergütung kann noch verhandelt werden.

Farbanstrich Für folgende Teile des Auftragsumfanges wird häufig die Festlegung des richtigen Oberflächenschutzes vergessen: Profilstahlkonstruktionen, Unterstützungen, Aufhängungen, Rohrschellen, Befestigungsmaterial, Abdeckbleche und Rohrleitungen.

In Abhängigkeit vom Einbauort und den dort herrschenden Verhältnissen (Feuchtigkeit, aggressive Flüssigkeiten) ist es meistens bereits im unmittelbaren Anschluß an den Einbau erforderlich, diese Teile mit einem Oberflächenschutz zu versehen. Neben dem Verzinken (siehe auch **Verzinkungszuschlag**) kann der Schutz aus einer Grundierung bestehen oder aus einem Fertiganstrich. Ist diese Leistung technisch notwendig, so sollten Sie mit Ihrem Auftraggeber klären, wer den Farbanstrich ausführen soll oder ihm ankündigen, daß Sie diese Arbeiten gegen zusätzliche Vergütung erledigen werden. Damit haben Sie den Vorschriften des § 2 Nr. 6 der VOB/B Genüge getan und können mit der Schlußrechnung die Ihnen zusätzlich entstandenen Kosten geltend machen. Kosten entstehen z. B. durch folgende notwendige Arbeiten: Entrosten oder Entfetten, Grundieren, Voranstrich und ein- oder zweimaliger Deckanstrich (siehe auch **Zusätzliche Leistung** und **Beigestellte Stoffe**).

__Fertigstellungstermin__ § 5 VOB/B regelt ausführlich alle Fragen hinsichtlich der Ausführungsfristen, etwaiger Einzelfristen und des Fertigstellungstermins. Von der Kostenseite her ist eigentlich erst der Absatz 4 des § 5 für Sie interessant. Darin heißt es wörtlich: „Verzögert der Auftragnehmer den Beginn der Ausführung, gerät er mit der Vollendung in Verzug oder kommt er der in Nr. 3 erwähnten Verpflichtung nicht nach (darin wird er aufgefordert, bei unzureichender Baustellenausstattung und -besetzung für unverzügliche Abhilfe zu sorgen, sofern das von ihm verlangt wird), so kann der Auftraggeber bei Aufrechterhaltung des Vertrages Schadenersatz nach § 6 Nr. 6 verlangen oder dem Auftragnehmer eine angemessene Frist zur Vertragserfüllung setzen und erklären, daß er ihm nach fruchtlosem Ablauf der Frist den Auftrag entziehe (§ 8 Nr. 3)."

Für den Fall, daß Ihnen mit Auftragsentzug gedroht wird, wäre es natürlich besser gewesen, Sie hätten vertraglich keinerlei Termine vereinbart. Da das aber normalerweise der Ausnahmefall ist oder zumindest sein sollte, ist es für Sie immer besser, feste Termine mit Ihrem Bauherrn zu vereinbaren, weil Sie dann sehr leicht Gelegenheit erhalten, **Schadenersatz** nach dem genannten § 6 Nr. 6 der VOB/B geltend zu machen. Hierzu muß nur eine der Firmen, die vor Ihnen am Bau tätig sind und die u. a. die Voraussetzung für den Beginn Ihrer Arbeit schaffen sollte, in Verzug geraten, also die vorgesehenen Termine nicht einhalten. Damit werden Sie in der Ausführung Ihrer Arbeiten behindert. Ob der Auftraggeber eine **Behinderung**, die sich durch die vor Ihnen am Bau tätig gewesenen Unternehmer ergab, zu vertreten hat, muß in jedem Einzelfall sorgfältig geprüft werden.

Der Bundesgerichtshof hat 1985 in einem Urteil entschieden, daß Fehler des Vorunternehmers, die den Nachunternehmer behindern, nicht generell dem Verantwortungsbereich des Auftraggebers zuzurechnen sind, weil der Vorunternehmer nicht als Erfüllungsgehilfe des Auftraggebers anzusehen ist. Auch das Oberlandesgericht Köln bestätigte 1986 in einem Urteil, daß der Bauherr für die Säumigkeit von Vorunternehmen nicht verantwortlich ist – aber nur, soweit diese ohne sein Verschulden zustande kam.

Wenn jedoch der Auftraggeber unrealistische Ausführungsfristen vorgegeben und damit bei der Erstellung der Bauzeitenpläne seine Sorgfaltspflicht verletzt hat, so hat er und nicht der Vorunternehmer eine sich daraus ergebende Behinderung zu vertreten. Das gilt auch, wenn der Bauherr den Bauzeitenplan nicht selbst aufgestellt hat, sondern sein Sonderfachmann (Architekt, Fachingenieur o. ä.). Besonders interessant ist der Hinweis des Gerichts, daß selbst bei einer Bauzeitverschiebung, die vertraglich ausdrücklich erlaubt war, von einer ersatzpflichtigen Behinderung gesprochen werden kann. Unterschreiben Sie also einen Bauvertrag, der dem Auftraggeber das Recht einräumt, die Bauzeit zu verschieben, so hat das nicht zur Folge, daß Ihre Ansprüche aus dem § 6 VOB/B ausgeschlossen sind. Der angesprochene § 6 Nr. 6 sagt wörtlich folgendes: „Sind die hindernden Umstände von einem Vertragsteil zu vertreten, so hat der andere Teil Anspruch auf Ersatz des nachweislich entstandenen Schadens, des entgangenen Gewinns aber nur bei Vorsatz oder grober Fahrlässigkeit."

Haben Sie also feste Termine vereinbart oder können zum vereinbarten Zeitpunkt nicht mit Ihrer Arbeit beginnen oder fortfahren oder den Auftrag vollenden, so werden Sie behindert. Diese Behinderung müssen Sie unverzüglich Ihrem Auftraggeber schriftlich anzeigen. Erst dann haben Sie die Möglichkeit und das Recht, den Ihnen nachweislich durch diese Behinderung entstandenen Schaden bei Ihrem Auftraggeber geltend zu machen. Dieser Schaden kann entstehen durch: Wartezeiten, d. h. unproduktive Zeiten Ihrer Arbeiter, längere Montagezeiten, Materialpreis- und Lohnerhöhungen durch verlängerte Bauzeiten (siehe auch **Festpreise**).

Diese Behinderungen bzw. die schon fast normale Verlängerung der Bauzeit kommen so häufig vor, daß Sie immer die Chance nutzen sollten, um hier den Ihnen entstandenen Schaden geltend zu machen. Voraussetzung ist aber in jedem Fall, daß vertraglich feste Termine vereinbart wurden (siehe auch **Behinderung**).

Damit der Auftraggeber nicht in die Lage versetzt wird, von Ihnen Schadenersatz für die Überziehung der Ausführungsfrist zu verlangen, ist es wichtig, daß Ihnen sämtliche Zusatzaufträge und Sonderwünsche des Auftraggebers schriftlich gegeben bzw. bestätigt werden. Nach § 6 Nr. 2 der VOB/B werden Ausführungsfristen bei Behinderungen immer dann verlängert, wenn der Auftragnehmer die Ursachen dafür nicht zu vertreten hat. Also können auch Auftragserweiterungen, die bei Vertragsabschluß terminlich nicht berücksichtigt werden konnten, zu Fristverlängerungen führen und damit verhindern, daß Sie eventuell Verzugsstrafe zahlen müssen.

Nun versuchen aber Auftraggeber in den Allgemeinen Geschäftsbedingungen ihrer Aufträge bzw. Ausschreibungen (Erläuterung siehe AGB-Gesetz), dieses Recht auf Fristverlängerung zu umgehen, indem sie folgenden Passus aufnehmen: „Zusatzaufträge in angemessenem Rahmen sowie Sonderwünsche geben keinen Anspruch auf Terminverschiebung oder Fristverlängerung." Diese Klausel muß als unzulässig angesehen werden, weil nach VOB/A § 9 Nr. 2 dem Auftragnehmer kein ungewöhnliches Wagnis aufgebürdet werden soll für Umstände und Ereignisse, auf die er keinen Einfluß hat und deren Auswirkung auf die Preise und Fristen er nicht im voraus schätzen kann. Sie können also im Bedarfsfall sämtliche Auftragserhöhungen, -ergänzungen und -erweiterungen, auch Mengenmehrungen zählen dazu, heranziehen und eine angemessene Fristverlängerung verlangen.

Werden Ansprüche, die Sie an Ihren Auftraggeber stellen, mit dem Hinweis abgelehnt, ein Schadenersatz nach VOB/B § 6 Nr. 6 ist nicht zu leisten, weil das Verschulden nicht beim Auftraggeber liegt, sollten Sie Ihre Schadenersatzforderungen mit VOB/B § 2 Nr. 5 begründen. Danach ist ein neuer Preis unter Berücksichtigung der Mehr- und Minderkosten zu vereinbaren, wenn durch andere Anordnungen des Auftraggebers die Grundlagen des Preises für eine im Vertrag vorgesehene Leistung geändert werden. Hierzu liegen bereits Gerichtsurteile des Oberlandesgerichts Köln und vom Bundesgerichtshof vor. Danach steht Ihnen auch aus Bauzeitverlängerung ein verschuldensunabhängiger Anspruch aus den sich dadurch ergebenden Preisänderungen zu, sofern die Umstände, die dazu führten, dem Verantwortungsbereich des Auftraggebers zuzurechnen sind. Hierzu zählen z. B. folgende Umstände: Streiks, Aussperrungen bei Arbeitskämpfen und Schlechtwetterperioden.

Schadenersatzansprüche aufgrund von Ereignissen, die der Auftraggeber nicht zu vertreten hat, sondern z. B. der Architekt, der Fachingenieur oder ein anderer Unternehmer, sind jeweils beim Verursacher geltend zu machen.

Festpreise Nur dann sind Festpreise auch wirklich feste Preise, wenn Sie die Voraussetzung vorfinden, innerhalb der vereinbarten Fristen

Ihre Leistung zu erbringen. Sobald der vertragliche Fertigstellungstermin durch Umstände, die Sie nicht zu vertreten haben, verstrichen ist und Sie Ihre Arbeiten nicht beenden konnten, können Sie Ersatz für den Ihnen dadurch entstandenen Schaden verlangen. Die Grundlage hierfür ist VOB/B § 6 Nr. 1 und Nr. 6. Hier wird zwar verlangt, daß Sie eine **Behinderung** anzeigen müssen, aber bei Überschreiten des Fertigstellungstermins sind die hindernden Umstände meistens so offenkundig, daß darauf verzichtet werden kann. Für Leistungen, die dann noch zu erbringen sind, kündigen Sie umgehend Forderungen aus Lohnmehrkosten und Materialpreissteigerungen an. Die der Teuerung unterliegenden Leistungen ermitteln Sie, indem Sie zum Zeitpunkt des vereinbarten Fertigstellungstermins die bis dahin erbrachte Leistung aufmessen lassen. Ihre Forderungen belegen Sie dann mit den neuesten Tarifabschlüssen und Preislisten Ihrer Lieferanten.

Falls Ihr Vertrag für die Lohnerhöhung noch keine Regelung enthält, wäre die Berechnung einer prozentualen Preiserhöhung am wenigsten aufwendig. Lediglich bei öffentlichen Auftraggebern ist Vorsicht geboten. Diese akzeptieren häufig nur die reine Tariflohnerhöhung und auf Nachweis die davon abhängigen lohngebundenen Kosten (weitere Einzelheiten zur Kostenermittlung siehe Stichwort **Behinderung**).

Falls Sie Ihre Forderungen bei Fälligkeit nicht erstattet bekommen, sondern erst nach Ablauf einer von Ihnen gesetzten angemessenen Nachfrist, so haben Sie vom Ende der Nachfrist an Anspruch auf Verzinsung. Denn auch hier gilt, wie ein BGH-Urteil vom 21.12.1970 festgestellt hat, VOB/B § 16 Nr. 5 (3). Danach stehen Ihnen vom Ende der Nachfrist an **Zinsen** in Höhe von 1 % über dem Lombardsatz zu. Den Lombardsatz nennt Ihnen jede Bank oder Sparkasse. Außerdem können Sie, falls der Auftrag noch nicht abgeschlossen ist, die Arbeiten bis zur Zahlung einstellen.

Festpunktkonstruktionen   Selbst wenn die gesamten Rohrbefestigungen in einer Zuschlagsposition enthalten sind oder in die Einheitspreise einzurechnen waren, können Sie Festpunktkonstruktionen zusätzlich abrechnen. Voraussetzung ist, daß diese nicht ausdrücklich in der Leistungsbeschreibung erwähnt werden. Die Bestätigung, daß Festpunkte gesondert zu vergüten sind, liefert VOB/C mit der DIN 18 381, Gas-, Wasser- und Abwasser-Installationsarbeiten innerhalb von Gebäuden. Unter den Punkten 0.5.2 und 0.5.3 schreibt sie dem Auftraggeber vor, für besondere Befestigungskonstruktionen, wie z. B. Tragkonstruktionen oder Festpunkte als Abrechnungseinheit entweder die Anzahl (das Stück) oder das Gewicht vorzusehen. Und unter Punkt 4.2.8 wird als **Besondere Leistung**, die auch besonders zu vergüten ist, das Liefern und Einbauen von besonderen Befestigungskonstruktionen, z. B. Widerlager, Rohrleitungsfestpunkte, schwere Rohrlager mit Gleit- oder Rollenschellen, Tragschalen, Konsolen und Stützgerüste aufgeführt.

Festpunkte haben nicht allein die Aufgabe, die Rohre zu befestigen, sondern sie sollen von einer bestimmten Stelle aus die Ausdehnung kontrolliert lenken, indem sie jede Bewegung der Rohre an dieser vorgesehenen Stelle unterbinden. Festpunkte sind genauso wie Gleitlager nicht zu den üblichen Rohrbefestigungen zu zählen. Über die Abrechnung sollten Sie vor Ausführung mit dem Auftraggeber sprechen, da sonst nur noch die Möglichkeit bleibt, diese Eisenkonstruktionen unter der üblicherweise vorhandenen Position für Profileisen abzurechnen. Der Preis hierfür deckt aber bei weitem nicht den notwendigen Aufwand. Haben Sie Ihre Forderung nach zusätzlicher Vergütung jedoch zeitig, d. h. vor Ausführung, dem Auftraggeber angekündigt, so kann dieser zumindest keine formalrechtlichen Einwände gegen einen zusätzlichen Abrechnungspreis für Festpunktkonstruktionen vorbringen (siehe auch **Zusätzliche Leistung**).

Flansche   Sehr häufig wird in den Leistungsverzeichnissen vergessen, Flansche oder Gegenflansche als eigene Position aufzuführen. Bitte prüfen Sie die Leistungsbeschreibung daraufhin, ob Flansche von Ihnen tatsächlich kostenlos zu liefern sind.

VOB/C, DIN 18 381 sieht unter Punkt 5.2 vor, daß Rohrleitungen einschließlich Bogen, Form-, Paß- und Verbindungsstücke nach Längenmaß aufgemessen werden. Das sagt aber nur etwas über die Ermittlung der abrechnungsfähigen Rohrlänge aus. Hieraus ist nicht abzuleiten, daß die Flansche, die als Verbindungsstücke innerhalb der Rohrleitung auftreten, nicht getrennt zu vergüten sind. Ihr Auftraggeber ist nämlich nach VOB/C, DIN 18 381 Punkt 0.5 verpflichtet, im Leistungsverzeichnis für Rohrleitungen größer DN 50 die Anzahl der benötigten Verbindungsstücke auszuschreiben. Für Rohrleitungen mit kleinerem Durchmesser als DN 50 sind die Verbindungsstücke im Text für die prozentualen Zuschläge mit aufzunehmen. Hat er versäumt, Flansche auszuschreiben bzw. sie im Text für den Zuschlag zu erwähnen, können Sie Flansche als zusätzliche Leistung abrechnen.

An den Verbindungsstellen, an denen die Rohrleitung andere Leistungen berührt, sind Flansche, Gegenflansche oder auch **Verschraubungen** einzubauen. Dies gilt z. B. für folgende Montagepunkte:

Gegenflansche von Armaturen, Schmutzfängern, Rohrtrennern, Wasserzählern und Regelventilen sowie Flansche für Anschlüsse an Liefergrenzen, bauseitige Leistungen und an Boiler, Behälter und Pumpen.

Hier ist häufig die Ausschreibungspraxis anzutreffen, daß diese Teile oder Leistungen einschließlich der benötigten Gegenflansche in die Leistungsbeschreibung aufgenommen werden. Wird das versäumt, können Sie diese Flansche und Gegenflansche zusätzlich in Rechnung stellen. Auch die zugehörigen Schrauben, Muttern und Dichtungen gehören zu den Kosten, die Sie Ihrem Auftraggeber weiterberechnen können.

Ihre Forderung begründen Sie Ihrem Auftraggeber mit dem § 2 Nr. 6 der VOB/B, weil es sich hier um eine zusätzliche Leistung handelt, die nicht im ursprünglichen Auftrag enthalten und auch nicht mit der dafür vereinbarten Vergütung abgegolten ist (siehe auch **Zusätzliche Leistung**).

Flanschen-Paßrohr DIN 18 381, Gas-, Wasser- und Abwasser-Installationsarbeiten innerhalb von Gebäuden, bezeichnet Rohrstücke bis zu einer Länge von 0,5 m als **Paßstücke**. Nach Punkt 0.5.2 dieser Norm können Sie diese kurzen Rohrstücke, bei denen es sich sowohl um Kunststoffrohr, Stahlrohr als auch Gußrohr handeln kann, als Paßstücke zusätzlich zur Rohrleitung abrechnen. Hier schreibt die VOB/C nämlich vor, daß Paßstücke von Entwässerungsleitungen im Leistungsverzeichnis nach Anzahl auszuschreiben sind. Das gilt jedoch auch für Bewässerungsleitungen (siehe **Paßstücke**).

Darüber hinaus gibt es aber im Bereich der Guß-Druckrohre noch Flanschen-Paßrohre in über zwanzig Fertiglängen von 0,1 m bis 5,0 m Paßlänge. Diese Rohre können nicht nach Einheitspreis je Meter Rohrlänge angeboten und abgerechnet werden, denn für kurze Paßlängen wäre ein zehnmal höherer Einheitspreis je Meter Rohr anzusetzen als für die langen Paßstücke. Wählt ein Auftraggeber dennoch diese Ausschreibungsmethode, so verstößt er eindeutig gegen VOB/A § 9 Nr. 1 und 2, wonach die Leistung eindeutig zu beschreiben ist und dem Auftragnehmer kein ungewöhnliches Wagnis aufgebürdet werden soll für Umstände und Ereignisse, auf die er keinen Einfluß hat und deren Einwirkung auf die Preise er nicht im voraus schätzen kann.

Flanschen-Paßstücke der Druck-Gußrohre können Sie immer, wenn keine andere vertragliche Regelung entgegensteht, zu Einheitspreisen zusätzlich in Rechnung stellen. Das gilt auch für drei, vier oder gar fünf Meter lange Paßrohre.

Verlangt ein Auftraggeber von Ihnen, daß Sie z. B. über die Lieferung und Montage von 20 m Flanschen-Druckrohr der unterschiedlichsten Paßlängen ein Einheitspreis-Angebot abgeben sollen, so ist es zweckmäßig, wenn Sie ihm im Begleitbrief mitteilen, welche einzelnen Paßlängen zu welchen Stückpreisen Sie Ihrem Angebot zugrunde gelegt haben. Weicht dann die Ausführung von dieser Annahme ab, können Sie die tatsächlichen Stückzahlen mit den genannten Einheitspreisen abrechnen oder für Paßlängen, die bisher nicht kalkuliert waren, ein Nachtragsangebot einreichen. Durch diese Mitteilung im Begleitbrief bleibt Ihnen die Möglichkeit der Preisanpassung, auch bei Änderung von Pauschalpositionen, offen. Ihr Vorgehen stützt sich auf VOB/A § 9 Nr. 1 und 2 sowie VOB/B § 2 Nr. 7.

Formstücke DIN 18 381, Gas-, Wasser- und Abwasser-Installationsarbeiten innerhalb von Gebäuden, sieht für Formstücke folgende Abrechnungseinheiten vor:

Anzahl (Stück) für Formstücke, Verbindungs- und Befestigungselemente in Rohrleitungen über DN 50 und für Paßstücke bis zu einer Länge von 0,50 m in Entwässerungsleitungen.

Prozentsätze der Preise der Rohrleitungen unter DN 50 für Formstücke, Verbindungs- und Befestigungselemente.

(Bei den gewählten Formulierungen (über oder unter DN 50) bleibt es dem Auftraggeber überlassen, in welche Abrechnungsgruppe er die Nennweite 50 einordnet.)

Die Regelung sieht also vor, daß für Entwässerungsleitungen die Formstücke, Verbindungs- und Befestigungselemente immer mit der benötigten Anzahl nach Stück auszuschreiben sind (eventuell mit Ausnahme der Nennweite 40 und 50), während das für Bewässerungsleitungen nur für Rohre ab DN 50 oder DN 65 gilt. Hier sind also keine Zuschlagspreise verlangt und zu kalkulieren, sondern Einheitspreise für jedes Formstück anzugeben.

Jetzt schreibt aber DIN 18 381 unter Punkt 5.2 vor, daß zur Ermittlung der Rohrlänge Rohrverbindungen, Rohrbögen, Form- und Paßstücke sowie Armaturen übermessen werden, Rohrbögen sogar bis zum Schnittpunkt der Achsen. Damit ist aber nicht gesagt, daß Form- und Verbindungsstücke preislich bereits im Einheitspreis der Rohrleitungen enthalten sind oder sein sollten. Das Gegenteil ist der Fall. Obwohl jedes Formstück mit einem eigenen Einheitspreis in die Abrechnung eingeht, wird die Gesamtlänge aller Formstücke der Länge der Rohrleitung hinzugezählt und auch noch unter der Rohrleitungsposition abgerechnet. Dieses Verfahren ist für manchen Bauherrn nicht so ohne weiteres einzusehen, aber aus Gründen der Abrechnungsvereinfachung wurde diese Regelung in die DIN-Vorschrift aufgenommen. Hier erhält der Auftragnehmer auch keine Doppelvergütung, weil er bei der Angebotskalkulation diese Aufmaßrichtlinie durch entsprechend niedrige Preise bereits berücksichtigt.

Bewässerungsleitungen teilen sich entsprechend den oben angeführten Ausschreibungsrichtlinien in zwei Gruppen, deren Teilung bei DN 50 liegt. Für größere Rohrleitungen hat der Auftraggeber auch hier die Form- und Verbindungsstücke nach Anzahl auszuschreiben, während er sich für Rohrleitungen unter DN 50 Pauschalpositionen anbieten lassen kann. Ist diese Regelung auch für Ihre Abrechnung vertraglich vereinbart worden, so ergibt sich häufig die Möglichkeit, durch Analyse des Textes des Leistungsverzeichnisses zusätzliche Leistungen abzurechnen. Sie sollten prüfen, ob die folgenden Leistungen in dieser Zuschlagposition oder an anderer Stelle des Leistungsverzeichnisses enthalten sind:

Formstücke, Verbindungsteile, Dehnungsteile, Dichtungsmaterial, Befestigungen, Festpunkte, Rohrschellen, Pendelschellen, Rohrauflager, Gleitlager, Gewindestangen, Dübel, Schrauben, Muttern, Schelleneinlagen aus Gummi oder anderem Dämpfungsmaterial, Schweißmaterial oder Kleber.

Falls einige dieser Leistungen in Ihrem Vertragstext nicht enthalten sind, sollten Sie diese, sofern sie ausgeführt wurden, zusätzlich in Ihre Abrechnung aufnehmen. Grundlage Ihrer Forderung ist VOB/B § 2 Nr. 6. Ihren Vergütungsanspruch müssen Sie jedoch schon vor der Ausführung ankündigen.

Hat Ihr Auftraggeber im Bereich Entwässerungsleitungen oder für andere Rohrleitungen über DN 50 Form- und Verbindungsstücke einzeln unterteilt nach Art und Nennweite ausgeschrieben, lohnt sich auch hier die Suche nach Teilen, die bei der Ausschreibung vergessen wurden. Das können z. B. sein: Konfix-Verbinder, Tempokrallen, Rohrübergangsstükke, Langmuffen, WC- und Syphon-Anschlußbogen und Paßstücke. Falls diese oder ähnliche Teile nicht im Leistungsverzeichnis enthalten sind, aber für die fachgerechte Rohrleitungsverlegung benötigt werden, sollten Sie Ihrem Auftraggeber noch vor Ausführung des Leistung ein Nachtragsangebot über diese zusätzliche Leistung zusenden. Zum einen müssen Sie der Vorschrift des § 2 Nr. 6 VOB/B folgen, aber zum anderen ist ein Bauherr während der Ausführung noch viel leichter bereit, „bessere" Nachtragspreise zu genehmigen als beim Abschluß des Bauvorhabens, wenn er weiß, wie teuer alles geworden ist.

Sieht eine Ausschreibung für Entwässerungsleitungen oder für größere Bewässerungsleitungen vor, Form-, Verbindungs- und Befestigungselemente prozentual vom Rohrleitungspreis als sogenannte **Zuschlagposition** anzubieten, so verstößt sie damit gegen VOB/A § 9. Zur ordnungsgemäßen Ausschreibung gehört nämlich auch das Beachten der Hinweise für das Aufstellen der Leistungsbeschreibung nach DIN 18 381. Dort wird aber unter Punkt 0.5.4 eine solche Ausschreibungsart nur für Rohrleitungen unter DN 50 vorgeschrieben. Bei einer solchen VOB-widrigen Ausschreibung können Sie sich vor finanziellen Nachteilen schützen, wenn Sie Ihrem Auftraggeber mit der Angebotsabgabe mitteilen, wieviel Formstücke und mit welchen Preisen Sie bei der Ermittlung des Prozentsatzes einkalkuliert haben und daß Sie sich bei Bedarf eine Nachberechnung weiterer Formstücke vorbehalten.

Was ist alles unter dem Begriff „Formstücke" zu verstehen? Üblicherweise gelten folgende Teile als Formstücke: Rohrbögen, Paßstücke, Abzweige, Sprungrohre, Übergangsrohre und Enddeckel. Nun werden aber auch Reinigungsrohre, Objektanschlußbögen, WC-Abzweige, Geruchsverschlüsse und Anschlüsse für Rohre anderer Materialien als Formstücke bezeichnet. Diese sollten wegen der hohen Preise und der seltenen Einsatzfälle auch immer mit Einheitspreisen extra abgerechnet werden. Fehlen entsprechende Positionen oder fehlt es an einer anderen Abrechnungsvereinbarung, sollten Sie diese Leistungen nach Ankündigung Ihres Vergütungsanspruches zusätzlich abrechnen. Das sind nämlich keine üblichen Formstücke, die sich leicht kalkulatorisch erfassen lassen. Hier muß von genauen Stückzahlen ausgegangen werden. Ein Einrechnen dieser Teile in die Rohrpreise oder Prozentsätze ist nicht möglich, es sei denn, die Stückzahlen sind bei Angebotsabgabe bekannt.

Freihändige Vergabe Die VOB Teil A regelt im § 3, wann der öffentliche Auftraggeber Bauleistungen freihändig, d. h. ohne ein förmliches Ausschreibungsverfahren, vergeben darf. Generelle Voraussetzung für die Freihändige Vergabe ist, daß die Öffentliche und Beschränkte Ausschreibung für die Vergabe dieser Leistung unzweckmäßig sind. Im einzelnen werden folgende Fälle für eine Freihändige Vergabe angeführt:

1. Wenn nur ein Unternehmer, z. B. wegen Patentschutzes, besonderer Erfahrungen oder Geräten, dafür in Betracht kommt. Für sanitäre Anlagen ist hier das Argument der besonderen Erfahrung entweder in bezug auf die geforderte Technik oder in bezug auf vorhandene Anlagenteile von Bedeutung.

2. Wenn die zu vergebende Leistung nicht eindeutig und erschöpfend festgelegt werden kann. Bei einer gewissenhaften Planung sollte dieser Fall zwar nicht eintreten, aber bei Umbauten alter Gebäude und Änderungen bestehender Sanitäranlagen und fehlender Bestandspläne kann es doch dazu kommen.

3. Wenn eine kleine Zusatzleistung zu einem größeren Auftrag zu vergeben ist. Hierbei ist Voraussetzung, daß der Auftragnehmer bereits unter Wettbewerbsbedingungen einen Auftrag erhalten hat und sich später Zusatzarbeiten, z. B. durch Erweiterung oder Änderung, ergeben.

4. Wenn die Leistung besonders dringend ausgeführt werden muß. Dieser Fall kann bei Schäden an Entwässerungsleitungen, Abwasserkanälen oder an Gas- und Maschinenanlagen eintreten.

5. Wenn nach Aufhebung einer Öffentlichen oder Beschränkten Ausschreibung nicht mehr mit einem annehmbaren Ergebnis bei erneuter Ausschreibung zu rechnen ist.

6. Wenn die auszuführende Leistung Geheimhaltungsvorschriften unterworfen ist.

Wie bei der Beschränkten Ausschreibung kann auch der Freihändigen Vergabe ein öffentlicher Teilnahmewettbewerb vorausgehen.

Machen Sie bei einem solchen Teilnahmewettbewerb mit und verlangt der Auftraggeber für die Übersendung der Ausschreibungsunterlagen eine Entschädigung, so können Sie diese Forderung zurückweisen. Der öffentliche Auftraggeber darf nur bei der Öffentlichen Ausschreibung eine Entschädigung für die ihm entstandenen Vervielfältigungskosten der Verdingungsunterlagen verlangen. Bei Freihändiger Vergabe oder Beschränkter Ausschreibung, auch wenn ihr ein öffentlicher Teilnahmewettbewerb vorausgegangen ist, sind die Ausschreibungsunterlagen den Bietern kostenlos zu überlassen (VOB/A § 20 Nr. 1).

Fremdleistung In den meisten Fällen erhalten Sie vom Auftraggeber maßstabsgetreue **Ausführungszeichnungen,** manchmal schon mit eingetragenen Durchbrüchen, die Sie als Grundlage für Ihre **Planung** verwenden können. In Abstimmung mit den Unternehmen, die andere haustechnische Fachlose ausführen, also der Lüftungsfirma, dem Heizungsbauer und der Elektrofirma, planen Sie die Lage der Leitungstrassen, fertigen eventuell entsprechende Montagezeichnungen und machen einen Auszug vom benötigten Material. Wenn dann mit der eigentlichen Installation begonnen wird, stellen Sie manchmal fest, daß vieles nicht mehr so montiert werden kann wie geplant.

Durch Änderungen des Bauherrn, z. B. bei der Raumaufteilung, durch nicht maßgetreue Ausführungen der Firmen, die vor Ihnen am Bau tätig waren und durch andere Trassenführung der Lüftungskanäle oder der Heizungsrohre, haben Sie plötzlich erhebliche Schwierigkeiten, Ihre Leistung kostenneutral und termingerecht zu erbringen. Was können Sie in diesem Fall tun? Da die bereits fertigen Fremdleistungen Sie zwingen, Ihre Leistung anzupassen, das heißt in den meisten Fällen, Planung und Material zu ändern, entstehen Ihnen zusätzliche Kosten. Diese Kosten müssen Sie genau erfassen. Jede Änderung, jedes Anpassen an die anders (als geplant) ausgeführte Vorleistung ist festzuhalten, am besten als Regieleistung, die Sie sich aber immer vom Auftraggeber oder seinem bevollmächtigten Bauleiter bestätigen lassen sollten.

Die Ihnen zusätzlich entstandenen Kosten können Sie Ihrem Auftraggeber in Rechnung stellen. Ihre Forderungen stützen sich auf VOB/B § 2 Nr. 5 und 6, **Leistungsänderung** oder **Zusätzliche Leistung,** und auf VOB/C, DIN 18 381 Nr. 4.2.12; dort wird als **Besondere Leistung** das Anpassen von Anlageteilen an nicht maßgerecht ausgeführte Leistungen anderer Unternehmer aufgeführt. Sie sollten jedoch vor Beginn der Arbeiten Ihren Auftraggeber informieren, damit er noch die Möglichkeit hat, den Verursacher zu ermitteln und ihn gegebenenfalls zur Nacharbeit aufzufordern. Mit der Information haben Sie gleichzeitig die nach § 2 Nr. 6 vorgeschriebene Ankündigungspflicht erfüllt, so daß einer Abrechnung der Änderungs- und Anpaßarbeiten dann nichts mehr im Wege steht.

__Fremdunternehmer__ Verlangt Ihr Auftragnehmer von Ihnen, daß Sie die Leistung anderer Unternehmer beaufsichtigen oder Sicherungsmaßnahmen wegen festgestellter Schadstoffe und zur Unfallverhütung an Leistungen anderer Unternehmer ergreifen, so entstehen Ihnen hierdurch Kosten. Eigentlich hätten diese Leistungen im Leistungsverzeichnis aufgeführt werden müssen, aber das wird häufig vergessen. Davon unabhängig können Sie immer Ihrem Auftraggeber die Ihnen entstandenen Kosten zusätzlich in Rechnung stellen.

Diese Leistungen, die Ihr Auftraggeber von Ihnen verlangt hat, sind nach DIN 18 299 Punkt 4.2.1 bis 4.2.3 keine **Nebenleistungen** und müssen vergütet werden. Es kann sich dabei z. B. um die Beaufsichtigung der bauseits beauftragten Baufirma handeln, die die Wanddurchbrüche für die Rohrdurchführungen schlägt.

Bei den Sicherungsmaßnahmen zur Unfallverhütung an Leistungen anderer Unternehmer kann es sich z. B. um die Sicherung eines Rohrgrabens handeln, den die bauseits beauftragte Tiefbaufirma für zu verlegende Rohrleitungen ausgehoben hat. Sofern keine besondere vertragliche Vergütungsregelung besteht, gelten diese Leistungen im Sinne der VOB/B § 2 Nr. 6 jeweils als zusätzliche Leistung, für die Sie Ihren Vergütungsanspruch Ihrem Auftraggeber vor Ausführung ankündigen müssen. Die hier angesprochene Vergütung steht Ihnen jedoch nur im Zusammenhang mit Leistungen „anderer Unternehmer" (Fremdunternehmer) zu. Die von Ihnen selbst beauftragten Nachunternehmer gehören nicht zu dieser Gruppe.

__Frostgefahr__ Zur Vermeidung von Frostschäden gehört es zu Ihren Aufgaben, die zum Schutz Ihrer bereits installierten Leistung notwendigen Maßnahmen zu treffen. Ob Ihr Auftraggeber aber die Kosten für diese Maßnahmen zu tragen hat, hängt sehr vom Einzelfall ab.

Das Verschließen von Gebäudeöffnungen und das Entleeren der Bewässerungsleitungen sind eindeutig Leistungen, die Ihnen Ihr Auftraggeber zu vergüten hat. Das gleiche gilt auch, wenn Sie die Leistung anderer Unternehmer mitschützen, z. B. das Entleeren der Leitungen der Heizanlage oder der Versorgungsleitungen der Lüftungsanlagen. Für sämtliche zusätzlichen Kosten, die Ihnen durch diese Arbeiten entstanden sind, können Sie Erstattung von Ihrem Auftraggeber fordern. Die Grundlage Ihrer Forderung ist die Bestimmung im § 2 Nr. 6 der VOB/B und Punkt 4.2.21 der DIN 18 381 der VOB/C, wonach das zusätzliche Füllen und

Entleeren der Leitungen aus Gründen, die der Auftraggeber zu vertreten hat, besonders zu vergütende Leistungen sind. Darüber hinaus führt auch die DIN 18 299 unter Punkt 4.2.4 die besonderen Schutzmaßnahmen gegen Witterungsschäden als **Besondere Leistungen** auf.

Frostschäden Entstehen bereits vor der Abnahme an Teilen Ihrer Leistung Schäden, die auf starken Frost zurückzuführen sind, so ist nicht in jedem Fall dieser Schaden kostenmäßig von Ihnen zu tragen. Hier ist es wichtig die Frage zu beantworten, wer und warum veranlaßt hat, daß die Anlage in einen Zustand versetzt wurde, der sie anfällig für Frostschäden machte. Es gilt also immer das Verursacherprinzip.

Hat z. B. der Bauherr von Ihnen verlangt, die Bewässerungsleitungen zu füllen, obwohl Sie Ihn auf mögliche tiefe Temperaturen hingewiesen haben oder die Heizungsanlage ist ausgefallen, so müssen Sie einen dadurch entstandenen Schaden nicht selbst übernehmen. Die Kosten für die Beseitigung des Rohrbruchs dürfen Sie Ihrem Auftraggeber in Rechnung stellen und Folgeschäden haben Sie auch nicht zu tragen. Ihre Forderung an den Auftraggeber stützt sich auf § 4 Nr. 1 Abs. 4 und Nr. 3 der VOB/B (siehe auch **Schutz vor Winterschäden und Nässe**).

Fugenschnitt Ordnet Ihr Auftraggeber an, daß sämtliche Armaturen und Anschlüsse im Fugenschnitt von Fliesen oder anderen Belägen (z. B. Marmor oder Steinplatten) anzubringen sind, stellt sich nur noch die Frage – wer bezahlt den dadurch anfallenden höheren Montageaufwand? Enthielt die Leistungsbeschreibung einen entsprechenden Hinweis, so waren die Mehrkosten bereits bei der Kalkulation zu berücksichtigen und die Einheitspreise enthalten schon den erhöhten Aufwand. Anders sieht es aus, wenn die Forderung nach Anordnung der Armaturen und Anschlüsse im Fugenschnitt erst nach Auftragserteilung gestellt wird. Dann können Sie die zusätzlichen Montagekosten Ihrem Auftraggeber weiterberechnen. Das gilt auch, wenn der Auftraggeber erst auf Ihr Nachfragen hin diese Anordnung getroffen hat.

Die DIN 18 381, Gas-, Wasser- und Abwasser-Installationsarbeiten innerhalb von Gebäuden, führt zwar unter Punkt 4.2 das Anbringen der Armaturen und Anschlüsse im Fugenschnitt nicht auf, aber die dort genannten **Besonderen Leistungen** sind nur eine beispielhafte Aufzählung. Dafür ist im Punkt 0.2.30 ganz klar ausgeführt, daß bei Anordnung der Anschlüsse und Abläufe im Fliesenraster im Leistungsverzeichnis unbedingt Angaben zu Sockelhöhe, Verlegeart, Fliesenformat und Fugenbreite zu machen sind. Außerdem sind dem Auftragnehmer verbindliche Bezugsachsen für die Festlegung des Fliesenrasters vorzugeben. Und auch Punkt 3.1.12 geht davon aus, daß das Anordnen im Fugenschnitt eine Leistung ist, die schon in der Leistungsbeschreibung vorzuschreiben ist.

Ihre Forderungen stützen sich auf VOB/B § 2 Nr. 5, denn die von Ihnen bei der Preisbildung kalkulierten Montagekosten ändern sich aufgrund der Auftraggeberanordnung erheblich. In diesem Fall sind neue Preise unter Berücksichtigung der Mehr- und Minderkosten zu vereinbaren. Die Preisvereinbarung soll zwar vor der Ausführung getroffen werden – am besten mit einem Nachtragsangebot –, aber auch wenn Sie Ihre Mehrkosten erst mit der Schlußrechnung geltend machen, bleibt Ihr Vergütungsanspruch bestehen. Aber auch die Abrechnung dieses zusätzlichen Montageaufwandes im Stundenlohn ist möglich, wenn die Bauleitung Ihnen die Regiezettel unterschreibt.

Fundamente Ändern sich während der Ausführung die Fundamentabmessungen, so ändern sich auch die von Ihnen zu liefernden Dämpfungseinlagen (z. B. Korkplatten) und Winkeleisen. Diesen Änderungen der Abmessungen sollten Sie auch Ihre Abrechnungspreise anpassen. Erhielten Sie die neuen Abmessungen erst sehr spät, so sollten Sie die dadurch eventuell entstandenen Änderungskosten zusätzlich in Rechnung stellen.

Änderungskosten können Ihnen entstehen durch Ab- oder Umbestellung bei Ihrem Lieferanten, Rücknahmekosten, falls die Teile bereits Ihr Lager erreicht hatten, und höhere Einkaufspreise. Letzteres kann die Folge von Eilbestellungen sein, denn Lieferungen unter Termindruck werden selten preisgünstig ausgeführt.

Grundlage Ihrer Forderung ist die VOB/B § 2 Nr. 5. Hiernach ist bei Änderungen des Bauentwurfs ein neuer Preis unter Berücksichtigung der Mehr- und Minderkosten zu vereinbaren.

G

Gebühren Bei vorgeschriebenen Abnahmeprüfungen, aber auch schon beim Erlangen von behördlichen Genehmigungen zum Betrieb technischer Anlagen, fallen Gebühren an. Diese Gebühren sind häufig nicht unerheblich – z. B. bei der Abnahme durch Sachverständige des TÜV. Diese Kosten haben Sie nicht zu tragen. Nach Punkt 4.2.19 DIN 18 381 der VOB/C gehören Gebühren für vorgeschriebene Abnahmen nicht zu den **Nebenkosten**, sondern zu den **Besonderen Leistungen** des Auftragnehmers, die auch zu vergüten sind.

Fallen bereits im Vorfeld zu einer Abnahme Gebühren für Behörden an, z. B. für Prüfung der eingereichten Anträge und der zugehörigen Unterlagen bzw. für Beglaubigungen oder Genehmigungen, so zählen auch diese Kosten zu den unter Punkt 4.2.19 DIN 18 381 aufgeführten Gebühren. Sollten Sie jedoch eine vertragliche Regelung eingegangen sein, wonach diese Leistung mit den Einheitspreisen abgegolten ist, so können Sie auf VOB/A § 9 Nr. 1 und 2 verweisen.

Wenn die Höhe der Gebühren und Kosten für behördliche Genehmigungen und vorgeschriebene Abnahmen zum Angebotszeitpunkt nicht kalkulierbar war, so wurde Ihnen ein ungewöhnliches Wagnis aufgebürdet für Umstände, auf die Sie keinen Einfluß hatten und deren Einwirkung auf die Preise Sie nicht im voraus schätzen konnten. Sie bitten dann um Erstattung der Differenzkosten zwischen tatsächlichen und kalkulierten Kosten (siehe hierzu auch **Genehmigungsunterlagen** und **Genehmigungsanträge**).

Genehmigungsanträge Mitunter sind für Teile der zu erstellenden Anlage Genehmigungen erforderlich oder Abnahmen vorgeschrieben. VOB/C, DIN 18 381 für Gas-, Wasser- und Abwasser-Installationsarbeiten innerhalb von Gebäuden sieht unter Punkt 3.1.6 vor, daß der Auftragnehmer die für die Ausführung erforderlichen Genehmigungen und Abnahmen zu veranlassen hat. Was ist damit gemeint und wer trägt die Kosten?

Da nur Sie als Auftragnehmer wissen, welche Anlagen genehmigungspflichtig sind, der Bauherr hat hierfür meistens nicht die erforderliche Fachkunde, müssen Sie veranlassen, daß die Genehmigungen eingeholt werden. Das gleiche gilt für Abnahmen; sieht Ihr Auftrag z. B. eine TÜV-Abnahme vor, oder ist behördlich eine Abnahme vorgeschrieben, so müssen Sie veranlassen, daß sie auch durchgeführt wird. Veranlassen heißt aber nicht, daß Sie alles selbst machen müssen und auch nicht, daß Sie sämtliche Kosten zu tragen haben. Sie genügen Ihren Vertragspflichten, wenn Sie Ihrem Auftraggeber schriftlich mitteilen, daß eine Genehmigung einzuholen oder eine behördliche Abnahme vorgeschrieben ist, und ihn bitten, die Anträge dafür zu stellen.

Sollten Sie jedoch die Anträge selbst erstellen und einreichen, ohne daß Ihr Auftraggeber damit befaßt wird, so können Sie die Erstattung sämtlicher Kosten aus dieser Tätigkeit geltend machen. Ihre Bemühungen, diese Genehmigungen zu erreichen, gehören nicht zu den kostenlos zu erbringenden Nebenleistungen, sondern sind **Zusätzliche Leistungen** – es sei denn, sie sind bereits in Ihrem Auftragsumfang enthalten. Auch sind die für die Anträge benötigten Unterlagen von Ihnen nicht kostenlos beizustellen (siehe **Genehmigungsunterlagen).**

Die anfallenden Gebühren hat ebenfalls der Auftraggeber zu zahlen, wie aus der Regelung nach Punkt 4.2.19 der DIN 18 381 hervorgeht. Danach sind das **Besondere Leistungen**, die der Auftraggeber zu vergüten hat (siehe auch **Gebühren**).

Genehmigungsunterlagen Benötigt der Auftraggeber für die **Genehmigungsanträge** Unterlagen, so haben Sie nur die in der DIN 18 381 unter Punkt 3.5 aufgeführten Unterlagen kostenlos zu liefern. Das sind im einzelnen:

Anlagenschema
Elektrischer Übersichtsplan
Anschlußplan
Zusammenstellung der wichtigsten technischen Daten
Betriebs- und Wartungsanleitungen
Kopien vorgeschriebener Prüfbescheinigungen und Werksatteste
Protokolle über die Dichtheitsprüfung
Protokoll über die Einweisung des Wartungs- und Bedienungspersonals

Jede Zeichnung oder Beschreibung, die der Auftraggeber sonst noch braucht, können Sie sich bezahlen lassen. Müssen Sie mehr als drei Stück der aufgeführten Unterlagen liefern, können Sie auch diese Kosten geltend machen. Sie sind nur verpflichtet, die Unterlagen in dreifacher Ausführung schwarz/weiß zur Verfügung zu stellen (Zeichnungen statt dessen nach Wahl des Auftraggebers auch einfach pausfähig). Kündigen Sie Ihre Forderungen jedoch immer vorher an, so wie es im § 2 Nr. 6 der VOB/B verlangt wird (siehe auch **Gebühren** und **Genehmigungsanträge**).

Gerätezuschlag Stundenlohnarbeiten werden nach den vertraglichen Vereinbarungen abgerechnet. Diese Vereinbarungen sollten Sie jeweils daraufhin prüfen, ob auch die Kosten der Geräte, Maschinen und maschinellen Anlagen der Baustelle in die Stundensätze einzukalkulieren waren. Ist das nicht der Fall, so können Sie Ihre Gerätekostensätze für Bohrmaschinen/Bohrhämmer, Schweißgeräte, Drucklufterzeuger, Farbspritzanlagen u. ä. entsprechend der Anzahl geleisteter Stunden in Rechnung stellen.

Waren jedoch sämtliche Nebenkosten, u. a. auch die Kosten für die Geräte und Anlagen, in die Stundensätze einzukalkulieren, so fallen trotzdem mitunter Montagearbeiten im Stundenlohn an, die Gerätekosten enthalten, die Sie Ihrem Auftraggeber in Rechnung stellen können. Es kann doch von Ihnen nur verlangt werden, die üblichen mit Sicherheit zu erwartenden Regiearbeiten kalkulatorisch voll zu berücksichtigen. Das sind: Bohren, Stemmen, Schweißen, Transportieren und Laden. Fallen jedoch außergewöhnliche Regiearbeiten an, wie z. B. das Ausbaggern eines Rohrgrabens, dann können Sie selbstverständlich die Kosten für den Bagger zusätzlich zu den Stundenlohnsätzen in Rechnung stellen; denn bei Angebotsabgabe konnten Sie nicht vorausahnen, daß diese seltenen Arbeiten von Ihnen gefordert werden.

Grundlage Ihres Vergütungsanspruches ist die Vorschrift der VOB Teil A § 9 Nr. 2 und Teil B § 2 Nr. 6 und § 15 Nr. 3.

Gerichtsstand Häufig wird in den Vertragsbedingungen des Auftraggebers festgelegt, daß sein Sitz (Anschriftsort) auch gleichzeitig der Gerichtsstand ist. Damit will der Auftraggeber erreichen, daß das für seinen Wohn- oder Firmensitz (Behördenstandort) zuständige Gericht auch für Streitigkeiten aus dem mit Ihnen geschlossenen Bauvertrag zuständig sein soll. Ist der Standort des Bauvorhabens aber von diesem

Gerichtsstand weit entfernt und liegt Ihr Firmensitz in der Nähe der Baustelle, dann können Ihnen im Falle von gerichtlichen Auseinandersetzungen erhebliche zusätzliche Kosten entstehen. Das sind z. B. Reise- und Übernachtungskosten anläßlich der einzelnen Gerichtstermine und Kosten für einen zweiten am Gerichtsort eingetragenen Anwalt. Einem für Sie ungünstigen Gerichtsstand müssen Sie nicht zustimmen. Der Bundesgerichtshof hat hierzu nämlich entschieden, daß der Erfüllungsort für die beiderseitigen Verpflichtungen aus dem Bauvertrag der Ort des Bauwerks ist. Danach gilt dieser Ort als Gerichtsstand sowohl für Zahlungsansprüche, die Sie an den Auftraggeber haben, als auch für Ansprüche, die der Auftraggeber an Ihre Firma stellt.

Sie selbst sollten auf Ihren Briefbögen oder Rechnungen keinen Gerichtsstand angeben. Die Verwendung von z. B. folgender oder ähnlicher Formulierung ist nicht zu empfehlen: „Gerichtsstand ist der Sitz unserer Firma." Solche Klauseln sind ungültig, weil der Ort des Bauwerks für den Gerichtsstand maßgebend ist. In Allgemeinen Geschäftsbedingungen angewendet, verstößt diese Klausel auch gegen das AGB-Gesetz und ist ungültig. Um zu vermeiden, daß gegen Sie eine Unterlassungsklage eingereicht wird, sollten Sie diese „Gerichtsstandsklausel" nicht mehr verwenden.

Gerüst Nach VOB/C, DIN 18 381 Punkt 4.1.3 sind Kosten für das Auf- und Abbauen sowie Vorhalten der Gerüste, deren Arbeitsbühnen nicht höher als 2 m über Gelände oder Fußboden liegen, Nebenkosten. Waren zur Erfüllung Ihrer Leistung von Ihnen zu stellende Gerüste von über 2 m Arbeitshöhe notwendig, so sind das nach Punkt 4.2.3 der gleichen DIN-Vorschrift keine Nebenkosten mehr. Hat Ihr Auftraggeber generell versäumt, für diese Leistung eine besondere Position in die Leistungsbeschreibung mit aufzunehmen oder sonst einen Vergütungshinweis zu geben, können Sie die Erstattung der Ihnen für die Stellung des höheren Gerüstes angefallenen Kosten verlangen. Ihre Forderung ist begründet durch VOB/B § 2 Nr. 6 Abs. 1.

Enthielten jedoch die Ausschreibungsunterlagen den Hinweis, daß die Kosten für Gerüste, deren Arbeitsbühnen über 2 m Höhe liegen, in die Einheitspreise einzukalkulieren sind, so ist in jedem einzelnen Fall zu entscheiden, ob Sie die Erstattung der Gerüstkosten mit Aussicht auf Erfolg vom Auftraggeber fordern können. Hierzu sollten Sie prüfen, ob die Ausschreibung Angaben über das Auf- und Abbauen sowie Vorhalten der Gerüste mit Arbeitshöhen über 2 m (über dem Gelände oder Fußboden) enthält. Nach VOB/C, DIN 18 299 Punkt 0.2.6 sind hier Angaben erforderlich. Es ist ausreichend, wenn der Auftraggeber hier die Arbeitshöhen, die Dauer der Vorhaltung und die Häufigkeit des Auf- und Abbauens angibt. Der Anbieter muß in die Lage versetzt werden, die voraussichtlichen Kosten des Gerüsts bei seiner Angebotskalkulation zu berücksichtigen. Erhält der Auftragnehmer keine Angaben, so ist es Ihm auch nicht möglich, Kosten bei der Bildung der Einheitspreise zu berücksichtigen.

Ohne Angaben des Auftraggebers bleiben Ihnen zur Angebotskalkulation nur zwei Möglichkeiten, entweder fragen Sie Ihren Auftraggeber nach den fehlenden Daten oder Sie legen diese selbst fest. Im letzteren Fall müssen Sie im Begleitbrief zum Angebot Ihrem Auftraggeber mitteilen, welche Kalkulationsgrundlage Sie gewählt haben. Wird dann eine Ausführung erforderlich, die von den genannten oder angenommenen Daten abweicht, können Sie die zusätzlich entstandenen Kosten geltend machen.

Ist der Auftraggeber nicht in der Lage, Ihnen auf Ihre Anfrage hin erschöpfende Angaben über die benötigten Gerüste zu machen, sollten Sie Ihm das im Begleitbrief zum Angebot bestätigen. Sie können dann, trotz der Forderung, die Kosten in die Einheitspreise einzukalkulieren, die zusätzlichen Gerüstkosten für Arbeitsbühnen über 2 m Höhe bei Ihrem Auftraggeber geltend machen. Grundlage Ihrer Forderung ist neben dem bereits erwähnten Punkt 0.2.6 der VOB/C, DIN 18 299 der Teil A der VOB mit § 9 Nr. 1 und 2, wonach die Leistung erschöpfend zu beschreiben ist und dem Auftragnehmer kein ungewöhnliches Wagnis aufgebürdet werden soll.

Gewährleistungsfrist Unter diesem in der Praxis üblichen Begriff ist die Verjährungsfrist für Gewährleistungsansprüche zu verstehen. Je nachdem, ob dem Vertrag das Bürgerliche Gesetzbuch (BGB) oder die Verdingungsordnung für Bauleistungen (VOB) zugrunde liegt, beträgt die Gewährleistungsfrist mindestens 5 oder mindestens 2 Jahre. Auch hier zeigt sich wieder, daß es für Sie günstiger ist, wenn die VOB vertraglich vereinbart wird. Nach § 638 des BGB verjährt nämlich der Anspruch des Bestellers auf Beseitigung eines Mangels bei Bauwerken erst in 5 Jahren. Außerdem kann eine längere Verjährungsfrist, wenn beide Vertragspartner zustimmen, vereinbart werden. Dem gegenüber steht die in den Vertragsbedingungen VOB/B § 13 Nr. 4 vorgesehene Regelung, die für die Gewährleistung eine Verjährungsfrist von 2 Jahren vorsieht, sofern im Vertrag nichts anderes vereinbart ist. Also auch hier besteht die Möglichkeit, von der vorgeschriebenen Gewährleistungsfrist durch eine vertragliche Vereinbarung abzuweichen, und zwar sowohl hin zu kürzeren als auch zu längeren Fristen.

Um Kosten zu sparen, sollten Sie also möglichst die VOB vereinbaren und im individuell ausgehandelten Vertragsteil, hierzu zählen häufig auch die Besonderen Vertragsbedingungen (siehe auch AGB-Gesetz), keiner Verlängerung der Verjährungsfrist zustimmen.

Enthalten die Allgemeinen oder Zusätzlichen Vertragsbedingungen eine Verlängerung der Gewährleistungsfrist bei gleichzeitiger vertraglich vereinbarter Anwendung der VOB/B, so kann diese Regelung gegen das AGB-Gesetz verstoßen. Zum Beispiel ist folgende Klausel in Vertragsbedingungen die dem AGB-Gesetz unterliegen, umstritten:

„Die Art der Gewährleistung bestimmt sich nach VOB/B; die Verjährungsfrist für diese Ansprüche beträgt jedoch 5 Jahre."

Nach einem Urteil des OLG München müssen Sie, falls Sie in den Allgemeinen Geschäftsbedingungen Ihres Vertrages eine ähnliche Klausel haben, sich nicht an diese 5 Jahre halten. Die von Ihnen einzuhaltende Gewährleistungsfrist beträgt nur 2 Jahre. Das hat seinen Grund in der unterschiedlichen Regelung der VOB gegenüber dem BGB in bezug auf die Unterbrechung der Verjährung. Genügt nach VOB bereits eine einfache schriftliche Anzeige des Auftraggebers, so muß nach dem BGB, um die Verjährung zu unterbrechen, unter Umständen sogar der Streit verkündet oder Klage erhoben werden. Es stellt aber eine unangemessene Benachteiligung des Auftragnehmers im Sinne des § 9 des AGB-Gesetzes dar, wenn einerseits die einfache Unterbrechung der Verjährungsfrist im Gewährleistungsfall für den Auftraggeber erhalten bleibt, andererseits dem Auftragnehmer jedoch eine Verlängerung der Gewährleistungsfrist auf 5 oder mehr Jahre zugemutet wird (siehe auch **Eigentumsverletzung**). So hat jedenfalls das OLG München im Urteil vom 30.1.1986 entschieden.

In Urteilen des Bundesgerichtshofes vom 19.12.1985, 9.10.1986 und 26.3.1987 wurde dagegen die Rechtsverbindlichkeit von Verjährungsfristen von drei bzw. fünf Jahren bestätigt, die mit vorformulierten Vertragsbedingungen vereinbart worden waren. Dabei muß aber in den Vertragsbedingungen an einer dafür geeigneten Stelle die Verlängerung der Verjährungsfrist eindeutig erwähnt werden. Andernfalls handelt es sich um eine überraschende Klausel im Sinne von § 3 des AGB-Gesetzes. Es ist also wichtig, an welcher Stelle der vorformulierten Vertragsbedingungen und mit welchem Erscheinungsbild die Verlängerung der Verjährungsfrist vereinbart wird. Wurde der Hinweis auf die verlängerte Frist vom Auftraggeber geschickt versteckt oder besonders klein gedruckt, so können Sie unter Hinweis auf § 3 AGB-Gesetz die Anerkennung ablehnen. Da hier die Gerichte schon unterschiedlich geurteilt haben, ist in jedem Fall eine genaue Prüfung der Vertragslage, möglichst durch einen fachkundigen Anwalt, erforderlich.

In den Allgemeinen Vertragsbedingungen mancher Auftraggeber ist die Forderung enthalten, daß der Auftragnehmer einige Wochen vor dem Ablauf der Gewährleistungsfrist eine Schlußabnahme beantragen soll, um aus der Gewährleistung entlassen werden zu können. Versäumt der Auftragnehmer die Schlußabnahme zu beantragen, so soll die Gewährleistung bis zu einer späteren Schlußabnahme weiterlaufen. Diese Klausel verstößt gegen § 9 Abs. 2 Nr. 1 des AGB-Gesetzes und ist unwirksam. Der Auftragnehmer darf nicht in seinem Recht, nach Ablauf der Gewährleistungsfrist die Einrede der Verjährung anzuwenden, behindert werden. Auch soll der Auftraggeber seine Rechte aus der Gewährleistung selbst wahrnehmen und auch die Fristen selbst überwachen und nicht versuchen, hierfür den Auftragnehmer einzusetzen.

Gleitlager Enthält Ihr Leistungsumfang das Liefern und Montieren von Rohrleitungen einschließlich der Rohrbefestigungen und Rohraufhängungen, so sollten Sie aus dieser Leistungsbeschreibung nicht unbedingt schließen, daß auch eventuell benötigte Gleitlager damit preislich abgegolten sind. Nach DIN 18 381 Punkt 4.2.8 sind u. a. schwere Rohrlager mit Gleit- oder Rollenschellen eine **Besondere Leistung**, die nur dann zur vertraglichen Leistung gehört, wenn sie in der Leistungsbeschreibung ausdrücklich erwähnt wird.

Ein Gleitlager ist keine Rohrbefestigung im üblichen Sinne. Es ist eine Führungshilfe, um die Ausdehnung der Rohrleitung in kontrollierte Bahnen zu lenken. Weiterhin ist ein Gleitlager eine kostenintensive Konstruktion, von der zum Zeitpunkt der Angebotsabgabe weder die Abmessungen noch die Stückzahlen bekannt sind. Dadurch ist der Aufwand auch nicht kalkulierbar. Da dem Anbieter aber nach VOB/A § 9 Nr. 2 kein ungewöhnliches Wagnis aufgebürdet werden soll, können die Kosten für die notwendigen Gleitlager nicht in die Rohrleitungseinheitspreise einkalkuliert werden.

Für diese Gleitlager können Sie, da es sich um eine **Zusätzliche Leistung** handelt, von Ihrem Auftraggeber eine besondere Vergütung fordern. Ihr Anspruch muß Ihm jedoch vor der Ausführung angekündigt werden (VOB/B § 2 Nr. 6).

Gummiisolatoren Häufig ist es technisch notwendig, zur Vibrationsdämpfung Korkplatten, Mafundstreifen oder Gummiisolatoren vorzusehen. Gedacht ist hier vor allen Dingen an Pumpen, Kompressoren und Gebläse. Sofern Sie Gummiisolatoren oder ähnliche Teile eingebaut haben, können Sie diese auch in Ihre Rechnung aufnehmen. Voraussetzung ist natürlich, daß die Isolatoren nicht bereits im Preis der Hauptleistung enthalten sind. Sehr häufig jedoch sind diese Dämpfungsmittel nicht im Leistungsumfang erwähnt. Für diesen Fall regelt aber die VOB/C, DIN 18 381 unter Punkt 4.2.4 eindeutig, daß besondere Maßnahmen zur Körperschalldämmung von Anlageteilen gegen den Baukörper eine **Besondere Leistung** darstellen, so daß sie auch besonders zu vergüten sind.

Grundlage Ihrer Forderung ist VOB/B § 2 Nr. 8 (2), denn diese Dämpfungsmittel sind technisch notwendig und dienen damit der Erfüllung des Vertrages. Für eine reibungslose Abrechnung ist es jedoch günstiger, wenn Sie Ihrem Auftraggeber den Einbau dieser Teile vor Ausführung ankündigen, möglichst unter Nennung der Kosten. In diesem Fall können Sie sich auch auf den § 2 Nr. 6 der VOB/B berufen, da dann die Voraussetzung für die Abrechnung einer **Zusätzlichen Leistung** vorliegt.

Gutachten Wirtschaftlichkeitsuntersuchungen, Wasseranalysen oder sonstige Untersuchungen und Gutachten, z. B. Boden- und Wasserstandsuntersuchungen, die Sie im Auftrag oder auf Wunsch Ihres Auftraggebers durchführen bzw. anfertigen, sind Ihnen zu vergüten. Enthält die vertragliche Regelung keine Vergütungsvereinbarung für diese Leistungen, so handelt es sich um eine **Zusätzliche Leistung**, für die Sie eine besondere Vergütung fordern können. Grundlage Ihrer Forderung sind die VOB/B § 2 Nr. 6 und die VOB/C, DIN 18 381 Punkt 4.2.1. In dieser Bestimmung der DIN 18 381 ist eindeutig geregelt, daß Boden-,

Wasser- und Wasserstandsuntersuchungen sowie besondere Prüfverfahren keine Nebenleistungen sind.

Hat der Auftraggeber es versäumt, hierfür eine besondere Position in die Leistungsbeschreibung aufzunehmen oder sonst diese Leistung zu erwähnen, müssen Sie auf Verlangen des Auftraggebers diese nichtvereinbarte Leistung trotzdem ausführen – aber nur, sofern diese Untersuchung zur Ausführung der vertraglichen Leistung erforderlich und Ihr Betrieb auf derartige Leistungen eingerichtet ist. In jedem Fall steht Ihnen für das Erstellen des Gutachtens eine besondere Vergütung zu. Diesen Anspruch müssen Sie aber vor der Ausführung Ihrem Auftraggeber ankündigen. Da die Vergütungshöhe im voraus nur ungenau zu kalkulieren ist, reicht es für diese Fälle aus, dem Auftraggeber vorher mitzuteilen, daß Sie die Kosten entsprechend den angefallenen Stunden nach dem Stundensatz für Ingenieure (oder Meister) abrechnen werden. Die Höhe des Stundensatzes kann ja bereits vor der Ausführung genannt werden. Oder Sie teilen, falls es für Sie günstiger ist, Ihrem Auftraggeber mit, daß Sie diese **Ingenieurleistung** unter Zugrundelegung der HOAI (Honorarordnung für Architekten und Ingenieure) abrechnen werden (siehe auch **Zusätzliche Leistung**).

H

Haltekonstruktion Haben Sie in Bereichen, in denen Ständer-
wände montiert sind oder erst aufgestellt werden sollen, Leistungen zu
erbringen, so bedeutet das häufig, daß Sie einen zusätzlichen Aufwand
für die Befestigungen bzw. Halterungen haben. War im Leistungsverzeichnis kein Hinweis auf diese Montagesituation enthalten, so war dieser zusätzliche Aufwand nicht kalkulierbar.

Haltekonstruktionen bzw. Traggestelle, die Sie z. B. für die Befestigung
von Waschbecken, WC-Schüsseln, Armaturen und Rohrleitungen anfertigen mußten, sind, falls vertraglich keine andere Regelung getroffen wurde, **zusätzliche Leistungen**, für die Sie nach VOB/B § 2 Nr. 6 eine besondere Vergütung beanspruchen können. Ihr Anspruch muß jedoch dem
Auftraggeber vor der Ausführung angekündigt werden. Nach VOB/C,
DIN 18 381 Punkt 4.2.8 gehört das Liefern und Einbauen von Befestigungskonstruktionen, z. B. Konsolen und Stützgerüsten, zu den
Besonderen Leistungen, die auch besonders zu vergüten sind.

Hausanschluß Werden Hausanschlüsse ausgeschrieben, enthalten die **Leistungsbeschreibungen** zwar die Anschlußleitungen, wasser-
dichten Mauerdurchführungen, Schieber und **Wasserzähler**, aber häufig
wird das Anschließen oder Anbohren an bestehende Rohrleitungen vergessen oder nicht eindeutig beschrieben. Das Anbohren der unter Druck
stehenden Versorgungsleitung ist z. B. kein „Rohrleitungsanschluß"! Hier
ist in einem aufwendigen Arbeitsverfahren mittels Anbohrschelle und An-
bohrgerät erst die Anschlußmöglichkeit zu schaffen, in die dann die An-
schlußleitung eingeschraubt werden kann. Sie sollten jede entsprechende Leistungsbeschreibung daraufhin durchsehen, ob diese Leistung
auch umfassend ausgeschrieben ist. Sollte das nicht der Fall sein, können
Sie diese **Zusätzliche Leistung** auch zusätzlich abrechnen.

Für Entwässerungsleitungen gilt das gleiche. Die Anschlüsse der Grundleitungen an den Anschlußkanal und das Einbinden des Anschlußkanals
an den Straßenkanal werden häufig in ihrem Leistungsumfang nicht richtig ausgeschrieben oder überhaupt vergessen.

VOB/C, DIN 18 381, Gas-, Wasser- und Abwasser-Installationsarbeiten
innerhalb von Gebäuden, zählt unter Punkt 4.2.11 das Einbinden, An-

schließen und Anbohren an bestehende Rohrleitungen, Schächte und Anlagenteile als **Besondere Leistung** auf. Damit steht Ihnen für derartige Leistungen, sofern das Leistungsverzeichnis nicht bereits eine Vergütungsregelung enthält, eine zusätzliche Bezahlung zu. Sie sollten jedoch immer Ihrem Auftraggeber bereits vor der Ausführung ankündigen, z. B. mit einem **Nachtragsangebot**, daß Sie diese Leistungen nur für eine zusätzliche Vergütung ausführen können. Damit erfüllen Sie die von der VOB im § 2 Nr. 6 vorgeschriebene Voraussetzung für einen Vergütungsanspruch.

Hinterlegung von Geld   Die VOB sieht als Sicherheitsleistung neben dem Einbehalt von Geld oder der Stellung einer Bürgschaft als dritte Möglichkeit das Hinterlegen von Geld vor. Ist generell das Stellen einer **Sicherheitsleistung** vereinbart und wurde vertraglich festgelegt, daß hierfür Geld zu hinterlegen ist, so haben Sie dieses Geld auf einem Sperrkonto zu hinterlegen. Das Geldinstitut, bei dem das Sperrkonto einzurichten ist, muß mit dem Auftraggeber abgestimmt werden. Er muß also über Ihre Wahl informiert werden und muß ihr zustimmen. Dieses Konto muß so beschaffen sein, daß Sie nur gemeinsam mit Ihrem Auftraggeber und umgekehrt Ihr Auftraggeber nur gemeinsam mit Ihnen Geld abheben können.

Der Zinsgewinn, den das Geld auf dem Sperrkonto bringt, steht ganz allein zu Ihrer Verfügung. Sie können bei der Kontoeröffnung gleich angeben, auf welches Ihrer eigenen Konten diese **Zinsen** zu überweisen sind. Auch wenn Ihr Auftraggeber zu den sogenannten „Öffentlichen Auftraggebern" gehört, bleibt diese Zinsgewinnregelung bestehen. Das bedeutet aber, daß Sie sich bei dieser Auftraggebergruppe wesentlich besser stehen, wenn Sie eine Sicherheit nach § 17 Nr. 5 der VOB/B wählen – Hinterlegung von Geld – als die sonst übliche Sicherheitsleistung entsprechend § 17 Nr. 6 – Einbehalt von Geld –, bei der Ihr Geld auf ein Verwahrgeldkonto eingezahlt wird und Sie keinen Anspruch auf Zinsen haben.

Will ein öffentlicher Auftraggeber als Sicherheit für die Ausführung des Auftrages und für die Gewährleistung keine Bürgschaften annehmen, so sollten Sie immer versuchen, eine Sicherheit durch Hinterlegen von Geld anstelle von Geldeinbehalt zu vereinbaren. Hierbei kann Ihnen der Hinweis auf § 17 Nr. 3 der VOB/B hilfreich sein, der eindeutig dem Auftragnehmer das Recht auf die Wahl unter den verschiedenen Sicherheiten einräumt (siehe auch **Bankbürgschaft** und **Sicherheitsleistung**).

I

Ingenieurleistung Auch Ihre Firma führt Beratungen und Berechnungen durch, macht Bauüberwachung und Objektbetreuung, plant, schätzt Kosten und erstellt Leistungsverzeichnisse. Fallen all diese Tätigkeiten nicht bei der Ausführung eines Auftrages an, sondern sind es separate Wünsche bzw. Aufträge eines Bauherrn, so können Sie diese Arbeiten auch zusätzlich in Rechnung stellen. Nach Punkt 4.2.20 der DIN 18 381 der VOB/C sind Planungsleistungen, wie Entwurfs-, Ausführungs-, Genehmigungsplanung und die Planung von Schlitzen und Durchbrüchen **Besondere Leistungen,** die nur dann zur vertraglichen Leistung gehören, wenn sie in der Leistungsbeschreibung besonders erwähnt sind. Sie haben hier die Möglichkeit, diese Leistungen entweder nach Stundensätzen oder als Ingenieur-Honorar abzurechnen. Falls die auszuführende Ingenieurleistung noch nicht Gegenstand einer vertraglichen Vergütungsregelung ist, sollten Sie prüfen, welche Abrechnungsart für Sie günstiger ist.

Meistens liegt die Abrechnungsart schon in der Natur der auszuführenden Planungsarbeit begründet. Für eine aufwendige Umplanung eines kleinen Bereiches der Sanitäranlage zum Beispiel kommt nur die Abrechnung nach Stundensätzen in Frage, da bedingt durch den geringen Anlagenwert des Umplanungsbereiches eine Honorarberechnung zu einer Vergütung führt, die weit unter dem tatsächlichen Aufwand liegt. Haben Sie aber einen Wirtschaftlichkeitsvergleich zweier Anlagenvarianten durchzuführen, so können Sie unter Zugrundelegung der gesamten Anlagenkosten, der zutreffenden Honorarzone und einem angemessenen Prozentsatz für diese Einzelplanungsleistung ein Honorar ermitteln und Ihrem Auftraggeber in Rechnung stellen. Auch die Anfertigung von **Ausführungszeichnungen,** falls sie nicht von Ihrem Auftraggeber gestellt werden, kann unter Zugrundelegung der Honorarordnung für Architekten und Ingenieure abgerechnet werden.

Diese Honorarordnung, kurz HOAI genannt, ist eine Verordnung der Bundesregierung über die Honorare für Leistungen der Architekten und Ingenieure. An die Bestimmungen dieser Verordnung und damit auch an die Berechnungsgrundsätze für die Honorare müssen auch Sie sich halten, wenn Ihre abzurechnende Ingenieurleistung entweder in den in der Honorarordnung aufgeführten Grundleistungen enthalten ist oder in den dort genannten Besonderen Leistungen aufgeführt wird.

Rechnen Sie Ihre Ingenieurleistung ohne vorherige Vergütungsvereinbarung ab, so dürfen Sie für Ihre Honorarberechnung nur die Mindestsätze zugrunde legen. Das ist so durch die HOAI vorgeschrieben. Damit Sie aber die Höchst- oder Mittelsätze Ihrer Berechnung zugrunde legen können, sollten Sie immer versuchen, vor der Ausführung der Leistung eine entsprechende vertragliche Vergütungsregelung zu vereinbaren (siehe auch **Planung**).

Isolieren von Armaturen Finden Sie trotz intensiver Suche im Leistungsverzeichnis oder in den Vorbemerkungen keinen Hinweis auf die Vergütung der Armaturenkappen, so ist damit nicht gesagt, daß diese preislich mit der Rohrisolierung abgegolten sind. Selbst wenn die Rohrisolierung nicht nach laufenden Metern abgerechnet wird, sondern nach Quadratmetern Oberfläche, ist das Herstellen von Armaturenkappen und -hauben nicht mit dem Anfertigen der Rohrisolierung gleichzusetzen. Das Isolieren von Armaturen ist wesentlich aufwendiger und damit kostenintensiver als das der Rohrleitung. Sie können es deshalb zusätzlich entweder als Stückpreis oder als Zuschlagspreis zu den Rohrleitungsisolierarbeiten in Rechnung stellen.

Ist die VOB vertraglich vereinbart, dient als Grundlage Ihrer zusätzlichen Forderung DIN 18 421 der VOB/C, Dämmarbeiten an technischen Anlagen. Nach Punkt 0.5.1 und 0.5.4 sollte für die Abrechnung der Kappen (abnehmbar mittels Hebelverschluß) und Hauben (fest verschraubt) als Abrechnungseinheit im Leistungsverzeichnis entweder das Flächenmaß oder die Anzahl (Stück) vorgesehen werden. Im Abschnitt Abrechnung derselben DIN-Vorschrift wird unter Punkt 5.1.3.7 ausgeführt, wie die Oberfläche zu ermitteln ist.

Müssen bei der Isolierung der Armaturen Ausschnitte hergestellt werden, so ist auch hier ein Teil davon zusätzlich abrechnungsfähig. Punkt 4.2.9 der DIN 18 421 legt fest, daß beim Herstellen von Ausschnitten an Kappen und Hauben der dritte und jeder weitere Ausschnitt eine **Besondere Leistung** ist, die auch zusätzlich zu vergüten ist.

Hat Ihr Auftraggeber es versäumt, Armaturenisolierungen in der Leistungsbeschreibung zu erwähnen, so sollten Sie, falls diese Leistungen erforderlich werden, Ihren Anspruch auf zusätzliche Vergütung vor Beginn der Ausführung durch ein Nachtragsangebot anmelden. So erfüllen Sie am besten die Vorschrift des § 2 Nr. 6 der VOB/B und haben, weil Sie es schriftlich gemacht haben, gleichzeitig einen Nachweis in Händen.

Isolieren von Bogen Enthält das Leistungsverzeichnis keinen Hinweis, wie die Abrechnung der Rohrbogenisolierung erfolgen soll, sondern nur Rohrleitungsisolierungen (ohne eine Regelung für die Formstücke zu treffen), so gilt als Abrechnungsgrundlage VOB/C, DIN 18 421, Dämmarbeiten an technischen Anlagen. Nach Punkt 0.5.1 bis 0.5.4 sollte das Leistungsverzeichnis folgende Abrechnungseinheiten enthalten: Bogen ohne Segmente und Bogen, deren Segmente nicht breiter als 250 mm sind, jeweils nach Fläche, Länge oder als Stück.

Bogen mit Segmenten über 250 mm Breite und Segmente für konische Bogen nach Anzahl (Stück).

Danach können Sie Bogen oder Bogensegmente zusätzlich zu dem im Leistungsverzeichnis vereinbarten Preis für die Rohrleitungsisolierung abrechnen, wobei Bogen und Bogensegmente aber beim Aufmaß der Länge der Rohrleitungsisolierung übermessen werden. Wurde vertraglich vereinbart, daß die Kosten der Rohrbogenisolierung in die Einheitspreise der Isolierung der Rohrleitungen einzurechnen sind, so liegt hier eine VOB-widrige Ausschreibungspraxis vor. Sie können trotzdem die Bogenisolierung zusätzlich abrechnen (siehe **Isolierung von Konussen**).

Tabelle, Differenzlängen am isolierten Bogen

90 grad-Rohrbogen nach DIN 2605 und 2606
Differenzlänge: Differenz zwischen der äußeren am isolierten Bogen
gemessenen Länge und der Achsschnittpunktbogen-
länge

DN	Rohraußen-durchmesser (d) in mm	Isolier-stärke (s) in mm	Differenzlänge (L) in mm Bogen nach DIN 2605 (kurzer Bogen)	Bogen nach DIN 2606 (langer Bogen)
20	26,9	20	40,3	27,9
25	33,7	30	57,3	42,5
32	42,4	30	60,1	40,8
40	48,3	40	76,3	54,6
50	60,3	50	93,3	68,0
65	76,1	65	121,1	86,8
80	88,9	80	146,1	107,5
100	114,3	100	181,4	131,0
125	139,7	100	185,1	125,4
150	168,3	100	191,3	122,0

Zu beachten ist beim Aufmaß, daß die Länge der Bogenisolierung im Außenbogen gemessen wird und nicht wie bei Rohrleitungsbogen bis zum Schnittpunkt der Achsen. Daher ist es möglich, daß die Abrechnungslänge der Isolierung größer ist als die Abrechnungslänge der zugehörigen Rohrleitung. Liegen Ihnen die Abrechnungslängen der Rohrleitung vor, so können Sie die Differenzlängen für die Abrechnung der Rohrleitungsisolierung anhand der folgenden Tabelle ermitteln. Sie müssen lediglich aus den Bestandsplänen oder aus dem Aufmaß die Größe und Anzahl der Rohrbogen herausziehen und letztere mit der zugehörigen Differenzlänge multiplizieren.

Für andere Rohrdurchmesser oder Isolierstärken errechnet sich die Differenzlänge wie folgt:

$$L = \frac{\pi}{2} \cdot (r + d + s) - 2 \cdot r - d$$

Darin sind: L Differenzlänge
             π 3,142
             r Bogeninnenradius
             d Rohraußendurchmesser
             s Isolierstärke

Beispiel:

Rohrbogen DN 100, d = 114,3 mm, s = 100 mm, r = 95,4 mm

$$L = \frac{3,142}{2} \cdot (95,4 + 114,3 + 100,0) - 2 \cdot 95,4 - 114,3$$

$$L = \frac{3,142}{2} \cdot 309,7 - 190,8 - 114,3$$

$$L = 181,4 \text{ mm}$$

Die Differenzlängen ergeben sich abhängig vom Radius des Bogens zu den in der Tabelle genannten Werten. Es spielt also eine wesentliche Rolle, ob Sie kurze (s 3) oder lange (s 5) Bogen verwendet haben (siehe auch **Dämmung**).

Isolieren von Doppelarmaturen Werden zwei Armaturen direkt hintereinander montiert, so wird bei der Isolierung dieser Doppelarmatur die Isolierkappe bzw. -haube erheblich länger als beim Isolieren einer einzigen Armatur. Dieser zusätzliche Aufwand an Material und Lohn durch Stopfen oder Ausschäumen des Dämmaterials und eventuell Anfertigen eines Blechmantels bedingt einen höheren Preis als die einfache Armaturen-Isolierkappe.

Auch die DIN 18 421, Dämmarbeiten an technischen Anlagen, verlangt unter Punkt 0.5.4 (Abrechnungseinheiten), daß zur Abrechnung der Isolierkappen nach Anzahl (Stück), nach Längen oder nach Längengruppen zu unterscheiden ist – natürlich nur, soweit es zur Kennzeichnung der Leistung erforderlich ist.

Enthält die Leistungsbeschreibung keine Unterteilung in Längengruppen, sondern nur Armaturenkappen unterteilt nach Nennweiten, so ist die Isolierung der Doppelarmaturen eine demgegenüber geänderte Leistung, für die nach VOB/B § 2 Nr. 5 ein neuer Preis unter Berücksichtigung der Mehr- und Minderkosten zu vereinbaren ist. Haben Sie für die normale Armaturenkappe einen zu niedrigen Preis angeboten, sollten Sie versuchen, die Isolierung der Doppelarmaturen nicht als geänderte Leistung abzurechnen, sondern als **Zusätzliche Leistung**. Hierbei stützen Sie sich auf VOB/B § 2 Nr. 6, wonach Sie Anspruch auf besondere Vergütung haben. Diese bestimmt sich nach den Grundlagen der Preisermittlung für die vertragliche Leistung und den besonderen Kosten der geforderten Leistung. Während Sie bei der geänderten Leistung Ihre Preisvereinbarung auch noch zum Zeitpunkt der Schlußrechnung treffen können, muß jedoch bei der zusätzlichen Leistung Ihr Anspruch auf besondere Vergütung bereits vor der Ausführung angemeldet werden (siehe auch **Dämmung**).

Isolieren von Flanschen In den Leistungsbeschreibungen wird meistens nur das Isolieren von Rohrleitungen aufgeführt, das nach laufenden Metern Rohrleitung oder manchmal auch nach Quadratmetern Oberfläche abzurechnen ist. Selten sind auch Armaturenkappen ausgeschrieben (siehe auch **Isolieren von Armaturen**), und nur ganz selten wird das Isolieren der Flansche in der Leistungsbeschreibung erwähnt. Das Herstellen der Flanschenkappen ist eine eigene Leistung. Es kann nicht in der Rohrleitungsisolierung enthalten sein, auch dann nicht, wenn diese nach Quadratmetern Oberfläche abgerechnet wird. Dazu ist es im

Vergleich zur Rohrleitungsisolierung viel zu aufwendig. Das Isolieren der Flansche sollte immer als Einzelpreis abgerechnet werden, und zwar bei gleichzeitigem Übermessen der Kappen beim Aufmaß der Rohrleitungsisolierung, wie es Punkt 5.1.2.3 der DIN 18 421, VOB/C vorschreibt.

Die Grundlage Ihrer zusätzlichen Abrechnungsposition – Isolieren von Flanschen – findet sich im Punkt 0.5.1 und 0.5.4 der vorgenannten DIN 18 421. Dort wird festgelegt, daß Dämmungen mit Kappen (abnehmbar mittels Hebelverschlüssen) und Hauben (fest verschraubt) im Leistungsverzeichnis entweder mit der Abrechnungseinheit „Anzahl (Stück)" oder „Flächenmaß" aufgenommen werden sollen. Sieht Ihr Auftrag eine Abrechnung der isolierten Flansche nach Oberfläche (m²) vor, oder beabsichtigen Sie Ihre zusätzliche Leistung so abzurechnen, schreibt DIN 18 421 im Punkt 5.1.3.7 vor, wie die Oberfläche zu ermitteln ist. Danach wird die Fläche in zwei Schritten berechnet:

1. Kappenlänge (einschließlich Stutzenlänge) · Kappendurchmesser (außen gemessen) · 3,142

2. Kreisringförmige Stirnfläche (ermittelt aus 0,0796 · (U · U – u · u)) · 2

Falls der Umfang nicht gemessen wird, ist er wie folgt zu berechnen:

U = großer Durchmesser · 3,142
u = kleiner Durchmesser · 3,142

Dann werden beide Flächen zusammengezählt.

Für **Zusätzliche Leistungen**, die Sie in Rechnung stellen wollen, müssen Sie Ihre Vergütungsansprüche Ihrem Auftraggeber bereits vor der Ausführung ankündigen (VOB/B § 2 Nr. 6). Sie können sich aber auch, sofern Ihr Leistungsverzeichnis Kappen für Armaturen enthält, auf § 5 der VOB/B berufen. Kappen für Flansche können durchaus als **Leistungsänderung** der Kappen für Armaturen ausgegeben werden. Ihre Preisforderung können Sie diesen LV-Preisen angleichen. Als noch angemessen müssen Preise für Flanschenkappen angesehen werden, die um 10 % unter den entsprechenden Kappen für Armaturen liegen.

Verlangt der Auftraggeber das Einrechnen der Flanschenisolierungen in die Einheitspreise der Rohrleitungsisolierung, so ist das eine VOB-widrige Ausschreibungspraxis (siehe auch **Isolierung von Paßstücken**). Diesem Verlangen können Sie nur nachkommen, wenn die Stückzahlen der zu isolierenden Flansche bekannt sind. Fehlt eine entsprechende Angabe im

Leistungsverzeichnis, so müssen Sie selbst festlegen, mit welcher Anzahl Sie kalkulieren wollen. Diese Anzahl geben Sie Ihrem Auftraggeber dann im Begleitschreiben zum Angebot bekannt. Stellt sich später heraus, daß die auszuführende Stückzahl größer war, können Sie die Differenz zusätzlich berechnen (siehe auch **Dämmung**).

Isolierung von Konussen Enthält das Leistungsverzeichnis keinen ausdrücklichen Hinweis, wie die Isolierung der Formstücke vergütet wird, so gilt als Grundlage für die Abrechnung der Konusisolierung die VOB/C, DIN 18 421, Dämmarbeiten an technischen Anlagen. Nach Punkt 0.5.4 sind im Leistungsverzeichnis Konusse nach Anzahl (Stück) auszuschreiben. Und nach Punkt 4.2.18 ist das Herstellen von Abkantungen, Manteleinschnürungen, Konussen, Hosenstücken und Kreisringen eine **Besondere Leistung**, die auch besonders zu vergüten ist. Auf der Grundlagen dieser DIN-Vorschriften können Sie für Konusisolierungen zusätzlich entsprechende Stückpreise abrechnen (siehe **Zusätzliche Leistung**).

Beim Aufmaß der Länge der Rohrleitungsisolierung werden die Konusisolierungen übermessen, also auch als Rohrleitungsisolierung in Rechnung gestellt. Dabei wird die halbe Länge des konischen Teils jeweils den Maßen und Dämmdicken der anschließenden Rohre zugeordnet. Wurde eine Abrechnung nach Flächenmaß vertraglich vereinbart, so wird jeweils die halbe Fläche den anschließenden Rohren zugeordnet, wobei die Berechnung der Oberfläche zwar mit dem mittleren Konusdurchmesser, aber mit der größten Länge, der Konusschräge, durchzuführen ist. Grundlage dieser Abrechnungsbestimmungen ist DIN 18 421 Punkt 5.1.2.2, 5.1.2.4 und 5.1.3.4.

Bei Einschluß der Konusisolierung in die Einheitspreise der Rohrisolierung liegt eine VOB/B-widrige Ausschreibungspraxis vor. Diese Leistung ist nur zu kalkulieren, wenn der Auftraggeber auch die Anzahl der zu isolierenden Konusse angibt. Hat er das nicht getan, gibt es für Sie zwei Möglichkeiten: Sie legen selbst die Zahl der einzukalkulierenden Konusse fest und geben sie im Begleitbrief zum Angebot bekannt, oder Sie kalkulieren keine Konusse ein (geben das am besten auch bekannt) und melden dann bei Bedarf Ihren Anspruch auf Vergütung der zusätzlichen Leistungen an (siehe auch **Dämmung, Isolierung von Paßstücken**).

Isolieren von Paßstücken Kurze Rohrlängen zwischen Bogen, Einbauten, Flanschen, Konussen, Armaturen, Pumpen oder ähnlichen Teilen, die isoliert werden müssen, können als Paßstückisolierung abgerechnet werden. Da die DIN 18 421 keine Längenbegrenzung enthält, gilt jede dieser aufgezählten Dämmungen als Paßstückisolierung. Voraussetzung ist, daß im Leistungsverzeichnis keine andere Regelung vorgesehen ist. Ist dort nur das Isolieren von Rohrleitungen und vielleicht noch das der Armaturen aufgeführt und finden Sie auch keinen Hinweis, daß die Dämmung sämtlicher Formstücke mit der Isolierung der Rohrleitung abgegolten ist, dann gilt für Sie die Abrechnungsrichtlinie der VOB/C, DIN 18 421, Dämmarbeiten an technischen Anlagen.

Nach Punkt 4.2.17 ist das Herstellen von Paßstücken zwischen Bögen, Dämmungsendstellen, Einbauten, Flanschen, Konussen und Kombinationen davon eine **Besondere Leistung**, die zusätzlich zur Dämmung der Rohrleitungen abgerechnet werden kann. Abzweigstutzen an Verteilern und Sammlern gelten nach Punkt 5.1.3.6 der DIN nicht als Paßstücke. Beim Aufmaß zur Rohrleitungsisolierung werden die Längen der Paßstücke übermessen und damit auch als Rohrleitungsdämmung abgerechnet. Mancher Bauherr will diese Abrechnungsrichtlinie nicht wahrhaben, aber das ist so als Abrechnungsvereinfachung festgelegt worden.

Selbst wenn der Auftraggeber vorgeschrieben hat, daß die Paßstücke in die Rohrleitungsisolierung mit einzurechnen sind, besteht Ihre Forderung von Zuschlagspreisen für Paßstückisolierung zu Recht. Denn diese Auftraggebervorschrift verstößt gegen VOB/A § 9 und die zitierten Abrechnungsvorschriften der VOB/C, DIN 18 421. In einem ähnlichen Fall hat die VOB-Stelle Niedersachsen (Stellungnahme 789) einem Auftraggeber eine VOB-widrige Ausschreibungspraxis bescheinigt (siehe auch **Dämmung, Isolierung von Konussen**).

Isolieren von Rohren Enthält Ihr Auftrag auch das Isolieren der Be- und Entwässerungsrohre, so sollten Sie prüfen, ob durch die Technischen Vorbemerkungen, den Text des Leistungsverzeichnisses oder sonstige vertragliche Regelungen eine Vereinbarung über das Vorbehandeln der Rohroberfläche besteht. Ist das nicht der Fall, können Sie nach VOB/C, DIN 18 421, Dämmarbeiten an technischen Anlagen, verfahren. Diese DIN sieht zwingend vor, daß der Auftragnehmer die Anlagenteile, an denen die Dämmung ausgeführt werden soll, darauf zu prüfen hat, ob sie für die Durchführung seiner Leistung geeignet sind. Ergibt diese Prüfung

Bedenken gegen die vorgesehene Art der Ausführung, so ist das dem Auftraggeber unverzüglich schriftlich mitzuteilen. Bedenken sollten insbesondere in folgenden Fällen geltend gemacht werden:

Zu geringe Abstände zwischen den Anlagenteilen, z. B. Rohren, an denen die Dämmung ausgeführt werden soll, oder zu anderen Bauteilen.

Fehlende Befestigungsmöglichkeiten für Tragkonstruktionen.

Grobe Verunreinigungen des Untergrundes.

Undichtheiten des Untergrundes, z. B. eines Rohres, das mit einer Dämmschicht ummantelt werden soll.

Schädlicher Rost auf dem Untergrund.

Diese Bedenken sind natürlich unter dem Gesichtspunkt zu sehen, daß die zu isolierenden Rohre und Apparate von einer Firma installiert wurden, die nicht mit dem Auftragnehmer für die Dämmarbeiten identisch ist. Wurde jedoch die Sanitärfirma auch mit den Rohrleitungsisolierarbeiten beauftragt, so wird sie kaum Bedenken wegen der zu geringen Abstände, groben Verunreinigungen oder Undichtigkeit des Dämmuntergrundes geltend machen. Das sind Ausführungsmängel, die sie selbst zu beheben oder zu kaschieren hat.

Anders sieht es jedoch mit den verbleibenden Punkten aus. Hier können auch Sie als Sanitärinstallateur, der sowohl die Sanitäranlage als auch die Dämmarbeiten im Auftragsumfang hat, Bedenken anmelden. Während fehlende Befestigungsmöglichkeiten für Tragkonstruktionen bei Sanitäranlagen praktisch keine Bedeutung haben, ist der schädliche Rost auf dem Untergrund unbedingt dem Auftraggeber anzuzeigen. Hier reichen Sie am besten gleich ein Nachtragsangebot über das Entrosten und Grundieren der zu isolierenden Rohrleitungen und Anlagenteile ein, denn diese Leistung gehört nicht zu Ihrem Leistungsumfang. Weder in der DIN 18 381 für Gas-, Wasser- und Abwasseranlagen innerhalb von Gebäuden ist ein Hinweis, daß die Be- und Entwässerungsrohre zu entrosten sind, noch gehört es zur Verkehrssitte. Üblicherweise werden die Rohrleitungen, die durch Baustellen- und Witterungsverhältnisse mal mehr oder weniger rosten, später durch den Maler entrostet, grundiert und lackiert (siehe auch DIN 18 363, Maler- und Lackiererarbeiten, Punkt 4.2.12).

Werden vor Ausführung der Dämmarbeiten zum Schutz der Rohrleitungen Entrostungs- und Grundierungsarbeiten notwendig und haben Sie Ihrem Auftraggeber angezeigt, daß Sie hierfür eine besondere Vergütung beanspruchen, z. B. durch ein Nachtragsangebot, so können Sie diese

Arbeiten auch dann ausführen, wenn seitens des Vertragspartners keine Reaktion erfolgt. Sie stützen sich hierbei auf VOB/B § 2 Nr. 6, weil diese Leistung im Sinne dieser Vorschrift gefordert war (siehe auch **Zusätzliche Leistung**). Haben Sie jedoch versäumt, Ihrem Auftraggeber Ihren Vergütungsanspruch anzukündigen, können Sie auch nach VOB/B § 2 Nr. 5 verfahren. Danach handelt es sich bei den entrosteten und grundierten Rohrleitungen um eine gegenüber der Leistungsbeschreibung geänderte Leistung, die Sie aufgrund sogenannter „anderer Anordnung" des Auftraggebers haben ausführen müssen. Zu diesen „anderen Anordnungen" zählen auch Bestimmungen und Vorschriften, die eine technisch einwandfreie Ausführung von Ihnen verlangen. Die dadurch angefallenen Mehrkosten können Sie Ihrem Auftraggeber in Rechnung stellen (siehe auch **Leistungsänderung** und **Farbanstrich**).

Bei der Abrechnung der Rohrisolierung nach Längenmaß sind die einzelnen Längen in Achsrichtung zu messen (VOB/C, DIN 18 421 Punkt 5.1.2.1). Das bedeutet aber nicht, daß in der Mittelachse aufzumessen ist, so, wie bei der Abrechnung für Rohrleitungen nach DIN 18 381 gemessen werden muß. Dämmungen an Rohrleitungen werden in der jeweils größten ausgeführten Strecke, beim Rohrbogen z. B. am Außenbogen, aufgemessen (DIN 18 421 Punkt 5.1.2.2).

In den Abrechnungsbestimmungen der DIN 18 421 heißt es weiter, daß Flanschverbindungen in Rohrleitungen übermessen werden, Unterbrechungen der **Dämmung** durch Wände, Decken und andere Konstruktionsteile von mehr als 240 mm abgezogen werden, Längen von einzelnen Einbauten mit Gewindeanschluß (z. B. Armaturen, Meßgeräte) übermessen werden, während die Längen von zwei oder mehr hintereinanderliegenden Einbauten mit Gewindeanschluß abgezogen werden.

Meistens wird für die Abrechnung der Isolierung kein eigenes Aufmaß gemacht, sondern als Grundlage das Rohraufmaß herangezogen. In diesen Fällen sollten die vorstehend angeführten Zu- und Abschläge berücksichtigt werden, denn die gesamte abrechnungsfähige Isolierlänge kann durchaus größer sein als die Rohrleitungslänge (siehe auch **Dämmung, Isolieren von Armaturen, Bogen, Doppelarmaturen, Konussen, Flanschen, Paßstücken, Stutzen, Verteilern**).

Isolieren von Stutzen Enthält das Leistungsverzeichnis keine Abrechnungs- oder Vergütungsvereinbarung für das Isolieren der Stutzen oder der Rohrleitungsformstücke, sondern führt es nur die reine

Rohrisolierung auf, ohne die Formstücke ausdrücklich miteinzuschließen, so können Sie die Isolierung der Stutzen zusätzlich abrechnen. Grundlage Ihrer Forderung ist VOB/C, DIN 18 421, Dämmarbeiten an technischen Anlagen, Punkt 4.2.20. Danach ist das Herstellen von Stutzen (Anpassen des abzweigenden Mantels und Herstellen des Ausschnittes im durchgehenden Mantel) eine **Besondere Leistung**, die Ihnen zu vergüten ist.

Mit „Stutzen" ist hier nicht nur das kurze Rohrstück gemeint, welches z. B. am Verteiler zu finden ist, sondern jedes abzweigende Rohr, bei dem es zur Isolierung notwendig war, den abzweigenden Mantel anzupassen und im durchgehenden Mantel einen Ausschnitt herzustellen. Zusätzlich zur Rohrisolierung wird als Zulage berechnet:

Stutzen, getrennt nach Umfang oder Umfanggruppen der rechtwinklig und der nicht rechtwinklig abgehenden Leitungen, jeweils als ein Stück.

Sie können also für jeden Abzweig einen Stutzenzulagepreis abrechnen, auch für Verteiler, Sammler und Apparatestutzen. Die Länge sämtlicher Stutzen wird außerdem der Rohrleitungsisolierung hinzugerechnet und darf dort noch einmal mit abgerechnet werden (siehe auch **Dämmung**).

Isolieren von Verteilern   Sieht das Leistungsverzeichnis keine Vergütungsregelung für das Isolieren der Verteiler vor oder haben sich Abmessungen, Stutzenzahl oder Dämmdicke geändert, so können Sie sämtliche Isolierarbeiten am Verteiler entsprechend den Vorschriften der DIN 18 421, Dämmarbeiten an technischen Anlagen, abrechnen. Hiernach ist der Länge des Verteilers die Dicke der Dämmung der Stirnseiten hinzuzurechnen. Die Stutzenisolierungen zählen nicht als Paßstücke, aber es kann für jeden Stutzen ein Zulagepreis angesetzt werden. Nach Punkt 4.2.20 der DIN 18 421 ist das Herstellen der Stutzen eine besondere Leistung, bei der das Anpassen des abzweigenden Mantels und das Herstellen des Ausschnittes im durchgehenden Mantel besonders zu vergüten sind.

Die Stirnseiten des Verteilers werden ebenfalls der Oberfläche hinzugerechnet. Punkt 5.1.3.3 der DIN 18 421 nennt die Formeln zur Flächenermittlung.

Für ebene Stirnseiten gilt: A = 0,0796 · U · U

Für flachgewölbte Stirnseiten
in Kalottenform gilt: A = 0,082 · U · U

wobei U der äußere Umfang der Stirnseite ist, also einschließlich der Mantelisolierung, der sich wie folgt errechnet:

U = (Verteilerdurchmesser + 2 · Dämmdicke) · 3,142

Bitte beachten Sie, daß bei **Zusätzlichen Leistungen** die Bestimmungen des § 2 Nr. 6 zu beachten sind.

Isolierstärken Die Verordnung über energiesparende Anforderungen an heizungstechnische Anlagen und Brauchwasseranlagen, kurz Heizungsanlagen-Verordnung genannt, schreibt für die Wärmedämmung von Brauchwasserverteilungsanlagen vor, daß u. a. Rohrleitungen und Armaturen mit bestimmten Mindestdicken der Dämmschicht gegen Wärmeverluste zu dämmen sind. Dieser Punkt wird bei der Erstellung der Leistungsverzeichnisse häufig nicht beachtet. Hier werden noch immer die Isolierstärken nach den Vorstellungen und Wünschen des Bauherrn, Architekten oder Fachingenieurs festgelegt. Als ausführende Firma sind Sie aber, um möglichen Schaden vom Bauherrn abzuwenden, verpflichtet, die Angaben der Heizungsanlagen-Verordnung zu beachten. Ein Schaden kann nicht nur durch die Wärmeverluste entstehen, sondern auch durch ein Bußgeld, mit dem der Bauherr bei Nichtbeachtung der Verordnung belegt werden kann.

Wenn nach der Heizungsanlagen-Verordnung Dämmstärken notwendig werden, die im Auftrag nicht vorgesehen waren, müssen Sie mit dem Auftraggeber neue Preise vereinbaren. Diese Vereinbarung sollte zwar vor der Ausführung getroffen werden, aber zwingend ist das nicht vorgeschrieben. Nach Abschluß der Arbeiten, notfalls erst mit der Schlußrechnung, lassen sich diese Mehrkosten auch noch geltend machen. Hierbei ist jedoch zu beachten, daß kein absolut neuer Preis zu kalkulieren ist, sondern der Preis für die geänderte Isolierstärke hat sich am Preis der im Vertrag vorgesehenen Leistungen unter Berücksichtigung der Mehr- und Minderkosten zu orientieren (siehe auch **Leistungsänderung**).

Grundlage für eine neue Preisvereinbarung ist § 2 Nr. 5 der VOB/B, weil hier eine „andere Anordnung des Auftraggebers die Grundlagen des Preises für eine im Vertrag vorgesehene Leistung geändert" hat. Diese

„andere" Anordnung des Auftraggebers muß nicht von ihm persönlich kommen. Hier reicht das Vorliegen einer Bundesverordnung völlig aus, um als Anordnung im Sinne dieses Paragraphen zu gelten. Abgesehen von den später aufgeführten Ausnahmen sind folgende Mindestdämmstärken zu wählen:

Nennweiten (NW, DN) der Rohrleitungen/Armaturen in mm	Mindestdicke der Dämmschicht bei Wärmeleitfähigkeit von $0{,}035\ \mathrm{W\ m^{-1}\ K^{-1}}$
bis NW 20	20 mm
ab NW 22 bis NW 35	30 mm
ab NW 40 bis NW 100	gleich NW
über NW 100	100 mm

Leitungen und Armaturen in Wand- und Deckendurchbrüchen, im Kreuzungsbereich von Rohrleitungen, an Rohrleitungsverbindungsstellen und bei zentralen Rohrnetzverteilern sind jeweils nur mit der Hälfte der obengenannten Mindestdicken zu dämmen.

Ausgenommen von sämtlichen vorstehenden Regelungen sind Brauchwasserleitungen in Wohnungen, die gleichzeitig als Fußbodenheizung in Bädern dienen oder Leitungen bis NW 20, die weder in den Zirkulationskreislauf einbezogen noch mit elektrischer Begleitheizung ausgerüstet sind.

Isolierungsbeschädigung In der VOB/B § 4 Nr. 5 steht u. a., daß der Auftragnehmer die von ihm ausgeführte Leistung bis zur Abnahme vor Beschädigung zu schützen hat. Auf diese Bestimmung stützen sich die meisten Auftraggeber, wenn sie anläßlich der Abnahme Beschädigungen an der Isolierung feststellen und deren kostenlose Beseitigung verlangen. Wenn Ihnen auch einmal diese Forderung gestellt wird, sollten Sie vor Ausführung der Arbeiten Ihren Anspruch auf zusätzliche Vergütung ankündigen, denn diese Leistung ist nicht in jedem Fall von Ihnen kostenlos auszuführen.

Der Schutz der Isolierung vor Beschädigung ist Ihnen dann nicht mehr zuzumuten, wenn in dem betreffenden Bauteil weitere Handwerker tätig sind, die wegen beengter Platzverhältnisse Ihre Leistung zwangsläufig beschädigen müssen, z. B. durch Betreten der Rohrleitungen oder beim

Transport anderer Güter in der Nähe der isolierten Leitungen. In diesen und ähnlichen Fällen hat der Auftraggeber die Pflicht, für einen zusätzlichen Schutz Ihrer Isolierung zu sorgen. Er muß jedoch von Ihnen so zeitig auf die besonderen Umstände hingewiesen worden sein, daß er für Abhilfe hätte sorgen können.

Generell kann gesagt werden, daß Ihnen nicht zuzumuten ist, für die Bewachung Ihrer bereits ausgeführten Leistungen spezielles Personal zu beschäftigen. Das heißt, wenn Sie bereits in einem anderen Bauteil tätig sind, können Sie Ihre Leistung aus dem vorherigen Bauteil nicht mehr schützen. Wenn Sie merken, daß dort noch andere Handwerker tätig sind, die die Rohrleitungsisolierung beschädigen können, sollten Sie in jedem Fall den Bauherrn bitten, diese Bereiche vorzeitig abzunehmen. Nach § 12 Nr. 2 der VOB/B sind folgende Leistungen auf Verlangen vorzeitig abzunehmen:

a) in sich abgeschlossene Teile der Leistung,
b) andere Teile der Leistung, wenn sie durch die weitere Ausführung der Prüfung und Feststellung entzogen werden.

Verweigert der Auftraggeber diese Abnahme, ohne daß wesentliche Mängel an der von Ihnen erbrachten Leistung nachzuweisen sind, so ist das nicht zulässig. Er muß binnen 12 Werktagen, nachdem Sie die Abnahme verlangt haben, die Abnahme durchführen (§ 12 Nr. 1 VOB/B).

Sind von Ihnen bereits vor der Abnahme Schäden an der Isolierung zu beheben gewesen, so können Sie die für die Beseitigung angefallenen Kosten Ihrem Auftraggeber dann in Rechnung stellen, wenn die Verhinderung dieser Schäden mit normalem Aufwand nicht möglich war. Was kann man hier als normalen Aufwand bezeichnen? Es reicht völlig aus, die Leistung mehrmals am Tage im Blickfeld gehabt zu haben; spezielle Kontrollgänge sind nicht erforderlich.

Die Beseitigung von Schäden an Isolierungen sollten Sie immer als **Stundenlohnarbeit** ausführen und sich die dafür aufgewendete Zeit umgehend nach Abschluß der Arbeiten vom Auftraggeber oder einem seiner Vertreter (Bauleiter, Fachingenieur) bestätigen lassen. Nach VOB/B § 15 Nr. 3 müssen Sie Ihre Stundenlohnzettel, je nach Verkehrssitte, werktäglich oder wöchentlich vorlegen. Das hat den Vorteil, daß mit einem unterschriebenen Regiezettel die Abrechnung der Leistung fast immer anerkannt wird und daß Sie Ihre Abrechnung alsbald nach der Ausführung einreichen können, spätestens jedoch sind Regieleistungen in Abständen von 4 Wochen abzurechnen. Ihre Rechnung sollte neben dem reinen

Isoliermaterial, wie Dämmatten, Blechmantel oder Armaflex-Platten, auch Reiniger, Kleber, Klebeband, Bindedraht, Stifte und Clips enthalten.

Sie sollten sich vom Auftraggeber oder seinem Beauftragten immer die Übergabe der Stundenlohnzettel schriftlich bestätigen lassen. Das hat für Sie folgenden Vorteil: Sollte der Auftraggeber die Stundenlohnzettel nicht innerhalb von 6 Werktagen zurückgeben, so gelten die Regieleistungen als anerkannt. Wenn Sie die Übergabe der Regiezettel beweisen können, entfällt für Sie das lästige Anmahnen der Rückgabe der unterschriebenen Stundenlohnzettel.

Kabelkanal Sind im Leistungsverzeichnis für die Verlegung der elektrischen Leitungen Kabelkanäle ausgeschrieben, ohne daß eine Einzelabrechnung der Abzweigstücke, der Innenecken und der Endstücke vorgesehen ist, so sollten Sie den Text dieser Leistungsbeschreibung genau prüfen. Sind Sie überhaupt verpflichtet, die Kabelkanalformstücke ohne zusätzliche Berechnung zu liefern?

Sind die Formstücke nirgends erwähnt, so können Sie nach VOB/B § 2 Nr. 6 eine zusätzliche Vergütung fordern. Sind jedoch die Formstücke im Preis des Kabelkanals enthalten, so sollten Sie prüfen, ob der eingebaute Anteil an Formstücken (eventuell auch an Befestigungen) normal oder ungewöhnlich hoch war. Trifft letzteres zu, so können Sie hierfür als Ausgleich eine zusätzliche Vergütung fordern. Dieser hohe Anteil war bei der Angebotsabgabe nicht vorhersehbar und konnte daher kalkulatorisch nicht erfaßt werden. Da aber nach den Allgemeinen Vergabebestimmungen der VOB/A § 9 Nr. 2 dem Auftragnehmer kein ungewöhnliches Wagnis aufgebürdet werden soll für Umstände und Ereignisse, auf die er keinen Einfluß hat und deren Einwirkung auf die Preise und Fristen er nicht im voraus schätzen kann, muß bereits die Ausschreibung auf mögliche komplizierte Kabelkanalführungen aufmerksam machen. Tut sie das nicht, so kann von Ihnen ein Festhalten an den vereinbarten Einheitspreisen nicht mehr verlangt werden.

Auch die VOB/C, DIN 18 299, Allgemeine Regelungen für Bauarbeiten jeder Art, schreibt unter Punkt 0.2.2 die Angabe von **Erschwernissen** im Leistungsverzeichnis vor. Und nach § 9 Nr. 3 der VOB/A sind, um dem Auftragnehmer eine einwandfreie Preisermittlung zu ermöglichen, alle sie beeinflussenden Umstände festzustellen und in den Verdingungsunterlagen anzugeben.

Kalkulationsgrundlage Bei der Bildung neuer Preise, sei es für eine geänderte Leistung, für eine zusätzliche Leistung oder bei Mengenänderungen, spielt die Kalkulationsgrundlage für die ursprüngliche Leistung eine wichtige Rolle. Die VOB/B schreibt im § 2 eindeutig vor, daß die neuen Preise unter Berücksichtigung der Mehr- und Minderkosten zu bilden sind bzw. entsprechend den besonderen Kosten der geforderten

Leistung, aber immer nach den Grundlagen der Preisermittlung für die vertragliche Leistung.

Wie sieht es aber für Sie als Auftragnehmer bei Kalkulationsirrtümern oder Rechenfehlern aus? Müssen Sie diese bei der Bildung neuer Preise auch übernehmen? Nein, das müssen Sie nicht. Wenn Sie Ihre Rechen- oder Kalkulationsfehler Ihrem Auftraggeber nachweisen können, darf er weder bei Mengenmehrungen, falls hier ein neuer Preis zu vereinbaren ist, noch bei zusätzlichen oder geänderten Leistungen bei der Kalkulation der neuen Preise auf der Übernahme der Fehler beharren. Das würde sonst dem gewollten Sinn der VOB – die beauftragten Leistungen auch angemessen zu vergüten – zuwiderlaufen. Sie können also Ihre ganz normale Kalkulationsgrundlage für die Bildung neuer Preise heranziehen. Da zu diesem Thema schon eine ganze Reihe unterschiedlichster Gerichtsurteile ergangen sind, spielt hier aber in jedem Einzelfall der genaue Sachverhalt eine ausschlaggebende Rolle.

Haben Sie bei Ihrem Angebot einen Nachlaß eingeräumt, stellt sich auch die Frage, ob Sie bei der Kalkulation der neuen Preise den Nachlaß wieder berücksichtigen müssen. Es gibt Kommentarmeinungen, die diese Frage dann mit Ja beantworten, wenn bereits bei Einreichung des Hauptangebotes dieser Nachlaß eingeräumt wurde. Damit soll der Nachlaß bereits Bestandteil der Kalkulationsgrundlage geworden sein. In anderen Fällen, z. B., wenn der Nachlaß erst bei späteren Vergabeverhandlungen genannt wurde, gilt er nicht als Kalkulationsbestandteil.

Wie ist aber der Fall zu werten, wenn Sie erst kurz vor Angebotsabgabe, z. B., weil Sie dringend einen Auftrag benötigen, den Nachlaß in Ihr Angebotsbegleitschreiben mit aufnehmen? Hier muß doch eindeutig gesagt werden, das dieser Nachlaß nicht Bestandteil der Kalkulation war. Und gerade diese Fälle sind es doch fast ausschließlich, in denen Nachlässe genannt werden.

Zusammenfassend kann hier gesagt werden, daß bei der Preisermittlung von Nachtragsangeboten Nachlässe, die für den Hauptauftrag gelten, nur dann zu berücksichtigen sind, wenn sie zweifelsfrei Bestandteil der Kalkulationsgrundlage des Hauptangebotes sind.

Kalkulationsirrtum Grundsätzlich ist es Ihr Risiko, ob die Kalkulation, die Sie einer Preisermittlung zugrunde gelegt haben, auch zutrifft. Stellt jedoch ein Auftraggeber vor Vertragsabschluß fest, daß dem Bieter ein Kalkulationsirrtum unterlaufen ist, dann ist er auch verpflichtet, diesen auf den Irrtum hinzuweisen. Die Betonung liegt hier auf dem nachweislichen Feststellen des Kalkulationsirrtums durch den Auftraggeber. Wichtig ist also, daß er den Irrtum wirklich erkannt hat. Nur wenn Sie das beweisen können, sollten Sie sich im Falle eines Kalkulationsirrtums darauf berufen, daß der Auftraggeber Sie auf den Irrtum hätte hinweisen müssen. Die Offensichtlichkeit eines Kalkulationsirrtums und Ihr daraus hergeleitetes Argument, daß der Auftraggeber den Irrtum hätte erkennen können oder sogar müssen, reicht nicht aus, um einen Kalkulationsirrtum geltend zu machen.

Bemerken Sie jedoch selbst, daß Ihnen ein Kalkulations- oder Rechenfehler unterlaufen ist und unterrichten Sie Ihren Auftraggeber vor Vertragsabschluß entsprechend, so muß er Ihnen die Möglichkeit einräumen, Ihr Angebot zu berichtigen. Sind die Auswirkungen Ihres Irrtums nicht so gravierend, oder wollen Sie vermeiden, daß ein anderer Bieter an die erste Stelle rückt, besteht immer die Möglichkeit, daß Sie erklären, auf eine Angebotskorrektur zu verzichten. In diesem Fall müssen Sie die betroffene Leistung zu dem mit einem Kalkulationsirrtum behafteten Preis erbringen.

Besondere Auswirkungen hat ein Kalkulationsirrtum bei öffentlichen Aufträgen. Haben Sie nach Angebotsabgabe festgestellt, daß Ihnen bei der Preisermittlung ein Kalkulationsirrtum unterlaufen ist, und teilen Sie das dem öffentlichen Auftraggeber mit, so muß er Ihr Angebot berichtigen. Das ist jedoch für Sie dann von Nachteil, wenn Ihre Mitteilung ihn erst nach der Angebotseröffnung erreicht. Aufgrund der Bestimmung der VOB/A im § 25 Nr. 1 Abs. 1a ist dann Ihr Angebot mit dem berichtigten Preis von der Wertung auszuschließen. Die Begründung hierfür lautet: Ihr berichtigtes Angebot ist ein neues Angebot, das dem Verhandlungsleiter zum Eröffnungstermin nicht vorlag und deshalb nicht zu werten ist. Es lohnt sich für Sie eigentlich nur dann, bei einem öffentlichen Auftraggeber einen Kalkulationsirrtum geltend zu machen und damit die Gültigkeit Ihres Angebotes anzufechten, wenn Ihr Kalkulationsfehler so erhebliche Auswirkungen hat, daß Sie kein Interesse mehr haben, zu dem abgegebenen Angebotspreis den Auftrag zu erhalten (siehe auch **Rechenfehler**).

Erlaubt der Auftraggeber nicht, daß Sie einen erheblichen Kalkulationsirrtum berichtigen oder Ihr Angebot zurückziehen und erteilt Ihnen trotz Ihres Hinweises auf den Irrtum den Auftrag, so verstößt er gegen seine Vertragspflichten und ist Ihnen gegenüber schadenersatzpflichtig (Verschulden bei Vertragsabschluß). So hat der Bundesgerichtshof entschieden. In diesem Fall können Sie den durch den Kalkulationsfehler entstandenen Schaden geltend machen, d. h., Sie können Ihre Leistung so abrechnen, als wäre Ihnen der Kalkulationsirrtum nicht unterlaufen.

Weitere Fälle, in denen ein Kalkulationsirrtum nicht zu Ihren Lasten geht, sondern berichtigt werden darf, können vorliegen, wenn der Kalkulationsfehler auf eine mangelhafte Leistungsbeschreibung zurückzuführen ist oder wenn durch Anordnung des Auftraggebers die Menge der mit einem Kalkulationsfehler behafteten Position so vergrößert wird, daß sich aufgrund der sich dadurch einstellenden Schadenshöhe ein Festhalten an diesem niedrigen Preis nicht mehr zugemutet werden kann.

Auch wenn Sie bei Mengenerhöhungen nachweisen können, daß der Auftraggeber die Menge der Position, bei der der Kalkulationsfehler passiert ist, nur deshalb erhöht hat, um dadurch kostengünstiger zu bauen, können Sie für die Mehrmenge einen richtig kalkulierten Preis berechnen. Das gilt außerdem auch dann, wenn sich eine Mengenerhöhung bei der betroffenen Position einstellt, weil der Auftraggeber oder sein beauftragter Fachingenieur bei der dem Angebot zugrundeliegenden Massenermittlung nicht mit der notwendigen Sorgfalt vorgegangen ist.

Kennzeichnung der Rohrleitungen Verlangt ein Auftraggeber, daß die Rohrleitungen mit mediumspezifischer farbiger Kennzeichnung zu versehen sind und die Durchflußrichtung anzugeben ist, so müssen die fertig gedämmten Rohre mit den entsprechenden farbigen und beschrifteten Klebestreifen ringförmig bestückt und die Richtungspfeile aufgeklebt werden.

Ist im Leistungsverzeichnis hierfür eine eigene Position vorgesehen oder ist die Leistung in die Einheitspreise einzurechnen, so sollten Sie den Text genau studieren, um den wirklichen Leistungsumfang zu erfahren. Besonders wichtig hierbei ist es festzustellen, ob der Auftraggeber Angaben zum Abstand der einzelnen Farbkennzeichnungen gemacht hat oder ob Sie bei der Ausführung freie Hand haben.

Wird die Farbkennzeichnung und eventuell die Kennzeichnung der Durchflußrichtung lediglich durch die Ausführungsbestimmungen, z. B. die Vorbemerkungen oder die technischen Vertragsbedingungen, verlangt, ohne daß zur Vergütung ein Hinweis gegeben wird, so ist Ihnen damit ein Auftrag ohne Vergütungsregelung erteilt worden. In Hinblick auf die Vergütung handelt es sich jedoch um eine **zusätzliche Leistung**, bei der Sie Ihrem Auftraggeber vor der Ausführung ankündigen müssen, daß Sie eine zusätzliche Bezahlung beanspruchen (VOB/B § 2 Nr. 6). Am einfachsten ist es für Sie, ein Nachtragsangebot einzureichen. Erst wenn diese Preise bestätigt werden, liegt auch die Höhe der Vergütung fest. Sie können aber auch ohne Bestätigung mit der Ausführung beginnen. Ihr Anspruch auf zusätzliche Vergütung ist trotzdem gesichert, nur über die angemessene Höhe muß dann noch verhandelt werden.

Enthält Ihr Auftrag keinen Hinweis auf Kennzeichnung der Rohrleitungen, so sollten Sie Ihrem Auftraggeber ein Nachtragsangebot zusenden, um dieses zusätzliche Geschäft nicht zu versäumen.

Kompensatoren Die Längenausdehnung der Rohrleitungen wird normalerweise durch eine entsprechende Verlegung der Rohre ausgeglichen bzw. aufgefangen. Ist es jedoch aus Platzgründen nicht möglich, die notwendigen Ausdehnungsbogen oder -strecken vorzusehen, so müssen Sie auf Kompensatoren zurückgreifen. Da es sich hier eigentlich um eine zusätzliche Leistung handelt, die im Vertrag nicht vorgesehen war, wäre es gut, wenn Sie bereits vor der Ausführung mit einem Nachtragsangebot Ihren Anspruch auf besondere zusätzliche Vergütung angekündigt haben. Ihr Anspruch richtet sich dann nach VOB/B § 2 Nr. 6 (siehe auch **Zusätzliche Leistung**).

Wurde das Einreichen eines Nachtragsangebotes vor Ausführung der Leistung übersehen oder vergessen und lehnt der Auftraggeber deswegen eine besondere Vergütung ab, dann sollten Sie sich auf VOB/B § 2 Nr. 5 berufen. Die technisch notwendige Änderung vom Ausdehnungsbogen zum Ausdehnungskompensator gilt im Sinne dieser Vorschrift als „andere Anordnung des Auftraggebers" und kann deshalb auch als **Leistungsänderung** verstanden werden. Danach können Sie die Ihnen entstandenen Mehrkosten auch noch mit der Schlußrechnung bei Ihrem Auftraggeber geltend machen.

Auf einen anderen Fall sollte noch aufmerksam gemacht werden. Enthält Ihr Auftrag u. a. auch Gummikompensatoren, ohne daß der Text des Leistungsverzeichnisses eine besondere Ausführung forderte, und lieferten Sie Stahldraht-Cordgummikompensatoren oder eine andere noch aufwendigere Art, und zwar, weil sie technisch notwendig war oder aus Sicherheitsgründen oder weil sie heute Stand der Technik ist, so können Sie hierfür, wiederum unter Hinweis auf VOB/B § 2 Nr. 5, einen angemessenen Mehrpreis verlangen.

Konfix-Verbinder Für den Anschluß von SML-Rohren an Rohre aus anderen Materialien werden Konfix-Verbinder benötigt. Diese Teile werden im Leistungsverzeichnis häufig vergessen. Da sie teurer sind als **CV-Verbinder**, können sie auch nicht mit dem gleichen Einheitspreis abgerechnet werden. Wenn für Konfix-Verbinder keine Preisvereinbarung besteht, aber ihr Einsatz technisch notwendig ist, handelt es sich um eine **zusätzliche Leistung**. Um hierfür einen Vergütungsanspruch zu erlangen, müssen Sie entsprechend VOB/B § 2 Nr. 6 Ihrem Auftraggeber ankündigen, daß Sie für diese Leistung eine zusätzliche Vergütung fordern. Diese Forderung ist vor der Ausführung zu stellen.

Hat Ihr Auftraggeber die Lieferung und Montage der SML-Rohre einschließlich sämtlicher Verbindungsteile ausgeschrieben, so ist diese Art der Leistungsbeschreibung VOB-widrig. Punkt 0.5.2 der DIN 18 381 (VOB/C) sieht nämlich vor, daß Verbindungs- und Befestigungselemente in Rohrleitungen über DN 50 nach Anzahl (Stück), getrennt nach Art, Maßen und sonstigen Größenangaben, auszuschreiben sind. Ohne Stückzahlangabe ist ein Einkalkulieren der Konfix-Verbinder in die Rohr-Einheitspreise nicht möglich. Hier können Sie sich nur so helfen, daß Sie selbst die Stückzahlen festlegen und im Begleitbrief zum Angebot aufführen (z. B. 2 Stück/100 m). Und wenn Sie Ihrem Auftraggeber dann noch zusätzlich mitteilen, daß Sie beabsichtigen, nach Fertigstellung der Sanitärinstallation die zusätzlich benötigte Stückzahl getrennt abzurechnen und Ihm gleichzeitig die dafür anzusetzenden Einheitspreise nennen, haben Sie gute Aussichten, ohne Verlust die VOB-widrige Ausschreibung zu überstehen. Sollten Sie dann den Auftrag erhalten, können Sie nach Abschluß der Arbeiten die installierte Anzahl Konfix-Verbinder aufmessen, davon die einkalkulierte Stückzahl abziehen und den Rest mit den angegebenen Einzelpreisen zusätzlich abrechnen (siehe auch **Tempokralle**).

Konsolen Wand- oder Standkonsolen, die als Rohrauflager dienen, können Sie selbst dann zusätzlich abrechnen, wenn in die Einheitspreise der Rohre Rohrbefestigungen einzurechnen oder in einer Zuschlagsposition zu berücksichtigen waren. Konsolen sind Eisenkonstruktionen, die nicht zu den üblichen Rohrbefestigungen zu zählen sind (siehe auch **Rohrstütze**). Ihr Anspruch stützt sich auf VOB/C, DIN 18 381 Punkt 4.2.8. Dort wird u. a. das Liefern und Einbauen von Konsolen und Stützgerüsten als **Besondere Leistung** erwähnt, die auch besonders zu vergüten ist. Und auch die Stemm-, Bohr- und Fräsarbeiten, die zur Befestigung der Konsolen erforderlich werden, sind Besondere Leistungen und können zusätzlich abgerechnet werden (siehe DIN 18 381 Punkt 4.2.5).

Für die Verteiler werden Konsolen entweder im Leistungsumfang der Verteiler oder als separate Leistung ausgeschrieben. Möglich sind Standkonsolen, Wandkonsolen oder eine Kombination dieser beiden Konsolenarten. Waren Standkonsolen ausgeschrieben und haben Sie Wandkonsolen montiert oder umgekehrt, dann können Sie die Mehrkosten, falls Ihnen welche entstanden sind, geltend machen. Das gleiche gilt natürlich erst recht, wenn Standkonsolen zusätzlich an der Wand abgestützt werden mußten. Sie sollten jede Gelegenheit, durch **Leistungsänderung** zu besseren Preisen zu kommen, nutzen.

Die VOB/B § 2 Nr. 5 erlaubt die Bildung eines neuen Preises, wenn sich durch Änderung des Bauentwurfs oder anderer Anordnungen des Auftraggebers die Grundlagen des Preises für eine im Vertrag vorgesehene Leistung geändert haben. Eine Vereinbarung über die Mehrkosten soll zwar vor der Ausführung getroffen werden, aber es steht hier kein unbedingtes Muß, wie in anderen VOB-Bestimmungen, dahinter.

Koppelungsangebot   Beteiligt sich ein Bieter an zwei getrennten Ausschreibungen eines öffentlichen Auftraggebers und teilt diesem dann mit, daß er einen Nachlaß von z. B. 3 % einräumt, wenn er beide Aufträge erhält, kann man von einem Koppelungsangebot sprechen. Ist solch ein Nachlaßangebot eigentlich sinnvoll? Die Antwort ergibt sich, wenn man sich klar macht, wie der öffentliche Auftraggeber die eingegangenen Angebote zu werten hat.

Da es sich um zwei getrennte Ausschreibungen handelt, nicht zu verwechseln mit einer losweisen Vergabe innerhalb einer Ausschreibung, muß jede Ausschreibung für sich gewertet werden. Zuerst kann das Nachlaßangebot noch nicht berücksichtigt werden, da die Voraussetzungen noch nicht vorliegen. Ist der Unternehmer aber bei einer Ausschreibung der günstigste Bieter, und zwar ohne Nachlaß, kann der Auftraggeber jetzt für die andere Ausschreibung den Nachlaß werten. Wenn sein Angebot für die zweite Ausschreibung sowieso das günstigste war, wird für beide Angebote der Nachlaß verschenkt. Verändert sich die Rangfolge der zweiten Ausschreibung aber durch das Nachlaßangebot, so daß der Unternehmer jetzt auch hier der günstigste Bieter ist, so ist Ihm dieser Auftrag auch zu erteilen. Jetzt kann auch auf das erste Angebot, bei welchem der Bieter sowieso den günstigsten Preis abgegeben hatte, der Nachlaß noch abgezogen werden. Es wird also immer mindestens bei einem Angebot der Nachlaß verschenkt.

Bei zwei getrennten Ausschreibungen ist es dem öffentlichen Auftraggeber nicht erlaubt, beide Angebote zusammenzuzählen, den Nachlaß abzuziehen und dann mit den beiden günstigsten anderen Bietern zu vergleichen. In einem solchen Fall sollten Sie sich immer überlegen, ob es nicht wirkungsvoller ist, auf jedes Angebot einen Nachlaß zu geben oder ein Angebot mit einem höheren Nachlaß zu versehen.

Küchengeräte Häufig enthalten Leistungsverzeichnisse ohne nähere Angaben eine Position für **Anschlüsse** an **bauseitige Geräte**. Hier wissen Sie in den meisten Fällen nicht, um was für Geräte es sich handelt, aber trotzdem müssen Sie einen Angebotspreis kalkulieren. Sind dann später Küchenspülen oder Spülmaschinen anzuschließen, reicht der abgegebene Preis meistens schon nicht mehr aus. Häufig sind nämlich die Platzverhältnisse so knapp bemessen, daß das Anschließen der Be- und Entwässerungsleitungen unter erschwerten Bedingungen ausgeführt werden muß, die nicht vorhersehbar waren.

Enthält die Auftrags-Position „Anschlüsse an bauseitige Geräte" keine Hinweise auf die Art der anzuschließenden Geräte, so ist jeder Anschluß einzeln abzurechnen. Eine Küchenspüle z. B. ist mit den Kalt- und Warmwasserleitungen und der Abwasserleitung mit drei Anschlüssen abzurechnen. Hinzu kommen eventuelle Erschwernisse, weil die Anschlüsse meistens auf engstem Raum auszuführen sind. Unter Hinweis auf VOB/C, DIN 18 299 Punkt 0.2.2, wonach der Auftraggeber bereits in der Leistungsbeschreibung auf besondere Erschwernisse aufmerksam zu machen hat, können Sie die Erstattung der zusätzlich entstandenen Kosten verlangen.

Ihre Position gegenüber Ihrem Auftraggeber wird noch besser, wenn Sie bereits vor der Ausführung erklärt haben, daß Sie das Anschließen dieser Küchengeräte nicht zu den vereinbarten Anschlußkosten vornehmen können. Um kostendeckend arbeiten zu können, bietet sich auch eine Ausführung und Abrechnung nach Stundenlohn an. Sie müssen jedoch dabei bedenken, daß Regiearbeiten immer vor Beginn anzuzeigen sind (VOB/B § 15 Nr. 3). Andernfalls kann Ihr Vergütungsanspruch leicht in Frage gestellt werden.

Anschlüsse sind keine Nebenleistungen. Nach VOB/C, DIN 18 381, Gas-Wasser- und Abwasser-Installationsarbeiten innerhalb von Gebäuden, Punkt 4.2.14 ist das Anschließen und Einbauen von bauseits gestellten Anlageteilen an Rohrleitungen eine **Besondere Leistung**, die zu vergüten ist.

Kündigung des Bauvertrages Der Auftraggeber hat das Recht, bis zur Vollendung der Leistung jederzeit den Bauvertrag zu kündigen. Auch einzelne Leistungsteile kann er aus dem Vertrag herausnehmen und sogenannte Teilkündigungen aussprechen. Die Kündigung wird nur wirksam, wenn sie schriftlich ausgesprochen wird.

Für Sie als Auftragnehmer ist es sehr wichtig festzustellen, aus welchem Grund Ihr Auftraggeber den Auftrag oder Teile davon gekündigt hat. Wurde die Kündigung nicht näher begründet, sollten Sie Ihn auffordern, die Gründe zu nennen. Sind das nämlich Gründe, die nicht im Verhalten des Auftragnehmers liegen, sondern ausschließlich vom Auftraggeber zu vertreten sind, steht Ihnen trotz Kündigung die vereinbarte Vergütung auch für den noch nicht fertiggestellten Leistungsteil zu.

Der Auftraggeber muß keine Kündigungsgründe nennen, wenn er die Ursachen zu vertreten hat. Es dient jedoch der Klärung Ihrer Ausgangsposition, wenn Sie schriftlich belegen können, daß nicht Ihr Unternehmen die Kündigungsgründe geliefert hat. Ist die Situation nach der Kündigung in dieser Hinsicht eindeutig, dann können Sie sich auf § 8 Nr. 1 Abs. 2 der VOB/B und § 469 des BGB berufen und die Ihnen zustehende, d. h. die vertraglich vereinbarte Vergütung fordern.

Auch wenn Sie Einheitspreise oder Pauschalpreise vereinbart hatten, die nicht kostendeckend waren, können Sie nur eine Vergütung auf der Basis dieser vertraglich vereinbarten Preise verlangen. Diese auch im Bürgerlichen Gesetzbuch verankerte Regelung soll Sie vor Schaden bewahren, aber sie soll Ihnen auch keine zusätzlichen Einnahmen oder Gewinne bringen. Deswegen wird Ihr Vergütungsanspruch auch wieder eingeschränkt (VOB/B § 8 Nr. 1):

Der Auftragnehmer muß sich jedoch anrechnen lassen, was er infolge der Aufhebung des Vertrages an Kosten erspart oder durch anderweitige Verwendung seiner Arbeitskraft und seines Betriebes erwirbt oder zu erwerben böswillig unterläßt.

Das bedeutet, daß Ihr Vergütungsanspruch gekürzt wird: um sämtliche noch nicht eingebauten Materialien, falls diese innerhalb kürzerer Frist anderweitig verwendet werden konnten; um die betreffenden Löhne und Gehälter, falls Sie durch neue Beschäftigungsmöglichkeiten diese Kosten eingespart haben; um Baustellengemeinkosten und Baustellenkosten, soweit diese nicht angefallen sind.

Allgemeine Geschäftskosten sowie alle Kosten in Ihrem Betrieb, die unabhängig von diesem Bauvertrag auch entstanden wären, dürfen Sie dagegen geltend machen. Die Höhe richtet sich nach der Kalkulationsgrundlage des Auftrages. Da der Auftraggeber Ihnen die Höhe der ersparten Kosten nachweisen muß, er aber ohne Ihre Kalkulationsunterlagen dazu nicht in der Lage ist, sind Sie verpflichtet, auf Verlangen des Auftraggebers diese auszuhändigen. Hat Ihr Unternehmen gleichzeitig mehrere Aufträge in Bearbeitung, dürfen die durch die Kündigung freigewordenen Arbeiter und Angestellten durchaus bei Aufträgen wieder beschäftigt werden, die Ihnen bereits vor der Kündigung erteilt wurden. Aufträge jedoch, die Sie zwischen dem Kündigungstermin und dem ursprünglich vereinbarten vertraglichen Fertigstellungstermin hereingenommen haben, werden Ihnen mit der Lohn- und Gehaltssumme, die in diesem Zeitraum fällt, auf die ersparten Kosten angerechnet. Hierbei ist es unerheblich, ob genau die Mitarbeiter dort beschäftigt sind, die durch die Kündigung frei geworden sind – sofern es sich um Arbeiten handelt, die sie hätten ausführen können.

Versucht aber ein Auftraggeber, Ihnen Ihren Vergütungsanspruch im Falle einer Kündigung, deren Gründe beim Auftraggeber liegen, mit einer Klausel in seinen Allgemeinen Geschäftsbedingungen zu nehmen, so ist diese Klausel unwirksam. Allgemeine Geschäftsbedingungen sind z. B. die Allgemeinen und Zusätzlichen Vertragsbedingungen der öffentlichen Auftraggeber, mitunter auch die Besonderen Vertragsbedingungen (Erläuterungen hierzu siehe unter **AGB-Gesetz**). Diese Klausel kann wie folgt oder ähnlich lauten:

> „Der Auftraggeber ist berechtigt, aus wichtigem Grund den Bauvertrag zu kündigen, ohne daß dem Auftragnehmer irgendwelche Ansprüche auf Schadenersatz zustehen."

Diese Regelung schließt, entgegen den Bestimmungen im § 8 Nr. 1 der VOB/B und § 649 BGB, jeden Schadenersatzanspruch an den Auftraggeber aus. Der Auftragnehmer ist deshalb als unangemessen benachteiligt im Sinne des § 9 des AGB-Gesetzes anzusehen. Dadurch wird diese Klausel unwirksam. Sie können also in jedem Fall, auch wenn Ihr Vertrag mit dem Auftraggeber eine solche Klausel enthält, im Falle einer Kündigung des Bauvertrages die vereinbarte Vergütung fordern.

L

Lagerräume Zum Zwischenlagern von Werkzeug, Rohren, Pumpen, Armaturen, sanitären Einrichtungsgegenständen und Verbrauchsmaterialien benötigen Sie auf jeder Baustelle einen Lagerraum. Er sollte verschließbar sein oder leicht verschließbar gemacht werden können. Er sollte auch mit langen Materialteilen wie Rohrstangen ohne wesentliche Umwege leicht erreichbar sein und ausreichend Platz bieten.

Diese Lagerplätze hat Ihnen Ihr Auftraggeber kostenlos zur Benutzung zu überlassen (VOB/B § 4 Nr. 4). Auch eine Mitbenutzung von Lagerplätzen sieht die VOB vor. Das würde aber bedeuten, daß auch fremde Firmen Zutritt zu diesem Lagerraum hätten. Dieser Lösung müssen Sie nur zustimmen, wenn Ihr Auftraggeber eine Schadenersatzpflicht für fehlendes Material übernimmt.

Kann Ihr Auftraggeber Ihnen keinen geeigneten Lagerraum stellen, so müssen Sie sich selbst einen passenden Raum anmieten oder vorhalten. Die Kosten, die Ihnen dadurch entstehen, können Sie Ihrem Auftraggeber in Rechnung stellen (VOB/C, DIN 18 381 Punkt 4.2.2). Sie müssen aber, bevor Sie diesen Lagerraum anmieten oder sonstwie bereitstellen, Ihrem Auftraggeber mitteilen, daß Sie das nicht kostenlos tun werden. Das reicht aus, um Ihren Vergütungsanspruch zu sichern. Die Kostenhöhe muß zu diesem Zeitpunkt noch nicht festliegen.

Müssen Sie auf Anweisung des Auftraggebers während der Ausführung einen unentgeltlich überlassenen Lagerraum räumen, weil er anderweitig benötigt wird, so entstehen Ihnen durch das Umräumen des Materials erhebliche Kosten. Hat der Auftraggeber es versäumt, bereits im Leistungsverzeichnis auf diesen Umzug aufmerksam zu machen, konnten Sie diese Kosten auch nicht bei Ihrer Angebotspreisermittlung berücksichtigen. In diesem Fall können Sie von Ihrem Auftraggeber Kostenerstattung verlangen. Am einfachsten rechnen Sie diese zusätzliche Leistung ab, indem Sie sich von der Bauleitung die Arbeitsstunden für den Umzug als Regiestunden bestätigen lassen.

Langmuffen Längenausdehnungen von Abflußrohren werden häufig durch den Einbau von Lang- oder Dehnungsmuffen aufgefangen. Langmuffen sind im Handel für HT-, PE- und PP-Rohre sowie für Stahl-

157

Abflußrohre erhältlich. Lang- oder Dehnungsmuffen werden nicht zu den üblichen Form- und Verbindungsstücken gezählt. Die Begründung hierfür liefert VOB/C, DIN 18 381 unter Punkt 0.5.2. Danach sind sowohl Form- und Verbindungsstücke als auch Dehnungsausgleicher nach Stück (Anzahl) im Leistungsverzeichnis aufzuführen.

Hat Ihr Auftraggeber es versäumt, neben den Formstücken auch Langmuffen auszuschreiben und war deren Einbau technisch notwendig, so handelt es sich um eine zusätzliche Leistung, die Sie auch zusätzlich in Rechnung stellen können. Selbst wenn Ihr Auftraggeber VOB-widrig sämtliche Form- und Verbindungsstücke mit einer Zuschlagsposition vergütet, gehören Dehnungsmuffen nicht dazu. Nur wenn sie namentlich im Text erwähnt wurden, sind sie im Zuschlagssatz enthalten.

Ihr Anspruch auf besondere Vergütung stützt sich auf VOB/B § 2 Nr. 6. Sie müssen diesen Anspruch aber unbedingt bereits vor der Ausführung Ihrem Auftraggeber angekündigt haben, um der VOB-Vorschrift gerecht zu werden. Es reicht dazu eine mündliche Ankündigung ohne Nennung der Kostenhöhe aus. Besser ist jedoch immer ein schriftliches Nachtragsangebot – schon wegen der eventuell später wichtigen Beweislage.

Leistungsänderung Sie können eine neue Preisvereinbarung fordern, wenn sich durch eine Änderung des Bauentwurfs oder durch andere Anordnungen des Auftraggebers (hierzu zählen auch Terminverschiebungen) die Grundlagen des Preises einer im Vertrag vorgesehenen Leistung geändert haben. In einem solchen Fall hat sich also eine Vertragsleistung durch Anordnung des Auftraggebers, durch Umstände, die Sie nicht zu vertreten haben, so verändert, daß ein Festhalten an dem ursprünglich vereinbarten Preis entweder Ihnen oder dem Auftraggeber nicht mehr zugemutet werden kann. Die dann zu treffende neue Preisvereinbarung muß sich ganz eng an den Vertragspreis der ursprünglichen Leistung anlehnen. Es dürfen lediglich die Mehr- und Minderkosten berücksichtigt werden.

Diese Vereinbarung eines neuen Preises soll möglichst vor der Ausführung getroffen werden. Beide Vertragspartner erhalten damit eine klare Vergütungsregelung. Wird das versäumt, so läßt sich daraus jedoch nicht ableiten, daß später, z. B. zum Zeitpunkt der Einreichung der Schlußrechnung, der Forderung nach einer neuen Preisvereinbarung nicht mehr entsprochen werden muß. Das Gegenteil ist der Fall. Ihr Anspruch auf Vereinbarung eines neuen Preises bleibt bestehen.

Die VOB-Vorschrift, wonach die Preisvereinbarung für die geänderte Leistung vor der Ausführung getroffen werden soll, ist lediglich als Ordnungsvorschrift anzusehen, die den Zweck hat, die Vertragspartner zu veranlassen, zeitig die neuen Abrechnungspreise zu vereinbaren, um spätere Streitigkeiten zu vermeiden. Ihr Vergütungsanspruch bleibt aber auch dann bestehen, wenn vor der Ausführung keine Preisvereinbarung getroffen wurde.

Die Bestimmung der VOB für Leistungsänderungen ist im Teil B § 2 Nr. 5 enthalten. Hiernach ist es wichtig, daß für diese Leistungsänderung eine Anordnung des Auftraggebers oder seines bevollmächtigten Vertreters vorliegt und daß diese Leistung an die Stelle einer vereinbarten Leistung tritt. Sind diese Voraussetzungen nicht gegeben, ist es fraglich, ob es sich um eine geänderte Leistung nach VOB/B § 2 Nr. 5 handelt. Vielmehr scheint dann eine **Zusätzliche Leistung** nach § 2 Nr. 6 oder eine eigenmächtige Abweichung vom Vertrag entsprechend § 2 Nr. 8 der VOB/B vorzuliegen (siehe auch **Vertragsabweichung**).

Die Forderung nach einer Preisvereinbarung ist von Ihnen zu begründen und die verlangte Preishöhe nachzuweisen. Dieser Nachweis kann durch Unterlagen der Preisermittlung des Hauptauftrages, durch Preise vergleichbarer Leistungen des Hauptauftrages oder, falls entsprechende Unterlagen oder Angaben fehlen, auch hilfsweise durch Preise aus anderen Aufträgen geführt werden (siehe auch **Spekulationspreis**).

Sollte der Auftraggeber in seinen Allgemeinen Geschäftsbedingungen, dazu gehören z. B. die Allgemeinen und Zusätzlichen Vertragsbedingungen (manchmal auch die Besonderen Vertragsbedingungen, siehe **AGB-Gesetz**), den § 2 Nr. 5 der VOB/B ausgeschlossen haben, so handelt es hierbei um eine unzulässige Klausel, weil diese Regelung einen Verstoß gegen § 10 Nr. 3 und 4 sowie gegen § 9 des AGB-Gesetzes darstellt. Eine solche Klausel könnte z. B. folgenden Text haben:

„Der Auftraggeber behält sich vor, den Auftragsumfang jederzeit zu verändern bzw. Lose, Abschnitte, Teile oder Positionen zu streichen oder anderweitig zu vergeben, ohne daß dem Auftragnehmer ein Recht zu Mehr- oder Nachforderungen oder entgangenen Gewinn gegeben wird."

Diese Klausel ist, auch wenn Sie sie mit Ihrem Angebot oder der Vertragsgegenzeichnung anerkannt haben, unwirksam. Die Mehrkosten einer Leistungsänderung im Sinne des § 2 Nr. 5 der VOB/B können Sie immer in Rechnung stellen.

Leistungsangaben Nur für die im Leistungsverzeichnis näher beschriebenen Arbeiten mit den zugehörigen Leistungsangaben gelten die vertraglich vereinbarten Preise. Ändern sich diese Leistungsdaten durch bauliche Notwendigkeiten oder auf Wunsch des Bauherrn, so können Sie einen neuen Preis verlangen. Werden z. B. Pumpenleistungen größer, ist das Volumen der Speicher, Boiler oder Ausdehnungsgefäße größer geworden oder sind die Armaturen, Anschlüsse oder Druckgefäße für einen höheren Druck zugelassen als ausgeschrieben, so können Sie einen höheren Preis fordern. Auch Materialänderungen, die eine Verbesserung ergeben, sollten zum Anlaß für Preiserhöhungen genommen werden.

Ist das Abweichen von der ausgeschriebenen Leistung durch eine Änderung des Bauentwurfs oder anderer Anordnungen des Auftraggebers notwendig geworden, so begründet sich Ihre Forderung auf Preisänderung nach § 2 Nr. 5 VOB/B. Haben Sie jedoch ohne Auftrag und unter eigenmächtiger Abweichung vom Vertrag gehandelt, so gilt der § 2 Nr. 8 der VOB/B. Danach steht Ihnen eine Vergütung nur zu, wenn der Auftraggeber diese Leistung nachträglich anerkennt oder wenn die Leistung für die Erfüllung des Vertrages notwendig war, dem mutmaßlichen Willen des Auftraggebers entsprach und ihm unverzüglich angezeigt wurde. Schwierigkeiten, einen neuen, vor allen Dingen höheren Preis für die geänderte Leistung durchzusetzen, treten aber ganz selten auf, denn zum Zeitpunkt der Prüfung der Schlußrechnung ist die Anlage fast immer abgenommen und wird bereits vom Auftraggeber betrieben, so daß von einer nachträglichen Anerkennung ausgegangen werden kann. Die Höhe der Vergütung ist dann wieder entsprechend den Bestimmungen der VOB/B § 2 Nr. 5 und Nr. 6 zu ermitteln.

Leistungsbeschreibung Im Teil A der VOB, der sich mit allgemeinen Bestimmungen der Auftragsvergabe von Bauvorhaben der öffentlichen Auftraggeber befaßt, wird unter § 9 Nr. 1 zur Leistungsbeschreibung folgendes bestimmt:

> „Die Leistung ist eindeutig und so erschöpfend zu beschreiben, daß alle Bewerber die Beschreibung im gleichen Sinne verstehen müssen und ihre Preise sicher und ohne umfangreiche Vorarbeiten berechnen können."

Diese Vorschrift im Teil A der VOB ist kein Gesetz, auf das Sie sich als Auftragnehmer berufen können, sie wird auch nicht Vertragsbestandteil, aber trotzdem hat ihre Nichtbeachtung erhebliche Auswirkungen, die sich aus den Vorschriften des BGB (Bürgerliches Gesetzbuch) ableiten lassen. Mit der Leistungsbeschreibung wird vom Auftraggeber eine Vertragsgrundlage vorbereitet, die Sie zum Bestandteil Ihres Angebotes machen mußten. Diese Vorgabe der Leistungsbeschreibung durch den Auftraggeber erfordert bei der Abfassung der Texte der einzelnen Positionen seine äußerste Sorgfalt. Die Leistungsbeschreibung muß für einen fachkundigen Anbieter vollständig und eindeutig sein. Ist sie das nicht, so handelt es sich um eine unklare Leistungsbeschreibung, deren Folgen zu Lasten desjenigen gehen, der sie aufgestellt hat. Das ist in den meisten Fällen der Auftraggeber, auch dann, wenn er diese Leistungsbeschreibung nicht selbst erarbeitet hat, sondern ein von ihm beauftragter Fachingenieur oder Architekt das gemacht hat.

Falls Ihnen nachweislich aus einer unklaren Leistungsbeschreibung durch fehlerhafte Preiskalkulation ein Schaden entstanden ist, können Sie vom Auftraggeber Ersatz für diesen Schaden fordern. Das gilt dann jedoch nicht, wenn Sie vor Angebotsabgabe erkennen mußten, daß die Angaben in der Leistungsbeschreibung unrichtig oder lückenhaft waren. In diesem Fall wäre es Ihre Pflicht gewesen, vor Angebotsabgabe die tatsächliche Leistung, die von Ihnen verlangt wird, durch Nachfragen beim Auftraggeber festzustellen. Der Begriff „erkennen mußten" sollte jedoch sehr eng ausgelegt werden, denn es kann vom Anbieter nicht verlangt werden, daß er die Leistungsbeschreibung zuerst von erfahrenen Fachleuten (Kaufmann, Ingenieur und Montagemeister) auf unrichtige oder lückenhafte Angaben prüfen läßt, bevor er sie der Angebotskalkulation übergibt. Vielmehr muß davon ausgegangen werden, daß die Leistungsbeschreibung beim Anbieter lediglich von einem erfahrenen Kalkulator gelesen wird.

Setzt man diese Maßstäbe, dann wird es nur wenige Fälle geben, in denen Sie erkennen müßten, daß die Leistungsbeschreibung fehlerhaft ist. Von diesen wenigen Fällen einmal abgesehen, kann deshalb gesagt werden, daß die Folgen unklarer Leistungsbeschreibung zu Lasten des Auftraggebers gehen.

Nach Auftragserteilung sind Sie verpflichtet, sämtliche Ausführungsunterlagen – dazu gehört auch die Leistungsbeschreibung – fachmännisch zu prüfen und bei Feststellen von Fehlern dem Auftraggeber Ihre Bedenken anzumelden (siehe **Prüfungspflicht**). Handelt es sich um Fehler, die ein Fachmann hätte erkennen müssen, und machen Sie, egal aus welchem Grund, Ihren Auftraggeber nicht darauf aufmerksam, so setzen Sie die eigentlichen Ursachen für den weiteren Schaden. Hier sollten Sie Vorsicht walten lassen, denn der Bundesgerichtshof hat in einem solchen Fall festgestellt, daß dann der Auftragnehmer allein für den dadurch entstandenen Schaden verantwortlich sein kann.

Leistungsbeschreibung mit Leistungsprogramm Hierunter versteht die VOB/A eine Anfrage, die keine exakte Leistungsbeschreibung mit Angaben sämtlicher Massen und technischen Daten enthält, sondern dafür eine ausführliche Beschreibung der Bauaufgabe. Aus dieser Beschreibung, dem sogenannten Leistungsprogramm, sollten Sie als Bewerber alle Umstände, Bedingungen und Anforderungen erkennen und danach selbständig das Projekt erarbeiten können. Die hierzu notwendigen Berechnungen, Massenermittlungen, Entwürfe, Pläne und Zeichnungen kosten Sie viel Geld. Deshalb weicht die VOB in diesem Fall vom Grundsatz der kostenlosen Angebotsabgabe ab und gewährt dem Anbieter eine angemessene Entschädigung. Die Höhe der Entschädigung hat der Auftraggeber bereits im Ausschreibungstext anzugeben. Sie muß für alle Bewerber gleich sein und soll deren Angebotskosten angemessen ausgleichen. Jedem Anbieter, der sein Angebot rechtzeitig abgegeben und die geforderten Unterlagen geliefert hat, steht dann eine Entschädigung zu (siehe auch **Angebotskosten**).

Leistungsverzeichnis Eines der wichtigsten Dinge für Ihre Abrechnung ist das Leistungsverzeichnis bzw. Ihr Angebot. Leistungsverzeichnisse und Angebote enthalten die Beschreibung der beauftragten Leistung und sind Grundlage des abzurechnenden Auftrages. Wenn Sie zum Zeitpunkt der Rechnungsstellung diese Beschreibung sehr genau mit der ausgeführten Leistung vergleichen, werden Sie sämtliche Mehrleistungen sofort feststellen. Der vereinbarte Einheitspreis ist aber nur für die im Leistungsverzeichnis, eventuell mit zusätzlichen Angaben im Auftragsschreiben, beschriebene Leistung gültig. Jede Mehrleistung muß vom Auftraggeber vergütet werden, sofern sie technisch notwendig oder vom Auftraggeber verlangt wurde. Es ist ein wichtiger Schritt bei der Erstellung einer optimalen Abrechnung, wenn jede Einzelposition von ihrem Leistungsumfang her mit der tatsächlichen Ausführung verglichen wird. Hierbei sind nicht die Mengenänderungen gemeint, die ja sowieso in der Rechnung Berücksichtigung finden, sondern das Feststellen von **Leistungsänderungen**. Zum Beispiel kann sich der Pumpentyp verändert haben, die Druckstufe der Armatur höher geworden sein oder der Behälterinhalt sich vergrößert haben. Es sind also alle die Änderungen gemeint, die Sie berechtigen, höhere Preise für geänderte Leistungen zu verlangen. Grundlage Ihrer Forderung ist VOB/B § 2 Nr. 5. Bei diesem Vergleich der beauftragten und der ausgeführten Leistung werden Sie auch häufig zusätzlich zum beauftragten Umfang ausgeführte Leistungen registrieren, die sonst vielleicht vergessen worden wären (siehe auch **Leistungsänderung, Zusätzliche Leistung**).

Lieferantenrechnungen Lieferscheine bzw. die Rechnungen der Lieferanten sollten nicht nur mit den Zahlungsbelegen in der Buchhaltung abgelegt, sondern auch dem zuständigen Sachbearbeiter übergeben werden. Das setzt jedoch eine Zuordnung zu den einzelnen Baustellen voraus. Beim Aufstellen des Rechnungskonzeptes können diese Unterlagen nämlich sehr hilfreich sein. Jetzt kann geprüft und verglichen werden, ob sämtliche baustellenbezogenen Lieferungen und Leistungen auch in der Rechnung enthalten sind. Der Sachbearbeiter kann z. B. feststellen, ob sich die Größen und Typen gelieferter Teile geändert haben und ob die vertraglich vereinbarten Einheitspreise auch auskömmlich waren. Zeigt sich, daß das nicht der Fall war, sollte der Grund hierfür festgestellt werden. Es könnte ja sein, daß sich diese höheren Kosten an den Auftraggeber weitergeben lassen.

Lieferantenrechnungen sind auch bei Nachforderungen und den üblichen Nachträgen, die erst mit der Schlußrechnung eingereicht werden, sehr gut als Beweis für den Einkaufspreis zu verwenden. Vor allen Dingen dann, wenn sich der Abrechnungswert gegenüber dem Auftragswert aufgrund von **Leistungsänderungen** drastisch erhöht hat. Führen Sie die Lieferantenrechnungen als Kalkulationsnachweis an, so ist das wesentlich glaubhafter, als Firmenpreislisten, Kataloge oder Angebote vorzulegen. Ihren normalen Zuschlag für die Allgemeinen Geschäftskosten, Wagnis und Gewinn, den Sie zu den Lieferantenpreisen in Rechnung stellen, kann Ihnen kein Auftraggeber verwehren.

Lohngleitklausel Seit einigen Jahren wird immer häufiger, zumindest bei Verträgen mit öffentlichen Auftraggebern, die Erstattung von Lohnerhöhungskosten nach der sogenannten Pfennigklausel vereinbart. Diese enthält u. a. folgenden Satz:

„Maßgebender Lohn ist der Bundesecklohn des Spezialbaufacharbeiters Berufsgruppe III 2, wenn der Auftraggeber im Leistungsverzeichnis nichts anderes angegeben hat."

Meistens hat er nichts anderes angegeben. In diesen Fällen sollten Sie vergleichen, ob nicht die Lohnerhöhung des Sanitärfachverbandes bzw. des Industrieverbandes Heizungs-, Klima- und Sanitärtechnik größer ausgefallen ist als die des Baugewerbes. Trifft das zu, dann verlangen Sie ruhig von Ihrem Auftraggeber, daß die Lohnerhöhung des A-Monteurs Ihres Gewerbes in die Lohngleitklausel eingesetzt wird. Meistens müssen Sie gar nichts verlangen. Wenn Sie die Lohnerhöhung unter Zugrundelegung der Tariferhöhung der Sanitärinstallateure errechnen und die entsprechenden Verbandsmitteilungen in Kopie beifügen, wird die so ermittelte Lohnerhöhung von Ihrem Auftraggeber fast immer anerkannt.

Diese Lohngleitklauseln enthalten meistens eine sogenannte Selbstbeteiligungs- und Bagatellklausel. Sie kann wie folgt lauten:

a) Der ermittelte Mehr- oder Minderbetrag (aus der Lohnänderung) wird nur erstattet, soweit er 0,5 % der Abrechnungssumme überschreitet.

b) Es wird nur der über 0,5 % der Abrechnungssumme hinausgehende Mehr- oder Minderbetrag erstattet.

Enthält Ihr Vertrag eine Vereinbarung entsprechend dem Muster b, so müssen Sie sich einen Abzug in Höhe von 0,5 % der Abrechnungssumme von Ihrem Lohnerhöhungsbetrag gefallen lassen. Anders sieht es für Sie aus, wenn die in Ihrem Vertrag enthaltene Bagatellklausel dem Muster a entspricht. Diese Klausel ist mehrdeutig und somit unklar. Aus dieser Formulierung ist sowohl herauszulesen, daß der Auftragnehmer die vollen Lohnerhöhungskosten dann berechnen kann, wenn sie 0,5 % der Abrechnungssumme übersteigen, als auch eine Regelung, die dem Auftragnehmer auferlegt, in jedem Fall einen Betrag von 0,5 % der Abrechnungssumme selbst zu tragen. Da diese Unklarheiten zu Lasten des Auftraggebers gehen, können Sie versuchen, die vollen Lohnmehrkosten ohne Abzug geltend zu machen, sofern diese einen höheren Betrag als 0,5 % der Abrechnungssumme ausmachen. In diesem Sinn hat jedenfalls das Oberlandesgericht Köln 1978 entschieden. Es scheint aber auch sehr wichtig zu sein, ob diese Klauseln lediglich als Bagatellklausel oder als Bagatell- und Selbstbeteiligungsklausel gekennzeichnet werden. In einem ähnlich gelagerten Fall hat dasselbe Oberlandesgericht Köln 1983 entschieden, daß die Klausel nach Muster a hinreichend klar und eindeutig sei und in jedem Fall vom Auftragnehmer eine Selbstbeteiligung von

0,5 % der Abrechnungssumme zu tragen ist. Die hier vom Gericht zu beurteilende Klausel enthielt den Hinweis, daß es sich um eine Bagatell- und Selbstbeteiligungsklausel handelt.

Treffen Sie jedoch auf folgende Klausel:

c) Der ermittelte Mehr- oder Minderbetrag (aus der Lohnänderung) wird nur erstattet, wenn er 0,5 % der Abrechnungssumme überschreitet,

so steht Ihnen bei Überschreiten der 0,5 % die Erstattung des gesamten Betrages aus der Lohnerhöhung zu. Ein Abzug von 0,5 % der Abrechnungssumme als Selbstbeteiligung ist mit dieser Klausel nicht vereinbart worden.

Eine Möglichkeit, den nach Muster b nicht zu vermeidenden Selbstbeteiligungsanteil zu verkleinern, bieten Ihnen Nachträge und Zusatzaufträge. Unterliegen diese nicht der Lohnerhöhung, weil deren Preise z. B. später unter Berücksichtigung der eingetretenen Lohnsteigerungen kalkuliert wurden, so sollten Sie die entsprechenden Nachträge getrennt abrechnen. Sie vermindern so die Abrechnungssumme, aus der die 0,5 % für die Selbstbeteiligung ermittelt werden. Weitere Erläuterungen zur Lohngleitklausel finden Sie bei den Stichworten **Festpreise, Lohnmehrkosten** und **Änderungssatz**.

Lohnmehrkosten Die Auswirkungen von Lohnerhöhungen werden entweder von **Lohngleitklauseln**, sofern sie vertraglich vereinbart wurden, aufgefangen, oder Sie mußten sie bereits bei der Preiskalkulation berücksichtigen. Letzteres ist naturgemäß nur annäherungsweise möglich. Die Höhe der während der Bauausführung zu erwartenden Lohnsteigerungen ist nie genau vorhersehbar.

Haben Sie **Festpreise** vereinbart und kommende Lohnerhöhungen nicht ausreichend einkalkuliert, so werden Sie im Normalfall mit Nachforderungen wenig Glück haben. Diese Kalkulationsdifferenz ist dem unternehmerischen Risiko zuzuordnen. Eine Ausnahme ist nur dann gegeben, wenn wir plötzlich mit einer hohen Inflationsrate konfrontiert werden, die nicht vorhersehbar war. Wenn sich als Folge eine bedeutend größere Lohnsteigerung als in den letzten Jahren üblich, eingestellt hat, können Sie versuchen die nachweislich nicht berücksichtigten Lohnkosten zusätzlich in Rechnung zu stellen. Am besten verweisen Sie hierzu auf VOB/A § 9 Nr. 2, wonach Ihnen bei der Preisbildung kein ungewöhnliches Wagnis aufgebürdet werden soll für Umstände und Ereignisse, auf die Sie keinen Einfluß haben und deren Einwirkungen auf die Preise Sie nicht im voraus schätzen können.

Weiterhin können Sie bei Festpreisverträgen auch dann Lohnmehrkosten verlangen, wenn sich der vertraglich vereinbarte Ausführungstermin ohne Ihr Verschulden verlängert hat. Für die Leistungen, die Sie erst nach dem abgelaufenen Termin erbringen können, steht Ihnen die Erstattung der Lohnmehrkosten zu. In allen Fällen müssen Sie die Ihnen entstandenen Kosten aus der Lohnerhöhung nachweisen. Für die Erhöhung der Tariflöhne reicht die Vorlage der entsprechenden Mitteilung Ihres Verbandes oder der Handwerkskammer aus. Für den Leistungsanteil, der den zusätzlichen Lohnmehrkosten unterliegt, sind unbedingt Leistungsaufmaße als Abgrenzung zu erstellen oder vom Auftraggeber bestätigte Arbeitsstundenaufzeichnungen anzufertigen (siehe auch **Lohngleitklausel**, **Änderungssatz** und **Behinderung**).

Mängelbeseitigung nach Abnahme Mängel, die innerhalb der Verjährungsfrist der Gewährleistung hervortreten, d. h. erkennbar werden, sind von Ihnen unter zwei Voraussetzungen kostenlos zu beseitigen:

1. Die Mängel müssen auf eine vertragswidrige Leistung zurückzuführen sein.

2. Die Beseitigung des Mangels muß vom Auftraggeber vor Ablauf der Verjährungsfrist schriftlich verlangt werden.

Das bedeutet aber, daß es sich um einen Mangel handeln muß, für den Sie als Auftragnehmer die Verantwortung zu tragen haben. Und das trifft dann zu, wenn zum Zeitpunkt der Abnahme Ihre Leistung nicht die vertraglich zugesicherten Eigenschaften hatte, nicht den anerkannten Regeln der Technik entsprach oder mit Fehlern behaftet war, die den Wert oder die Tauglichkeit aufheben oder mindern. Ist der Mangel auf die Leistungsbeschreibung oder Anordnung des Auftraggebers zurückzuführen oder auf Bauteile oder Stoffe, die dieser geliefert oder vorgeschrieben hat, oder auf die Beschaffenheit der Vorleistung eines anderen Unternehmers, so sind Sie nur dann frei von der Gewährleistung, wenn Sie bereits bei der Ausführung dem Auftraggeber Ihre Bedenken schriftlich mitgeteilt haben. Das kann natürlich nur soweit gehen, wie es Ihnen seinerzeit überhaupt möglich war, diese bedenkliche Ausführung, auf die es jetzt vielleicht ankommt, zu erkennen.

Fordert Ihr Auftraggeber Sie, kurz bevor die Verjährungsfrist für die Gewährleistung abläuft, auf, einen bestimmten Mangel zu beheben, und vergißt Ihnen das auch schriftlich zu geben, so hat das für ihn nachteilige Auswirkungen. Die VOB/B schreibt nämlich im § 13 Nr. 5 Abs. 1 vor, daß diese Aufforderung des Auftraggebers schriftlich innerhalb der Verjährungsfrist zu erfolgen hat. In diesem Fall sind Sie also nicht verpflichtet, den Mangel zu beheben. Tun Sie es doch, können Sie die Arbeiten in Rechnung stellen. Um Abrechnungsstreitigkeiten zu vermeiden, sollten Sie erst nach Erhalt eines schriftlichen Auftrages mit den Arbeiten beginnen.

Mit der Aufforderung, einen Mangel zu beheben, muß der Auftraggeber auch Angaben machen, um welche Art Mangel es sich handelt und wo oder wie er sich bemerkbar macht. Sie müssen ohne große Umstände dadurch in die Lage versetzt werden zu beurteilen, ob dieser Mangel überhaupt Ihnen anzulasten ist. Da die Abnahme Ihrer Anlage bereits erfolgt ist, ist jetzt der Auftraggeber beweispflichtig, inwieweit der aufgetretene Mangel auch von Ihnen zu vertreten ist.

Muß Ihre Firma den Mangel beseitigen, so haben Sie nicht nur die Pflicht, die Arbeiten in einer vom Auftraggeber anzugebenden angemessenen Frist zu erledigen, sondern auch das Recht dazu. Ihr Auftraggeber kann also während dieser Frist nicht einfach eine andere Firma mit der Mängelbeseitigung beauftragen und dann Ihnen diese Leistung in Rechnung stellen. Das geht nur, wenn es mit Ihrer Firma so vereinbart wurde oder wenn Sie die Frist nutzlos haben verstreichen lassen. Andernfalls muß der Auftraggeber für die dadurch entstandenen Kosten selbst aufkommen. Darüber hinaus können Sie versuchen, jede Gewährleistung, die den Anlagenbereich, in dem die fremde Firma tätig war, betrifft, grundsätzlich abzulehnen. Denn nach Eingreifen einer anderen Firma in Ihr Werk ist der Auftraggeber beweispflichtig, daß ein festgestellter Mangel Sie betrifft und nicht die andere Firma.

Ihr Auftraggeber darf Ihnen auch nicht vorschreiben, wie Sie im Gewährleistungsfall die Nachbesserung vornehmen sollen. Um eine Anlage wieder in den vertragsgemäßen Zustand zu bringen, können Sie ganz allein bestimmen, in welcher Art und Weise Sie einen Mangel beseitigen.

Beschädigen Sie bei der Mängelbehebung Leistungen anderer Unternehmer, so sind Sie für die spätere Beseitigung dieser Schäden kostenpflichtig.

Wer trägt die durch die Mängelbehebung entstehenden Kosten? Hier sind zwei Kostengruppen zu unterscheiden: die Kosten, die allein durch die **Nachbesserung** entstehen, und die Kosten, die dem Auftraggeber bei einwandfreier Ausführung sowieso von vornherein entstanden wären. Die erste Kostengruppe trägt immer der Auftragnehmer, und die zweite Kostengruppe, die sogenannten „Sowieso-Kosten", können Sie dem Auftraggeber in Rechnung stellen. Zur Erläuterung der zweiten Kostengruppe sei ein Beispiel angeführt:

Nach Bezug einer Wohnanlage ergibt der Betrieb der Entwässerungsanlage Undichtigkeiten. Bei der Untersuchung der Ursache wird festgestellt, daß sich entgegen den Erwartungen des Fachplaners in einem Leitungsabschnitt ein Überdruck aufbauen kann. Die ausführende Firma hätte das aufgrund ihrer Fachkunde bereits bei der Montage der Entwässerungsleitung feststellen müssen. Zur Abhilfe sind nachträglich festsitzende Dichtungsschellen, z. B. Tempokrallen, anzubringen. Die Kosten der Tempokrallen und die Montagekosten hat der Auftraggeber zu tragen. Die Kosten der Ursachenfeststellung, soweit sie dem Auftragnehmer entstanden sind, und die Kosten der Anreise der Montagegruppe hat die ausführende Firma zu tragen. Letztere deswegen, weil bei einer rechtzeitigen Anbringung der Tempokrallen dem Auftraggeber auch keine zusätzlichen Fahrtkosten entstanden wären.

Versucht Ihr Auftraggeber, Ihre Rechte auf Nachbesserung in seinen Allgemeinen Geschäftsbedingungen (z. B. Allgemeine oder Zusätzliche Vertragsbedingungen) zu schmälern oder gar zu streichen, so sind diese Klauseln unwirksam. Klauseln, in denen die Nachbesserungsfrist auf acht Tage beschränkt wird, oder Klauseln, die keine Frist einräumen, damit der Auftraggeber sofort eine andere Firma mit der Mängelbehebung beauftragen kann, verstoßen nicht nur gegen § 13 Nr. 5 VOB/B, sondern auch gegen das AGB-Gesetz. Sie benachteiligen den Auftragnehmer in so unangemessener Weise, daß sie gegen § 9 verstoßen und deshalb unwirksam sind. Sie können also beruhigt Verträge unterschreiben, wenn in den Allgemeinen Geschäftsbedingungen derartige Klauseln enthalten sind. Diese Klauseln sind ungültig. Um eine solche Klausel doch gültig werden zu lassen, muß sie Ihr Auftraggeber schon ausführlich mit Ihnen besprechen und ein besonderes Protokoll aufsetzen (siehe auch **AGB-Gesetz**, **Verstöße gegen VOB und AGB-Gesetz**, **Mängelbeseitigung vor Abnahme**, **Nachbesserung**).

Mängelbeseitigung vor Abnahme Werden Leistungen schon vor der Fertigstellung und der Abnahme vom Auftraggeber als mangelhaft oder nicht vertragsgemäß beanstandet, so müssen Sie diese Leistungen durch mängelfreie bzw. vertragsgemäße Leistungen ersetzen. Die Kosten haben Sie zu tragen (VOB/B § 4 Nr. 7). Ist dem Auftraggeber durch Ihre mängelbehaftete Leistung ein Schaden entstanden, so müssen Sie hierfür, sofern Sie den Mangel oder die Vertragswidrigkeit selbst zu vertreten haben, Schadenersatz leisten. Für die Mängelfreiheit Ihrer Leistung tragen Sie die Beweispflicht.

Werden Sie von Ihrem Auftraggeber aufgefordert, einen festgestellten Mangel zu beseitigen, und ist Ihnen das aus irgendwelchen Gründen nicht umgehend möglich, so kann es geschehen, daß Ihr Auftraggeber eine andere Firma mit der Mängelbeseitigung beauftragt. Versucht er darüber hinaus noch, von Ihnen die Kosten dieser Mängelbeseitigung zu erhalten bzw. Ihre Forderungen an Ihn um diesen Betrag zu mindern, so sollten

Sie sich das nicht gefallen lassen. Der Bundesgerichtshof hat in einem Urteil vom 15.5.1986 der Ansicht widersprochen, der Auftraggeber dürfe schon vor der Abnahme bei Verzug des Auftragnehmers Mängel durch Fremdfirmen beseitigen lassen und Ersatz der ihm dabei entstandenen Kosten verlangen. Nur wenn der Auftraggeber korrekt nach VOB/B § 8 Nr. 3 verfährt, d. h., er muß Ihnen eine angemessene Frist zur Beseitigung des Mangels setzen und außerdem erklären, daß er Ihnen den Auftrag entzieht, wenn Sie diese Frist nicht nutzen, kann er nach Kündigung des Auftrages durch ein anderes Unternehmen den Mangel beseitigen oder den noch nicht vollendeten Teil der Leistung herstellen lassen. Und nur in diesem Fall, also nach Auftragsentzug, kann der Auftraggeber Sie mit den entstandenen Kosten belasten. Der Auftraggeber hat dann auch das Recht, Ihre sich noch auf der Baustelle befindlichen Geräte, Gerüste, Einrichtungen, Bauteile und Stoffe gegen angemessene Vergütung in Anspruch zu nehmen. Anstelle der Kündigung des Gesamtauftrages ist auch die eines Teilauftrages möglich.

Solange also keine Kündigung durch den Auftraggeber vorgenommen wurde, sind Sie allein für die Fertigstellung der Leistung und Beseitigung etwaiger Mängel zuständig. Die Kosten, die dem Auftraggeber in dieser Situation durch Beauftragung von mehreren Firmen im Zusammenhang mit der Fertigstellung Ihrer Leistung bzw. Mängelbeseitigung an Ihrer Leistung entstehen, hat er ganz allein zu übernehmen, es sei denn, Sie haben eine von der VOB/B abweichende Regelung mit Ihm vereinbart (siehe auch **Mängelbeseitigung nach Abnahme** und **Nachbesserung**).

Mängelfreiheit Voraussetzung für die Abnahme Ihrer Leistung ist die Mängelfreiheit des Werkes. Wegen wesentlicher Mängel kann die Abnahme bis zu deren Beseitigung verweigert werden. Sie sollten alles daransetzen, die Abnahme Ihrer Leistung oder wesentlicher Teilleistungen so früh wie möglich zu erreichen. Das ist für Sie kostengünstiger. Vor der Abnahme tragen nämlich Sie die Gefahr für Ihre Leistung und müssen außerdem noch die Mängelfreiheit Ihres Werkes beweisen. Nach der Abnahme geht sowohl die Gefahr für die Unversehrtheit Ihrer Leistung als auch die Beweislast für das Vorhandensein von Mängeln auf den Auftraggeber über.

Versucht ein Auftraggeber in seinen Allgemeinen Geschäftsbedingungen (z. B. Allgemeine oder Zusätzliche Vertragsbedingungen, siehe auch **AGB-Gesetz**), den Auftragnehmer auch nach erfolgter Abnahme noch zu verpflichten, die Mängelfreiheit seiner Leistung beweisen zu müssen, so ist eine derartige Klausel unwirksam. Diese Regelung verstößt gegen § 11 Nr. 15a des AGB–Gesetzes. Darin heißt es:

„Eine Bestimmung in Allgemeinen Geschäftsbedingungen ist unwirksam, durch die der Verwender die Beweislast zum Nachteil des anderen Vertragsteils ändert, insbesondere, indem er diesem die Beweislast für Umstände auferlegt, die im Verantwortungsbereich des Verwenders liegen."

Ist Ihre Leistung bei der Abnahme nicht mängelfrei und nimmt der Auftraggeber sie trotzdem ab, so steht ihm, auch ohne einen entsprechenden Vorbehalt ausgesprochen zu haben, ein Schadenersatzanspruch zu. Dieser Anspruch besteht jedoch nur für einen geldlichen Ausgleich, ein Anspruch auf Nachbesserung der mängelbehafteten Leistung besteht für den Auftraggeber nicht. Sind Sie jedoch der Meinung, daß Sie mit einer fachlich einwandfreien Nachbesserung kostengünstiger hinkommen, so haben Sie die freie Wahl zwischen geldlichem Schadenersatz oder Nachbesserung. Der Auftraggeber hat zwar keinen Anspruch auf Nachbesserung, muß aber Ihnen diese Möglichkeit einräumen.

Manometer Es gibt u. a. Röhrenfeder- oder Plattenfedermanometer mit und ohne rote Einstellzeiger oder Schleppzeiger und Differenzdruckmanometer. Die Einkaufskosten sind für Sie sehr unterschiedlich. Daher lohnt es sich, vor Rechnungsstellung nochmal zu prüfen, welche Ausführungen im Angebot enthalten waren und welche eingebaut wurden. Haben Sie Manometer geliefert, die von der Ausschreibung abweichen, entweder weil der Fachingenieur, der Bauleiter oder der Bauherr es gefordert hat oder weil es technisch notwendig war, so können Sie hierfür einen neuen Preis unter Berücksichtigung der Mehr- und Minderkosten verlangen (VOB/B § 2 Nr. 5).

Haben Sie auch Behälter, z. B. Speichergefäße oder Boiler, die mit Manometer bestückt sind, abzurechnen, so sollten Sie prüfen, ob die Leistungsbeschreibung auch diese Manometer enthält. Sind sie nicht beim Lieferumfang des Behälters aufgeführt, so können Sie sie als **zusätzliche Leistung** abrechnen. Sie ist technisch notwendig und gilt damit als gefordert im Sinne der VOB/B § 2 Nr. 6. Sie hätten zwar nach dieser Vorschrift Ihren Vergütungsanspruch ankündigen müssen, bevor Sie mit der Ausführung beginnen, aber hier gibt es Gründe genug, die erläutern, warum Ihnen das nicht möglich war. Die Behälterhersteller sind ganz allein für die Sicherheitsausrüstung der Behälter verantwortlich. Wenn sich daraus Zusatzleistungen ergeben, so wird Ihnen das nicht immer so zeitig mitgeteilt, daß Sie Ihren Auftraggeber vorher informieren können.

Manometerhähne und -ventile werden selten mit ausgeschrieben, aber häufig doch eingebaut. Diese zusätzlichen Leistungen sollten bereits beim Aufmaß festgehalten werden, damit sie nicht in Vergessenheit geraten. Hierfür steht Ihnen eine Vergütung entweder nach VOB/B § 2 Nr. 6 zu oder, falls Sie eigenmächtig vom Vertrag abgewichen sind, nach VOB/B § 2 Nr. 8 (2), wenn diese Leistung zur Erfüllung des Vertrages notwendig war und dem Auftraggeber unverzüglich angezeigt wurde.

Maschinenschrauben Sind in Ihrem Auftrag Flansche, Gegenflansche oder Blindflansche enthalten, so benötigen Sie zur Montage auch Maschinenschrauben, Muttern und Dichtungen. Es ist nicht selbstverständlich, daß im Angebotspreis für den Flansch auch die Schrauben, Muttern und Dichtungen enthalten sind. Es empfiehlt sich, die Leistungsbeschreibung daraufhin zu prüfen, ob die Schrauben usw. im Einheitspreis der Flansche oder in einer Zuschlagsposition enthalten sind. Ist das nicht der Fall, können Sie diese Leistung erbringen und mit angemessenen Nachtragspreisen abrechnen. Sie müssen Ihre Forderungen nur vor Beginn der Ausführung ankündigen. Die Ankündigung Ihres Anspruches auf zusätzliche Vergütung kann schriftlich, z. B. durch ein Nachtragsangebot, oder auch mündlich vor Zeugen erfolgen (siehe auch **Zusätzliche Leistung**). Haben Sie versäumt, dem Auftraggeber Ihre Vergütungsforderung vor der Ausführung anzukündigen, so bleibt Ihnen noch der Versuch, die Schrauben, Muttern und Dichtungen als Mehrkosten zum Flansch abzurechnen (siehe **Leistungsänderung**).

Häufig versuchen Auftraggeber unter Hinweis auf sogenannte „Generalklauseln", keine Mehrkosten anzuerkennen. Selbst wenn die Vertragsunterlagen eine Bestimmung enthalten, wonach die Preise so zu kalkulieren sind, daß nur komplette (fix und fertige) Leistungen anzubieten sind, ist damit noch nicht bewiesen, daß auch Schrauben, Muttern und Dichtungen für die Flansche kalkulatorisch hätten berücksichtigt werden müssen. Hier ist die Entscheidung zwar stark vom Einzelfall abhängig, aber generell ist doch der Hinweis auf VOB/A § 9 Nr. 1 und 3 angebracht. Es ist dem Anbieter nicht zuzumuten, jeden Text der Leistungsbeschreibung daraufhin zu untersuchen, ob er die vollständige Leistung enthält oder nicht oder ob er eine Leistung enthält, die bei einer anderen Position fehlt (siehe auch **Vollständigkeit der Leistung**). Ist die Generalklausel in Vertragsbestimmungen enthalten, die zu den Allgemeinen Geschäftsbedingungen zählen und damit dem AGB-Gesetz unterliegen, so verstößt sie gegen § 5 und § 9 dieses Gesetzes und ist ungültig.

Maschinenstunden Haben Sie Mauerdurchbrüche oder Wandschlitze stemmen müssen, so rechnen Sie diese üblicherweise als **Stundenlohnarbeiten** ab. Aber für diese Arbeiten wurden auch Bohrmaschinen, Boschhämmer oder ähnliche Maschinen, die Ihnen erhebliche Kosten verursachen, eingesetzt. Sind diese Maschinen nicht ausdrücklich im Text des Leistungsverzeichnisses erwähnt, indem die Kosten z. B. in den Stundensatz einzukalkulieren waren, so können Sie Ihrem Auftraggeber die nachweislich angefallenen Maschinenstunden in Rechnung stellen. Grundlage Ihrer Forderung ist neben § 2 Nr. 6 auch § 15 Nr. 3 der VOB/B. Letzterer sieht bei den Stundenlohnarbeiten vor, daß das Vorhalten von Einrichtungen, Geräten, Maschinen und maschinellen Anlagen ein besonders zu vergütender Aufwand ist, über den auch Stundenlohnzettel zu schreiben und einzureichen sind.

Zu beachten ist hierbei, daß Sie Ihre zusätzliche Vergütungsforderung dem Auftraggeber vor Ausführung der Leistung ankündigen müssen. Hier ist das besonders wichtig, da diese Maschinenstunden in engem Zusammenhang mit den Stundenlohnarbeiten gesehen werden müssen und diese nur zu vergüten sind, wenn sie vor dem Beginn ausdrücklich vereinbart wurden (VOB/B § 2 Nr. 10) (siehe auch **Schweißarbeiten**).

Mauerdurchbrüche Sind im Leistungsverzeichnis keine Bohr-, Stemm- oder Schlitzarbeiten enthalten, so können Sie diese Arbeiten, sofern sie von Ihnen verlangt werden, zusätzlich abrechnen. Die VOB/C, DIN 18 381 sieht unter Punkt 4.2.5 eindeutig vor, daß Stemm-, Bohr- und Fräsarbeiten für die Befestigung von Konsolen und Halterungen sowie das Herstellen von Schlitzen und Durchbrüchen nicht zu den Nebenleistungen gehören. Es sind **Besondere Leistungen**, die zusätzlich zu vergüten sind.

Ihr Vergütungsanspruch, sofern er nicht vertraglich geregelt ist, stützt sich auf die VOB/B § 2 Nr. 6, da es sich dann um eine nicht im Vertrag vorgesehene Leistung handelt. Wichtig ist hierbei für Sie die Forderung der VOB, daß der daraus erwachsene Anspruch auf eine besondere Vergütung dem Auftraggeber anzukündigen ist, und zwar müssen Sie das tun, bevor Sie mit der Ausführung der Leistung beginnen.

Wird im Leistungsverzeichnis pauschal von Ihnen verlangt, Stemm-, Bohr- und Fräsarbeiten am Mauerwerk, auch zum Herstellen von Schlitzen und Durchbrüchen, in die Einheitspreise einzukalkulieren, so verstößt das eindeutig gegen die VOB/A § 9 Nr. 1 und 2. Da Sie vorher nicht wissen können, wie viele Schlitze und Durchbrüche gefertigt werden müssen, können Sie die Kosten hierfür auch nicht in Ihre Preise einrechnen. Müssen Sie dann tatsächlich mehr als nur einige unbedeutende Stemm- und Bohrarbeiten ausführen, so kündigen Sie vorher an, möglichst schriftlich, daß Sie diese Arbeiten zusätzlich vergütet haben wollen (siehe auch **Zusätzliche Leistung** und **Betonstemmarbeiten**).

Mehrwertsteuer In welchen Fällen ist es zulässig, zusätzlich zum vereinbarten Preis auch noch die Mehrwertsteuer in Rechnung zu stellen? Nur, wenn eine klare vertragliche Regelung besteht, daß die abgegebenen Preise Nettopreise sind, denen noch die Mehrwertsteuer hinzuzurechnen ist. Und nur dann! In allen anderen Fällen enthalten die genannten Preise bereits die Mehrwertsteuer.

Ist in einem Vertrag die Handhabung der Mehrwertsteuer nicht geregelt, so ist diese in den vereinbarten Preisen, egal ob es sich um Löhne, Einheits- oder Pauschalpreise handelt, bereits enthalten. Es gibt keine Regelung oder Verkehrssitte, auf die Sie sich berufen können, die aussagt, daß zu einem genannten Preis immer noch die Mehrwertsteuer hinzuzurechnen ist.

Das bedeutet aber, daß Sie darauf achten müssen, daß Ihre Angebote und Auftragsbestätigungen eine eindeutige Festlegung der Mehrwertsteuer enthalten. Eindeutige Regelungen lauten z. B.:

„Die Preise verstehen sich netto plus Mehrwertsteuer."

„2.500,- DM zuzüglich Mehrwertsteuer."

Mehrdeutig ist folgende Regelung, die Sie vermeiden sollten:

„Die Preise sind Nettopreise + Mehrwertsteuer."

Wird das Pluszeichen als „und" gelesen, so bestehen die genannten Preise bereits aus Nettopreis und Mehrwertsteuer und sind damit Bruttopreise, auch wenn Sie etwas ganz anderes damit ausdrücken wollten.

Mengenänderung Ändern sich bei einem VOB-Vertrag bei einer der Ihnen in Auftrag gegebenen Teilleistungen die Mengen um mehr als 10 %, so können Sie eine Änderung der hierfür vereinbarten Preise verlangen. Das gilt sowohl für die Mengenmehrungen als auch für die Mengenminderungen. Treten Mengenmehrungen bei einzelnen Positionen des Leistungsverzeichnisses ein, können Sie wie folgt abrechnen: Für die beauftragte Menge zuzüglich 10 %, also insgesamt 110 % der Auftragsmenge, ist der vertraglich vereinbarte Einheitspreis anzusetzen. Für die darüber hinausgehende Mehrmenge jeder Position ist ein neuer Preis zu vereinbaren. Üblicherweise werden Sie, wenn Sie Mehrkosten geltend machen wollen, die Bildung eines neuen Preises verlangen. Aber auch der Auftraggeber kann die Neupreisbildung verlangen. Er wird es tun, wenn er glaubt, daß sich eine Preisminderung ergeben müßte.

Aufgrund eines BGH-Urteils ist jeder Auftragnehmer, der feststellt, daß sich als Folge einer Mengenerhöhung auch eine Erhöhung des Einheitspreises ergibt, verpflichtet, unverzüglich seinen Auftraggeber davon schriftlich zu unterrichten. Unterläßt er diese Mitteilung, hat er dem Auftraggeber den daraus enstehenden Schaden zu ersetzen. Hiernach ist zu folgern, daß Sie bei Mengenmehrungen nur dann Preiserhöhungen verlangen können, wenn Sie Ihren Auftraggeber vorher davon schriftlich Mitteilung gemacht haben.

Fordern Sie eine Preiserhöhung, so haben Sie Ihre Forderung zu begründen und die Höhe dieser Forderungen nachzuweisen. Der Nachweis kann durch Unterlagen der Preisermittlung des Hauptauftrages, durch Preise vergleichbarer Leistungen des Hauptauftrages oder, falls entsprechende Angaben fehlen, hilfsweise durch Preise aus anderen Aufträgen geführt werden. Sie können z. B. Mehrkosten bei Mengenmehrungen geltend machen, wenn Sie die zusätzlichen Mengen nicht mehr zu den günstigen Konditionen der Hauptbestellung beschaffen konnten. Hierzu gehören auch die Kosten für Nachbestellungen und die Fertigungs- und Frachtkostenzuschläge, die bei Mindermengen oder Expreßversand erhoben werden.

Etwas anders liegt der Fall, wenn bei Teilleistungen des Auftrages Mengenminderungen eintreten. Auch hier können Sie bei Unterschreitung der beauftragten Menge um mehr als 10 %, bis zu dieser Grenze gilt der vertraglich vereinbarte Einheitspreis, eine neue Preisvereinbarung verlangen. Die zu fordernde Preiserhöhung soll im wesentlichen den Mehrbetrag decken, der durch die geänderte Verteilung der Fixkosten, wie Baustelleneinrichtungs- und -gemeinkosten und Allgemeine Geschäftskosten, entsteht. Selbstverständlich können Sie auch andere Ihnen durch die Mengenminderung entstandene Mehrkosten geltend machen.

Ihrer Forderung nach einer neuen Preisvereinbarung, falls nur noch weniger als 90 % der ursprünglichen Auftragsmenge zu liefern waren, muß der Auftraggeber jedoch nur dann entsprechen, wenn Sie nicht durch Erhöhung der Mengen bei anderen Auftragspositionen oder in anderer Weise einen Ausgleich erhalten haben. Sie müssen nun nicht sofort auf jede Preiserhöhung verzichten, nur weil sich einige andere Mengen erhöht oder weil Sie noch Zusatzaufträge erhalten haben; denn allein der Hinweis auf Mengenerhöhungen bei anderen Positionen reicht hier nicht aus. Vielmehr muß der Auftraggeber den Nachweis führen, daß Sie durch die mengenmäßige Erhöhung anderer Auftragspositionen oder durch Zusatzaufträge einen Wertausgleich erhalten haben. Grundsätzlich dürfen sämtliche Mengenmehrungen zwischen 100 % und 110 % der Auftragssumme nicht in einen Wertausgleich einbezogen werden, da Sie ja auch für die Mengenminderungen zwischen 100 % und 90 % der Auftragsmengen keine Einheitspreiserhöhung verlangen und nach VOB/B § 2 Nr. 3 auch nicht verlangen dürfen. Sämtliche anderen Positionen des Leistungsverzeichnisses, die Mengenmehrungen von 10 % und mehr bei der Abrechnung aufweisen, wird Ihr Auftraggeber nur für die Fixkosten als Wertausgleich heranziehen können. Für einen Ausgleich weiterer Kosten steht hier Ihre Forderung nach Einheitspreiserhöhung, z. B. durch zusätzliche Bestellkosten, Frachtkosten, geringere Rabatte, höhere Preise durch spätere Bestellungen usw., entgegen.

Anders als im Bauhauptgewerbe, auf das sich die meisten Kommentatoren und bereits gesprochene Gerichtsurteile beziehen, sind im Ausbauhandwerk und besonders bei Sanitäranlagen kaum Umstände bekannt, die bei Massenmehrungen zu einer Reduzierung der Einheitspreise führen. Weiterhin sind von Ihrem Auftraggeber als Wertausgleich nicht heranzuziehen: Lohnerhöhungen, Bedarfspositionen (Eventualpositionen) und Stundenlohnarbeiten (Regiearbeiten), denn diese unterliegen bei Minderungen oder Wegfall (Bedarfspositionen) weder der Preisanpassung nach VOB/B § 2 Nr. 3, noch erwächst daraus ein Schadenersatzanspruch nach VOB/B § 8 Nr. 1.

Ihre Forderung nach Preiserhöhung bei Mengenänderungen begründet sich auf die VOB/B § 2 Nr. 3. Hierbei ist jedoch zu berücksichtigen, daß die Mengenänderung nicht durch eine Entwurfsänderung oder eine andere Anordnung des Auftraggebers zustande gekommen oder die Folge einer eigenmächtigen Vertragsabweichung ist, weil sonst eine andere

Vertragsgrundlage herangezogen werden muß. Das Fordern neuer Einheitspreise setzt also voraus, daß die Mengenänderung durch Fehleinschätzung entstand, z. B. ungenaue Mengenermittlung des Fachingenieurs.

Als Zeitpunkt, wann die Preisanpassung vorgenommen werden soll, ist der Abschluß der Arbeiten zu nennen und damit praktisch der Termin der Stellung der Schlußrechnung. Erst dann sind die tatsächlichen Mengen sowie ein eventueller Wertausgleich bekannt. Bis dahin, also für sämtliche Teil- und Abschlagsrechnungen, gilt der Vertragspreis.

Ein Sonderfall der Mengenminderung ist die **Entfallene Leistung**, also die Mengenminderung von 100 %. Hier können Sie die Differenz zwischen Vertragspreis und ersparten Aufwendungen Ihrem Auftraggeber in Rechnung stellen.

Wird vertraglich in Bedingungen, die dem AGB-Gesetz unterliegen, vereinbart, daß eine Preisanpassung durch Mengenmehrung oder Mengenminderung entsprechend VOB/B § 2 Nr. 3 Abs. 2 und 3 ausgeschlossen wird, so können Sie trotzdem Preisanpassung verlangen. Diese Regelung verstößt nicht nur gegen § 2 Nr. 3 VOB/B, sondern auch gegen § 9 AGB-Gesetz und ist damit unwirksam. Das AGB-Gesetz vom 9.12.1976 ist in erster Linie eine Schutzvorschrift für Auftragnehmer und Verbraucher. Es schützt damit auch Sie vor Benachteiligung durch den Auftraggeber. Dieser beabsichtigt, mit dem Ausschluß oder der Einschränkung des § 2 Nr. 3 VOB/B das gesamte Risiko bei Mengenänderungen Ihnen aufzubürden, wodurch Sie aber entsprechend § 9 AGB-Gesetz unangemessen benachteiligt wären.

Muster Zur Installation sanitärer Einrichtungsgegenstände, wie z. B. Waschbecken, Spiegel, Ablagen, Seifenschalen, Haltegriffe, WC-Bürsten oder Armaturen, ist die vorherige Bemusterung für den Bauherrn, Fachingenieur oder Architekten fast schon zur Gewohnheit geworden. Dieser gesamte Bemusterungsvorgang ist für den Auftragnehmer mit erheblichen Kosten verbunden. Die Muster müssen beschafft und zur Baustelle oder zum Bemusterungsort transportiert werden. Der Entscheidungsprozeß dauert lange – dabei geht Ihnen als Auftragnehmer viel Zeit verloren – und dann müssen die Einrichtungsstücke wieder abtransportiert werden. Hinzu kommt noch, daß es häufig nicht mit nur einer Bemusterung getan ist und der Vorgang sich mehrfach wiederholen kann.

Wer hat die Kosten der Bemusterung zu tragen? Enthält Ihr Auftrag den Hinweis, daß Einrichtungsgegenstände zu bemustern sind, so mußten Sie die hierfür üblichen Kosten bei der Bildung der Einheitspreise bereits berücksichtigen. Sie können lediglich bei einem sehr aufwendigen Bemusterungsvorgang Mehrkosten geltend machen. Daß z. B. ein mehrmaliges Beschaffen von Mustern notwendig werden würde, konnten Sie bei der Kalkulation des Angebotes nicht wissen und daher auch nicht berücksichtigen.

Enthält Ihr Auftrag keinen Hinweis auf eine gewünschte Bemusterung von Einrichtungsgegenständen, so können Sie sämtliche Kosten, die Ihnen im Zusammenhang mit dem Bemusterungsvorgang entstanden sind, Ihrem Auftraggeber in Rechnung stellen. Um sich vertragsgemäß zu verhalten (siehe VOB/B § 2 Nr. 6), müssen Sie jedoch, bevor Sie mit der Beschaffung der Muster beginnen, Ihrem Auftraggeber ankündigen, daß Sie für diese zusätzliche Leistung auch eine zusätzliche Vergütung beanspruchen.

Ihre für Bestellung, Transport, Montage, Begutachtung, Demontage und Abtransport benötigten Zeiten lassen Sie sich am besten als Regieleistung bestätigen, damit es bei der Schlußrechnung keine Unklarheiten über den Leistungsumfang gibt. Aber auch eventuelle Transport- und Rückgabekosten sollten Sie sich festhalten und mit der Schlußrechnung Ihrem Auftraggeber weiterberechnen.

Ihre Forderung auf Vergütung der Bemusterungskosten stützt sich sowohl auf VOB/B § 2 Nr. 6 (**Zusätzliche Leistung**) als auch auf VOB/C, DIN 18 381. Dort, in den Hinweisen für die Leistungsbeschreibung, ist unter Punkt 0.2.8 aufgeführt, daß der Auftraggeber anzugeben hat, für welche Anlagenteile im Angebot Muster verlangt werden. Weiterhin ist als **Besondere Leistung** unter Punkt 4.2.24 das Herstellen von Mustereinrichtungen und -konstruktionen sowie von Modellen aufgeführt, womit besonders auf die Montage von Musterbädern hingewiesen wird. Besondere Leistungen sind immer zu vergüten. Entweder enthält das Leistungsverzeichnis eine entsprechende Position oder eine andere Vergütungsregelung, oder Sie können diese Leistung zusätzlich abrechnen.

Mutterpausen   Nach DIN 18 381, Gas-, Wasser- und Abwasser-Installationsarbeiten innerhalb von Gebäuden, sind Sie als Auftragnehmer auch ohne besondere Aufforderung verpflichtet, Montage- und Fundamentpläne zu liefern. Dagegen sind Schlitz- und Durchbruchpläne, Revisions- bzw. Bestandspläne nur nach besonderer Erwähnung in der Leistungsbeschreibung anzufertigen. Alle diese Zeichnungen sind von Ihnen aber nur nach Planungsunterlagen und Berechnungen des Auftraggebers zu erstellen (Punkt 3.1.2 der DIN 18 381). Das bedeutet, daß Ihnen Ihr Auftraggeber gute pausfähige Pläne, sogenannte Mutterpausen, zur Verfügung stellen muß.

Nach Punkt 0.2.19 der DIN 18 381 sind Bestandspläne eine Darstellung der ausgeführten Anlage in den Bauplänen. Also ohne gute, pausfähige Baupläne können Sie keine vernünftigen Bestandspläne anfertigen. Die hierfür benötigten Mutterpausen sind Ihnen kostenlos zu übergeben.

Verlangt Ihr Auftraggeber von Ihnen die Bezahlung der Mutterpausen, so sollten Sie sich unter Hinweis auf die genannten Punkte der DIN 18 381 weigern zu zahlen. Überläßt Ihnen Ihr Auftraggeber lediglich Papierpausen und müssen Sie hiervon pausfähige Pläne anfertigen lassen, so sollten Sie vor der Ausführung Ihrem Auftraggeber ankündigen, daß Sie für diese Arbeiten eine besondere Vergütung beanspruchen. Am besten geschieht das in Form eines Angebotes. Sie können dann sämtliche Kosten, die Ihnen durch das Anfertigen der Mutterpausen entstehen, auch Fahrt- und Wegekosten, mit Ihren üblichen Zuschlägen versehen, auch für Wagnis und Gewinn, in Rechnung stellen. Hier liegen **Zusätzliche Leistungen** vor, für die VOB/B § 2 Nr. 6 gilt.

N

Nachberechnung Häufig passiert es Auftragnehmern, daß sie vergessen, einen Teil der erbrachten Leistung mit der Schlußrechnung abzurechnen. Solange eine Schlußrechnung noch nicht bezahlt ist, kann eine Nachberechnung eingereicht werden. Diese Teilschlußrechnung muß der Auftraggeber annehmen und berechtigte Forderungen erstatten. Anders sieht es aus, wenn die **Schlußzahlung** bereits bei Ihnen eingetroffen ist und Sie keinen Vorbehalt gemacht haben. Der Auftraggeber wird dann weitere Zahlungen unter Hinweis auf die vorbehaltlose Annahme der Schlußzahlung verweigern. In diesem Fall hat er aber nur dann recht, wenn die VOB/B vereinbart worden ist, wenn der Auftraggeber Sie über die Schlußzahlung unterrichtet und auf die Ausschlußwirkung hingewiesen hat (VOB/B § 16 Nr. 3 Abs. 2). Hat er das versäumt, sind Sie nicht an Ihre Schlußrechnung gebunden, d. h., Sie können eine Nachberechnung in Form einer Teilschlußrechnung einreichen oder eine neue Schlußrechnung mit einer höheren Abrechnungssumme stellen.

Ist die VOB/B vereinbart und sind die Voraussetzungen nach § 16 Nr. 3 Abs. 2 erfüllt, so haben Sie nach vorbehaltloser Annahme der Schlußzahlung (ein Vorbehalt hätte innerhalb von 24 Werktagen nach Eingang erhoben werden müssen) bis auf fünf Ausnahmen keine Möglichkeit mehr, eine zum ursprünglichen Auftrag gehörende, aber bisher nicht berechnete Leistung nachzuberechnen.

Die erste Ausnahme betrifft die **Aufrechnung** gegen **Rückforderungen**. Sollte, egal aus welchem Grund, seitens Ihres Auftraggebers eine begründete Rückforderung erhoben werden, so können Sie Ihre offenen Forderungen gegen diese Rückforderungen aufrechnen.

Die zweite Ausnahme nutzt die Unachtsamkeit des Auftraggebers aus. Wenn Sie nach vorbehaltloser Annahme der Schlußzahlung trotzdem noch berechtigte Forderungen geltend machen, d. h. entsprechende Rechnungen stellen, und Ihr Auftraggeber zahlt aus Unachtsamkeit den geforderten Betrag aus, kann er ihn später, wenn er es merkt, nicht mehr zurückfordern. Die VOB/B schließt im § 16 Nr. 3 lediglich Nachforderungen aus, sagt aber über einen Rückforderungsanspruch trotzdem geleisteter Zahlungen nichts aus (BGH-Urteil von 1973).

Die dritte Ausnahme ergibt sich dann, wenn die Zusätzlichen Vertragsbedingungen nach dem Muster des Vergabehandbuches für die Durchführung von Bauaufgaben des Bundes Vertragsbestandteil geworden sind. Dort heißt es u. a.:

„Erstattungen (zu § 16 VOB/B): Werden nach Annahme der Schlußzahlung Fehler in den Unterlagen der Abrechnung (§ 14 Nr. 1 Satz 1 VOB/B) festgestellt, so ist die Schlußrechnung zu berichtigen; Auftraggeber und Auftragnehmer sind verpflichtet, die sich daraus ergebenden Beträge zu erstatten. Fehler in diesem Sinne sind: Aufmaßfehler, d. h., Abweichungen in Aufmaßlisten und Abrechnungszeichnungen von der tatsächlichen Ausführung und untereinander; Rechenfehler, d. h., Fehler in der Anwendung der allgemeinen Rechenregeln der Rechnungsarten (einschließlich Kommafehler); Übertragungsfehler einschließlich Seitenübertragungsfehler. Das Verlangen nach Berichtigung derartiger Fehler gilt nicht als Nachforderung im Sinne des § 16 Nr. 3 Abs. 2 VOB/B."

Diese vertragliche Regelung bedeutet aber nichts anderes, als daß Sie sämtliche Leistungen, die Sie bisher nicht abgerechnet haben, nachberechnen können. Wenn Ihre Forderungen berechtigt sind, wird es Ihnen nicht schwerfallen, diese als Aufmaßfehler, Rechenfehler oder Übertragungsfehler zu definieren. Ihr Auftraggeber ist in diesem Fall verpflichtet, Ihre berechtigten Nachforderungen, auch nach vorbehaltloser Annahme der Schlußzahlung, anzuerkennen und die noch offenen Beträge zu erstatten. Diese vertragliche Regelung sieht jedoch keine Verzinsung der verspätet geforderten Vergütung vor.

Falls Sie also nach vorbehaltloser Annahme der Schlußzahlung feststellen, daß Sie weitere Leistungen erbracht, aber bei der Abrechnung vergessen haben, kann es sich lohnen, die Vertragsbedingungen auf entsprechende Rückzahlungsvereinbarungen hin zu überprüfen oder einfach den Versuch einer Nachberechnung zu machen.

Übrigens können Sie versehentlich doppelt angesetzte Abschlagszahlungen, die somit die Schlußzahlung entsprechend mindern, immer nachberechnen. Hierbei handelt es sich nicht um Forderungen im Sinne des § 16 Abs. 2 VOB/B, sondern um „Doppelbuchungen". Für Buchungsfehler sind aber Nachforderungen nicht ausgeschlossen.

Die vierte Ausnahme tritt ein, wenn die VOB/B nicht als „Ganzes" vereinbart, sondern in wesentlichen Teilen ihrer Bestimmungen eingeschränkt wurde. Dann liegt nämlich ein Verstoß gegen § 9 des AGB-Gesetzes vor. Damit ist der nach § 16 Nr. 3 Abs. 2 der VOB/B vereinbarte Ausschluß von Nachforderungen unwirksam (siehe auch **Schlußzahlung**). In diesem

Sinne hat der Bundesgerichtshof am 17.9.1987 entschieden. Dieses Urteil ist für Sie äußerst wichtig, weil Sie in den mit Ihrem Auftraggeber abgeschlossenen Verträgen fast immer Verstöße gegen die VOB/B finden werden. Hier lohnt sich das genaue Durchlesen der Vertragsbestimmungen fast immer.

Die fünfte Möglichkeit der späteren **Aufrechnung** ist dann gegeben, wenn zwar die VOB vereinbart ist, aber die von Ihnen vergessen abzurechnende Leistung nicht dem ursprünglichen Auftragsumfang zuzurechnen ist (Mengenverschiebungen sind hier nicht gemeint), sondern eine **Zusätzliche Leistung** darstellt. In diesem Fall können Sie nach einem Urteil des Oberlandesgerichts München trotz vorbehaltloser Annahme der **Schlußzahlung** Ihre Nachberechnung dem Auftraggeber zustellen. Er muß sie anerkennen.

Nachbesserung Haben Sie Jahre nach der Abnahme einer von Ihrer Firma erstellten Sanitärinstallation, aber noch innerhalb der Gewährleistungszeit, Nachbesserungen durchzuführen, so müssen Sie diese Arbeiten nicht immer völlig kostenlos für den Auftraggeber erledigen. Zwei wesentliche Teile Ihrer Kosten können Sie, sofern die Voraussetzungen zutreffen, Ihrem Auftraggeber in Rechnung stellen. Das sind einmal die sogenannten „Sowieso-Kosten". Das sind Kosten, die bei der Nachbesserung zusätzlich notwendig geworden sind, aber im ursprünglichen Leistungsumfang nicht enthalten waren. Da sie zur mangelfreien Ausführung der Leistung erforderlich sind, hätte der Auftraggeber diese Kosten sowieso tragen müssen.

Stellt sich z. B. heraus, daß eine eingebaute Zirkulationspumpe eine zu geringe Förderhöhe hat und Sie diese Pumpe gegen eine mit größerer Förderhöhe austauschen müssen, so können Sie die Mehrkosten der neuen, größeren Pumpe gegenüber der bisher eingebauten Zirkulationspumpe ermitteln und Ihrem Auftraggeber in Rechnung stellen. Alle anderen Kosten jedoch, die Ihnen auch entstanden wären, wenn Sie die Pumpe gegen eine andere gleicher Größe ausgetauscht hätten, müssen Sie selbst tragen.

Der zweite Kostenanteil, den Sie Ihrem Auftraggeber in Rechnung stellen können, ist der Betrag für den Vorteilsausgleich. Das sind die Kosten, die der Auftraggeber bei einer späteren Ersatzteilbeschaffung dadurch spart, daß das im Rahmen Ihrer Schadenbehebung eingebaute Teil neuwertig ist und damit wieder die volle Lebensdauer besitzt, während das ausgewechselte Teil bereits mehrere Jahre alt war. Fällt z. B. kurz vor Ablauf der fünfjährigen Gewährleistungszeit ein Temperaturfühler aus und ist es für Sie preisgünstiger, anstelle einer Reparatur im Herstellerwerk den Fühler durch einen neuen zu ersetzen, so erhält Ihr Auftraggeber für einen 5 Jahre alten Temperaturfühler einen völlig neuen. Bei einer angesetzten mittleren Lebensdauer von ca. 10 Jahren erspart sich Ihr Auftraggeber die Hälfte des Wertes, weil er erst entsprechend später Ersatz beschaffen muß. Diese Hälfte oder 50 % des Wertes des Temparaturfühlers dürfen Sie Ihrem Auftraggeber in Rechnung stellen. Auch bei kürzeren Zeitabläufen bis zur Schadenbehebung gilt nach einer Entscheidung des Oberlandesgerichts Frankfurt der Grundsatz, daß sich der Auftraggeber die Vorteile, die er durch Schadenbehebung während der Gewährleistungszeit hat, vom Auftragnehmer anrechnen lassen muß.

Sind lediglich **Schönheitsfehler** nachzubessern, können Sie sogar, falls der dazu notwendige Aufwand unverhältnismäßig groß ist, eine Nachbesserung verweigern und statt dessen Wertminderung anbieten. Möchte der Auftraggeber aber doch eine Nachbesserung, eventuell durch Austausch des beanstandeten Gerätes, sollten Sie Ihm ein Nachtragsangebot einreichen, das auch die Wertminderung berücksichtigt. Mit der Arbeit sollten Sie erst dann beginnen, wenn Sie den schriftlichen Auftrag in Händen haben.

Wie Sie im Gewährleistungsfall eine notwendige Nachbesserung ausführen, ist ganz allein Ihre Sache. Solange Ihre Arbeit fachgerecht ist, kann der Auftraggeber Ihnen nicht vorschreiben, was Sie zu tun haben. Ob Sie z. B. die Gewährleistung durch Reparatur oder durch Lieferung eines neuen Anlageteils erledigen, ist ganz allein Ihrer eigenen Entscheidung vorbehalten.

Nachtragsangebot Es gibt für Sie als Auftragnehmer mehrere Gründe, Nachtragsangebote einzureichen. Einer der wichtigsten ist das Sichern von Vergütungsansprüchen für die nicht im Vertrag enthaltenen Leistungen. Diese **Zusätzlichen Leistungen** fallen an, wenn sie der Auftraggeber verlangt oder wenn sie technisch notwendig waren. Jetzt steht aber in der VOB/B § 2 Nr. 6, daß Sie Ihren Anspruch auf besondere Vergütung, den Sie für diese zusätzlichen Leistungen haben, Ihrem Auftraggeber bereits vor Beginn der Ausführung ankündigen müssen. Diese Ankündigung übernimmt das von Ihnen eingereichte Nachtragsangebot. Hiermit geben Sie Ihrem Auftraggeber klar zu erkennen, daß Sie die aufgeführte zusätzliche Leistung nur gegen eine besondere Vergütung ausführen werden.

Mit Ihrem Nachtragsangebot haben Sie zwar die Höhe der geforderten Vergütung genannt, aber damit sind die Preise noch nicht Vertragsbestandteil geworden. Wenn Sie vermeiden wollen, daß Ihre Wunschpreise bei der Abrechnung vom Bauherrn noch gekürzt werden, so müssen Sie unbedingt auf die Erteilung eines Nachtragsauftrages bestehen. Auch für den Fall, daß sich die Auftragssumme insgesamt nicht erhöht, müssen Sie die schriftliche Vereinbarung der Einheitspreise für die bisher nicht im Vertrag vorgesehene Leistung verlangen. In den meisten Verträgen ist nämlich festgelegt, daß Änderungen oder Ergänzungen nur dann Vertragsbestandteil werden, wenn sie schriftlich vereinbart worden sind. Das gilt es besonders bei den öffentlichen Auftraggebern zu beachten, weil dort der mündliche Auftrag, auch wenn er im Beisein von Zeugen erteilt wurde, ohne jede Rechtskraft ist. Der mündliche Auftrag eines Bürgermeisters, Stadtbaumeisters, Architekten, Bauleiters oder Fachingenieurs für ein öffentliches Bauvorhaben ist für Sie völlig wertlos. Es zählen nur schriftliche Aufträge, die vom zuständigen Gremium (z. B. dem Gemeinderat oder Stadtrat) auch beschlossen wurden (siehe auch **schwebend unwirksam**).

In einem Urteil vom 11.6.1992 hat der Bundesgerichtshof entschieden, daß eine zwischen dem Bauamt einer Stadt und dem Auftragnehmer nur mündlich getroffene Preisvereinbarung ungültig ist, wenn sie nicht nachträglich beschlossen und schriftlich beauftragt wird. Hier ging es darum, daß ein Rechnungsprüfer die Höhe der Preisvereinbarung beanstandete und den Unternehmer (durch das Bauamt) auffordern ließ, den Differenzbetrag zur angemessenen Vergütung, in diesem Fall über 63.000,- DM, als Überzahlung zurückzuzahlen. Da der Auftragnehmer keinen schriftlichen Auftrag vorweisen konnte, mußte er den Betrag erstatten.

Der zweite Grund für das Einreichen von Nachtragsangeboten kann eine **Geänderte Leistung** sein. Nach VOB/B § 2 Nr. 5 sollen hierfür die Preise vor der Ausführung vereinbart werden. Aber ganz so eng müssen Sie diese Bestimmung nicht sehen, denn das ist nur eine Soll-Vorschrift und keine Muß-Vorschrift. Trotzdem ist es immer besser, die neuen Preise für eine geänderte Leistung so zeitig wie möglich vertraglich festzulegen; denn zu einem frühen Zeitpunkt der Bauabwicklung fehlt dem Bauherrn meistens noch die genaue Kostenübersicht, und er ist deswegen bei notwendigen Preisgenehmigungen großzügiger als gegen Ende einer Baumaßnahme. Nennen Sie dagegen für eine geänderte Leistung erstmals mit der Schlußrechnung Ihren Wunschpreis, so ist das für Sie ungünstig. Ihr Bauherr weiß jetzt, wieviel die Gesamtleistung gekostet hat, und wenn der Preis für die geänderte Leistung bisher nicht vertraglich vereinbart war, wird er versuchen, ihn zu streichen oder zumindest zu kürzen.

Der dritte Grund, Nachtragsangebote einzureichen, kann eine von Ihnen gewünschte Leistungsänderung sein. Gründe hierfür finden Sie in fast jedem Leistungsverzeichnis. Es gibt immer wieder Positionen, deren Leistungen nicht so wie dort beschrieben ausgeführt werden können. Sowohl Produktänderungen durch den Hersteller als auch besondere bauliche Umstände können die Ursache für eine notwendige Ausführungsänderung sein. In jedem Fall bietet sich Ihnen bei Änderung der beauftragten Leistung die Chance, neue Preise zu vereinbaren. Aber selbst wenn die ursprünglich beauftragte Leistung ohne Schwierigkeiten ausgeführt werden könnte, bringen Ihnen Nachtragsangebote, mit denen Sie eine Änderung sowohl der Ausführung als auch der Preise anbieten, nicht zu unterschätzende Vorteile. Sie können z. B. Ihrem Auftraggeber bei Zustimmung zu Fabrikats- oder Leistungsänderungen (z. B. geschweißtes Rohr anstelle nahtloses Rohr) insgesamt eine Preisminderung anbieten, aber selbst auch bessere Preise erzielen. Sie müssen ja Ihren Einkaufsvorteil (z. B. höherer Rabatt) bei diesen Ausführungsänderungen nicht voll an den Auftraggeber weiterreichen, solange noch ein Preisvorteil für ihn bleibt.

Generell sollten Sie Ihre Nachtragsangebote immer an Ihren Auftraggeber senden. Das gilt auch dann, wenn Sie die Anweisung erhielten, den gesamten Schriftverkehr über den Architekten oder Fachingenieur abzuwickeln. Zumindest eine Kopie des Angebotes sollte der Auftraggeber immer direkt erhalten. Da es ja ab und zu vorkommt, daß der Architekt oder Fachingenieur die Nachtragsangebote unbearbeitet liegen läßt, kann dann der Auftraggeber nicht behaupten, daß er einer so teuren Ausführungsänderung niemals zugestimmt hätte. Er kann also im nachhinein nicht die Preise kürzen. Das hätte er früher versuchen müssen. Er hat aber trotz Kenntnis des Preis-Leistungs-Verhältnisses die Zeit bis zur Ausführung verstreichen lassen. Damit ist zwar nicht gesagt, daß der Auftraggeber Ihren Wunschpreis unbedingt anerkennen muß (siehe **Preisanpassung**), aber Sie haben in jedem Fall eine günstigere Verhandlungsposition erreicht, als es sonst bei dem nicht informierten Auftraggeber gewesen wäre.

Wie müssen Sie sich verhalten, wenn Ihr Auftraggeber zwar darauf besteht, daß Sie die zusätzliche oder geänderte Leistung umgehend ausführen sollen, aber er kann oder will Ihnen keinen schriftlichen Nachtragsauftrag erteilen? Ganz eindeutig geregelt ist, daß Sie dann die Arbeiten nicht einstellen dürfen. Viele Auftragnehmer glauben, daß sie, wenn Ihnen auf Ihr Nachtragsangebot kein schriftlicher Auftrag erteilt wird, diese Arbeiten auch nicht auszuführen haben. Das Gegenteil ist der Fall. VOB/B § 1 Nr. 3 sagt aus, daß es dem Auftraggeber vorbehalten bleibt, Änderungen des Bauentwurfs anzuordnen. Und § 1 Nr. 4 bestimmt, daß der Auftragnehmer auf Verlangen des Auftraggebers auch nicht vereinbarte Leistungen, die zur Ausführung der vertraglichen Leistung erforderlich werden, mit auszuführen hat. Darüber hinaus kann man vielfach das Hin und Her um die Anerkennung der Nachtragspreise bereits als Streit bezeichnen, und in diesen Fällen greift der § 18 Nr. 4 der VOB/B: „Streitfälle berechtigen den Auftragnehmer nicht, die Arbeiten einzustellen." Es bleibt Ihnen nichts weiter übrig, als auf dem Verhandlungswege Ihre Preisvorstellungen durchzusetzen. Gliedern Sie die Einheitspreise in Material- und Lohnanteile auf, geben Sie sämtliche zusätzlichen (besonderen) Kosten an und kalkulieren Sie mit den gleichen Zuschlägen wie im Hauptangebot. Machen Sie Ihre Nachtragspreise dem Auftraggeber verständlich! Wenn Sie sich klar an die VOB/B-Bestimmungen des § 2 Nr. 5 und 6 halten, darf der Auftraggeber Ihre Preise nicht kürzen.

Nachtragsauftrag Bei jedem Bauvorhaben gibt es während der Ausführung Änderungen und Ergänzungen. Häufig ergeben sich diese ganz zwangsläufig aufgrund von Vorleistungen anderer Unternehmer. Die Ursache der Änderung bzw. der **Zusätzlichen Leistung** kann aber auch eine Anordnung der Auftraggeberseite, die in den meisten Fällen nur mündlich gegeben wird, sein. In allen diesen Fällen empfiehlt es sich immer, die entsprechenden **Nachtragsangebote** umgehend dem Auftraggeber zuzusenden und auf eine schnelle Bearbeitung zu drängen. Diese Vorgehensweise ist deshalb empfehlenswert, weil während der Bauausführung die abschließenden Kosten noch nicht bekannt sind und der Bauherr viel eher, auch teilweise bedingt durch die unvermeidliche Hektik während der Bauzeit, geneigt ist, für Sie „gute" Preise zu akzeptieren. Liegt Ihnen erstmal der Auftrag mit Preisvereinbarung vor, so können Sie auch beruhigt der späteren Abrechnung entgegensehen. Haben Sie keinen schriftlichen Auftrag, besteht die Gefahr, daß die erstmals in der Schlußrechnung aufgeführte zusätzliche Leistung sowohl vom Grunde als auch von der Höhe her vom Auftraggeber nicht anerkannt wird und er die Rechnung entsprechend kürzt. Hierzu hat der Auftraggeber in Fällen des § 2 Nr. 6 und 8 der VOB/B das Recht.

Am günstigsten für Sie ist es, wenn Sie mit der Ausführung der zusätzlichen oder geänderten Leistung so lange warten, bis Sie den Auftrag schriftlich, zu Ihren Preisvorstellungen, erhalten haben. Sie nutzen dann das einzige Druckmittel, das Sie gegenüber dem Bauherrn haben, und zwar die drohende Bauzeitverlängerung, meistens sehr wirkungsvoll aus. Sollten Sie allerdings, selbst nach intensiven Verhandlungen, keine Einigung über die angemessene Preishöhe erzielen, können Sie die Ausführung dieser Leistungen jedoch nicht verweigern. Sie sind nach VOB/B § 1 Nr. 4 verpflichtet, diese nicht vereinbarte Leistung, die zur Ausführung der vertraglichen Leistung erforderlich wird, auf Verlangen des Auftraggebers mit auszuführen. Die Preisverhandlungen müssen dann später zu Ende geführt werden. Ausnahmen von dieser Regelung bestehen nur, wenn Ihr Betrieb auf die geforderte Leistung nicht eingerichtet ist, sie also technisch oder personell nicht ausführen kann.

Auch wenn Sie die zusätzliche Leistung bereits erbracht haben, sollten Sie immer ein Nachtragsangebot einreichen und auf einem Nachtragsauftrag bestehen. Was Sie schriftlich haben, führt bei der Prüfung Ihrer Schlußrechnung nicht zu Diskussionen. Benötigt Ihr Auftraggeber zur Prüfung des Nachtragsangebotes einen zu langen Zeitraum, sollten Sie Ihm eine Mahnung senden. Hierzu hat die Niedersächsische VOB-Stelle als äußerste Frist für das Treffen von Preisvereinbarungen einen Zeitraum von 24 Werktagen festgelegt. Die Frist sollte also nicht länger sein, als die nach VOB/A § 19 Nr. 2 vorgesehene Frist zur Prüfung der Hauptangebote.

Nachtragspreise Wird eine im Vertrag nicht vorgesehene Leistung gefordert, so haben Sie als Auftragnehmer einen Anspruch auf zusätzliche Vergütung dieser Leistung. Die Vergütungshöhe muß sich nach den Grundlagen der Preisermittlung für die vertragliche Leistung richten und nach den besonderen Kosten der geforderten Leistung (VOB/B § 2 Nr. 6). Viele Auftragnehmer vergessen bei der Kalkulation der Nachtragspreise diese „besonderen Kosten". Hierbei handelt es sich um Kosten, die dem Auftragnehmer durch kleine Bestellmengen, geänderte Händlerrabatte, späte Bestelltermine, kurze Lieferzeiten, zusätzliche Fracht-, Fahrt- und Verwaltungskosten u. ä. entstehen. Als Folge der Berücksichtigung dieser besonderen Kosten kann der Preis für eine Nachtragsleistung, z. B. ein Gewinderohr DN 40, höher sein als eine vergleichbare Vertragsleistung größerer Dimension, z. B. ein Gewinderohr DN 50. Ein Nachtragspreis muß also nicht in eine Reihe von Vertragspreisen, die z. B. nach Nennweiten gestaffelt sind, hineinpassen; er kann durchaus „aus der Reihe tanzen". Auf Verlangen des Auftraggebers müssen Sie die Kalkulationsgrundlage und die besonderen Kosten durch Vorlage von Firmenpreislisten (gedruckt) und Rechnungen (mit Buchungsbelegen) nachweisen.

Die vorstehend erläuterte Gestaltung der Nachtragspreise gilt auch dann, wenn es sich um eine geänderte Leistung im Sinne des § 2 Nr. 5 der VOB/B handelt, für die ein neuer Preis unter Berücksichtigung der Mehr- oder Minderkosten zu vereinbaren ist. Bei der hier angesprochenen Preis- und Kostenänderung handelt es sich auch nicht nur um die reine Differenz aus Preislisten, sondern sämtliche „besonderen Kosten" sind auch als Mehrkosten zu berücksichtigen (siehe auch **Zusätzliche Leistung** und **Leistungsänderung**).

Nässeschäden Entstehen vor Abnahme Ihrer Leistung Schäden, die auf Nässe zurückzuführen sind, so ist dieser Schaden nicht in jedem Fall von Ihnen kostenlos zu beseitigen. Hat z. B. der Bauherr verlangt, daß Sie empfindliche Teile wie Elektromotoren oder Schaltschränke bereits anliefern sollten, um vereinbarte Termine einzuhalten, ohne daß das Bauwerk die entsprechenden Voraussetzungen hat, worauf Sie den Auftraggeber hingewiesen haben, so liegt das Verschulden beim Bauherrn. Haben Sie Ihr Werk, den Umständen und Möglichkeiten angemessen, ausreichend geschützt, und es entstehen doch Schäden durch Regenwasser, Grundwasser oder Kondensation (z. B. innerhalb von Plastikverpackungen), so können Sie diese Kosten Ihrem Auftraggeber in Rechnung stellen. Nach § 7 VOB/B haben Sie das Recht dazu, denn die Schadensvermeidung lag nicht in Ihren Möglichkeiten, sondern ausschließlich beim Bauherrn (siehe auch **Schutz vor Winterschäden**).

Nebenleistung Hierbei handelt es sich um Leistungen, die auch ohne Erwähnung in der Leistungsbeschreibung zur vertraglichen Leistung gehören. Nach dem Kommentar zur DIN 18 381 (Gas-, Wasser- und Abwasser-Installationsarbeiten innerhalb von Gebäuden) von Radscheit/ Ammon sind zwar in den Leistungsbeschreibungen und Angeboten nur die Hauptmerkmale der jeweiligen Leistungen aufgeführt, aber VOB/A § 9 Nr. 8 und VOB/B § 2 Nr. 1 regeln doch weitestgehend die vom Auftragnehmer auszuführenden Arbeiten. Dort ist festgelegt, daß auch sämtliche Leistungen, die in den weiteren Vertragsbedingungen und den Technischen Vorschriften enthalten und die nach der gewerblichen Verkehrssitte zu erbringen sind, zu den Auftragnehmerleistungen gehören. Während die in den Vertragsbedingungen und Vorschriften enthaltenen Leistungen wenigstens schriftlich festgehalten sind und von jedem nachgelesen werden können, ist der Leistungsumfang für die „gewerbliche Verkehrssitte" völlig unklar. Zur Festlegung dieses Leistungsbereiches dienen, nach Auffassung der obengenannten Kommentatoren, die unter Punkt 4.1 der DIN 18 381 aufgeführten Nebenleistungen. Das ist eine den Auftragnehmern gerecht werdende Auslegung. Sie berücksichtigt die Schwierigkeiten jedes Unternehmers, bereits zur Angebotsabgabe eine komplette Leistung kalkulieren zu müssen. Nicht jeder sieht das so, wie das folgende Beispiel aus verwandten Gewerbezweigen zeigt:

Nach dem Kommentar zur DIN 18 279 (Raumlufttechnische Anlagen) und 18 380 (Heizanlagen und zentrale Wassererwärmungsanlagen) von Enge/Kraupner/Salzwedel/Wurr sind Nebenleistungen solche Leistungen, die Sie im Zusammenhang mit den in der Leistungsbeschreibung genannten Hauptleistungen erbringen müssen. Dabei handelt es sich insbesondere um Leistungen, die die Voraussetzung für die Durchführung der Hauptleistung schaffen, sowie um Leistungen, die dem Schutz der Menschen und Materialien bei der Vorbereitung und Durchführung der Hauptleistung dienen. Auch Leistungen, die die Hauptleistung in bestimmter Weise ergänzen, und Leistungen, die einem einwandfreien Betrieb der Anlagen dienen, gehören nach Meinung der Kommentatoren dazu.

Diese Auslegung scheint doch sehr auftraggeberfreundlich zu sein. Danach ist fast alles Nebenleistung, was nicht Hauptleistung ist, und müßte bereits bei der Kalkulation der Einheitspreise berücksichtigt werden. Warum enthält dann VOB/C, DIN 18 299 (Allgemeine Regelungen für Bauarbeiten jeder Art) und DIN 18 381 (Gas-, Wasser- und Abwasser-Installationsarbeiten innerhalb von Gebäuden) jeweils unter Punkt 4.1 eine Aufzählung der Leistungen, die Nebenleistung sind? Und zwar eine Aufzählung, die nicht etwa beispielhaft bestimmte Leistungen, die zu den Nebenleistungen zählen, enthält und die auch nicht nur die „wesentlichen" Nebenleistungen nennt, sondern die u. a. mit folgendem Satz überschrieben ist: „Nebenleistungen sind demnach insbesondere:". Dieser Satz schließt zwar nicht aus, daß es noch weitere in der VOB/C nicht erwähnte Nebenleistungen geben kann, trotzdem empfiehlt es sich, die VOB/C, DIN 18 299 und 18 381 ganz eng auszulegen und tatsächlich nur die dort unter Punkt 4.1 aufgeführten Leistungen als Nebenleistungen zu akzeptieren. Sämtliche anderen Leistungen, die Sie zur Erstellung der

Sanitäranlage erbringen müssen und die nicht mit Einheitspreispositionen erfaßt sind oder für die auch sonst keine vertragliche Vergütungsregelung besteht, sind als **Zusätzliche Leistungen** besonders zu vergüten (VOB/B § 2 Nr. 6).

Nebenleistungsklausel Häufig versuchen Auftraggeber, mit ihren Allgemeinen Geschäftsbedingungen (z. B. Allgemeine oder Zusätzliche Vertragsbedingungen) die Auftragnehmer zu veranlassen, in ihre Preise bestimmte, schwer kalkulierbare Leistungen einzurechnen. Als Beispiel sei die nachstehende sogenannte „Schlitzklausel" aufgeführt:

„Folgende besondere Leistungen gehören zu den Vertragsleistungen und werden nicht gesondert vergütet: Herstellen und Schließen aller Aussparungen und Schlitze nach Plan und Angaben des Bauleiters."

Mit einem Urteil vom 15.1.1987 hat das Oberlandesgericht München diese Nebenleistungsklausel für unwirksam erklärt. Als Begründung führte das Gericht hauptsächlich den unbestimmten Leistungsumfang an, der vom Anbieter und Auftragnehmer nicht genau genug kalkuliert werden kann. Wäre der Leistungsumfang komplett aus den beigefügten Plänen zu ersehen und die Klausel ohne den Zusatz „nach Angaben des Bauleiters", so wäre eine exakte Kalkulation möglich gewesen und die Klausel bliebe wirksam. Bei der hier zitierten Klausel liegt der Leistungsumfang aber im Ermessen des Auftraggebers, ohne daß der Auftragnehmer seine Vergütung anpassen kann. Treffen Sie bei Ihren Auftragsabschlüssen auf diese oder eine ähnliche Nebenleistungsklausel mit dem Merkmal des unbestimmten Leistungsumfangs, so ist diese Klausel unwirksam (siehe auch **Verstöße gegen VOB und AGB-Gesetz**).

Öffentliche Ausschreibung Der öffentliche Auftraggeber ist verpflichtet, die Vergabegrundsätze der VOB/A zu befolgen. Diese sehen u. a. vor, daß eine Öffentliche Ausschreibung immer dann stattfinden soll, wenn nicht die Eigenart der Leistung oder besondere Umstände eine Abweichung rechtfertigen. Viele Auftraggeber suchen zwar händeringend nach diesen Ausnahmen – z. B., um ortsansässige Firmen bevorzugen zu können –, aber viel hilft Ihnen das nicht, den die meisten Sanitärinstallationen müssen öffentlich ausgeschrieben werden.

Wollen Sie an einer Öffentlichen Ausschreibung teilnehmen, so muß Ihnen der Auftraggeber – auf Ihre Anforderung hin – die Verdingungsunterlagen (Leistungsverzeichnis, Beschreibungen, Vertragsbedingungen usw.) aushändigen. Mit dem Hinweis, es gibt keine Unterlagen mehr, weil schon 30 Firmen welche erhalten haben, lassen Sie sich aber nicht abspeisen. Wenn Sie die Voraussetzungen erfüllen, d. h., wenn Sie sich gewerbsmäßig mit der Ausführung von Leistungen der ausgeschriebenen Art befassen, dann haben Sie ein Recht auf Teilnahme am Wettbewerb. Wenn auch die Ausschlußgründe nach VOB/A § 8 Nr. 5 nicht zutreffen (Konkurs- oder Vergleichsverfahren, Liquidation, schwere Verfehlung, säumiger Steuer- oder Sozialversicherungszahler, Falschangaben zur Fachkunde, Leistungsfähigkeit und Zuverlässigkeit) und Sie die geforderte Entschädigung gezahlt haben, muß der Auftraggeber Ihnen die Ausschreibungsunterlagen zukommen lassen.

Für die Verdingungsunterlagen darf der Auftraggeber bei der Öffentlichen Ausschreibung eine Entschädigung fordern. Die Höhe muß bereits in der Bekanntmachung (Veröffentlichung) der Ausschreibung genannt werden. Auch sind Angaben darüber zu machen, ob diese Entschädigung wieder zurückgezahlt wird oder nicht.

Damit Sie erst einmal die Angebotsunterlagen erhalten, sollten Sie die geforderte Summe zahlen. Danach können Sie prüfen, ob der Umfang der Verdingungsunterlagen angemessen im Verhältnis zur Höhe der gezahlten Entschädigung ist. Die VOB/A schreibt unter § 20 Nr. 1 vor, daß die Entschädigung die Selbstkosten der Vervielfältigung nicht überschreiten darf. Der öffentliche Auftraggeber darf also nur die Kopierkosten fordern, die ihm entstehen würden, wenn er die Unterlagen selbst vervielfältigen würde. Überhöhte Kosten, wie sie mitunter von Architekten oder Ingenieuren für die Vervielfältigung verlangt werden, sind nicht zulässig. Eine zuviel geleistete Zahlung können Sie zurückfordern. Sind Sie an der Ausführung der Leistung interessiert und geben ein Angebot ab, dann sollten Sie die komplette Entschädigung, die Sie für die Unterlagen bezahlt haben, zurückverlangen (siehe **Ausschreibungskosten**).

Ihr Angebot sollte nur die verlangten Preise und Angaben enthalten. Jeder Zusatz, der keine klärende Wirkung hat, sondern das Leistungsbild verändert, kann zum Ausschluß des Angebotes führen (siehe auch **Angebotsausschluß**).

Öffentlicher Teilnahmewettbewerb Die Vergaberichtlinien der VOB/A sehen u. a. auch vor, die Ausschreibungsunterlagen nur an einen beschränkten Kreis von Anbietern zu versenden. Diese Ausschreibungsart nennt sich **Beschränkte Ausschreibung**. Kennt jetzt aber der Auftraggeber nicht genügend qualifizierte Firmen, die er zur Angebotsabgabe auffordern kann, oder will er die Auswahl mangels fehlender Qualifikationsnachweise nicht ohne diese vornehmen, so hat er die Möglichkeit, der Beschränkten Ausschreibung einen Öffentlichen Teilnahmewettbewerb vorausgehen zu lassen. Zu diesem Zweck wird in Zeitungsanzeigen auf die bevorstehende Ausschreibung aufmerksam gemacht, und interessierte Firmen werden aufgefordert, unter Nachweis Ihrer Befähigung, sich um die Teilnahme an der Ausschreibung zu bewerben. Häufig werden in diesem Zusammenhang Kosten für die Vervielfältigung und Versendung der Ausschreibungsunterlagen genannt, die dann vom Anbieter übernommen werden sollen.

Haben Sie sich um die Ausschreibungsunterlagen beworben und werden Ihnen diese von einem öffentlichen Auftraggeber mit der Aufforderung zugesandt, den angekündigten Betrag zu überweisen oder per Nachnahme zu zahlen, so können Sie sich ganz beruhigt weigern, diese Zahlung zu leisten. Auch wenn ein Öffentlicher Teilnahmewettbewerb vorausgegangen ist, bleibt es doch im Sinne der VOB/A eine Beschränkte Ausschreibung. Nach VOB/A § 20 Nr. 1 Abs. 2 aber sind bei Beschränkten Ausschreibungen alle Unterlagen unentgeltlich abzugeben. Da der öffentliche Auftraggeber sich nach den Bestimmungen der VOB/A zu richten hat, würde das Fordern einer Entschädigung für Unterlagen einer Beschränkten Ausschreibung einen Verstoß gegen die VOB bedeuten.

P

Paßstücke Kurze Rohrstücke mit Flansch- oder Schraubverbindung, sogenannte Paßlängen, erfordern bei der Anfertigung und Montage erheblich mehr Aufwand als die Verlegung der normalen Rohrleitung. Diese Paßstücke werden zwar in die Rohrleitung eingebaut, aber für die Abrechnung zählen sie nicht zur Rohrleitung. Hier können Sie den Kosten entsprechende Preise berechnen.

VOB/C, DIN 18 381, Gas-, Wasser- und Abwasser-Installationsarbeiten innerhalb von Gebäuden, enthält folgende Hinweise zur Abrechnung von Paßstücken: Nach Punkt 0.5.2 sind im Leistungsverzeichnis Paßstücke in Entwässerungsleitungen (bis zu einer Paßlänge von 50 cm) nach Stückzahl auszuschreiben. Und nach Punkt 5.2 werden bei der Abrechnung nach Längenmaß die Rohrleitungen einschließlich Bogen, Form-, Paß- und Verbindungsstücke gemessen. Daraus ist zu schließen, daß das Paßstück neben dem Bogen und den anderen Formstücken ein besonderes Formstück ist. Da aber nach Punkt 0.5.2 alle Formstücke (für Rohrleitungen über DN 50) im Leistungsverzeichnis nach Anzahl auszuschreiben sind, müssen auch Paßstücke genau wie alle anderen Formstücke behandelt werden.

Paßstücke sind kurze gerade Rohrleitungsstücke, die in Bewässerungsleitungen über DN 50 und in Entwässerungsleitungen jeder Nennweite eingepaßt werden müssen. Wie lang ein Paßstück maximal sein darf, ist nur für Entwässerungsleitungen mit 0,50 m festgelegt. Paßstücke sind alle Rohrstücke mit Flanschen oder Muffen, die in ihrer Länge wegen der Anordnung von Verteilern, Pumpen, Armaturen und Aggregaten paßgerecht angefertigt werden müssen. Paßstücke sind jeweils von zwei anderen Anlagenteilen begrenzt. Endstücke des Rohrleitungsstranges zählen in der Regel nicht dazu. Diese Definition ist teilweise aus den Angaben der DIN 18 381 herauszulesen bzw. entspricht so der üblichen Praxis.

Enthält Ihr Vertrag keine Position für Paßstücke, während für Bögen und andere Formstücke eine Vergütung vorgesehen ist, sollten Sie Ihren Auftraggeber auf DIN 18 381 Punkt 5.2 und 0.5.2 hinweisen. Aus dieser Allgemeinen Technischen Vertragsbedingung für Bauleistungen geht eindeutig hervor, daß Paßstücke gleichwertig genauso wie Bögen und Formstücke zu behandeln sind. Für sämtliche Paßstücke sowohl der Be- als auch der Entwässerungsleitungen ab der Nennweite 50 sollten Sie bei

Ihrem Auftraggeber mit einem **Nachtragsangebot** Ihren Vergütungsanspruch nach VOB/B § 2 Nr. 6 für **zusätzliche Leistungen** ankündigen.

Sieht Ihr Vertrag vor, daß sämtliche Form-, Paß- und Verbindungsstücke in die Einheitspreise der Rohrleitung einzukalkulieren sind, so verstößt diese Regelung gegen DIN 18 381 und gegen VOB/A § 9 Nr. 1 und Nr. 2, wonach die Leistung eindeutig und erschöpfend zu beschreiben ist. Auch soll dem Auftragnehmer bei der Preisgestaltung kein ungewöhnliches Wagnis aufgebürdet werden. Wie sollten Sie die benötigte Anzahl der Form- und Paßstücke bereits zum Angebotszeitpunkt kennen, wenn sie Ihnen der Auftraggeber nicht vorgibt? Auch ist nicht zumutbar, daß Sie schon zur Preisermittlung eine genaue Ausführungsplanung machen müssen.

Die Angabe, wie viele Paßstücke und sonstige Formstücke anzubieten sind, hat der Auftraggeber oder sein Fachingenieur zu machen. Hat er das nicht getan, ist es ratsam, im Angebotsbegleitschreiben anzugeben, mit welchen Stückzahlen Sie kalkuliert haben. Stellt sich nach Abschluß der Arbeiten heraus, daß Sie mehr Formstücke und Paßlängen benötigt haben als vorgesehen, so können Sie für die Mehrleistung eine angemessene Vergütung fordern. Sie stützen sich dabei auf VOB/B § 2 Nr. 7 Abs. 2. Hiernach ist Ihnen ein Ausgleich zu gewähren, wenn die ausgeführte Leistung erheblich von der beauftragten abweicht. Dieser Grundsatz gilt nicht nur für Pauschalaufträge, sondern auch für Pauschalsummen, die als Vergütung für Teile der Gesamtleistung vereinbart wurden. Im vorliegenden Fall mußte eine Teilpauschalleistung für Rohrleitungen einschließlich Form-, Paß- und Verbindungsstücke kalkuliert werden. Daß diese dann wieder über eine angegebene Rohrlänge als Einheitspreis dargestellt wird, beeinflußt Ihre Forderung nicht, zumal auch ein Verstoß gegen VOB/A § 9 Nr. 1 und 2 vorliegt.

Pauschalpreisvertrag Die Annahme eines Auftrages zu einem Pauschalpreis kann für Sie eigentlich immer nur von Vorteil sein. Voraussetzung ist jedoch, daß eine genaue Planung vorliegt, auf deren Angaben aufbauend Sie eine exakte Mengenermittlung vornehmen können. Die genaue Ermittlung der Massen ist sehr wichtig, denn das Risiko sich ändernder Mengen, sofern keine baulichen Änderungen die Ursache sind, tragen Sie allein. Haben Sie also die zu liefernden und zu montierenden Mengen genau ermittelt und zur Grundlage des Pauschalpreisvertrages gemacht, kann Ihnen nichts mehr passieren. Werden weder zusätzliche Leistungen noch Änderungen der vorgesehenen Ausführung vom Auftraggeber verlangt, so bleibt die vertragliche Pauschalvergütung unverändert. Sie können unmittelbar nach Abschluß der Arbeiten, ohne Zeit für Aufmaße und seitenlange Rechnungsaufstellungen zu vergeuden, die Pauschalsumme in Rechnung stellen. Während der Ausführung können Sie auch **Abschlagszahlungen** fordern. In der VOB/B wird unter § 16 für Pauschalpreisverträge in bezug auf Abschlagszahlungen keine Ausnahme gemacht. Auch der Bundesgerichtshof hat in einem Urteil vom 25.10.1990 das Recht des Auftragnehmers auf Abschlagszahlungen ausdrücklich bestätigt.

Anders, aber für Sie nicht ungünstiger sieht es aus, wenn Ihr Auftraggeber nach Vertragsabschluß eine Teilkündigung des Auftragsumfanges vornimmt, z. B., weil er die gekündigten Leistungen selbst ausführen will. In diesem Fall steht Ihnen trotzdem die vereinbarte Pauschalvergütung zu. Sie müssen sich lediglich die Kosten, die Sie durch die Verringerung des Auftragsvolumens eingespart haben, anrechnen lassen. Das können Kosten für nicht benötigtes Material sein, das Sie noch auf anderen Baustellen verwenden können oder das noch gar nicht bestellt wurde. Zusätzlich zu der vereinbarten Vergütung können Sie bei Ihrem Auftraggeber noch sämtliche Kosten geltend machen, die Ihnen durch diese Teilkündigung entstehen (siehe auch **Entfallene Leistung**).

Fordert Ihr Auftraggeber eine Änderung oder Ergänzung der vereinbarten Leistung, so können Sie die Pauschalvergütung erhöhen. Als gefordert gilt auch eine technisch notwendige Änderung oder Ergänzung des Lieferumfanges. Grundlage Ihrer Forderung ist die VOB/B § 2 Nr. 7 Abs. 1. Darin heißt es zwar einerseits, daß die vereinbarte Pauschalvergütung unverändert bleibt, aber es heißt auch am Schluß dieses Absatzes wörtlich: „Nr. 4, 5 und 6 bleiben unberührt." Das bedeutet aber nicht mehr und nicht weniger, als daß die im § 2 Nr. 4, 5 und 6 der VOB/B geregelten Vergütungsänderungen auch bei verringertem, geändertem und vergrößertem Leistungsumfang eines Pauschalpreisvertrages anzuwenden sind.

Nach § 2 Nr. 4 steht Ihnen auch bei Teilkündigungen, wie bereits oben erläutert, die vereinbarte Vergütung zu. Nach Nr. 5 können Sie auch bei Pauschalpreisverträgen die Vereinbarung eines neuen Preises verlangen, wenn sich durch Änderung des Bauentwurfs oder anderer Anordnungen des Auftraggebers die Grundlagen des Preises für eine im Vertrag vorgesehene Leistung geändert haben. Der neue Preis ist unter Berücksichtigung der Mehr- oder Minderkosten des ursprünglichen Preises zu vereinbaren. Diese Vereinbarung soll zwar vor der Ausführung getroffen werden, aber das ist keine Muß-Vorschrift. Auch wenn Sie erst zum Abrechnungszeitpunkt damit an Ihren Auftraggeber herantreten, muß er das akzeptieren (siehe auch **Zusätzliche Leistung**).

Nach § 2 Nr. 6 der VOB/B haben Sie auch bei Pauschalpreisverträgen für eine nicht im Vertrag vorgesehene Leistung, die aber Ihr Auftraggeber von Ihnen gefordert hat oder die technisch notwendig war, einen Anspruch auf besondere, d. h. zusätzliche Vergütung. Hierbei ist unbedingt zu berücksichtigen, daß Sie diesen Anspruch Ihrem Auftraggeber ankündigen müssen, bevor Sie mit der Ausführung beginnen. Es reicht aber auch, da keine schriftliche Form verlangt wird, die mündliche Ankündigung.

Nach einem Urteil des Bundesgerichtshofes vom 22.3.1984 muß jede Zusatzleistung, und sei sie noch so klein, zusätzlich vergütet werden. Als Folge dieser Regelung müssen Sie einen Pauschalpreis aber auch nach unten anpassen, wenn nachträglich der Bauherr den Umfang der Pauschalleistung verkleinert hat. Ausgenommen sind die Kosten, die Ihnen aus der Minderleistung trotzdem bleiben. Generell anders sieht es aus, wenn sich der Leistungsumfang eines Pauschalpreisvertrages nicht durch Forderungen des Auftraggebers ändern, sondern durch Mengenänderungen, deren Ursache entweder eine schlechte Planung oder eine ungenaue Massenermittlung ist. In diesem Fall kann weder der Auftraggeber noch können Sie eine Änderung des Pauschalpreises verlangen. An der getroffenen Pauschalpreisvereinbarung ist festzuhalten. Erst wenn die Massenänderungen so erhebliche Auswirkungen haben, daß von einem Wegfall der Geschäftsgrundlage gesprochen werden muß, kann eine Preisanpassung verlangt werden. Wie groß diese Massenänderung sein muß, um doch eine Preisänderung zu bewirken, hängt sehr vom Einzelfall ab. Sie können aber davon ausgehen, daß bis zu einer Mehrleistung von 20 % ein Wegfall der Geschäftsgrundlage nicht gegeben ist (siehe auch **Pauschalierte Teilleistung**).

Pauschalierte Teilleistung Wird für Einzelleistungen oder für mehrere zusammengefaßte Teile aus der Gesamtleistung eine Pauschalvergütung vereinbart, spricht man von einer pauschalierten Teilleistung. Enthält Ihr Auftrag eine solche pauschalierte Teilleistung und stellen Sie nach ihrer Fertigstellung fest, daß sich gegenüber der beauftragten Teilleistung keine Änderung ergeben hat, so bleibt die vereinbarte Vergütung bestehen. Hat aber der Auftraggeber die pauschalierte Teilleistung gemindert, geändert oder durch zusätzliche Forderungen vergrößert, so können Sie bereits bei der kleinsten Änderung der bestellten Leistung den Preis anpassen. Der Grund hierfür ist § 2 Nr. 7 Abs. 1 und Abs. 2 der VOB/B. Danach gelten auch für pauschalierte Teilleistungen § 2 Nr. 4, 5 und 6 der VOB/B. Einzelheiten hierzu sind unter dem Stichwort **Pauschalpreisvertrag** aufgeführt.

Außerdem gilt für pauschalierte Teilleistungen noch die Besonderheit, daß Nr. 3 Abs. 4 der VOB/B unberührt bleibt. Dieser Absatz lautet wie folgt:

„Sind von der unter einem Einheitspreis erfaßten Leistung oder Teilleistung andere Leistungen abhängig, für die eine Pauschalsumme vereinbart ist, so kann mit der Änderung des Einheitspreises auch eine angemessene Änderung der Pauschalsumme gefordert werden."

Wichtig ist hier die Abhängigkeit der pauschalierten Teilleistung von der nach Einheitspreis abzurechnenden Leistung. Erhöhen sich beispielsweise die Preise für Rohrleitungen, weil das Bauvorhaben später als geplant ausgeführt wird, oder erhöhen sich die Mengen, so können Sie davon abhängige Pauschalleistungen, wie z. B. für Druckproben oder Inbetriebnahme der Anlage, auch angemessen erhöhen. Was ist in diesem Zusammenhang angemessen? Entscheidend sind zwar jeweils die Umstände des Einzelfalles, aber generell kann doch gesagt werden, daß die Pauschalsumme im Verhältnis der Preissteigerung des Einheitspreises bzw. der Mengensteigerung anzuheben ist, wobei der Grad der Abhängigkeit bewertet und mit berücksichtigt werden sollte.

Planung Planungsleistungen, wie Entwurfs-, Ausführungs-, Genehmigungsplanung und die Planung von Schlitzen und Durchbrüchen, sind entsprechend Punkt 4.2.20 DIN 18 381 der VOB/C **Besondere Leistungen**, die nur dann zur vertraglichen Leistung gehören, wenn sie in der Leistungsbeschreibung besonders erwähnt sind. Ihr Auftraggeber muß also im Leistungsverzeichnis deutlich angeben, eventuell sogar in einer eigenen Position, ob und wenn ja, in welchem Umfang, von Ihnen Planungsleistungen zu erbringen sind. Nur so haben Sie die Möglichkeit, die Kosten richtig zu kalkulieren. Hat er versäumt, entsprechende Angaben zu machen und verlangt trotzdem von Ihnen Planungsleistungen, so können Sie Ihm sämtliche Kosten in Rechnung stellen (siehe auch **Ingenieurleistung**). In diesem Fall wären dann diese Planungsleistungen wie jede andere Leistung entsprechend VOB/B § 2 Nr. 6 als **Zusätzliche Leistung** zu werten. Das bedeutet aber für Sie, daß Ihr Vergütungsanspruch brereits vor Planungsbeginn dem Auftraggeber angekündigt werden muß.

Preisabsprache Können Preisabsprachen als Betrug strafbar sein? Hier muß nach neuester Rechtsprechung (BGH – Urteil vom 8.1.1992) eindeutig mit Ja geantwortet werden. War es bisher für den Auftraggeber äußerst schwer, einen konkreten Schaden, wie vom Gericht gefordert, nachzuweisen, so reicht jetzt als Vergleich die Feststellung eines hypothetischen Wettbewerbspreises durch den Auftraggeber aus. Liegt dieser Preis wesentlich unter dem „abgesprochenen" Preis, so kann die Differenz als Schaden ausgewiesen werden. Neben den Bußgeldern des Kartellamts muß jetzt der Unternehmer, der sich an Preisabsprachen beteiligt, auch mit einer Schadenersatzforderung des Auftraggebers rechnen und mit einer strafrechtlichen Verfolgung wegen Betruges.

Klauseln in den Zusätzlichen Vertragsbedingungen der Auftraggeber, die im Falle einer Preisabsprache sich vom Anbieter die Zahlung einer **Vertragsstrafe** in Höhe eines festgesetzten Prozentsatzes versprechen lassen – auch im Falle der Nichterteilung des Auftrages –, verstoßen gegen § 9 des AGB-Gesetzes und sind unwirksam. Diese entgegen den Geboten von Treu und Glauben unangemessene Benachteiligung des Auftragnehmers bzw. des Anbieters liegt vor allen Dingen darin, daß auch die Bieter, die keinen Auftrag erhalten, diese Vertragsstrafe zahlen sollen und daß der Auftraggeber auch nach **Aufhebung der Ausschreibung**, also ohne daß ihm ein Schaden entstanden ist, von sämtlichen Bietern, die sich an der Preisabsprache beteiligt haben, die Vertragsstrafe fordern kann und daß die Summierung dieser Vertragsstrafen, z. B. bei einer großen Bieterzahl, zu einer unberechtigten Bereicherung des Auftraggebers führt.

Sollten auch Sie einmal in die Situation kommen, daß Ihr Auftraggeber unter Hinweis auf eine Klausel in den Vertragsbedingungen, die dem AGB-Gesetz unterliegen, von Ihnen wegen Preisabsprache eine Vertragsstrafe fordert, so können Sie dieses Forderungsverlangen unter Hinweis auf ein Urteil des Oberlandesgerichts Frankfurt vom 21.11.1985 zurückweisen.

Verlangt Ihr Auftraggeber dagegen nur dann eine Vertragsstrafe, wenn Ihm auch ein Schaden entstanden ist, wobei die Nachweispflicht bei ihm liegt, und begrenzt er die Vertragsstrafen, die er von sämtlichen Anbietern fordert, in ihrer Höhe entsprechend dem ihm entstandenen Schaden, so liegt dieser Fall anders, als der vom Gericht behandelte. Diese Forderung sollten Sie anhand der Vertragslage eingehend von einem Rechtsanwalt prüfen lassen (siehe auch **Absprache**).

Preisanpassung Ändert sich die beauftragte Leistung während der Ausführung, so ist der Preis für die ursprüngliche Leistung entsprechend der Änderung anzupassen. Nach VOB/B § 2 Nr. 5 ist ein neuer Preis zu vereinbaren, wenn sich die Grundlagen des Preises für eine im Vertrag vorgesehene Leistung geändert haben. Der neue Preis ist unter Berücksichtigung der Mehr- oder Minderkosten zu ermitteln. Zur Kalkulation des Preises der geänderten Leistung, z. B. für ein Nachtragsangebot oder zur Aufnahme in die Schlußrechnung, können Sie neben den reinen Material- und Montagekosten sämtliche Kosten, die Ihnen durch die Leistungsänderung entstanden sind, berücksichtigen. Dies können u. a. sein: Kosten für **Planung**, zeichnerische Darstellung, Bestellung, Versand, Verpackung, Kosten durch Preiserhöhung und geringere Rabatte für die geänderte Leistung sowie Rückgabekosten mit Porto, Verpackung, Fahrt- und Versandkosten für die ursprüngliche Leistung.

Auftraggeber und Fachingenieure berücksichtigen diese Kosten häufig nicht. Zur Preisanpassung ermitteln sie aus Ihrem Angebotspreis für die ursprünglich beauftragte Leistung und z. B. anhand einer Großhandelspreisliste einen Kalkulationsfaktor, mit dem dann aus dem Listenpreis für eine neue Leistung ein Verkaufspreis errechnet wird. Diese Art der Preisanpassung muß von Ihnen nicht akzeptiert werden, da sämtliche zusätzlichen Kosten, die Ihnen durch den Änderungswunsch des Bauherrn entstanden sind, unberücksichtigt geblieben sind. Gegen solcherart Preisanpassung sollten Sie Widerspruch einlegen. Beachten Sie aber, falls dadurch Ihr Schlußzahlungsbetrag gekürzt wird, daß die Frist, die Ihnen bleibt, um Ihre Forderung aufrechtzuerhalten, nur 24 Werktage beträgt (siehe auch **Schlußzahlung**, **Unterlassene Preisanpassung**).

Preisnachlaß Beabsichtigen Sie, auf Ihr Angebot einen Preisnachlaß zu geben, so können Sie bei privaten Auftraggebern theoretisch bis zum Zeitpunkt der Auftragsvergabe Nachlässe nennen. Anders sieht es bei den öffentlichen Auftraggebern aus. Dort sind Nachlässe, die nachträglich gewährt werden, nur bis zum Beginn des **Eröffnungstermins** annehmbar. Preisnachlässe können als pauschale DM- Summen oder als Prozentsätze angegeben werden. Bezeichnen Sie einen Nachlaß jedoch als **Skonto**, so findet er bei der Angebotswertung nur dann Berücksichtigung, wenn auch die zugehörige Frist (Zahlungsziel) angegeben und dabei klargestellt wird, daß bei jeder Zahlung, also auch bei Abschlagszahlungen, diese angebotenen Zahlungsbedingungen gelten.

Werden höhere Skonti oder Nachlässe angeboten, so ist das für Angebote, die die Erstellung von Sanitäranlagen zum Inhalt haben, zulässig. Diese Nachlässe auf die Angebotspreise sind nicht als Rabatte im Sinne des Rabattgesetzes anzusehen und unterliegen damit auch nicht der 3%-Beschränkung des § 2 des Rabattgesetzes. Handelsgeschäfte dagegen, z. B. mit sanitären Einrichtungsgegenständen an Endverbraucher, unterliegen dieser Beschränkung. Hier darf ein Nachlaß normalerweise die 3 % nicht übersteigen.

Wertet ein Auftraggeber bei der Ausschreibung einer sanitären Installationsanlage von Ihrem 5%igen Nachlaß oder **Skonto** mit dem Hinweis auf das Rabattgesetz nur 3 %, dann ist das nicht richtig und bedarf der Korrektur. Ist diese nicht mehr möglich und wurden Sie durch die Nachlaßbegrenzung auf 3 % vom ersten Bieterplatz auf den zweiten oder einen weiter hinten liegenden Platz verdrängt, so haben Sie Anspruch auf Erstattung des Ihnen durch dieses „schuldhafte Verhalten des Auftraggebers bei Anbahnung eines Vertragsverhältnisses" entstandenen Schadens. Die Höhe des Schadens bemißt sich nach den nachweisbar entstandenen Kosten. Das können, neben den reinen Kosten für das Angebot, auch Gemeinkosten, entgangene Gewinne und sogar Lohnkosten sein. Letzteres aber nur, wenn es Ihnen durch diesen vorenthaltenen Auftrag nicht mehr möglich war, anderweitig Arbeit für Ihre Mitarbeiter zu finden.

Profileisen Zur Abrechnung dieser Leistung muß das Gesamtgewicht einschließlich der Dübel und Befestigungsschrauben ermittelt werden. Wurde vertraglich keine andere Abrechnungsvereinbarung getroffen, gelten die Bestimmungen der VOB/C, DIN 18 381, Gas-, Wasser- und Abwasser-Installationsarbeiten innerhalb von Gebäuden. Nach Punkt 5.3.1 bis 5.3.3 sind für Stahlbleche und Bandstahl 8,0 kg/m² für jeden mm der Stoffdicke anzusetzen. Profil- und Formstahlgewichte sind nach dem Handelsgewicht (kg/m) des Großhandels zu berechnen. Gibt es für bestimmte Profile kein Handelsgewicht, so ist das DIN-Gewicht mit einem Zuschlag von 2 % für Walzwerkstoleranzen zu verwenden. Für geschraubte, geschweißte oder genietete Stahlkonstruktionen (auch Wandstützen für Rohre sind Stahlkonstruktionen) werden auf das ermittelte Gewicht noch zusätzlich 2 % zugeschlagen, und für verzinkte Bauteile oder verzinkte Konstruktionen werden zu den bisherigen Gewichten nochmals 5 % für die Verzinkung zugeschlagen (siehe auch **Verzinkungszuschlag**).

Beispiel: 8 m Bandstahl, 60 mm breit und 5mm dick.

$$8 \text{ m} \cdot 0{,}06 \text{ m} \cdot 8 \text{ kg/m}^2 \cdot 5 = 19{,}2 \text{ kg}$$

Beispiel: 6 m U-Stahl, 60 x 30 x 6 (mm)

$$6 \text{ m} \cdot 5{,}22 \text{ kg/m} = 31{,}32 \text{ kg}$$

Hier wurde das Handelsgewicht mit 5,22 kg/m eingesetzt, weil damit das Ergebnis immer größer ist als mit dem DIN-Gewicht und dem Zuschlag von 2 %, wie auch die nachfolgende Vergleichsrechnung zeigt:

DIN-Gewicht (oder Berechnungsgewicht) = 5,07 kg/m
6 m · 5,07 kg/m · 1,02 = 31,03 kg
Das ist weniger als die Berechnung mit dem Handelsgewicht ergibt. Also immer, wenn ein Handelsgewicht bekannt ist, dieses bei der Berechnung verwenden!

Beispiel: 10 m Winkelstahl, 50 x 40 x 5 (mm)

Gewicht: 3,35 kg/m

$$10 \text{ m} \cdot 3{,}35 \text{ kg/m} \cdot 1{,}02 = 34{,}17 \text{ kg}$$

Wenn in den Ihnen vorliegenden Gewichtstabellen lediglich „Gewicht" steht, handelt es sich um das DIN- oder Berechnungsgewicht, nie um das Handelsgewicht. Bei diesem Einheitsgewicht ist zur Berechnung immer der Zuschlag von 2 % (Faktor 1,02) zu berücksichtigen.

Enthält Ihr Auftrag keine Einheitspreisposition für Profileisen, sondern nur den generellen Hinweis, daß Rohrbefestigungen in die Einheitspreise einzurechnen sind, so fällt das Profileisen nicht darunter. Rohrbefestigungen sind Schellen und deren Hänge- oder Befestigungseinrichtungen. Profileisen dagegen, z. B. Rohrauflager, ersetzt nicht vorhandene bauliche Einbauten und macht das Montieren der Rohrbefestigungen überhaupt erst möglich. Wird der Einbau von Profileisen erforderlich, ohne daß hierfür eine Preisvereinbarung besteht, so sollten Sie vor Ausführung der Leistung Ihrem Auftraggeber ankündigen, am besten durch ein Nachtragsangebot, daß Sie für diese **Zusätzliche Leistung** im Sinne des § 2 Nr. 6 VOB/B eine besondere Vergütung beanspruchen.

Provisorium Verlangt Ihr Auftraggeber von Ihnen die Ergreifung provisorischer Maßnahmen zum vorzeitigen Betrieb einzelner Anlagenteile oder der gesamten Sanitäranlage, so handelt es sich hierbei nach VOB/C, DIN 18 381 Punkt 4.2.16 nicht um Nebenleistungen, sondern um **besondere Leistungen**, die vergütungsfähig sind.

Wünscht der Auftraggeber, daß die installierte Anlage oder bestimmte Teile der Anlage bereits vor der Abnahme benutzt werden, so hat er nach Punkt 0.2.18 der DIN 18 299, Allgemeine Regelungen für Bauarbeiten jeder Art, das in der Leistungsbeschreibung bereits anzugeben. Versäumt er diesen Hinweis und/oder die Angabe einer Vergütungsregelung für die vorzeitige Inbetriebnahme, so können Sie die Ihnen entstandenen Kosten zusätzlich in Rechnung stellen. Nach VOB/C, DIN 18 381 Punkt 4.2.25 ist das Betreiben der Anlage oder von Anlageteilen vor der Abnahme eine besondere Leistung. Hierfür steht Ihnen auch eine besondere Vergütung zu. Voraussetzung ist lediglich, daß Sie Ihren Vergütungsanspruch bereits vor der Ausführung angemeldet haben. Eine mündliche Ankündigung ist ausreichend, jedoch ist als Beweis ein Nachtragsangebot immer besser.

Diese Regelung kann auch dann angewendet werden, wenn es sich nicht um einen vorzeitigen Betrieb oder um eine provisorische Inbetriebnahme handelt, sondern um irgendein vom Bauherrn gewünschtes Provisorium für vorrübergehende Ver- und Entsorgung, z. B. das Anbringen und Vorhalten von behelfsmäßigen Regenfalleitungen und -einläufen. Nach VOB/C, DIN 18 381 Punkt 0.2.16 sind über Art und Umfang derartiger Provisorien bereits in der Leistungsbeschreibung entsprechende Angaben zu machen. Hat Ihr Auftraggeber das versäumt, entstehen Ihnen Kosten, die Sie bei der Angebotsabgabe nicht vorhersehen und daher auch bei der Preisbildung nicht berücksichtigen konnten. Die Kosten für das Anbringen einer provisorischen **Regenfalleitung** können drei- bis viermal höher liegen als die Verlegung einer gleichlangen normalen Entwässerungsleitung. Hier wird zwar noch das gleiche Material, z. B. SML- Rohr, verlegt, aber die Lohnkosten sind ungleich höher. Hinzu kommen dann noch Kosten für die Material-Nachbestellung, Transportkosten, Kosten für

Leiter- oder Gerüststellung und Anfertigen des Nachtragsangebotes. Nach VOB/B § 2 Nr. 6 ist das dann eine **zusätzliche Leistung**, die auch zusätzlich zu vergüten ist.

Prüfen von Schweißnähten Die DIN 18 381 für Gas-, Wasser- und Abwasser-Installationsarbeiten innerhalb von Gebäuden gibt folgenden Hinweis für die Vergütungsfähigkeit der Prüfung von Schweißverbindungen. Nach Punkt 0.2.7 ist in einer VOB-gerechten Leistungsbeschreibung die Forderung von Durchstrahlungsprüfungen bei Hochdruck- und schwer zugänglichen Leitungen immer anzugeben. Als Abrechnungseinheit ist für diese Leistung nach Punkt 0.5.2, Prüfungen der Schweiß- und Lötnähte, die Anzahl (Stück) vorzusehen.

Ist im Leistungsverzeichnis keine Position für das Prüfen der Schweißnähte vorgesehen, sondern hat der Auftraggeber verlangt, daß Sie diese Arbeiten in die Einheitspreise einkalkulieren sollen, so konnten Sie das nur tun, wenn er sehr genaue Angaben über Zahl und Umfang der geforderten Schweißnahtprüfungen in der Leistungsbeschreibung gemacht hat. Andernfalls berufen Sie sich auf VOB/A § 9 Nr. 1-4, wonach es Ihnen, bedingt durch die unzureichenden Angaben, nicht möglich war, die Preise sicher zu kalkulieren. Die Ihnen zusätzlich entstandenen Kosten können Sie Ihrem Auftraggeber in Rechnung stellen.

Sind keinerlei Vereinbarung über die Vergütung der Prüfung von Schweiß- oder Lötnähten getroffen worden und halten Sie die Anwendung eines zerstörungsfreien Prüfverfahrens, z. B. mit Röntgen- oder Gammastrahlen, für technisch notwendig, so können Sie sich auch auf VOB/C, DIN 18 307 (Gas- und Wasserleitungsarbeiten im Erdreich) berufen, wonach das Prüfen von Schweißverbindungen (Punkt 4.2.1) keine **Nebenleistung** ist, sondern eine **Besondere Leistung**, die zusätzlich zu vergüten ist. Um das aber zu erreichen, müssen Sie unbedingt, bevor Sie mit den Schweißnaht-Prüfungen beginnen, Ihrem Auftraggeber die beabsichtigte Ausführung ankündigen und Ihm mitteilen, daß Sie dafür eine zusätzliche Vergütung beanspruchen. Diese Ankündigung muß nicht schriftlich erfolgen, obwohl es natürlich wegen einer möglicherweise strittigen Beweislage immer besser ist, ein **Nachtragsangebot** zu schreiben (siehe auch **Schweißarbeiten**).

Prüfungspflicht Liefert der Auftraggeber Berechnungen, Ausführungspläne und sonstige für die Auftragsausführung wichtige Unterlagen, wie z. B. Geländeaufnahmen, so sind die darin enthaltenen Angaben für den Auftragnehmer maßgebend, allerdings mit folgender Einschränkung: „Der Auftragnehmer hat diese Unterlagen, soweit es zur ordnungsgemäßen Vertragserfüllung gehört, auf etwaige Unstimmigkeiten zu überprüfen und den Auftraggeber auf entdeckte oder vermutete Mängel hinzuweisen". So steht es sinngemäß in der VOB/B § 3 Nr. 3.

Auch die VOB/C, DIN 18 381 sieht unter Punkt 3.1.3 vor, daß der Auftragnehmer die vom Auftraggeber gelieferten Planungsunterlagen und Berechnungen auf ihre Richtigkeit zu prüfen hat. Er hat danach insbesondere zu achten auf:

die Querschnitte und Ausführungen der Abgasschornsteine,
ungeeignete Bauart und/oder unzureichenden Querschnitt der Zuluftöffnungen für die Verbrennungsluft bzw. den Verbrennungsluftverbund,
die Sicherheitseinrichtungen,
die Rohrleitungsquerschnitte, Pumpenauslegungen (Netzhydraulik),
die Meß-, Steuer- und Regeleinrichtungen,
den Schallschutz,
den Brandschutz.

Es liegt also eine Prüfungspflicht vor, die einmal begrenzt ist durch den Hinweis „soweit es zur ordnungsgemäßen Vertragserfüllung gehört" und zum anderen durch die Betonung des fachlichen Bereiches wie u. a. Sicherheitseinrichtungen, Rohrleitungsquerschnitte und Schallschutz. Kurz gefaßt kann gesagt werden, der Auftragnehmer hat die Pflicht, die Unterlagen des Auftraggebers auf ihre Richtigkeit zu prüfen, die er – oder deren Angaben er – benötigt, um die vertragliche Leistung zu erbringen. Diese Prüfungspflicht ist häufig schon mit dem Prüfen der Berechnungsansätze, der Auswahl des Rechenverfahrens und dem Feststellen, daß technisch und fachlich Übliches geplant wurde, als erbracht anzusehen.

In jedem Fall ist die Prüfungspflicht nicht so umfassend auszulegen, daß der Auftragnehmer die gesamte Rohrnetzberechnung und Pumpenauslegung des Auftraggebers komplett nachprüfen und nachrechnen soll. Schließlich ist das eine Planungsleistung, die eindeutig als zur Auftraggeberseite zugehörig angesehen werden muß und für die z. B. der planende Fachingenieur Honorar bezieht – und nicht der Auftragnehmer.

Wird aber doch von Ihnen eine umfassende Prüfung verlangt, so können Sie die Ihnen durch diese zeitaufwendige Prüfung der Unterlagen und Berechnungen des Auftraggebers entstandenen Kosten in Rechnung stellen. Sie können sich dazu auf § 2 Nr. 9 Abs. 2 der VOB/B berufen, worin es heißt: „Läßt er [der Auftraggeber] vom Auftragnehmer nicht aufgestellte technische Berechnungen durch den Auftragnehmer nachprüfen, so hat er [der Auftraggeber] die Kosten zu tragen". Nach Punkt 4.2.20 der DIN 18 381 ist jede Art der Planungsleistung, die Sie erbringen müssen, eine **Besondere Leistung**, die Ihnen zusätzlich zu vergüten ist. Und die „umfassende Prüfung" von Plänen und Berechnungen gehört eindeutig zu den Planungsleistungen.

Versucht ein Auftraggeber, sich von der Vergütungspflicht dadurch zu lösen, daß er in seinen Allgemeinen Geschäftsbedingungen (siehe **AGB-Gesetz**) eine Klausel aufnimmt, die eine vollständige Prüfung sämtlicher Unterlagen, Pläne und Berechnungen dem Auftragnehmer aufbürdet, so ist diese Klausel unwirksam (siehe **Verstöße gegen VOB und AGB-Gesetz**). Hier wird versucht, die Ausführungsunterlagen, für die allein der Auftraggeber zuständig und verantwortlich ist, als unverbindlich hinzustellen. Dem Auftragnehmer wird, entgegen der in der VOB/B § 3 Nr. 3 formulierten eingeschränkten Prüfungspflicht, mit dieser Klausel die gesamte Verantwortung für Planung und Berechnung aufgebürdet. Damit wird er entgegen den Geboten von Treu und Glauben im Sinne des § 9 des AGB-Gesetzes unangemessen benachteiligt. Selbst wenn Sie mit dem Vertrag eine derartige Klausel akzeptiert haben, ist sie unwirksam. Sie können sich entweder eine komplette Prüfung sämtlicher Ausführungsunterlagen sparen oder, falls eine solche Prüfung doch ausdrücklich vom Auftraggeber verlangt wird, ihm dafür die angefallenen Kosten in Rechnung stellen. Zu beachten sind jedoch auch hier die Bedingungen des § 2 Nr. 6 der VOB/B für **Zusätzliche Leistungen**.

Enthalten die **Leistungsbeschreibung** und/oder die Planungsunterlagen Angaben, die Sie als Fachmann als fehlerhaft erkennen, sind Sie verpflichtet, sie Ihrem Auftraggeber umgehend zu melden. Unterlassen Sie diese Hinweispflicht, so kann es sein, daß Sie damit die eigentliche Ursache für weitere Schäden geschaffen haben. In einem solchen Fall hat der Bundesgerichtshof im Oktober 1990 den Auftragnehmer als Alleinverantwortlichen für den entstandenen Schaden festgestellt. Das Gericht führte aus: „Zu prüfen ist unter anderem, ob die Planung zur Verwirklichung des geschuldeten Leistungserfolgs geeignet ist. Für unterlassene Prüfung und Mitteilung ist der Auftragnehmer verantwortlich, wenn er Mängel mit den bei einem Fachmann seines Gebiets zu erwartenden Kenntnissen hätte erkennen können."

Pumpen In den Leistungsbeschreibungen wird bei den Hebeanlagen, Tauchpumpen oder Zirkulationspumpen häufig ein bestimmtes Pumpenfabrikat verlangt, manchmal mit dem Zusatz „oder gleichwertiger Art", und in wenigen Fällen auch mit dem Hinweis, daß ausschließlich das vorgeschriebene Fabrikat verwendet werden darf. Ein privater Bauherr kann so ausschreiben und ein bestimmtes Pumpenfabrikat verlangen; in diesem Fall müssen Sie anbieten und liefern, was gefordert wurde. Anders sieht es aber bei einem öffentlichen Bauherrn aus, denn dort sind diese Fabrikatsvorgaben ein eindeutiger Verstoß gegen die VOB/A § 9 Nr. 4 und 5.

Bei Pumpen ist nicht einmal die Nennung des Fabrikats mit dem Zusatz „oder gleichwertiger Art" erlaubt, denn diese Form der Ausschreibung darf der öffentliche Auftraggeber nur benutzen, wenn eine Beschreibung der geforderten Leistung durch hinreichend genaue allgemeinverständliche Bezeichnungen nicht möglich ist. Das trifft aber hier nicht zu, denn Pumpen in Sanitäranlagen können auch ohne Nennung des Markennamens und Typenangabe hinreichend genau beschrieben werden.
Finden Sie in der Leistungsbeschreibung eines öffentlichen Bauherrn eine Fabrikatsvorgabe, so müssen Sie sich bei der Angebotsabgabe nicht danach richten, sondern sind in der Wahl des Pumpenfabrikats frei. Verlangt der Auftraggeber, daß Sie Ihr gewähltes Fabrikat in das Leistungsverzeichnis (Angebot) eintragen, so sollten Sie das unter allen Umständen vermeiden. Sich zum Angebotstermin bereits festzulegen, ist für Sie sowohl aus der Sicht der Liefertermine als auch der Einkaufspreise sehr ungünstig. Füllen Sie diese freie Zeile mit dem Hinweis „nach Absprache" aus. Sie geben damit Ihrem Auftraggeber das Gefühl, die Auswahl, welches Pumpenfabrikat eingebaut wird, mitentscheiden zu können. Sollte er dann tatsächlich auf ein bestimmtes Fabrikat bestehen, so können Sie Ihm leicht klarmachen, daß Sie aus Wettbewerbsgründen ein anderes, auch sehr gutes, für Sie aber ein preiswerteres Fabrikat kalkuliert haben und für seine Wunschpumpen leider Mehrpreise verlangen müssen. Haben Sie jedoch im Angebot selbst angegeben, welches Fabrikat Sie zu dem genannten Preis liefern wollen, so haben Sie sich rechtlich gebunden und können nur noch mit Zustimmung Ihres Auftraggebers ein anderes Pumpenfabrikat einbauen.

Vor der Rechnungszusammenstellung oder bereits beim Aufmaß sollten Sie festhalten, welche **Zusätzlichen Leistungen** im Zusammenhang mit den Pumpen angefallen sind. Das können z. B. sein:

Grundrahmen, Schwingungsdämpfer, Gummikompensatoren, Rohrreduzierstücke, Rückschlagklappen und Meßgeräte wie beispielsweise Differenzdruckmanometer. Auch erschwerter Einbau oder besondere Rohrbefestigungen bei Rohreinbaupumpen können Sie als zusätzliche Leistungen dem Auftraggeber in Rechnung stellen.

Die vorher erwähnten Rohrreduzierstücke sind konische Rohrstücke, weil die Pumpenstutzen meistens kleinere Nennweiten haben als die Rohrleitungen an der Saug- und Druckseite der Pumpe. Diese Rohrleitungsformstücke können zusätzlich abgerechnet werden. Sie gehören nicht zu den Formstücken der Rohrleitung, die ja häufig im Preis der Rohrleitung oder in einer Zuschlagsposition enthalten sind. Diese Rohrreduzierstücke sind ganz eindeutig Anpassungsteile der Pumpe an die Rohrleitung und haben mit den Rohrleitungsübergangsstücken, die eine notwendige Nennweitenänderung der Rohrleitung bewirken, nichts zu tun. Die Rohrreduzierung zwischen Rohrleitung und Pumpe ist auch viel aufwendiger herzustellen, weil sie häufig zwei bis drei Nennweitenstufen, im Gegensatz zur normalen Rohrreduzierung, die nur jeweils einen Nennweitensprung ausmacht, überbrücken muß.

Pumpenschacht In einem Rohbau sind die Pumpenschächte meistens die tiefsten Punkte des Hauses. Das hat aber leider zur Folge, daß sich in diesen Schächten viel Wasser, Bauschutt und Schlamm sammelt. Der Regen spült während der Bauphase alles in diese Schächte. Wer hat nun diese Pumpenschächte zu reinigen? Da der Bauherr hier nur sehr schwer einen Verursacher, der für die Verschmutzung verantwortlich gemacht werden kann, finden wird, muß er selbst die Reinigung ausführen lassen und die Kosten übernehmen.

Finden Sie, wenn Sie mit der Montage beginnen wollen, solch einen verschmutzten Pumpenschacht vor, sollten Sie immer erst Ihren Auftraggeber auffordern, die Reinigungsarbeiten ausführen zu lassen. Kann oder will er das nicht und bittet Sie den Schacht leerzupumpen, von Schlamm und Schutt zu reinigen und den Schmutz abzutransportieren, so handelt es sich hierbei um eine **Besondere Leistung** nach Punkt 4.2.13 der DIN 18 299 – Beseitigen von Hindernissen –, für die Sie einen Anspruch auf Vergütung haben. Sie sollten Ihrem Auftraggeber vorher ankündigen, daß Sie diese Arbeiten nicht kostenlos ausführen werden und ihm entweder ein Nachtragsangebot einreichen oder ihm mitteilen, daß Sie diese Arbeiten nur im Stundenlohn ausführen können.

Putzreste Nach Beendigung der Sanitärinstallation sind immer noch weitere Handwerker am Bau tätig. Da werden für Elektroleitungen Schlitze geschlagen und Mauerdurchbrüche gestemmt, und dann werden noch sämtliche Wände verputzt bzw. Küche und Bad gefliest. Zwar werden die sanitären Einrichtungsgegenstände in den meisten Fällen erst danach montiert, aber die Rohranschlüsse werden häufig arg in Mitleidenschaft gezogen. Auch Boiler, Geräte und Rohrleitungen werden oft durch Mörtel und Putzreste verschmutzt.

Zur Abnahme müssen sämtliche Teile Ihrer Leistung funktionsfähig und sauber sein, sie sind von Staub und Putzresten zu befreien. Das kostet Zeit und Geld, Ihre Zeit und Ihr Geld. Diese Kosten können Sie sich erstatten lassen, denn die Verschmutzung mit Putzresten liegt im Verantwortungsbereich des Auftraggebers. Wichtig ist aber, da es sich hier um eine **Zusätzliche Leistung** im Sinne des § 2 Nr. 6 der VOB/B handelt, daß Sie Ihrem Auftraggeber vor Beginn der Arbeiten ankündigen, daß Sie das Entfernen der Putzreste und anderer Verschmutzungen von der sanitären Installation nicht ohne zusätzliche Vergütung ausführen werden.

Rechenfehler Bemerken Sie aufgrund einer Nachrechnung Ihres Angebotes, z. B., weil Ihr Angebotspreis bei der Angebotseröffnung wesentlich niedriger war, als der Ihrer Konkurrenten, daß Ihnen ein Rechenfehler unterlaufen ist, so sollten Sie den Auftraggeber umgehend entsprechend informieren, und zwar schriftlich. Gelingt Ihnen das noch vor Vertragsabschluß, so muß der Auftraggeber Ihnen die Möglichkeit einräumen, Ihr Angebot zu berichtigen, d. h. den Rechenfehler zu korrigieren. Gibt er Ihnen diese Möglichkeit nicht und erteilt Ihnen trotzdem zu Ihrem zu niedrigen Angebotspreis den Auftrag, macht er sich eines Verstoßes gegen seine Vertragspflichten schuldig und ist aus Verschulden bei Vertragsabschluß schadenersatzpflichtig. So hat das Oberlandesgericht Köln entschieden. Sie können Ihre Leistung dann trotzdem so abrechnen, als wäre Ihnen der Rechenfehler nicht passiert.

Haben Sie an einer Ausschreibung eines öffentlichen Auftraggebers teilgenommen und stellen nach der Angebotsabgabe fest, das Ihnen ein Rechenfehler unterlaufen ist, so können Sie eine Fehlerberichtigung verlangen. Solange die Angebotseröffnung noch nicht stattfand, muß der öffentliche Auftraggeber Ihren Hinweis auf einen Rechenfehler entgegennehmen und bei der späteren Angebotswertung Ihr Angebot so behandeln, als wäre Ihnen der Rechenfehler nicht passiert.

Erreicht Ihr Hinweis auf den Rechenfehler den öffentlichen Auftraggeber erst nach der Angebotseröffnung, so haben Sie zwei Möglichkeiten zur Auswahl. Entweder Sie bestehen auf Korrektur des Fehlers, dann muß Ihr Angebot aus der Wertung genommen werden, oder Sie verzichten auf die Fehlerberichtigung und Ihr Angebot bleibt in der Wertung. Der öffentliche Auftraggeber muß sich so verhalten, da für ihn die Anwendung der VOB/A zwingend vorgeschrieben ist. Ihre Fehlerberichtigung würde ja zu einem neuen Preis und damit zu einem neuen Angebot führen. Da dieses Angebot den Auftraggeber aber nicht vor der Angebotseröffnung erreicht hat, darf er es nicht mehr werten (VOB/A § 25 Nr. 1) (siehe auch **Kalkulationsirrtum**).

Rechnungsprüfungsbehörden Abrechnungen aus Bauvorhaben der öffentlichen Auftraggeber unterliegen nicht nur der Prüfung durch das Bauamt oder die Kämmerei des Auftraggebers, sondern auch der örtlichen Rechnungsprüfungsämter und der überörtlichen Rechnungsprüfung, wie z. B. dem jeweiligen Rechnungshof. Prüfungsinstanzen sind häufig auch mit Fachleuten für die haustechnischen Bereiche besetzt, so daß Sie nicht nur von einer rein rechnerischen Prüfung Ihrer Abrechnung ausgehen sollten. Vielmehr wird auch die Einhaltung der Aufmaßrichtlinien und der Abrechnungsbestimmungen entsprechend VOB Teil C geprüft sowie anhand von neuen Aufmaßen, nach Plan oder in den Bereichen der Technischen Zentralen auch vor Ort, die eingebaute Leistung mit der abgerechneten verglichen. Es können also auch Doppelaufmaße und sogenannte „Umlagen" entdeckt werden.

Rückforderungen als Folge der Tätigkeit der Rechnungsprüfungsbehörden kann jedoch immer nur Ihr Auftraggeber stellen, da Sie nur mit ihm ein Vertragsverhältnis haben und nicht mit der Prüfungsbehörde. Über Rechte, die denen der Staatsanwaltschaft oder der Polizei vergleichbar oder ähnlich sind, verfügen die Rechnungsprüfungsbehörden nicht. Sollten sie aber Umstände bei ihrer Tätigkeit feststellen, die den Verdacht auf Bestechung, Betrug oder Urkundenfälschung aufkommen lassen müssen, so wird mit ziemlicher Sicherheit der Staatsanwalt informiert.

Rechnungserstellung Können Sie wegen Krankheit, Unfall, Konkurs oder aus zeitlichen Gründen die **Schlußrechnung** oder Teile davon nicht selbst erstellen, so ist, allerdings nach entsprechender Fristsetzung, der Auftraggeber berechtigt, diese Rechnung für Sie aufzustellen. Die Kosten, die ihm dabei entstehen, darf er von Ihnen fordern bzw. mit einem eventuellen Guthaben verrechnen. Die Höhe dieser Kosten kann er jedoch nicht beliebig festlegen. Ihr Auftraggeber darf in einem solchen Fall lediglich die Erstattung der Kosten fordern, die entstanden wären, wenn ein Fachingenieur die Rechnungserstellung im Rahmen der VOB-Fristen durchgeführt hätte. Ob Ihrem Auftraggeber selbst wesentlich höhere Kosten entstanden sind, ist unerheblich. Bei der Kostenbewertung ist noch die Frist zu berücksichtigen, die die VOB/B im § 14 Nr. 3 vorschreibt. Das bedeutet, daß auch ein Fachingenieur nicht länger an der Rechnungsaufstellung tätig sein darf als 12 Werktage, wenn die Auftragsausführungsfrist weniger als drei Monate betrug. War die Ausführungsfrist länger als drei Monate, so sind für je weitere drei Monate jeweils sechs Werktage hinzuzurechnen. Da die Größenordnung eines angemessenen Ingenieur-Stundensatzes bekannt ist, können Sie anhand dieser Vorgaben leicht überprüfen, ob die für die Rechnungserstellung geforderte Kostenerstattung angemessen ist. Manchmal ist es günstiger, Sie lassen die Rechnung aufstellen und zahlen dafür, als wenn kein Geld in Ihre Kasse kommt und Sie Zinsverluste erleiden.

Regenfalleitungen Bevor das Bauwerk soweit fertiggestellt ist, daß die endgültigen Regenfalleitungen verlegt werden können, benötigt der Bauherr häufig provisorische Entwässerungsleitungen für die Regenrohre. Diese Leistungen, z. B. das Montieren und spätere Demontieren von SML-Rohrleitungen mit Bögen, Verbindern und Befestigungsschellen an Dachrinnen oder Dacheinläufen, sind **Besondere Leistungen**, die nicht mit dem normalen Verlegen der Entwässerungsleitungen innerhalb von Gebäuden zu vergleichen sind. Der Auftraggeber darf hier nicht von Ihnen verlangen, daß Sie für diese zusätzlichen Leistungen, sofern im Leistungsverzeichnis hierfür noch keine Position enthalten ist, die üblichen Einheitspreise für das Liefern und Montieren der SML-Rohrleitungen ansetzen sollen. Vielmehr können Sie diese Leistungen im Stundenlohn ausführen, da hiermit am besten sämtliche erschwerenden Umstände berücksichtigt werden. Aber auch Einheitspreise je Meter Regenfalleitung oder ein richtig kalkulierter Pauschalpreis sind denkbar.

Ihre Forderung nach zusätzlicher Vergütung stützt sich auf Punkt 4.2.16 der VOB/C, DIN 18 381, die hierzu als besondere Leistung aufführt:

„Provisorische Maßnahmen zum vorzeitigen Betreiben der Anlage oder von Anlagenteilen vor der Abnahme auf Anordnung des Auftraggebers, z. B. Anbringen, Vorhalten und Befestigen von behelfsmäßigen Regenfalleitungen und -einläufen."

Auch das endgültige Anschließen Ihrer Rohrleitungen an bauseitige Dach- und Terrasseneinläufe sowie an Dachrinnen und Regenfallrohre ist eine zusätzliche Leistung, falls im Leistungsverzeichnis nicht bereits eine entsprechende Position enthalten ist. Hierzu führt DIN 18 381 unter Punkt 4.2.11 als besondere Leistung auf:

„Einbinden , Anschließen und Anbohren an bestehende Rohrleitungen, Schächte und Anlageteile."

Besondere Leistungen, die zusätzlich abgerechnet werden können, sind sämtliche Leistungen, die nicht als Nebenleistung aufgeführt und nicht in der Leistungsbeschreibung enthalten sind.

Für diese zusätzlichen Leistungen müssen Sie Ihrem Auftraggeber aber immer Ihre Vergütungsforderungen ankündigen, und zwar bevor Sie mit der Ausführung beginnen. Aus Beweisgründen ist es am besten, wenn Sie Ihrem Auftraggeber ein Nachtragsangebot einreichen. Auch die Stundenlohnarbeiten sind vor Beginn anzukündigen. Das verlangt § 15 Nr. 3 der VOB/B.

Reinigung Sind Ihnen besonders hohe Reinigungskosten entstanden, weil die von Ihnen gelieferten Anlagenteile stark verschmutzt waren, so sollten Sie prüfen, ob in diesem Fall noch von normalem Baustaub gesprochen werden kann oder ob hier nicht den Bauherrn ein Verschulden trifft. Haben Sie die verkehrsüblichen Schutzmaßnahmen getroffen, Abdecken empfindlicher Geräte, Schließen der Türen usw., so trifft Sie kein Mitverschulden, wenn durch andere am Bau Beteiligte Ihre Leistung stark verschmutzt wird. Diese besonderen Reinigungskosten können Sie dem Bauherrn in Rechnung stellen.

Nach VOB/C, DIN 18 299 Punkt 4.1.11 gehört zu den von Ihnen kostenlos zu erbringenden Nebenleistungen zwar das Beseitigen aller Verunreinigungen (Abfälle, Bauschutt und dergleichen), aber auch nur, wenn sie von Ihren Arbeiten herrühren. Hiermit ist vor allen Dingen das Wegräumen von Verpackungen und Materialresten gemeint. Enthält Ihr Auftrag auch das Herstellen von Durchbrüchen und Schlitzen, so ist das Beseitigen des dabei anfallenden Bauschutts auch eine nicht vergütungsfähige Nebenleistung. Haben fremde Handwerker einige Verpackungsreste in Ihrem Abfallcontainer entsorgt, so sind Sie nach DIN 18 299 Punkt 4.1.12 verpflichtet auch diesen Abfall, soweit er 1 m³ nicht übersteigt, auf Ihre Kosten zu entsorgen. Das Reinigen Ihrer Anlagenteile von Bauschutt und -staub fällt nicht unter Punkt 4.1.12 der DIN 18 299, weil es sich hierbei nicht um ein Entsorgen von Abfall aus dem Bereich des Auftraggebers handelt, sondern um ein Säubern von Teilen Ihrer Leistung.

Jeder weitere Bauschutt, -staub oder -abfall ist nicht mehr von Ihnen zu vertreten, sondern vom Verursacher. Da es nicht Ihre Aufgabe sein kann, den jeweiligen Verursacher ausfindig zu machen, wenden Sie sich mit Ihren Forderungen auf Erstattung der zusätzlichen Reinigungskosten an den Bauherrn. Falls dieser die Reinigung Ihrer Anlagenteile von fremdem Bauschutt und -staub selbst vornehmen will, ist die Frage der Gewährleistung zu bedenken. Hier wäre im Einzelfall, je nachdem, um welche Anlagenbereiche es sich handelt, zu entscheiden, ob fremdes Reinigungspersonal diese Arbeiten überhaupt ausführen kann, ohne Beschädigungen zu verursachen. In Bereichen wie Meßgeräte, Regelorgane, Elektromaschinen und Elektroanlagenteile ist das auf keinen Fall zu empfehlen. Hier sollten Sie darauf bestehen, die Reinigung gegen Berechnung der Kosten selbst auszuführen.

Versucht ein Auftraggeber mit folgender (oder ähnlicher) Klausel in seinen Allgemeinen Geschäftsbedingungen, Sie mit Reinigungskosten zu belasten, so ist diese Klausel unwirksam:

„Nach Fertigstellen der Arbeiten ist die Baustelle peinlich sauber zu reinigen. Bei Nichtreinigung werden ohne Benachrichtigung die Reinigungskosten dem Auftragnehmer in Rechnung gestellt."

Diese Klausel verstößt gegen § 11 Nr. 4 des AGB-Gesetzes. Da nach der gesetzlichen Regelung üblicherweise Nachfristen gewährt werden müssen, verstößt diese Klausel auch gegen § 326 des BGB und damit auch wieder gegen § 9 des AGB-Gesetzes.

Hat Ihr Auftraggeber, ohne Sie aufzufordern, Ihren Reinigungspflichten nachzukommen, die Baustellenreinigung durch Dritte vornehmen lassen und berechnet Ihnen dann die anteiligen Kosten (ohne daß hierfür eine vertragliche Grundlage besteht), so haben Sie diese Kosten nicht zu übernehmen. Kürzt der Auftraggeber Ihre Rechnung um diese Reinigungskosten, so können Sie Nachzahlung verlangen. Voraussetzung ist aber immer, daß eine derartige Klausel in Vertragsbedingungen enthalten ist, die nicht besonders ausgehandelt wurden und die im Sinne des § 1 Nr. 1 des AGB-Gesetzes zu den Allgemeinen Geschäftsbedingungen gehören (siehe auch **AGB- Gesetz**).

Reinigungsöffnung Entwässerungsleitungen müssen, um ein leichtes Ausspülen und Reinigen der Rohre zu ermöglichen, ausreichend mit verschließbaren Öffnungen versehen sein. Sie sind technisch notwendig und müssen auch dann eingebaut werden, wenn sie im Auftrag nicht enthalten sind.

Ist z. B. der Leistungsbeschreibung eines Auftrages über die Installation von Entwässerungsleitungen kein Hinweis auf Reinigungsöffnungen zu entnehmen, so müssen Sie trotzdem an den technisch notwendigen Stellen Reinigungsrohre einbauen. Und selbstverständlich müssen Sie diese Leistung nicht kostenlos erbringen oder in Ihre Einheitspreise einkalkulieren.

Reinigungsrohre und auch Geruchsverschlüsse mit zusätzlicher Reinigungsöffnung sind **Formstücke** im Sinne der VOB/C, DIN 18 381. Formstücke sollen aber nach Punkt 0.5.2 dieser DIN im Leistungsverzeichnis mit der Abrechnungseinheit „Stück" aufgenommen werden. Formstücke und damit auch Reinigungsrohre sind also extra auszuschreiben und zu vergüten. Hat Ihr Auftraggeber das versäumt, so stellt jedes Reinigungsrohr eine **Zusätzliche Leistung** dar.

Sollten die Vertragsbedingungen Ihres Auftrages vorsehen, daß Formstücke mit einem Zuschlagssatz zur Rohrleitung vergütet werden, so liegt hier eine VOB-widrige Ausschreibung vor, es sei denn, sie enthalten Mengenangaben. Ohne Angabe der benötigten Stückzahlen ist Ihnen eine richtige Preiskalkulation nicht möglich. Für den Fall, daß Ihnen keine Stückzahlen angegeben wurden, sollten Sie bei Ihrem Auftraggeber die fehlenden Angaben erfragen. Kann er die Stückzahlen nicht nennen, so müssen Sie eben selbst festlegen, mit welchen Mengen Sie den Zuschlagssatz errechnen. Diese angenommenen Mengen sollten Sie in jedem Fall Ihrem Auftraggeber im Begleitschreiben zum Angebot mitteilen. Nur so können Sie, wenn die Stückzahlen sich bei der Ausführung wesentlich erhöhen, Nachforderungen stellen.

Wurden im Leistungsverzeichnis keine Einheitspreise für Reinigungsrohre vereinbart und auch keine andere Vergütungsregelung getroffen, so können Sie Ihrem Auftraggeber ein entsprechendes Nachtragsangebot einreichen. Sie kündigen damit Ihre Absicht an, diese Leistung nur gegen eine zusätzliche Bezahlung auszuführen. Bestehen Sie nachdrücklich auf Erteilung eines Zusatzauftrages oder Anerkennung der Preise, damit bei der Schlußrechnung keine Meinungsverschiedenheiten mehr auftreten können.

Was müssen Sie beachten, um Ihren Vergütungsanspruch im Hinblick auf die VOB-Bestimmungen abzusichern? Beabsichtigen Sie Reinigungsöffnungen vorzusehen, so müssen Sie nach VOB/B § 2 Nr. 6, bevor Sie mit der Ausführung beginnen, Ihrem Auftraggeber ankündigen, daß Sie für diese Leistung eine besondere Bezahlung verlangen. Unterlassen Sie diese Ankündigung, liegt es allein im Ermessen des Auftraggebers, ob er die Reinigungsrohre in der eingebauten Stückzahl vergütet. Dann muß nämlich erst der Auftraggeber nachträglich diese Leistung anerkennen (VOB/B § 2 Nr. 8).

Anders liegt der Fall, wenn z. B. Ihr Auftrag Geruchsverschlüsse enthält, die lediglich eine untere Schrauböffnung besitzen müssen und Sie haben welche mit oberer Reinigungsöffnung mit Deckel und Schrauben geliefert. Hier handelt es sich um eine geänderte Leistung, für die Sie nach VOB/B § 2 Nr. 5 einen neuen Preis unter Berücksichtigung der Mehr- und Minderkosten vereinbaren können. Eine vorherige Ankündigung ist in diesem Fall nicht nötig. Die neue Preisvereinbarung soll zwar vor der Ausführung getroffen werden, aber das muß nicht unbedingt sein. Auch wenn Sie erstmals in der Schlußrechnung den geänderten Preis nennen, besteht Ihr Vergütungsanspruch zu Recht, nur die Preishöhe muß noch vereinbart werden.

Reservestutzen   Jeder Verteiler sollte im Hinblick auf spätere Änderungen oder Erweiterungen einen Reservestutzen haben. Erhalten Sie Aufträge, ohne daß darin ein Reservestutzen erwähnt wird, so empfiehlt es sich, entweder separat oder mit einer sowieso notwendig werdenden Änderung des Verteilers dem Auftraggeber ein Nachtragsangebot zu unterbreiten.

Der Reservestutzen kann mit einem Absperrventil oder einem Blindflansch abgeschlossen werden. Welche Ausführung Ihrem Nachtrag zugrunde liegt, sollten Sie von der Höhe der vereinbarten Einheitspreise abhängig machen. Bei knapper Kalkulation ist es vielleicht günstiger, einen Blindflansch mit Schrauben und Dichtungen anzubieten, wenn hierfür der Preis nicht im Leistungsverzeichnis enthalten ist, als ein Absperrventil, dessen Preis festliegt und der nur eine ganz geringe Gewinnspanne enthält.

Aber auch für den Fall, daß für den Ihnen in Auftrag gegebenen Verteiler bereits ein Reservestutzen vorgesehen war, können Sie den Blindflansch oder ein Absperrventil zum Schließen der Öffnung liefern und abrechnen. Diese Leistung ist technisch notwendig. Ihre Forderung stützt sich dann auf VOB/B § 2 Nr. 6 (siehe auch **Zusätzliche Leistung**).

Eine Armatur zum Schließen des Reservestutzens sollten Sie nur dann einbauen, wenn Sie Ihrem Auftraggeber vor der Ausführung Ihre Absicht schriftlich mitgeteilt haben. Sie vermeiden so eine eventuelle spätere Forderung nach Demontage der Armatur, weil ein Blindflansch für den Bauherrn preisgünstiger ist und fast den gleichen Zweck erfüllt.

Rohrbefestigungen   Die DIN 18 381 für Gas-, Wasser- und Abwasser-Installationsarbeiten innerhalb von Gebäuden sagt über das benötigte Befestigungsmaterial folgendes aus: Nach Punkt 0.5.1 sollten Befestigungsschienen nach Längenmaß (m) ausgeschrieben werden. Unter Punkt 0.5.2 wird aufgeführt, daß Befestigungselemente für Rohrleitungen über DN 50 sowie Einzelbefestigungen von Rohrleitungen, wie Tragkonstruktionen und Festpunkte, nach Anzahl (Stück) im Leistungsverzeichnis aufgenommen werden sollten. Diese Teile können aber auch nach Punkt 0.5.3, hier jedoch als besondere Befestigungskonstruktionen aufgeführt, nach Gewicht (kg) ausgeschrieben werden. Und für kleinere Rohrleitungen bis DN 50 können die Befestigungselemente auch als Prozentsätze der Preise der Rohrleitungen Eingang ins Leistungsverzeichnis finden. Diese Hinweise in der DIN 18 381 werden zwar nicht Bestandteil des Vertrages, sie zeigen jedoch genau die Einzelheiten auf, die für eine richtige Leistungsbeschreibung wichtig sind.

Als **Besondere Leistung**, die auch immer zu vergüten ist, werden besondere Maßnahmen zur Schalldämmung und Schwingungsdämpfung von Anlagenteilen gegen den Baukörper genannt (Punkt 4.2.4). Hierzu gehören auch Rohrschellen mit Gummieinlage. Weiterhin wird als besondere Leistung das Liefern und Einbauen von besonderen Befestigungskonstruktionen, z. B. Widerlager, Rohrleitungsfestpunkte, schwere Rohrlager mit Gleit- oder Rollenschellen, Tragschalen, Konsolen und Stützgerüste, angegeben (Punkt 4.2.8). Das ganz normale Befestigungsmaterial wird hier nicht erwähnt, auch nicht in den Abrechnungsbestimmungen der DIN 18 381. Folglich muß die Vergütung der Rohrleitungsbefestigungen nach den vertraglichen Vereinbarungen geregelt werden. Es ist somit sehr wichtig, sich die Leistungsbeschreibung im Angebot bzw. im Leistungsverzeichnis genau anzusehen.

Hat Ihr Auftraggeber von Ihnen verlangt, Rohrleitungen einschließlich Rohrbefestigungen anzubieten, so sind Sie später nur verpflichtet, einfachste Rohrschellen mit Befestigungsbändern zu liefern. Für Rohrschellen mit Gummieinlage können Sie Mehrpreise verlangen, denn der Einbau dieser Rohrschellen stellt eine besondere Maßnahme zur Schalldämmung und Schwingungsdämpfung dar. Jede besondere Befestigungskonstruktion und damit jedes Widerlager, Gleitlager oder Rollenlager, jeder Festpunkt, jede Profileisenkonstruktion und jede Befestigungsschiene können Sie zusätzlich abrechnen. Das gilt auch dann, wenn im Leistungsverzeichnis verlangt war, diese besonderen Befestigungskonstruktionen mit in die Einheitspreise einzurechnen, denn diese Ausschreibungspraxis ist VOB-widrig. Nur bei genauer Angabe der Art, der Abmessungen und der Stückzahl wären Sie in der Lage, diese geforderte Leistung zu kalkulieren und anzubieten. Sie sollten aber immer vor Angebotsabgabe Ihren Auftraggeber fragen, ob er Ihnen für die Kalkulation genaue Angaben machen kann.

Das gleiche gilt, wenn in der Zuschlagsposition zur Rohrleitung neben den Form- und Verbindungsstücken auch Rohrschellen oder, allgemeiner gehalten, Befestigungsmaterialien enthalten sind. Hier müssen und können Sie auch nur Rohrschellen einfachster Art und Befestigungsbänder kalkulieren. Jede andere Ausführung, selbst der notwendige oder gewünschte Einsatz von Gewindestangen, bedingt Mehrpreise. Ihre Forderung, die Sie Ihrem Auftraggeber aber vor der Ausführung ankündigen müssen, stützt sich auf die aufgeführten **Besonderen Leistungen** nach Punkt 4.2.4 und 4.2.8 der DIN 18 381 sowie auf die VOB/B § 2 Nr. 6 und VOB/A § 9 Nr. 2.

Rohrbogen   Bei Abrechnung nach Längenmaß sind Rohrleitungen einschließlich Bogen, Form-, Paß- und Verbindungsstücke in der Mittelachse aufzumessen. Das schreibt VOB/C unter Punkt 5.2 der DIN 18 381 vor. Um diese beim Bogen etwas schwierig anzuwendende Aufmaßregel wieder zu vereinfachen, erhielt die DIN 18 381 noch folgende Zusatzbestimmung: „Dabei werden Rohrbogen bis zum Schnittpunkt der Mittelachse gemessen." Danach ist es zulässig, sowohl beim Aufmaß vor Ort als auch beim Aufmaß nach Zeichnung, so zu messen, als wären keine Bogen vorhanden, sondern nur scharfkantige Rohrstöße.

Dieses Übermessen der Rohrbogen ist lediglich eine Vereinfachung der Aufmaßrichtlinien. Auf keinen Fall ist damit auch der Bogen bezahlt. Für die Vergütung der Rohrbogen muß das Leistungsverzeichnis eine besondere Regelung enthalten. Hierzu verlangt die DIN 18 381 unter Punkt 0.5.2 vom Bauherrn, daß für Rohrleitungen mit einer Nennweite von gleich oder größer DN 50 die Formstücke nach Anzahl (Stück) auszuschreiben sind. Es muß im Leistungsverzeichnis die genaue Stückzahl der einzubauenden Rohrbogen genannt werden. Für Rohrleitungen mit Nennweiten kleiner DN 50 sind die Formstücke nicht mehr einzeln nach Stückzahlen auszuschreiben, sondern als Prozentsatz vom Rohrleitungspreis (Punkt 0.5.4 DIN 18 381). In jedem Fall können Rohrbogen wie auch die anderen Formstücke, Verbindungs- und Befestigungselemente zusätzlich zur Rohrleitung abgerechnet werden. Ausnahmen von dieser Regelung müssen immer deutlich in der Leistungsbeschreibung aufgeführt werden.

Aus dieser ab Nennweite DN 50 unterschiedlichen Regelung ergibt sich für die üblichen Be- und Entwässerungsanlagen, daß die Bogen und Formstücke fast nur bei den Entwässerungsleitungen als Stückzahlen auftreten werden. Sollten Sie jedoch auch Bewässerungsleitungen z. B. für die Feuerlöschanlage ausführen, deren Nennweiten größer als DN 50 sind, so müssen auch hier die Rohrbogen vom Auftraggeber einzeln nach Anzahl ausgeschrieben werden. Hat er das versäumt und für die Vergütung der Formstücke nur einen prozentualen Zuschlag vorgesehen, können Sie immer versuchen, Einheitspreise für die einzubauenden Formstücke zu vereinbaren. Als Begründung geben Sie an, daß diese großen Formstücke viel zu teuer sind und es Ihnen nicht möglich war, sie kalkulatorisch in einem Prozentsatz der Rohrleitung unterzubringen. Deswegen haben Sie sich nicht an die VOB-widrige Ausschreibung halten können.

Wird in der Leistungsbeschreibung nur die Nennweite genannt, so sind immer 90-Grad-Bogen gemeint. Für die Lieferung von Bogen mit 15 oder 45 Grad können Sie neue Stückpreise vereinbaren. Nun nennen viele Preislisten für sämtliche Bogen von 15 bis 90 Grad den gleichen Preis. Diesen Mischpreis müssen Sie nicht übernehmen. Ihre Kalkulation lautet ganz anders. Bogen mit anderen Winkelgraden als 90 Grad, die zum Auftrag hinzukamen, mußten ja nachträglich und zusätzlich in kleinen Mengen bestellt werden. Hierdurch lagen die Rabatte niedriger und es sind zusätzliche Bestellkosten und erhöhte Frachtkosten angefallen. Ein kleinerer Bogen kann also durchaus mehr kosten als ein 90-Grad-Bogen.

Enthält das Leistungsverzeichnis den Text „Bogen sämtlicher Grade", dann sind zwar alle einfachen Bogen von 15 bis 90 Grad unter dieser Position erfaßt, aber darunter fallen nicht Verlängerungsbogen mit Beruhigungsstrecke, 135-Grad-Bogen für Umlüftungsleitungen, Objektanschlußbogen für Wasch-, Spül-, Urinalbecken sowie WC-Anschlußbogen. Falls Ihr Auftrag für diese Teile keine Preisvereinbarung enthält, können Sie hierfür zusätzlich einen angemessenen Stückpreis verlangen. Ihren Wunsch nach gesonderter Vergütung für diese Art Bogen teilen Sie Ihrem Auftraggeber am besten in Form eines Nachtragsangebotes mit. Sie erfüllen damit die nach VOB/B § 2 Nr. 6 notwendige Voraussetzung der Ankündigung Ihres Vergütungsanspruches.

__Rohrformstücke__ Für Form- und Verbindungsstücke sollen nach DIN 18 381 unter Punkt 0.5.2 und 0.5.4 im Leistungsverzeichnis bestimmte Abrechnungseinheiten vorgesehen werden. Bei Rohrleitungen mit einem Durchmesser über DN 50 sind die einzelnen **Formstücke**, getrennt nach Art und Größe, nach Anzahl (Stück) auszuschreiben. Hierdurch soll Ihnen die Kalkulation dieser Leistung möglich gemacht werden. Rohrleitungen mit kleineren Durchmessern dürfen so ausgeschrieben werden, daß der Anbieter die Form- und Verbindungsstücke als Prozentsatz der Preise der Rohrleitungen zu kalkulieren hat. In jedem Fall muß also im Angebot ein besonderer Ansatz für Rohrformstücke enthalten sein.

Diese Regelung der DIN 18 381 bedeutet, daß bei einer VOB-gerechten Leistungsbeschreibung für die Entwässerungsleitungen mit Nennweiten über 50 mm sämtliche Bogen, Abzweige, Übergangsstücke, Reinigungsrohre, Flansche und CV-Verbinder, um nur die wichtigsten Teile zu nennen, einzeln aufgeführt und der benötigten Stückzahl entsprechend angefragt werden sollten. Nur bei kleineren Entwässerungsleitungen und den Bewässerungsleitungen bis einschließlich Nennweite 50 ist es nach VOB erlaubt, lediglich einen Prozentsatz für Formstücke, Verbindungs- und Befestigungselemente anzufragen.

Neben den Ausschreibungen, die diese Bestimmungen der VOB beachten, finden Sie aber auch häufig folgende Angebotstexte:

a) „Rohre liefern und montieren"
b) „Rohrleitungen komplett"
c) „Rohre einschließlich aller Form- und Verbindungsstücke"
d) „Zuschlag für Form- und Verbindungsstücke"

Ausschreibungen, die diese Texte enthalten, sind VOB-widrig, im Fall d jedoch nur, wenn auch Rohre mit einem Durchmesser über DN 50 damit angefragt werden. Im Fall a werden Rohrformstücke überhaupt nicht erwähnt. Damit sind sie auch nicht im Leistungsumfang enthalten. Alle gelieferten und montierten Formstücke können Sie entsprechend VOB/B § 2 Nr. 6 als **Zusätzliche Leistung** abrechnen. In den Fällen b und c liegt eine unklare Leistungsbeschreibung vor, die keine genaue Preiskalkulation erlaubt. Hier sollten Sie bereits bei der Angebotsabgabe Ihrem Auftraggeber bekanntgeben, wie viele Formstücke Sie einkalkuliert haben. Hat sich bei der Ausführung der benötigte Anteil an Form- und Verbindungsstücken gegenüber Ihrer Angebotskalkulation erhöht, so können Sie Ihrem Auftraggeber diese zusätzliche Leistung in Rechnung stellen. Auch im Fall d liegt eine unklare Leistungsbeschreibung vor, weil der Anteil der Formstücke großer Rohre (über DN 50) nicht einzeln aufgeführt wird. Die so ausgeschriebene Leistung ist nicht einwandfrei zu kalkulieren.

Nach Teil A § 9 Nr. 1 und Nr. 2 der VOB hat der Auftraggeber die Leistung so erschöpfend zu beschreiben, daß alle Bewerber ihre Preise sicher und ohne umfangreiche Vorarbeiten berechnen können. Dem Auftragnehmer soll kein ungewöhnliches Wagnis aufgebürdet werden. Die VOB gibt in der DIN 18 381 unter Punkt 0.5.2 und 0.5.4 nicht umsonst Hinweise, wie die Rohrformstücke auszuschreiben sind. Ist eine Ausschreibung, die nicht den Bestimmungen der VOB entspricht, die Ursache zusätzlicher Kosten, die vorher nicht kalkulierbar waren, so sollten Sie deren Erstattung von Ihrem Auftraggeber verlangen (siehe **Formstücke**).

Rohrfutter Werden Rohrleitungen durch Wände und Decken geführt, so sind sie, um zu vermeiden, daß auf den Baukörper Geräusche übertragen werden, mit Rohrumhüllungen zu versehen. Falls es der Einbauort verlangt, sind solche Wanddurchführungen auch wasserdicht auszuführen.

Wurde außer der VOB vertraglich nichts besonderes vereinbart, so gelten die Bedingungen der VOB/C, DIN 18 381. Nach Punkt 4.1.5 gehört das Liefern von Wand- und Deckendurchführungen ohne besondere Anforderungen zu den Nebenleistungen. Auch wenn im Vertragstext diese Rohrfutter nicht erwähnt wurden, müssen Sie diese Leistung, ohne dafür eine besondere Vergütung verlangen zu können, erbringen.

Was ist nun aber unter Wand- und Deckendurchführungen ohne besondere Anforderungen zu verstehen? Hierbei handelt es sich um Rohrumhüllungen aus Wellpappe, Filz oder Schaumstoffen. Nur diese oder ähnliche Ausführungsarten sind kostenlos zu liefern und zu installieren.

Werden erhöhte Anforderungen an Wand- und Deckendurchführungen gestellt, so sind Rohrfutter aus Stahlrohr oder Kunststoffrohr zu verwenden. Diese Schutzrohre gibt es auch in Ausführungen, die ein Abdichten gegen Wasser und Gas erlauben. Der Raum zwischen Schutzrohr und Leitungsrohr ist zur Vermeidung von Geräuschübertragungen mit Dämmstoff auszufüllen. Diese Leistungen gelten nach Punkt 4.2.6 der DIN 18 381 als **Besondere Leistung**. Sie gehören nur dann zur vertraglichen Leistung, wenn sie in der Leistungsbeschreibung besonders erwähnt wurden. Ist das nicht der Fall, dann stellt das Liefern der Wand- und Deckendurchführungen mit besonderen Anforderungen eine **Zusätzliche Leistung** dar, die Ihnen besonders zu vergüten ist.

Vor der Ausführung der Hülsenrohre müssen Sie Ihrem Auftraggeber ankündigen, daß Sie diese Form der Rohrfutter für technisch notwendig halten (z. B., weil der in ein Filz- oder Wellpapperohrfutter eindringende flüssige Mörtel diese Materialien so verhärtet, daß eine Geräuschübertragung unvermeidlich wird). Diese Ankündigung können Sie Ihrem Auftraggeber mündlich machen oder auch schriftlich, z. B. durch ein Nachtragsangebot. Nach VOB/B § 2 Nr. 6 ist das vorherige Ankündigen notwendig, um Ihren Vergütungsanspruch zu sichern (siehe auch **Zusätzliche Leistung**).

Rohrschellen Rohrbefestigungen sind keine Nebenleistungen. Ganz im Gegenteil, denn die DIN 18 381 sieht in den Bedingungen für die Aufstellung von Leistungsverzeichnissen vor, daß Befestigungselemente in Abhängigkeit ihrer Nennweite entweder nach Anzahl (Stück) oder in Prozentsätzen ihrer Rohrleitung auszuschreiben sind. Befestigungen und damit auch Rohrschellen müssen also in der Leistungsbeschreibung erwähnt sein. Fehlt jeder Hinweis auf Rohrbefestigungen, so sind auch Rohrschellen in diesem Fall eine zusätzliche Leistung, für die Sie nach entsprechender Ankündigung auch eine zusätzliche Vergütung verlangen können.

Enthält die Ausschreibung Rohrschellen ohne Hinweis auf Dämpfungseinlagen oder wird ein anderes Material als Gummi (z. B. Filz oder Wellpappe) verlangt, so können Sie bei Verwendung von Rohrschellen mit Gummieinlagen die Ihnen entstandenen Mehrkosten geltend machen. Zumindest in Wohngebäuden verlangt der heute übliche Schallschutz die bestmögliche Dämpfung von Rohrschwingungen. Haben Sie diese Leistungsänderung mit dem Bauherrn, Architekten oder Fachingenieur besprochen, so gilt hier der § 2 Nr. 5 der VOB/B. Danach können Sie unter Berücksichtigung der Mehr- oder Minderkosten einen neuen Preis mit dem Bauherrn vereinbaren. Diese Vereinbarung sollte möglichst vor Ausführung getroffen werden. War das aus irgendwelchen Gründen nicht möglich, bleibt Ihr Anspruch auf eine neue Preisvereinbarung trotzdem bestehen, da es sich hier nur um eine Soll-Vorschrift handelt und nicht um eine Muß-Vorschrift.

Haben Sie die Leistungsänderung vorher nicht mit dem Auftraggeber abgesprochen, so können Sie trotzdem eine zusätzliche Vergütung für die Gummieinlagen der Rohrschellen (oder andere schalldämmende Materialien) verlangen. Einmal schreibt die VOB/C, DIN 18 381 unter Punkt

4.2.4 vor, daß besondere Maßnahmen zur Körperschalldämmung von Anlagenteilen gegen den Baukörper keine Nebenleistung und damit zu vergüten sind, und zum zweiten sind diese von Ihnen getroffenen Maßnahmen technisch notwendig (sonst würden Sie es ja nicht tun), so daß § 2 Nr. 8 der VOB/B hier Anwendung findet. Danach steht Ihnen eine Vergütung für diese Leistung zu, wenn sie für die Erfüllung des Vertrages notwendig war und dem Auftraggeber unverzüglich angezeigt wurde. Letzteres ist bereits dadurch erfolgt, daß Sie den Bauherrn auf die von Ihnen verwendeten Schellen mit Dämmeinlage aufmerksam gemacht haben oder er diese bei seinen Baustellenbesuchen auch ohne besonderen Hinweis hat sehen müssen.

Rohrstützen Kosten für Rohraufhängungen und Rohrbefestigungen sind, wenn das Leistungsverzeichnis keine eigene Position dafür enthält, häufig in die Einheitspreise einzurechnen. Aber auch in pauschalen Zuschlagspositionen finden Sie den Hinweis, die Kosten für diese Teile mit zu berücksichtigen. Mit dieser Ausschreibungspraxis ist aber nicht gesagt, daß Sie auf die Berechnung sämtlicher Rohrbefestigungskosten verzichten müssen.

Rohrstützen z. B. fallen nicht unter die Begriffe Rohraufhängungen und Rohrbefestigungen. Hiermit ist ausschließlich das katalogmäßig zu beziehende Rohrbefestigungsmaterial gemeint. Rohrstützen sind aber einzeln angefertigte Eisenkonstruktionen, z. B. in Form von Wandauslegern, -konsolen oder als Fußbodenstütze mit Rohrhalbschale oder kompletter angeschweißter Rohrschelle. Der Fertigungsaufwand und damit die Kosten sind erheblich größer als die der einfachen Rohraufhängungen. Rohrstützen sind entweder als Einzelposition abzurechnen (siehe auch **Zusätzliche Leistung**) oder, falls vorhanden und falls der Einheitspreis den Aufwand kostenmäßig abdeckt, den Positionen Profileisen oder Eisenkonstruktion zuzuschlagen (siehe auch **Konsolen**).

Ihr Anspruch auf besondere Vergütung der Rohrstützen wird auch von der VOB/C in der DIN 18 381 unter Punkt 4.2.8 bestätigt. Danach gilt unter anderem das Liefern und Einbauen von **Konsolen** und Stützgerüsten als **Besondere Leistung**. Auch die in dieser DIN vorgeschriebenen Abrechnungseinheiten sehen vor, daß der Auftraggeber Sonderbefestigungen für Rohrleitungen, z. B. Tragkonstruktionen oder Festpunkte, nach Anzahl (Stück) ausschreibt. Hat er das nicht getan, so liegt eine VOB-widrige Ausschreibung vor.

Rohrverstopfung Am Bau fällt viel Abfall, Schutt und Schmutz an. Auch müssen die Handwerker ihre Arbeitsgeräte reinigen. Dabei entstehen Farb-, Putz- und Mörtelreste, meistens vermischt mit Wasser und Reinigungsmittel. Wohin mit all dem Dreck? Üblicherweise wird er in den nächsten Gully oder Ausguß, in ein Waschbecken oder ein WC „entsorgt". Durch diese Bequemlichkeit der Handwerker entstehen immer wieder Rohrverstopfungen, die erhebliche Kosten verursachen. Mitunter sind diese Verstopfungen so hartnäckig, daß Rohre sogar ausgetauscht werden müssen.

Die Beseitigung einer Verstopfung im Rohr ist sehr lohnintensiv. Zuerst muß einmal das Reinigungswerkzeug geholt werden, dann wird, z. B. bei einer verstopften Entwässerungsleitung, vom Ausguß aus mit einer Spirale durch das Rohr gebohrt und anschließend die Leitung mit Wasser gespült. Auch Dacheinläufe verstopfen leicht, wenn der Regen nicht nur Blätter und Staub, sondern auch noch liegengelassenen Bauschutt hineinspült. Eine aufwendige Beseitigung mittels Spirale und Spülen mit Wasser ist die Folge. Das kostet alles Zeit und auch viel Geld.

Wer hat Ihnen diese Kosten zu erstatten? Immer der Auftraggeber. Eine Ausnahme gibt es allerdings, und das ist dann der Fall, wenn Sie als Unternehmer diese Rohrverstopfung selbst verursacht haben. Dann müssen Sie auch für die Kosten der Beseitigung aufkommen. Da das selten der Fall sein wird, können Sie sämtliche Kosten für die Beseitigung von Rohr- und WC-Verstopfungen Ihrem Auftraggeber in Rechnung stellen.

Das Reinigen der Rohre, WCs und Ausgüsse wird üblicherweise in Regie ausgeführt und als **Stundenlohnarbeit** abgerechnet. Um aber einen wirklichen Vergütungsanspruch zu erlangen, benötigen Sie Beweise für die ausgeführte Arbeit. Zu diesem Zweck müssen Sie Ihrem Auftraggeber die Ausführung der Stundenlohnarbeiten vor deren Beginn anzeigen. Dann sollten Sie, je nachdem, wie es bei Ihnen oder an der speziellen Baustelle üblich ist, entweder täglich, längstens jedoch wöchentlich, Ihre Lohnzettel dem Auftraggeber oder seinem Vertreter (Fachingenieur, Architekt oder Bauleiter) zur Unterschrift vorlegen. Spätestens 6 Werktage danach hat Ihnen der Auftraggeber die anerkannten Lohnzettel zurückzugeben oder seine Einsprüche bekanntzugeben. Nicht fristgemäß zurückgegebene Regiezettel gelten entsprechend VOB/B § 15 Abs. 3 als anerkannt. Für Ihre spätere Abrechnung ist es also sehr wichtig, daß Sie auch die Eingabe der Lohnzettel belegen können. Lassen Sie sich den Empfang immer bestätigen.

Der Bauherr möchte natürlich gern die so entstandenen Kosten an die Verursacher weitergeben. Aber dabei können Sie Ihm nicht einmal dann helfen, wenn Sie durch Zufall gesehen haben, wer seinen Schmutz in den Ausguß geschüttet hat. Sie können nämlich nie mit Sicherheit sagen, daß dadurch die Verstopfung verursacht wurde. Das Feststellen etwaiger Verursacher ist allein Sache des Auftraggebers.

Rotgußbogen Die Verwendung von Rotguß- oder Kupferbogen-Lötfittings zur Verlegung von Kupferleitungen ist wesentlich aufwendiger und damit auch teurer als das Biegen von Kupferrohren. Wenn sich Ihr Bauherr, nachdem Sie angekündigt haben, daß diese Ausführungsart Mehrkosten verursacht, für die Verwendung von Lötfittings als sichere Verlegeart entschieden hat, können Sie die Mehrkosten zusätzlich in Rechnung stellen. Grundlage Ihrer Forderung ist VOB/B § 2 Nr. 6 Abs. 1. Die Preise richten sich jedoch nach Abs. 2 des gleichen Paragraphen. Danach können Sie unter Beachtung der Kalkulationsgrundlage der vertraglichen Leistung die Preise für die Lieferung und Montage der Rotgußbogen ermitteln. Besonders zu berücksichtigen sind dabei die Kosten für Einkauf, Fracht und Transport und Einbau.

Rotgußflansche Bei der Verlegung von Kupferleitungen werden immer wieder Teile benötigt, um das Einbinden von Flansch- oder Schraubarmaturen zu ermöglichen. Hierfür finden Kupfer- oder Rotgußflansche oder -verschraubungen mit Lötstutzen Verwendung. Diese Teile können Sie zusätzlich abrechnen. Selbst wenn vertraglich geregelt ist, daß Sie auch die Form- und Verbindungsstücke für die Kupferrohrleitungen liefern und montieren müssen, so werden diese besonderen Flansche und Verschraubungen davon nicht erfaßt. Das sind keine Verbindungsteile der Rohrleitung. Diese Teile haben praktisch den gleichen Stellenwert wie Gegenflansche. Wenn die Leistungsbeschreibung es erlaubt, Gegenflansche aus Stahl getrennt abzurechnen, oder wenn sie bereits im Einheitspreis der Armaturen erfaßt wurden, dann muß es auch zulässig sein, Rotgußflansche und -verschraubungen mit Lötanschluß zusätzlich zu berechnen. Es handelt sich hier um eine nicht im Vertrag vorgesehene Leistung, für die Sie nach § 2 Nr. 6 Abs. 1 der VOB/B eine besondere Vergütung beanspruchen können, wenn Sie den Anspruch ankündigen, bevor Sie mit der Ausführung der Leistung beginnen.

__Rückforderung__ Sowohl der private als auch der öffentliche Auftraggeber können Rückforderungsansprüche stellen. Die Rechtsgrundlage hierfür kann sich entweder aus einer vertraglichen Rückzahlungsvereinbarung ergeben oder aus der Bestimmung des § 812 des Bürgerlichen Gesetzbuches. Danach ist ein Auftragnehmer zur Herausgabe einer Vergütung verpflichtet, wenn er sie ohne rechtlichen Grund erhalten hat und diese ungerechtfertigte Bereicherung auf Kosten des Auftraggebers erfolgt ist.

Beim privaten Auftraggeber können Sie fast immer darauf vertrauen, daß nach Prüfung Ihrer Schlußrechnung, z. B. durch den Fachingenieur, Architekten oder durch den Bauherrn selbst, und nach dem Überweisen des Schlußzahlungsbetrages auf Ihr Konto ein rechtlich bindendes Anerkenntnis vorliegt. Aber das schließt nicht aus, daß in krassen Fällen von ungerechtfertigter Bereicherung doch Rückforderungsansprüche vom Auftraggeber erhoben werden. Anders sieht es beim öffentlichen Auftraggeber aus. Hier müssen Sie immer damit rechnen, daß noch Jahre nach dem Schlußzahlungstermin Rückforderungen gestellt werden. Das liegt am Prüfungs- und Kontrollsystem der Behörden. Üblich ist es, daß die erste Prüfung Ihrer Rechnung vom Bauamt oder von einem beauftragten Fachingenieur durchgeführt wird. Die zweite und manchmal auch dritte Kontrolle der Bauausgaben des öffentlichen Auftraggebers erfolgt durch örtliche Revisionsämter oder überörtliche Rechnungsprüfungsbehörden, wie z. B. durch die Rechnungshöfe der Bundesländer oder durch den Bundesrechnungshof. Da es sich um Steuergelder handelt, die verbaut werden, kann man sich über eine zwei- bis dreifache Kontrolle der Ausgaben der öffentlichen Bauherren nur freuen. Trifft diese manchmal erst Jahre später stattfindende Prüfung jedoch Ihre Firma, so ist das weniger erfreulich, aber der öffentliche Auftraggeber hat auch bei später bemerkten fehlerhaften Abrechnungen das Recht, eine festgestellte **Überzahlung** zurückzufordern. Dieses Recht verjährt erst nach 30 Jahren. Aber auch vorher haben Sie gewisse Möglichkeiten, den Rückforderungsansprüchen zu begegnen.

Sind seit der Schlußzahlung schon mehr als 6 Jahre verstrichen, so können Sie sich eventuell auf **Verwirkung** dieser Ansprüche berufen. Hier ist jedoch nicht nur der reine Zeitablauf ausschlaggebend, sondern eine Vielzahl von Faktoren, wie z. B. Größe des Bauvorhabens und des Leistungsteils, den Sie abgerechnet haben, Art und Höhe der Beanstandungen und der Rückzahlungsforderung und Art der Prüfungsbehörde, die sich mit der Kontrolle Ihrer Abrechnung befaßt hat. Auch spielt es eine

Rolle, ob Sie überhaupt noch eine Möglichkeit haben, die Rückforderungsansprüche zu prüfen. Inzwischen haben Sie vielleicht bereits die betreffenden Akten vernichtet (gesetzlich zulässig nach 7 Jahren), oder der damalige Sachbearbeiter hat Ihre Firma inzwischen verlassen und ist für Sie nicht mehr erreichbar.

Eine weitere Möglichkeit, Rückforderungen zu entgehen, besteht für Sie auch dann, wenn es sich um Bagatellbeträge handelt. Nach einer Entscheidung des Bundesverwaltungsgerichts wurde bei einem Auftragswert von 2300 DM eine Rückforderung von 50 DM als Bagatellbetrag bezeichnet, der nicht erstattet zu werden braucht. Das Kriterium ist bei diesem Bagatellbetrag, ob der zur Überprüfung der Rückforderung notwendige Aufwand überhaupt in einem zumutbaren Rahmen und einem noch vernünftigen Verhältnis zum Rückforderungsbetrag steht.

Verlangt Ihr Auftraggeber zusätzlich zum Rückzahlungsbetrag auch dessen Verzinsung, und zwar bereits ab dem Zeitpunkt der Schlußzahlung, so müssen Sie diesem Verlangen nicht immer nachkommen (siehe auch **Zinsen, Verwirkung, Rückzahlungsvereinbarung, Überzahlung**).

Rücknahmekosten   Wenn durch spätere Umplanungen oder Änderungswünsche des Bauherrn oder Architekten Teile Ihrer Lieferung plötzlich nicht mehr benötigt werden, können Sie dem Auftraggeber Rücknahmekosten berechnen. Ob es sich hierbei um Boiler, weil das Speichervolumen zu klein ist, Pumpen, weil die Druckhöhe nicht ausreicht, Armaturen, weil die Nennweite nicht mehr benötigt wird, oder sanitäre Einrichtungsgegenstände handelt, die plötzlich nicht mehr gefallen, spielt keine Rolle. Solange Sie diese Änderungen nicht zu vertreten haben, steht Ihnen die Erstattung der Rücknahmekosten zu. Hierfür ist es auch egal, ob das bereits bestellte Teil noch bei Ihrem Lieferanten oder bei Ihnen im Lager ist. Es fallen immer Kosten an für Stornierung, Bestellungsänderung, Transport, Verpackung, eventuell auch Montagekosten und Kosten wegen „alt für neu". Eine Kostenminderung aus dem zuletzt genannten Grund kommt dann in Frage, wenn Lieferanten Teile nur noch als „bereits gebraucht" zurücknehmen.

Die Höhe der Rücknahmekosten beträgt meistens 15 bis 25 % des Wertes der zurückgenommenen Lieferung, aber auch Werte bis 80 % kommen vor, wenn besondere Umstände glaubhaft gemacht werden können.

Rückzahlungsvereinbarung Enthält ein Vertrag eine Rückzahlungsklausel, mit der Ihr Auftraggeber erreichen will, daß Sie ihm **Überzahlungen** wieder erstatten müssen, so können Sie diesen Vertrag, sofern er mit einem öffentlichen Auftraggeber geschlossen werden soll, beruhigt unterschreiben. Diese Rückzahlungsvereinbarung ist praktisch überflüssig, denn auch ohne eine vertragliche Vereinbarung sind Sie im Falle einer Überzahlung verpflichtet, diesen Betrag zu erstatten. Stellt z. B. ein Rechnungsprüfer noch nach Jahren fest, daß Ihre Rechnung überhöht war, weil der Auftraggeber die Leistung, die Sie berechnet haben, nachweislich nicht erhalten hat (z. B. Doppelaufmaß), so hat der öffentliche Auftraggeber einen Rückzahlungsanspruch aus ungerechtfertigter Bereicherung. Anders als beim privaten Auftraggeber müssen die Ausgaben der öffentlichen Bauherren, schon im Interesse aller Steuerzahler, von örtlichen und überörtlichen Stellen geprüft werden. Daher kann die einmalige Prüfung einer Rechnung, z. B. durch das Bauamt des Auftraggebers, kein abschließendes Anerkenntnis Ihrer Forderungen sein. Also auch ohne Rückzahlungsvereinbarung müssen Sie noch nach einigen Jahren, sofern Sie nicht **Verwirkung** geltend machen können, den überzahlten Betrag erstatten.

Beim privaten Auftraggeber können Sie eher darauf vertrauen, daß die Prüfung Ihrer Schlußrechnung durch den Architekten, Fachingenieur oder Bauherrn ein rechtlich bindendes Anerkenntnis Ihrer Forderungen darstellt und in der Regel spätere Rückzahlungsansprüche ausschließt. Ausschlaggebend für die Rechtslage sind jedoch die speziellen Umstände jedes Einzelfalles, denn grundsätzlich steht auch dem privaten Auftraggeber ein Rückforderungsrecht nach dem BGB § 812 aus ungerechtfertigter Bereicherung zu.

S

Sandhinterfüllung Gehört zu Ihrem Leistungsumfang auch der Erdaushub für Behälter oder der Rohrgrabenaushub für erdverlegte Rohrleitungen, so sollten Sie prüfen, ob die Sandbettung eine eigene Position ist oder ob sie in der Leistung für den Aushub bereits berücksichtigt oder ob sie eventuell vergessen wurde. Ist die Sandbettung nicht erwähnt, so können Sie diese Leistung zusätzlich abrechnen. Sie ist nach dem Stand der Technik notwendig, um eine einwandfreie Leistung zu erbringen.

Grundlage Ihrer Forderung ist VOB/B § 2 Nr. 6, sofern Sie Ihrem Auftraggeber Ihren Anspruch auf Vergütung dieser zusätzlichen Leistung vor deren Beginn angekündigt haben. Haben Sie das versäumt, so steht Ihnen trotzdem eine Vergütung zu. Nach VOB/B § 2 Nr. 8 Abs. 2 muß Ihr Auftraggeber diese Leistung auch noch nachträglich anerkennen, weil sie zur Erfüllung des Vertrages notwendig war. Aber auch hier ist es Voraussetzung, daß Sie diese Leistung Ihrem Auftraggeber unverzüglich nach der Ausführung anzeigen. Die Anzeige kann mündlich, schriftlich oder durch das Einreichen eines Nachtragsangebotes erfolgen.

Sanitäre Einrichtungsgegenstände Handwaschbecken, Bidet, Spültisch, Ausguß, Urinal, Brausewanne und WC gibt es in den unterschiedlichsten Farben, Formen und Ausstattungen, z. B. Halbsäulen für Handwaschbecken, automatische Spülvorrichtungen für Urinale oder Duschwände für Brausewannen. Hier öffnet sich ein weites Feld für Änderungswünsche und damit für Nachträge.

Manche Architekten und Bauherren können sich nur äußerst schwer für die endgültige Ausführung der sanitären Einrichtung entscheiden. Sie verlangen von Ihnen als Auftragnehmer zuerst einmal die Bemusterung der bestellten Sanitärgegenstände. Dieses Herbeischaffen von Mustereinrichtungen verursacht Ihnen aber erhebliche Kosten. Wer hat diese Kosten zu tragen? Zu dieser Frage gibt VOB/C, DIN 18 381 einen entscheidenden Hinweis. Punkt 0.2.8 verlangt, daß beim Aufstellen des Leistungsverzeichnisses anzugeben ist, für welche Anlagenteile Muster, Darstellungen und Beschreibungen vom Auftragnehmer zu liefern sind. Und Punkt 4.2.24 bestimmt, daß das Herstellen von Mustereinrichtungen und -konstruktionen eine **Besondere Leistung** ist, die zusätzlich zu vergüten ist.

Hat also Ihr Auftraggeber die Leistung so erschöpfend beschrieben, daß der Bemusterungsumfang von Anfang an feststand, konnten Sie Ihre Angebotspreise auch entsprechend kalkulieren. Hat er jedoch versäumt, diese nach Punkt 0.2.8 der DIN 18 381 geforderten Angaben zur Bemusterung zu machen und verlangt das Herbeischaffen von **Mustern**, um die endgültige Auswahl der zur Ausführung kommenden sanitären Einrichtungsgegenstände zu treffen, sollten Sie diesem Auftraggeber erst einmal ein Nachtragsangebot zusenden. Sie erfüllen damit die Voraussetzung der VOB/B § 2 Nr. 6 für **Zusätzliche Leistungen**, die verlangt, daß Sie Ihre Forderungen auf besondere Vergütung dem Auftraggeber bereits vor Beginn der Ausführung mitteilen müssen. Sämtliche Kosten, die Ihnen durch die Bemusterung entstehen, können Sie dann Ihrem Auftraggeber in Rechnung stellen (siehe auch **Muster** und **Zusätzliche Leistung**).

Die Vielzahl der Farben und Formen der sanitären Einrichtungsgegenstände verleiten den Auftraggeber immer wieder dazu, manchmal auch erst zu einem sehr späten Zeitpunkt, den ursprünglich erteilten Auftrag noch zu ändern. Jede Änderung kostet aber Geld. Es fallen Rückgabekosten, kaufmännische Bearbeitungskosten, Fracht- und Versandkosten an. Aber auch die Einkaufspreise der Sanitärgegenstände können sich erhöht haben. Vielleicht gab es zwischenzeitlich Preissteigerungen des Großhandels oder die Rabatthöhe hat sich verringert. Alle diese Kosten können Sie sich im Falle einer Auftragsänderung zusätzlich zum ursprünglichen Angebotspreis erstatten lassen. Grundlage Ihrer Forderungen ist VOB/B § 2 Nr. 5 (siehe auch **Leistungsänderung**).

Aber auch Sie sollten die Angebotsvielfalt bei den sanitären Einrichtungsgegenständen nutzen, um Ihren Auftraggeber nach Auftragserteilung oder auch bereits als Angebotsalternative ein günstiges Angebot zu unterbreiten. Wenn Sie z. B. Auslaufmodelle oder Lagerbestände günstig anbieten können, macht der Auftraggeber von Ihrem Alternativangebot vielleicht Gebrauch.

Zur Montage sollten Sie noch klären, ob Ihr Auftraggeber eine Verfugung zwischen Sanitärgegenstand und Wand- oder Bodenplatten mit dauerelastischem Material wünscht. War diese Leistung bisher vertraglich nicht erwähnt, so können Sie hierfür einen Mehrpreis vereinbaren. Das Verfüllen der Fugen zwischen Sanitärgegenständen und Wand- und Bodenbelägen mit elastischen Stoffen ist nach Punkt 4.2.15 der DIN 18 381 eine

Besondere Leistung, für die Ihnen nach VOB/B § 2 Nr. 6 auch eine besondere Vergütung zusteht. Nur müssen Sie den Anspruch Ihrem Auftraggeber vor der Ausführung angekündigt haben.

Sattelstutzen Einbindungen und Anschlüsse an Leitungen, sogenannte Sattelstutzen, gehören zu den **Formstücken**. DIN 18 381, Gas-, Wasser- und Abwasser-Installationsarbeiten innerhalb von Gebäuden, schreibt unter Punkt 0.5.2 und 0.5.4 u. a. vor, daß Formstücke über DN 50 im Leistungsverzeichnis nach Anzahl (Stück) und unter DN 50 als Prozentsätze der Rohrleitungspreise auszuschreiben sind. Formstücke mit genau DN 50 fallen hier in eine Formulierungslücke. Üblicherweise wird der Auftraggeber diese Formstücke auch nach Anzahl ausschreiben.

Darüber hinaus wird in derselben DIN-Vorschrift im Punkt 4.2.11 das Einbinden, Anschließen und Anbohren an bestehende Rohrleitungen, Schächte und Anlagenteile als **Besondere Leistung** aufgeführt. Und für Sattelstutzen, die hier benötigt werden, steht Ihnen auch dann eine besondere Vergütung zu, wenn sie nicht VOB-gerecht ausgeschrieben wurden.

Die Abrechnung der Rohrleitungen der sanitären Installation wird überwiegend nach VOB/C, DIN 18 381 durchgeführt. Nach Punkt 5.2 werden Rohrleitungen bei Abrechnung nach Längenmaß einschließlich Bogen, Form-, Paß- und Verbindungsstücke in der Mittelachse gemessen. Diese Abrechnungsregelung sagt nur aus, daß Rohrbogen, Form-, Paß- und Verbindungsstücke mit übermessen werden. Sie sagt nicht aus, wie manchmal angenommen wird, daß diese Teile in den Rohrleitungspreis einzurechnen sind und nicht zusätzlich vergütet werden können. Das Gegenteil ist der Fall, wie die genannten Ausschreibungs- und Abrechnungsrichtlinien der DIN 18 381 belegen.

Wurde vertraglich eine Abrechnungsvereinbarung getroffen, bei der einige (aber nicht alle) **Formstücke** nach Einheitspreisen oder Zulagepreisen abzurechnen sind, so müssen auch, falls sie nicht aufgeführt wurden, sämtliche Sattelstutzen und Anbohrschellen, getrennt nach Art und Nennweiten des eingebauten und des angeschlossenen Rohres, nach Anzahl abgerechnet werden können. In Anlehnung an DIN 18 307, Gas- und Wasserleitungsarbeiten im Erdreich, läßt sich diese Forderung zumindest bei erdverlegten Leitungen auch noch auf Schweißverbindungen und Rohrschnitte erweitern.

Im Hinblick auf die Bestimmungen der VOB/A § 9 Nr. 1 und 2 ist es keinem Anbieter zuzumuten, die Kosten z. B. für Bogen, Übergangsrohre und Paßstücke als Einheits- oder Zulagepreis zu kalkulieren und die Kosten der restlichen Formstücke, wie z. B. der Sattelstutzen, bei der Bildung der Stahlrohrpreise oder der Zuschlagspositionen zu berücksichtigen. Verlangt das Ihr Auftraggeber trotzdem, so wird Ihnen damit ein ungewöhnliches Wagnis aufgebürdet, denn für diese Art der Kalkulation liegen keine Erfahrungswerte vor. Hier können Sie trotzdem jeden Sattelstutzen als **Zusätzliche Leistung** nach VOB/B § 2 Nr. 6 abrechnen. Voraussetzung ist wieder, daß Sie vor der Ausführung, am besten in Form eines Nachtragsangebotes, Ihrem Auftraggeber Ihre Forderung nach zusätzlicher Vergütung angezeigt haben.

Schadenersatz Auftragnehmern wird bei der Auftragsausführung von unterschiedlicher Seite und in vielfältiger Weise Schaden zugefügt. Vorrangig müssen hier wohl der Diebstahl und die Beschädigung von Firmeneigentum genannt werden. Diese Delikte betreffen die Polizei (Diebstahl immer polizeilich melden) und die Versicherungen (Bauleistungsversicherung). Sie gehen aber auch in die Gruppe der Schäden ein, die Ihnen durch andere am Bau beteiligte Firmen entstanden sind oder durch sie verursacht wurden. Hier muß in jedem Einzelfall festgestellt werden, wer die Ursachen der Ihrem Werk zugefügten Schäden zu vertreten hat: War es eine der anderen Firmen, oder war es Ihr Auftraggeber; denn nur beim Verursacher und bei der Bauleistungsversicherung können Sie Schadenersatzanspruch erheben. Nachstehend werden die Schadenersatzfälle aufgeführt, die unter anderen Stichworten behandelt werden:

Schäden bei **Arbeitsunterbrechung**
Schäden bei **Aufhebung der Ausschreibung**
Kosten durch außerplanmäßige **Baustellenräumung**
Kosten durch **Baustellenunterbrechung**
Schäden bei **Beschränkter Ausschreibung**
Schadenersatz aus **Behinderung**
Schaden durch **Entfallene Leistung**
Schaden durch Vereinbaren von **Festpreisen**
Schadenersatz bei **Frostschäden**
Schaden bei **Kündigung des Bauvertrages**
Schadenersatz bei **Nässeschäden**

Ersatz der **Rücknahmekosten**
Schadenersatz bei **Verhandlungen mit Bietern**
Schäden aus **Verstößen gegen VOB und AGB-Gesetzen**
Schadenersatz bei zu Unrecht nicht erteiltem **Zuschlag**

Als Schaden ist jeweils der Ihnen zugefügte Vermögensschaden anzusetzen. Die Höhe des Schadens muß von Ihnen nachgewiesen werden. Zum Schaden gehören nicht nur die Kosten für die Beseitigung etwaiger Beschädigungen, sondern auch sämtliche Nebenkosten, wie z. B. Kosten für ein Gutachten oder für das Beweissicherungsverfahren. Inwieweit auch der entgangene Gewinn als Schaden geltend gemacht werden kann, hängt vom Einzelfall ab. Mit Sicherheit kann zumindest bei Vorsatz oder grober Fahrlässigkeit auch der entgangene Gewinn geltend gemacht werden.

Schalldämmung Jede Maßnahme, die Sie treffen, um Übertragung von Schwingungen und Schall von Teilen der Sanitäranlage auf den Baukörper zu vermeiden, stellt eine **Besondere Leistung** dar (DIN 18 381 Punkt 4.2.4). Es ist also keine technisch notwendige Nebenleistung, wenn Sie mit den Pumpen Schwingungsdämpfer installieren und Rohrleitungen nur mit Rohrschellen mit Gummieinlage befestigen. Sind diese Leistungen nicht ausdrücklich im Leistungsverzeichnis gefordert worden, so daß Sie die Kosten kalkulieren konnten, müssen Sie sie auch nicht kostenlos erbringen. Hier handelt es sich um eine **Zusätzliche Leistung** nach VOB/B § 2 Nr. 6, für die Ihnen auch eine zusätzliche Vergütung zusteht. Sie dürfen nur nicht vergessen, Ihrem Auftraggeber die Forderung nach zusätzlicher Vergütung bereits vor der Ausführung bekanntzugeben.

Schalt- und Stromlaufpläne Zu Ihren Pflichten als Auftragnehmer gehört es, einen elektrischen Übersichtsschaltplan und einen Anschlußplan anzufertigen und diese spätestens bei der Abnahme dem Auftraggeber zu übergeben (VOB/C, DIN 18 381 Punkt 3.5). Diese Pläne müssen Sie mit den Betriebs- und Wartungsanleitungen, Prüfbescheinigungen und Protokollen über Dichtheitsprüfung und Einweisung des Bedienungspersonals liefern, ohne daß Sie eine besondere Vergütung dafür verlangen können.

Anders sieht es aus, wenn Sie Stromlaufpläne übergeben. Diese Leistung ist mit den elektrischen Übersichtsschalt- und Anschlußplänen nicht identisch. Nach DIN 40 719 Teil 1 ist ein Übersichtsschaltplan die vereinfachte Darstellung einer Schaltung, bei der nur die wesentlichen Teile berücksichtigt werden, während der Stromlaufplan als ausführliche Darstellung einer Schaltung mit ihren Einzelheiten beschrieben wird.

Nach Punkt 0.2.19 der DIN 18 381 für Gas-, Wasser- und Abwasser-Installationsarbeiten innerhalb von Gebäuden hat der Auftraggeber in der Leistungsbeschreibung anzugeben, ob Stromlaufpläne zu liefern sind. Hat er das versäumt und halten Sie die Anfertigung von Stromlaufplänen für technisch notwendig oder sinnvoll, so sollten Sie mit einem Nachtrag Ihrem Auftraggeber die Lieferung dieser Pläne anbieten.

Auch für den Fall, daß Ihr Schaltschranklieferant ohne besondere Aufforderung Stromlaufpläne mitliefert, sollten Sie diese nicht kostenlos weitergeben. Unter Hinweis auf die vorher beschriebenen Unterschiede nach DIN 40 719 Teil 1 zwischen elektrischem Übersichtsschaltplan und Stromlaufplan und der VOB/C, DIN 18 381, wonach Stromlaufpläne nur dann zum Lieferumfang gehören, wenn dies ausdrücklich vereinbart wurde, können Sie für deren Lieferung eine zusätzliche Vergütung fordern.

Schaltschrank Der Abrechnung der Schaltschränke wird in den meisten Fällen nicht die Beachtung geschenkt, die nötig wäre, um auch hier ein optimales Ergebnis zu erreichen. Diese Leistung ist artfremd und wird meistens von einem Subunternehmer ausgeführt. Die dann tatsächlich erbrachte Leistung dieser Firma wird nicht mehr mit dem ursprünglichen Auftragsumfang verglichen. Aber gerade hier ergeben sich zusätzliche Leistungen, die Sie Ihrem Auftraggeber weiterberechnen können. Bitte prüfen Sie anhand folgender Beispiele, ob nicht auch in Ihrem konkreten Fall Leistungen erbracht wurden, die nicht im Leistungsumfang enthalten waren:

1. Schaltschrankbestückung hat sich geändert oder war nicht komplett ausgeschrieben
Bei einer ausführlichen Leistungsbeschreibung lassen sich Auftrags- und Lieferumfang leicht miteinander vergleichen. Geänderte und zusätzliche Leistungen ergeben für Sie die Möglichkeit der Preiserhöhung.

2. Motorleistungen sind größer geworden
Bei einer Leistungsbeschreibung, die keine Schaltschrankbestückung, sondern nur Funktionsgruppen (z. B. „Motorsteuerung 0,8 kW") enthält,

können Sie bei geänderter Motorleistung eine entsprechende Preisänderung fordern.

3. Einbau bauseits gestellter Geräte

Wird in der Leistungsbeschreibung nicht genau aufgezählt, wie viele und welche Geräte der Bauherr zum Einbau in den Schaltschrank beistellt, so können Sie für diese zusätzlichen Leistungen eine angemessene Vergütung fordern. Bei dieser Gelegenheit sollten Sie Ihren Auftraggeber auf die Grundlage Ihrer Forderungen, VOB/A § 9 Nr. 1 und 2 und VOB/B § 2 Nr. 6, hinweisen. Die beigestellen Geräte können z. B. Regler, Meßinstrumente, Summenzähler, Stundenzähler oder Einschubrahmen sein.

4. Auflegen, Absetzen, Anklemmen der Kabel und Leitungen

Lautet Ihr Auftrag „Schaltschrank komplett und einbaufertig verdrahtet liefern und betriebsfertig montieren", dann ist damit noch nicht gesagt, daß Sie auch die bauseits verlegten Kabel und Leitungen zu den Motoren, Fühlern und sonstigen Geräten an Ihren Schaltschrank anschließen müssen. Bei einer komplett zu liefernden und betriebsfertig montierten Pumpe müssen Sie auch nicht die elektrischen Leitungen auf Ihre Kosten anschließen lassen. In jedem Fall ist es ratsam und kann sehr einträglich sein, zu prüfen, ob das Auflegen, Absetzen und Anklemmen der bauseits verlegten Kabel und Leitungen überhaupt zu Ihrem Leistungsumfang gehört. Falls nicht, steht Ihnen für diese **Zusätzliche Leistung** eine besondere Vergütung zu.

5. Verlegen und Anschließen der Kabel und Leitungen an Motore, Fühler, Pumpen usw.

Hierzu gehört meistens auch das Liefern des Verlegematerials wie Kabelpritschen, Kabelkanäle, STAPA-Rohre, Schellen usw. Sollten Sie diese Arbeiten ausgeführt haben, so prüfen Sie bitte, ob der ausgeschriebene und beauftragte Lieferumfang diese Leistung überhaupt enthält. Häufig wird das Verlegen, manchmal auch das Anschließen dieser Kabel und Leitungen mit der Starkstrominstallation ausgeschrieben. Die Vergütung zusätzlicher Leistungen ist im § 2 Nr. 6 der VOB/B geregelt.

6. Schaltschrankgröße

Schreibt Ihr Auftrag die Lieferung eines Schaltschrankes mit festgelegten Abmessungen vor oder haben Sie im Leistungsverzeichnis neben dem Preis auch die Abmessungen angegeben, so vergleichen Sie diese bitte mit den ausgeführten Abmessungen. Ist der gelieferte Schaltschrank größer als der beauftragte, so ist neben der Änderung der Schaltschrankbestückung auch die Blechgehäusevergrößerung als Mehrpreis in Rechnung zu stellen. Hier handelt es sich um eine Änderung des Bauentwurfs; denn warum sonst sollte ein Schaltschrank, der für die volle Funktion der Anlage gefertigt wurde, größer geworden sein, als es die Leistungsbeschreibung ursprünglich vorsah? Danach steht Ihnen entsprechend VOB/B § 2 Nr. 5 das Recht zu, einen neuen Preis zu vereinbaren, weil sich die Grundlagen des Preises der im Vertrag vorgesehenen Leistung geändert haben. Unter Berücksichtigung der Mehrkosten können Sie Ihren Angebotspreis entsprechend anheben. Das gleiche gilt übrigens auch, wenn sich die Zahl der Schaltschrankfelder ändert oder wenn Sie einen mehrfeldrigen Schaltschrank teilen und an zwei oder mehr Orten aufstellen müssen. Jede dieser Forderungen des Bauherrn oder jede dieser Folgen einer Bauentwurfsänderung ist für Sie mit Kosten verbunden, die durch die ursprünglichen Preise nicht gedeckt werden.

7. Schaltschrankausführung und -montage
Verlangt Ihr Auftraggeber nachträglich eine zusätzliche Unterkonstruktion als Schaltschranksockel oder eine Sonderfarbe oder seltene RAL-Farbe, die bei Angebotsabgabe noch nicht bekannt war, so können Sie Ihrem Auftraggeber die Ihnen hierdurch entstandenen Kosten in Rechnung stellen.
Wurde die Montage durch zu geringe Platzverhältnisse sowohl bei der Anlieferung und Einbringung als auch bei der Aufstellung des Schaltschrankes erschwert, so sollten Sie auch diese zusätzlichen Kosten nicht selbst tragen. Sie können sie unter Hinweis auf VOB/B § 2 Nr. 5, 6 und 8 in Rechnung stellen.

Schlitze Das Herstellen von Schlitzen und Durchbrüchen ist nach VOB/C, DIN 18 381 Punkt 4.2.5 eine **Besondere Leistung**. Das bedeutet, daß deren Herstellung nur dann zu Ihren vertraglichen Verpflichtungen gehört, wenn die Leistungsbeschreibung hierfür einen Hinweis enthält. Das kann eine eigene Position sein, für die Einheitspreise vereinbart wurden. Das kann aber auch ein Hinweis sein, daß diese Leistung in die Einheitspreise einzurechnen ist. Letzteres ist jedoch nur zulässig, wenn der Leistungsumfang so eindeutig beschrieben ist, daß Sie die Kosten kalkulieren können. Hierzu sind dann Anzahl, Größe und Abmessungen der Schlitze und Durchbrüche anzugeben.

Diese Regelungen betreffen jedoch nur das Herstellen von Schlitzen und Durchbrüchen und nicht das Schließen. Diese Leistung wird in der obengenannten DIN nicht erwähnt. Sie gehört damit in jedem Fall zu den extra zu vergütenden Leistungen (siehe auch **Nebenleistungsklausel**).

Schlitz- und Durchbruchpläne Das Anfertigen von Schlitz- und Durchbruchplänen wird sehr unterschiedlich gehandhabt. Teilweise stellt sie bereits der Fachingenieur her, aber häufig muß auch der Auftragnehmer die Pläne anfertigen. Egal, ob Sie nun diese Pläne anfertigen sollen oder nur die Ihnen zur Verfügung gestellten Schlitz- und Durchbruchpläne zu überprüfen haben, es entstehen Ihnen immer Kosten.

Wer hat nun diese Kosten zu tragen? Hierzu enthält die DIN 18 381 ausreichend klärende Hinweise. Nach Punkt 3.1.2 hat der Auftragnehmer nach den Planungsunterlagen und Berechnungen des Auftraggebers die Montage- und Werkstattplanung zu erbringen und mit dem Auftraggeber abzustimmen. Außerdem hat der Auftragnehmer rechtzeitig Angaben über alle Erfordernisse für den Einbau zu machen. Aus diesen Bestimmungen läßt sich schon ableiten, daß die Prüfung der Schlitz- und Durchbruchpläne zu den Leistungen des Auftragnehmers gehört. Eindeutig wird das jedoch unter Punkt 3.1.4 dargelegt. Hier wird darauf hingewiesen, daß der Auftragnehmer bei seiner Prüfung der Planungsunterlagen, z. B. beim Fehlen von Schlitzen und Durchbrüchen, seine Bedenken geltend machen muß. Selbst das Anzeichnen der Schlitze und Durchbrüche für die Ausführung von Stemmarbeiten, auch wenn diese ein anderer Unternehmer ausführt, ist eine **Nebenleistung** (Punkt 4.1.1 DIN 18 381).

Anders sieht es für Sie aus, wenn Ihr Auftraggeber von Ihnen die Anfertigung der Schlitz- und Durchbruchpläne verlangt. Hiermit verlangt er eine Planungsleistung. Nach Punkt 4.2.20 der DIN 18 381 gehören aber Entwurfs-, Ausführungs- und Genehmigungsplanung sowie die Planung von Schlitzen und Durchbrüchen zu den **Besonderen Leistungen**, die nur dann zur vertraglichen Leistung gehören, wenn sie in der Leistungsbeschreibung besonders erwähnt sind. Diese Leistung ist also immer zu vergüten. Entweder ist sie in die Einheitspreise einzukalkulieren, oder sie wird in einer eigenen Position aufgeführt. Hat Ihr Auftraggeber versäumt, das Anfertigen der Schlitz- und Durchbruchpläne im Leistungsverzeichnis zu erwähnen, so sind Sie lediglich zur Prüfung dieser Pläne verpflichtet. Für das Anfertigen können Sie dann eine zusätzliche Vergütung fordern. Das gilt auch dann, wenn Ihnen als Auftragnehmer die Leitungsführung selbst überlassen bleibt (Punkt 3.1.5 DIN 18 381). In diesem Fall müssen Sie nur den Ausführungsplan rechtzeitig aufstellen und das Einverständnis Ihres Auftraggebers einholen, damit dann die erforderlichen Fundament-, Schlitz-, Durchbruch- und Montagepläne angefertigt werden können. Wer sie anzufertigen hat, ist hier nicht besonders geregelt, so daß auch hier Punkt 4.2.20 der DIN 18 381 gilt, wonach es eine besondere Leistung ist, die auch vergütet werden muß.

Schlosserarbeiten Auch bei der Installation von Sanitäranlagen sind häufig Schlosserarbeiten auszuführen. Hierzu zählen Rohrauflager und -stützen, Rohrträger, begehbare Bühnen, Gitterrost- oder Riffelblechabdeckungen sowie Stahltreppen, -geländer und -leitern. Zur Abrechnung können Sie die Bestimmungen der VOB/C, DIN 18 360, Metallbauarbeiten, Schlosserarbeiten, heranziehen, denn die vertragliche Vereinbarung der VOB/C bedeutet nicht nur die Beachtung der DIN 18 381, Gas-, Wasser- und Abwasser-Installationsarbeiten innerhalb von Gebäuden, sondern auch, daß sämtliche technischen Vorschriften der VOB/C zu berücksichtigen sind. Die DIN 18 360 enthält zur Abrechnung Ihrer Schlosserarbeiten mehrere interessante Bestimmungen. Da die Abrechnung überwiegend nach Gewicht vorgenommen wird, ist die Ermittlung dieses Gewichts besonders bedeutsam.

Die Fläche von Blechteilen und Bandstahlstücken wird immer so berechnet, als wäre ein Rechteck verwendet worden. Also bei Blechdreiecken, trapezförmigen oder unregelmäßig geformten Teilen wird der Abrechnung immer die Fläche zugrunde gelegt, die das kleinste umschriebene Rechteck ergibt.

Die Länge von Profileisen wird bei gebogenen Teilen immer im äußersten Bogen gemessen. Es muß die größte abgewickelte Länge genommen werden. Das gilt auch bei geraden Profilen. Wenn diese schräg abgeschnitten oder ausgeklinkt wurden, ist immer die größte Länge für die Gewichtsermittlung heranzuziehen. Aus diesen Abrechnungsbestimmungen ist klar zu erkennen, daß bei Schlosserarbeiten die zum Anfertigen der Teile notwendigen Materiallängen und -flächen abgerechnet werden dürfen. Der Verschnitt darf also hier teilweise mit in Rechnung gestellt werden.

Sowohl nach DIN 18 360, Metallbauarbeiten, Schlosserarbeiten, als auch nach DIN 18 381, Gas-, Wasser- und Abwasser-Installationsarbeiten innerhalb von Gebäuden, gelten für die Ermittlung der Abrechnungsgewichte folgende Regelungen:

Für Stahlblech und Bandstahl ist ein Einheitsgewicht von 8,0 kg/m² für jeden mm Dicke zu verwenden. Für Formstahl und Profilstahl ist immer das Handelsgewicht entsprechend den Listen des Großhandels anzusetzen. Dieses Gewicht liegt über dem DIN-Gewicht.
Für Profile, für die es kein Handelsgewicht gibt, kann das DIN-Gewicht mit einem Zuschlag von 2 % für Walzwerktoleranzen eingesetzt werden.

Für geschraubte, geschweißte und genietete Stahlkonstruktionen können dem so ermittelten Gewicht noch einmal 2 % zugeschlagen werden.
Wurden dann noch die gefertigten Konstruktionen (Rohrauflager, Stützen usw.) zum besseren Korrosionsschutz verzinkt, so ist das Gesamtgewicht um weitere 5 % Verzinkungszuschlag zu erhöhen.

Nach dieser DIN 18 360 für Metallbauarbeiten und Schlosserarbeiten sind Sie verpflichtet, sämtliche Bauteile aus Stahl gegen Korrosion zu schützen. Der Aufwand hierfür ist in die Einheitspreise einzukalkulieren. Nun müssen Sie diese Teile aber nicht verzinken oder mit einem aufwendigen Fertiganstrich versehen, sondern lediglich mit einem einfachen Grundschutz, der ab dem vereinbarten Liefertermin drei Monate wirksam sein muß (wenn das Leistungsverzeichnis nichts anderes vorsieht).
Wollten Sie sowieso einige der Befestigungen, Rohrauflager, Stützen oder Rohrträger, z.B., weil es technisch notwendig ist oder weil Ihr Zulieferer das bereits vorgesehen hatte, mit einem doppelten Grundanstrich, einem Fertiganstrich oder einer verzinkten Oberfläche versehen, so können Sie diese Kosten weiterberechnen. Wenn Sie Ihrem Auftraggeber mit einem Nachtragsangebot ankündigen, daß Sie diese Teile gegen eine besondere Vergütung mit einem wirksameren Korrosionsschutz, als es die DIN 18 360 Punkt 3.1.14 vorsieht, versehen werden und wenn diese Maßnahme begründet ist, so reicht diese Ankündigung aus, um Ihren Anspruch auf Vergütung für diese **Zusätzliche Leistung** nach VOB/B § 2 Nr. 6 zu sichern.

Schlußrechnung Eine Schlußrechnung kann eingereicht werden, wenn die von Ihnen erbrachte Leistung fertiggestellt ist. Die Abnahme der installierten Anlage ist hierfür nicht maßgebend. Mitunter werden Leistungen erst Wochen nach Fertigstellung abgenommen. Nun müssen Sie aber, um die Schlußrechnung zu stellen, nicht warten, bis Sie den Ihnen erteilten Auftrag komplett fertiggestellt haben. Sie können auch die Abnahme in sich abgeschlossener Teile der Leistung verlangen oder anderer Leistungsteile, wenn diese durch den Baufortschritt der Prüfung und Feststellung entzogen werden (siehe VOB/B § 12 Nr. 2). Für diese Teile der Leistung können Sie dann Teilschlußrechnungen stellen. Das hat nicht nur den Vorteil, daß Sie frühzeitig an Ihr Geld kommen – das können Sie auch mit Abschlagszahlungsanforderungen erreichen –, sondern bringt Ihnen zusätzlich den Vorteil, daß die Verantwortung für diese Leistungsteile mit dem Abnahmedatum auf den Auftraggeber übergeht.

Die Schlußrechnung soll prüfbar sein, d. h., alle notwendigen Aufmaße, Mengenberechnungen und Abrechnungszeichnungen sollten Sie mit der Rechnung einreichen. Änderungen und **Zusätzliche Leistungen** sollten Sie in der Rechnung deutlich herausheben, z. B. durch a-Positionen kenntlich machen. Entspricht eine Schlußrechnung nicht diesen Anforderungen, laufen Sie Gefahr, daß der Auftraggeber Ihnen diese Rechnung wieder zurücksendet. Für Ihn ist diese Schlußrechnung dann nicht prüfbar. Das ist eine beliebte Methode, um eine fällige Zahlung so lange wie möglich hinauszuzögern.

Es gibt natürlich auch andere Auftraggeber, denen der Erhalt Ihrer Schlußrechnung gar nicht schnell genug gehen kann. Hierzu hat die VOB/B im § 14 Nr. 3 folgende Fristen festgelegt:

Dauerte die Ausführung des Auftrages weniger als drei Monate, so ist die Schlußrechnung innerhalb von 12 Werktagen nach Fertigstellung einzureichen. Für je weitere drei Monate Ausführungsfrist verlängert sich der Zeitraum, der Ihnen zur Aufstellung der Schlußrechnung erlaubt ist, um sechs Werktage. Ein Auftrag, für den Sie insgesamt 18 Monate benötigt haben, ergibt demnach eine Abrechnungsfrist von 42 Werktagen, das entspricht sieben Wochen (sechs Werktagen je Woche). Diese Fristen sind deshalb so wichtig, weil Ihr Auftraggeber, wenn Sie innerhalb der zulässigen Frist keine prüfbare Schlußrechnung einreichen, das Recht hat, die Schlußrechnung auf Ihre Kosten erstellen zu lassen. Er darf das jedoch nicht ohne Ankündigung und Setzen einer angemessenen Nachfrist tun.

Tabelle der Abrechnungsfristen nach VOB/B § 14 Nr. 3

Ausführungszeit weniger als	Abrechnungsfrist
3 Monate	12 Werktage (2 Wochen)
6 Monate	18 Werktage (3 Wochen)
9 Monate	24 Werktage (4 Wochen)
12 Monate	30 Werktage (5 Wochen)
15 Monate	36 Werktage (6 Wochen)
18 Monate	42 Werktage (7 Wochen)
21 Monate	48 Werktage (8 Wochen)
24 Monate	54 Werktage (9 Wochen)
27 Monate	60 Werktage (10 Wochen)
30 Monate	66 Werktage (11 Wochen)
33 Monate	72 Werktage (12 Wochen)
36 Monate	78 Werktage (13 Wochen)

39 Monate	84 Werktage (14 Wochen)
42 Monate	90 Werktage (15 Wochen)
45 Monate	96 Werktage (16 Wochen)
48 Monate	102 Werktage (17 Wochen)

Als maßgebende Größe zur Ermittlung der Abrechnungsfrist sollte immer die Ausführungszeit herangezogen werden. Nach VOB/B § 14 Nr. 3 ist zwar von der vertraglichen Ausführungsfrist auszugehen, aber wirklichkeitsgetreuer ist es, die tatsächliche Ausführungszeit zugrunde zu legen. Die vertragliche Ausführungsfrist ist häufig viel zu knapp bemessen und kann auch nicht die bei der Ausführung eintretenden Zeitverzögerungen durch Behinderungen, Änderungen und Zusatzaufträge beinhalten. Eine realitätsfern gewählte zu kurze Wunschausführungsfrist – die tatsächliche Bauzeit war dann vielleicht doppelt so lang – kann aber nicht dafür hergenommen werden, um Sie mit einer zu kurzen Frist zur Aufstellung Ihrer Schlußrechnung zu bestrafen.

Der Beginn der Abrechnungsfrist ist der Fertigstellungstermin und nicht der Abnahmezeitpunkt. Die Abnahme kann auch wesentlich später als die Fertigstellung der Anlage durchgeführt werden. Auch die eventuell noch notwendig werdenden Gewährleistungsarbeiten schieben diesen Fertigstellungstermin nicht weiter hinaus. Das bedeutet aber auch, daß Sie sofort nach Fertigstellung und Meldung der Abnahmebereitschaft Ihre Schlußrechnung aufstellen und einreichen können.

Ihre Schlußrechnung muß nicht unbedingt mit dem Vermerk „Schlußrechnung" versehen werden. Enthält Ihre Rechnung alle Leistungen, die Sie ausgeführt haben, und wurden eventuelle Abschlagszahlungen abgesetzt, so ist auch für den Auftraggeber deutlich zu erkennen, daß es sich dann um eine Schlußrechnung handelt.

Auch müssen Sie Ihre Leistung aus einem Auftrag nicht unbedingt in einer Schlußrechnung zusammenfassen. Reichen Sie mehrere Teilschlußrechnungen ein, so darf Ihr Auftraggeber die Annahme nicht verweigern, es sei denn, Sie hätten hierzu vertraglich eine besondere Regelung getroffen.

Die Schlußzahlung ist vom Auftraggeber sofort nach Prüfung und Feststellung des zu zahlenden Betrages zu leisten, spätestens innerhalb von zwei Monaten nach Zugang der Schlußrechnung beim Auftraggeber oder dessen Bevollmächtigten. Die Zweimonatsfrist gilt für Verträge, denen die VOB zugrunde gelegt wurde. Bei anderen Verträgen (BGB-Verträge) ist die Zahlung unmittelbar nach der Prüfung der Rechnung zu leisten.

Selbst wenn sich aus irgendwelchen Gründen, auf die Sie keinen Einfluß haben, die Schlußzahlung verzögert, haben Sie immer Anspruch auf sofortige Zahlung des unbestrittenen Guthabens, und zwar in Form einer Abschlagszahlung (siehe auch **Schlußzahlung, Bindung an Schlußrechnung, Rechnungserstellung**).

Schlußzahlung   Haben Sie Ihre Schlußrechnung eingereicht und ist abzüglich sämtlicher Voraus- und Abschlagszahlungen noch eine Restforderung offen, so muß Ihnen der Auftraggeber nach Prüfung und Feststellung des Schlußzahlungsbetrages diesen Geldbetrag spätestens innerhalb von zwei Monaten nach Zugang der Schlußrechnung auszahlen. So sollte es sein, wenn es nach § 16 Nr. 3 der VOB/B ginge.

Ist die VOB vertraglich nicht vereinbart, so gilt das Werksvertragsrecht des BGB. Danach wird die Vergütung für eine Leistung bereits mit der erfolgten Abnahme fällig. Das bedeutet aber, daß die Schlußzahlung dann unmittelbar nach Prüfung und Feststellung der Betragshöhe an Sie zu überweisen ist.

Die Wirklichkeit sieht häufig anders aus. Weil der Weg Ihrer Schlußrechnung über den Fachingenieur, Architekten, mitunter auch über einen Baubetreuer zum Auftraggeber doch sehr lang ist, werden die zwei Monate, die die VOB als äußerste Zahlungsfrist vorschreibt, selten eingehalten. Was können Sie tun, um doch noch so zeitig wie möglich zu Ihrem Geld zu kommen? Folgende Punkte sind in diesem Zusammenhang interessant:

Die Schlußzahlung ist nicht erst, wie es manche Bauherren glauben, zwei Monate nach Zugang der Schlußrechnung fällig, sondern diese Frist gilt als äußerste erlaubte Zeitspanne. Der Rechnungsbetrag wird dann fällig, wenn die Schlußrechnung geprüft worden ist und der Zahlungsbetrag festgestellt wurde. Sind Teile der Schlußrechnung bereits geprüft und steht ein Teilguthaben fest, so ist das unbestrittene Guthaben als Abschlagszahlung sofort zu zahlen.

Versäumt es der Auftraggeber innerhalb der Höchstfrist von zwei Monaten, die Rechnung überhaupt zu prüfen, so ist das ohne Einfluß auf die Fälligkeit. Die nach Ihrer Aufstellung aus der Schlußrechnung noch offene Restforderung wird dann sofort mit Ablauf der Zweimonatsfrist zur Zahlung fällig.

Um schnell zu Ihrem Geld zu gelangen, sollten Sie bereits zum Zeitpunkt der Einreichung der Schlußrechnung unter Hinweis auf VOB/B § 16 Nr. 3 Abs. 1 etwa 90 % Ihrer noch offenen Forderung als unbestrittenes Guthaben deklarieren und eine entsprechende Abschlagszahlung verlangen. Nach Ablauf der zweimonatigen Frist sollten Sie unter Zusicherung der Rückzahlung im Fall sich ergebender Überzahlung auf die Fälligkeit Ihrer Forderungen hinweisen und um umgehende Zahlung bitten. Gleichzeitig kündigen Sie an, daß, sollte Ihrem Wunsch innerhalb von 7 Tagen nicht entsprochen werden, Sie die Verzinsung des Ihnen zustehenden Geldes beanspruchen. Damit genügen Sie der Forderung der VOB/B § 16 Nr. 5 Abs. 3, wonach das Setzen einer Nachfrist Voraussetzung für einen Zinsanspruch ist. Das wird von sehr vielen Auftragnehmern nicht gemacht. In den meisten Fällen wird, wenn die Zahlung schon überfällig ist, dem Auftraggeber nur mitgeteilt, daß jetzt Zinsen verlangt werden. Das reicht aber überhaupt nicht aus, um Zinsforderungen durchzusetzen. Sie müssen Ihrem Auftraggeber immer erst eine Zahlungsnachfrist setzen – erst dann haben Sie, beginnend mit dem Ende dieser Nachfrist, einen wirklichen Zinsanspruch. Läßt nun der Auftraggeber auch diesen von Ihnen vorgegebenen Zahlungstermin verstreichen, stehen Ihnen Zinsen in Höhe von 1% über dem Lombardsatz zu. Den gültigen Lombardsatz erfahren Sie bei Ihrer Bank oder Sparkasse. Ausnahmen von der zweimonatigen Fälligkeitsfrist sind nur denkbar, wenn es sich um ungewöhnlich große Bauvorhaben handelt, bei denen das zu bearbeitende Aufmaßmaterial sehr umfangreich ist. Hier müssen Sie Ihrem Auftraggeber, auch wenn vertraglich nichts vereinbart wurde, ein bis zwei Monate mehr Zeit einräumen.

Leistet der Auftraggeber die Schlußzahlung, so liegt es bei Ihnen, zu prüfen, ob die Höhe des Zahlungsbetrages Ihren Forderungen entspricht bzw. ob Sie mit den eventuell vorgenommenen Kürzungen des Rechnungsbetrages einverstanden sind. Diese Prüfung muß aber in kürzester Zeit erfolgen, denn Sie haben nach Eingang der Schlußzahlung nur 24 Werktage Zeit, um die Forderungen, die der Auftraggeber nicht anerkannt hat, doch aufrechtzuerhalten. Zu diesem Zweck müssen Sie innerhalb dieser Frist (die Woche zählt hier mit 6 Werktagen) Ihren Vorbehalt für Ihre bisher nicht anerkannten Forderungen Ihrem Auftraggeber erklären. Teilen Sie Ihm dabei mit, für welche Rechnungspositionen Sie Ihre Forderungen aufrechterhalten. Wenn die Forderungen dort ausreichend klar dargestellt sind, reicht dieser Vorbehalt aus, um Ihren Anspruch aufrechtzuerhalten. Ist das jedoch nicht der Fall, müssen Sie Ihren Vorbehalt innerhalb von weiteren 24 Werktagen (das entspricht 4 Kalenderwochen) mit einer neuen prüfbaren Rechnung belegen oder den Vorbehalt eingehend schriftlich begründen.

Haben Sie versäumt, innerhalb der vorgeschriebenen Fristen Ihren Vorbehalt einzureichen, bleibt Ihnen nach der jetzt gültigen Fassung der VOB/B in vielen Fällen trotzdem das Recht, Ihre Forderungen aufrechtzuerhalten. Nach § 16 Nr. 3 Abs. 6 gelten die Ausschlußfristen nicht, wenn Sie verlangen, die Schlußrechnung oder Schlußzahlung wegen Aufmaß-, Rechen- oder Übertragungsfehlern richtigzustellen. Was dabei Rechen- und Übertragungsfehler sind, bedarf keiner näheren Erläuterung. Aber was ist alles als Aufmaßfehler anzusehen? Hierzu gehört jede fehlerhaft aufgemessene Länge oder Menge und jede bisher übersehene Leistung, die vergessen wurde aufzumessen. Denn wenn Sie eine erbrachte Leistung beim Aufmaß nicht erfaßt haben, dann ist das genauso ein Aufmaßfehler wie eine fehlerhaft erfaßte Menge.

Mit dieser Ausschlußregelung hat die „Vorbehaltlose Annahme der Schlußzahlung" weitgehend ihre Schrecken verloren!

Haben Sie im Zusammenhang mit Ihrer Schlußrechnung noch weitere Rechnungen zum gleichen Auftrag eingereicht, z. B. eine Stundenlohnabrechnung, dann ist jedoch Vorsicht geboten. Leistet der Auftraggeber nur auf die Schlußrechnung eine Zahlung und weist er Sie schriftlich darauf hin, daß dies eine Schlußzahlung sei, deren vorbehaltlose Annahme Nachforderungen zu diesem Auftrag ausschließen, müssen Sie unbedingt innerhalb von 24 Werktagen einen Vorbehalt einreichen. Ihr Auftraggeber ist nämlich nicht verpflichtet, andere Forderungen von Ihnen zu diesem Auftrag dann noch zu zahlen, wenn Sie seine Schlußzahlung zu Ihrer Schlußrechnung vorbehaltlos angenommen haben. Ob und wielange er bereits im Besitz Ihrer weiteren Rechnungen ist, spielt hierbei keine Rolle.

Ein Vorbehalt ist jedoch immer ausreichend. Leistet der Auftraggeber auf Ihren Vorbehalt hin eine weitere Teilzahlung, so müssen Sie für den noch offenen Rest keinen weiteren Vorbehalt erheben, es sei denn, er deklariert diese Zahlung wieder als Schlußzahlung und weist auf die Ausschlußwirkung hin.

In diesem Zusammenhang gibt es aber auch eine Ausnahme. Wurde vom Auftraggeber angegeben, daß die Schlußzahlung sich auf eine ganz bestimmte Schlußrechnung bezieht, dann bleiben Ihre weiteren Forderungen, die Sie mit anderen Rechnungen zum gleichen Auftrag gestellt haben, bestehen, und Sie müssen keinen Vorbehalt aussprechen.

Erhalten Sie die Schlußzahlung durch Banküberweisung, so beginnt die vorgenannte 24-Werktage-Frist nicht mit dem Datum der Gutschrift, sondern erst mit dem Tag, an dem Sie aus dem Überweisungsauftrag Ihres Auftraggebers ersehen können, daß es sich um eine Schlußzahlung handelt. Das kann sogar die Vorbehaltsfrist um eine Woche verlängern, wenn Sie nachweisen können, daß Sie nur einmal in der Woche zur Bank gehen, um die Auszüge abzuholen. Ein längerer Zeitabstand bei Selbstabholung der Bankauszüge als diese eine Woche wird von den Gerichten jedoch nicht anerkannt und geht allein zu Ihren Lasten.

Erhalten Sie keine Schlußzahlung, aber kündigt der Auftraggeber unter Hinweis auf bereits geleistete Zahlungen an (und zwar schriftlich), daß er es ablehnt, weitere Zahlungen zu leisten, so entspricht diese Ablehnung in Ihrer Wirkung einer Schlußzahlung. Das bloße Übersenden des Prüfungsergebnisses Ihrer Rechnung, aus dem hervorgeht, daß nach Auffassung des Bauherrn oder dessen Vertreter keine Zahlung mehr zu leisten ist, reicht hierfür nicht aus. In jedem Fall muß Ihnen ein eindeutiger schriftlicher Hinweis gegeben werden, daß der Auftraggeber keine weiteren Zahlungen mehr leisten wird. Erhalten Sie jedoch eine Kopie Ihrer geprüften Schlußrechnung, aus der hervorgeht, daß Ihnen noch ein bestimmtes Restguthaben zusteht, so reicht dieser Hinweis für den Auftraggeber aus. Er muß Ihnen keine weiteren Mitteilungen mehr machen, daß der zu überweisende Betrag einer Schlußzahlung entspricht. Auch die Angabe des Datums der Schlußrechnung auf dem Überweisungsträger in Verbindung mit der Zahlung der von Ihnen noch geforderten Restsumme reicht als Anzeige, daß weitere Zahlungen nicht mehr geleistet werden, aus. Aber generelle Voraussetzung ist immer, daß Sie auf die Ausschlußwirkung eventueller Nachforderungen hingewiesen wurden (VOB/B § 16 Nr. 3 Abs. 2). Nach einer solchen Mitteilung müssen Sie offene Forderungen innerhalb von 24 Werktagen nach Zugang der Nachricht schriftlich vorbehalten, wenn Sie verhindern wollen, daß Ihre diesbezüglichen Anrechte verfallen.

Ein Vorbehalt gegen eine Schlußzahlung ist dann entbehrlich, wenn eine vom Auftraggeber geleistete Abschlagszahlung zweimal berücksichtigt wurde. In diesem Fall können Sie auch nach vorbehaltloser Annahme der Schlußzahlung den Ihnen noch zustehenden Betrag vom Auftraggeber fordern (Urteil des Bundesgerichtshofes). Vom gleichen Gerichtshof wurde auch festgelegt, daß eine weitere Begründung für den Vorbehalt nicht notwendig ist, wenn sich der Vorbehalt auf Forderungen bezieht, die in der Schlußrechnung enthalten waren, aber vom Auftraggeber nicht berücksichtigt wurden.

Übrigens setzt eine Schlußzahlung zwar eine Schlußrechnung voraus, aber diese muß nicht immer prüfbar sein. Der Bundesgerichtshof hat in einem Urteil vom 22.1.1987 entschieden, daß zu einer vorbehaltlosen Annahme der Schlußzahlung auch eine Zahlung führen könne, die auf eine nicht prüfbare Abrechnung hin geleistet wurde. Und zwar bezieht sich das Gericht in seiner Urteilsbegründung auf VOB/B § 16 Nr. 3 Abs. 5, wonach der Auftragnehmer innerhalb 24 Werktagen eine eingehende Begründung oder eine prüfbare Rechnung über den Vorbehalt einreichen muß, soll dieser nicht hinfällig werden. Es argumentiert: Wenn erst nach dem Erklären des Vorbehaltes eine prüfbare Rechnung vorgelegt werden muß, dann kann eine Schlußzahlung auch auf andere Zahlungsaufforderungen erfolgen. Diese können z. B. Teilschlußrechnungen, nicht prüfbare oder sonst nicht vertragsgemäße Schlußrechnungen sein. Es ist daher immer wichtig, dem Hinweis, daß es sich um eine Schlußzahlung handelt, nachzugehen und den eingegangenen Betrag mit der Rechnung bzw. der gesamten Abrechnung dieses Auftrages zu vergleichen und zu überprüfen.

Manche Auftraggeber versuchen, durch ihre Allgemeinen Geschäftsbedingungen (z. B. Zusätzliche Vertragsbedingungen, siehe auch **AGB-Gesetz**) die Rechte, die Sie als Auftragnehmer durch die VOB haben, zu schmälern. Das geschieht z. B. mit folgender Klausel: „Die Schlußzahlung wird innerhalb einer Frist von 3 Monaten nach Zugang der Schlußrechnung geleistet." Hier wird versucht, die Höchstfrist für die Schlußzahlung von zwei Monaten (VOB/B § 16 Nr. 3) auf drei Monate auszudehnen. Das ist, besonders, wenn man den Willen des Gesetzgebers berücksichtigt, der im BGB die Fälligkeit für die Zahlung bereits auf den Abnahmetermin legt, eine unangemessene Benachteiligung für den Auftragnehmer im Sinne des § 9 des AGB-Gesetzes. Eine solche Klausel ist unwirksam, wenn sie dem Bereich der Allgemeinen Geschäftsbedingungen zuzuordnen ist. Diese Regelung hätte nur Gültigkeit, wenn sie individuell ins Vertragsverhältnis aufgenommen würde und somit dem ausdrücklichen Willen beider Vertragspartner entspräche.

Wie bereits weiter vorn ausführlich erläutert, ist es bei einem Vertrag, dem die VOB zugrunde liegt, unbedingt erforderlich, gegen eine Schlußzahlung, mit deren Höhe Sie nicht einverstanden sind, innerhalb von 24 Werktagen Einspruch einzulegen. Versäumen Sie diese Frist, so haben Sie die Schlußzahlung „vorbehaltlos" angenommen (VOB/B § 16 Nr. 3 Abs. 2), wodurch in vielen Fällen weitere Nachforderungen Ihrerseits, auch wenn sie berechtigt sind, ausgeschlossen werden. Das gilt aber nur, nach einem Urteil des Bundesgerichtshofes vom 17.9.1987, wenn die VOB „als Ganzes" vereinbart worden ist. Sind aber wesentliche Bestimmungen der VOB durch abweichende Vertragsregelungen außer Kraft gesetzt, so verstößt der § 16 Nr. 3 Abs. 2 mit seiner „vorbehaltlosen Annahme" gegen das AGB-Gesetz § 9 und ist damit unwirksam. Folgende Bestimmungen, die neben der VOB Vertragsbestandteil wurden und damit die Regelungen der VOB deutlich einschränken, reichen auch für sich alleine bereits aus, diesen AGB-Gesetz-Verstoß zu begründen:

„Der Auftraggeber behält sich vor, einzelne Auftragsbestandteile ganz oder teilweise entfallen zu lassen, ohne daß dem Auftragnehmer daraus ein Recht auf Entschädigung oder Preisänderung zusteht."

„Abschlagszahlungen werden bis zu 90 % der nachgewiesenen Leistung gewährt."

„Änderungen der Mengensätze, auch über 10 % hinaus, führen nicht zu Einheitspreisänderungen."

Mit diesem Urteil als Begründung können Sie für fast alle Vertragsverhältnisse, denen die VOB zugrunde liegt, auch noch nach der sogenannten „vorbehaltlosen Annahme der Schlußzahlung" Nachforderungen an Ihren Auftraggeber stellen. Sie müssen nur die sonstigen Vertragsbedingungen, wie z. B. Allgemeine Vertragsbedingungen, Zusätzliche Vertragsbedingungen oder auch die Besonderen Vertragsbedingungen, auf Verstöße gegen die Bestimmungen der VOB überprüfen. Zumindest beim öffentlichen Auftraggeber mit seiner Vielzahl von Vertragsbestimmungen werden Sie mit Sicherheit fündig werden. Aber auch Architekten, Fachingenieure und Baubetreuer legen den Aufträgen gern viele einschränkende Vertragsbestimmungen zugrunde. Finden Sie diese Einschränkungen heraus, so sind „Nachforderungen" für Sie nicht mehr ausgeschlossen. An die Stelle der dann ungültigen VOB-Bestimmung tritt die gesetzliche Verjährungsfrist (siehe auch **Nachberechnung, Aufrechnung, Verjährung**).

Schmutzzulage Erhalten Sie einen Auftrag, bei dem nicht ausdrücklich auf besondere Umstände, z. B. **Erschwernisse** wie hohe Temperatur, geringe Raumhöhe, hohe Installationsdichte oder besondere Verschmutzung, hier besonders bei Arbeiten im Kanalisationsbereich, hingewiesen wurde, so können Sie zusätzlich zum vereinbarten Stundenlohn eine Schmutzzulage (Erschwerniszulage) geltend machen. Nach DIN 18 299, Allgemeine Regelungen für Bauarbeiten jeder Art, ist der Auftraggeber bei der Aufstellung einer ordnungsgemäßen Leistungsbeschreibung verpflichtet, auf besondere Erschwernisse während der Ausführung, wie z. B. Arbeiten in Räumen, in denen der Betrieb weiterläuft, oder auf außergewöhnliche äußere Einflüsse hinzuweisen.

Ihre Forderung stützt sich neben den Forderungen in VOB/C, DIN 18 299 Punkt 0.2.2 auf § 2 Nr. 5 der VOB/B, weil hier durch Anordnung des Auftraggebers die Grundlage der Preisermittlung für die vereinbarten Arbeiten sich so verändert hat, daß Ihnen ein Festhalten an Ihrem Angebot nicht mehr zugemutet werden kann. Es ist also ein neuer Preis unter Berücksichtigung der Mehr- und auch eventueller Minderkosten zu vereinbaren. Diese Vereinbarung sollte zwar vor der Ausführung getroffen werden, aber es handelt sich hier nicht um eine „Muß-Bestimmung", so daß auch mit der Schlußrechnung noch eine Schmutzzulage gefordert werden kann.

Schönheitsfehler Stellt Ihr Bauherr bei der Abnahme Schönheitsfehler an der von Ihnen erbrachten Leistung fest, so wird er von Ihnen Nachbesserung verlangen. Handelt es sich z. B. bei diesen Schönheitsfehlern um einen kleinen, nicht ins Auge fallenden Kratzer an einer Armatur oder um unebene Blechteile oder Schweißnähte an einem Behälter, so können Sie diese Schönheitsfehler nicht vor Ort beseitigen. Es würde Ihnen für die fachmännische Nachbesserung ein erheblicher finanzieller Aufwand bis hin zur kompletten Erneuerung entstehen. Diesem Nachbesserungsersuchen Ihres Auftraggebers müssen Sie bei reinen Schönheitsfehlern nicht entsprechen. Es ist für Sie dann unzumutbar, nachzubessern, wenn der Aufwand unverhältnismäßig groß wird. Ihr Auftraggeber muß sich mit einer Wertminderung, d. h. Kürzung Ihrer Vergütung, zufriedengeben. Ihr Weigern, bei Schönheitsfehlern nachzubessern, stützt sich auf den § 633 Abs. 2 des Bürgerlichen Gesetzbuches (BGB).

Schutzmaßnahmen Hat Ihr Auftraggeber von Ihnen besondere Schutzmaßnahmen gegen Witterungsschäden, Hochwasser und Grundwasser verlangt, so hat er Ihre Aufwendungen hierfür auch zu vergüten. Für Schutzmaßnahmen sind in den Verdingungsunterlagen besondere Ansätze (Ordnungszahlen/Positionen) vorzusehen. Hat Ihr Auftraggeber das versäumt und auch sonst keine vertragliche Regelung zur Vergütung dieser Leistung getroffen, so steht Ihnen hierfür eine besondere Vergütung zu. Nach VOB/C, DIN 18 299 Punkt 4.2.4 sind besondere Schutzmaßnahmen gegen Witterungsschäden, Hochwasser und Grundwasser eine **Besondere Leistung**. Sie sind nicht Nebenleistung, sondern, sofern sie nicht bereits in der Leistungsbeschreibung aufgeführt wurden, zusätzlich zu vergüten.

Schutzrohre PVC-Rohre der kleineren Nennweiten bis ca. DN 32 sind nicht besonders biegesteif und werden bei Durchbiegung schnell undicht. Darüber hinaus sind diese Rohre sehr beschädigungsempfindlich und erfordern besonders viele Rohrbefestigungen. Diesen Aufwand können Sie vermeiden, wenn Ihr Auftraggeber einer Verlegung der PVC-Rohre in Schutzrohren aus verzinktem Stahlrohr zustimmt.

Enthält Ihr Auftrag PVC-Rohre kleiner Nennweiten, dann sollten Sie Ihrem Auftraggeber in einem Nachtragsangebot einen Mehrpreis für die Verlegung in verzinkten Schutzrohren nennen. Durchbiegung und Beschädigung der PVC-Rohre werden damit weitgehend vermieden. Hinzu kommt, daß Ihre Monteure die Rohre schneller und zügiger installieren können, weil dann wesentlich weniger Aufhängungen erforderlich sind. Das spart Ihnen Zeit und damit Geld.

Die meisten Leistungsverzeichnisse enthalten bereits verzinkte Stahlrohre der unterschiedlichsten Nennweiten. Die für diese Leistungen vereinbarten Vertragspreise eignen sich auch sehr gut als Grundlage für die Schutzrohr-Nachtragspreise. Um ein doppeltes Aufmaß zu vermeiden, sollten Sie den Mehrpreis jeweils auf die Länge der PVC-Rohre beziehen und deutlich darlegen, daß nicht alle geraden Längen der PVC-Rohre in Schutzrohren verlegt werden, sondern nur die Teile, bei denen die Gefahr der Durchbiegung besteht. Aus Gründen der Abrechnungs- und Aufmaßvereinfachung wird jedoch die gesamte PVC-Rohrlänge mit dem Mehrpreis in Rechnung gestellt.

Schutz vor Winterschäden und Grundwasser Bis zur Abnahme gehört es zu Ihrer Pflicht, Ihre Leistung vor Beschädigung und Diebstahl zu schützen. Gänzlich anders ist es bei drohenden Grundwasser- oder Winterschäden. Hiervor haben Sie Ihre Leistung nur dann zu schützen, wenn Ihr Auftraggeber es verlangt. Auch das Beseitigen von Eis und Schnee gehört nicht generell zu Ihren Aufgaben. Verlangt jedoch Ihr Auftraggeber, z. B., damit Sie weiterarbeiten können, Schnee und Eis von Teilen Ihrer Lieferung oder von anderen Bauteilen zu entfernen, so steht Ihnen hierfür eine Vergütung zu. Ihre Anspruchsgrundlage leitet sich aus VOB/B § 4 Nr. 5 ab. Dort ist festgelegt, daß Sie Ihre Leistung nur auf Verlangen des Auftraggebers vor Winterschäden und Grundwasser zu schützen und Schnee und Eis zu beseitigen haben. Diese Leistungen sind Ihnen also zu vergüten. Wurde vertraglich zu diesem Thema nichts vereinbart, so richtet sich Ihr Vergütungsanspruch nach VOB/B § 2 Nr. 6. Danach können Sie eine besondere Vergütung verlangen, wenn der Auftraggeber eine im Vertrag nicht vorgesehene Leistung fordert. Sie müssen jedoch vor Beginn der Ausführung dem Auftraggeber Ihren Vergütungsanspruch ankündigen (siehe auch **Frostschäden, Nässeschäden, Schutzmaßnahmen**).

Schwarzarbeit   Beschäftigen Sie einen Subunternehmer, der weder in der Handwerksrolle eingetragen ist noch ein Gewerbe angemeldet hat, besteht die Gefahr, daß Ihnen vorgehalten wird, Schwarzarbeit zu unterstützen. Handelt es sich also nicht um einen Arbeitnehmer, für die Sie die Lohnsteuer, Sozialversicherungsbeiträge und ähnliche gesetzliche Abgaben abführen, sondern um einen Auftragnehmer, der für Sie „auf eigene Rechnung" arbeitet, so sollten Sie sich erkundigen, wo er sein Gewerbe angemeldet hat und sich auch nicht scheuen, seine Angaben zu überprüfen. Stellt sich nämlich später heraus, daß Sie einen Schwarzarbeiter beschäftigt haben, und können Sie nicht nachweisen, daß Sie sich wenigstens bemüht haben, nähere Auskünfte über seine Gewerbeanmeldung einzuholen, kann auch Ihnen der Vorwurf gemacht werden, gegen das Schwarzarbeitergesetz verstoßen zu haben. Darüber hinaus ist für Sie jedoch folgender Aspekt bei der Beschäftigung von Schwarzarbeitern wichtig:

Haben sowohl der Auftraggeber als auch der Auftragnehmer gegen das Schwarzarbeitergesetz verstoßen, so ist der zwischen Ihnen geschlossene Vertrag null und nichtig. Das wirkt sich sogar soweit aus, daß die Gewährleistungspflicht Ihres schwarzarbeitenden Subunternehmers nicht mehr existiert und Sie ganz allein gegenüber Ihrem Auftraggeber für die möglicherweise schlechte Arbeit haften müssen. Hier kommt es also wegen eines beiderseitigen Gesetzesverstoßes zur absoluten Ungültigkeit dieses Vertragsverhältnisses mit der Folge, daß Ihnen gegen Ihren Subunternehmer jegliche Schadenersatzansprüche oder Gewährleistungsansprüche genommen werden. Selbst wenn Ihr ehemaliger Subunternehmer schon längst wieder fleißig ist, sei es mit angemeldetem Gewerbe oder auch ohne, haben Sie keine Möglichkeit, von Ihm einen Schadenersatz zu erhalten. Für Gewährleistungs- oder Vermögensschäden haften Sie in diesem Fall ganz allein.

Schwebend unwirksam Dieser vorwiegend von Juristen gebrauchte Ausdruck läßt sich am besten an einem Beispiel erklären. Erteilt Ihnen ein Bediensteter einer kommunalen Behörde, das kann auch der Bürgermeister sein, schriftlich einen Auftrag über 35.000 DM, dann kann dieses Auftragsschreiben völlig wertlos sein. Da jeder Bedienstete einer Behörde nur im Rahmen der geltenden Geschäftsordnung dieser Behörde Aufträge vergeben darf (und die darin vorgesehene Wertgrenze liegt für einen Stadtbaumeister selten über 10.000 DM und kann auch für einen Bürgermeister noch unter 30.000 DM liegen), ist zur regulären Auftragsvergabe bei einer größeren Summe immer ein Stadtratsbeschluß oder ein Gemeinderatsbeschluß notwendig.

Handelt jetzt also ein Bürgermeister voreilig und unterschreibt einen schriftlichen Auftrag über eine Gesamtsumme, über die er gar nicht allein bestimmen darf (Einzelheiten regelt die jeweilige Geschäftsordnung), so kommt zwischen Ihnen, falls Sie dieses Auftragsschreiben erhalten, und der Stadt oder Gemeinde ein Vertrag zustande, der schwebend unwirksam ist. Ein solcher Vertrag ist für Sie zu diesem Zeitpunkt tatsächlich noch völlig unwirksam und damit wertlos. Dieser Zustand heißt aber deshalb schwebend unwirksam, weil durch einen nachträglichen zustimmenden Beschluß des Stadtrates oder bei Gemeinden des Gemeinderates dieser Vertrag doch wirksam und damit gültig werden kann. Verweigert aber der Stadt- oder Gemeinderat dieser Auftragserteilung die nachträgliche Genehmigung, so ist dieser Auftrag nichtig und damit absolut ungültig. Haben Sie sich trotzdem auf die Gültigkeit des Vertrages verlassen und sind Ihnen sogar schon Kosten entstanden, so gilt das juristisch gesehen als „fehlgeschlagene Spekulation". Ein Schadenersatz steht Ihnen nicht zu. Hieraus kann nur die Lehre gezogen werden, daß Aufträge von kommunalen Verwaltungen und Verbänden, neben der obligatorischen Schriftform, von Bediensteten unterschrieben bzw. erteilt werden müssen, um rechtsverbindlich zu werden, die entweder aufgrund der Geschäftsordnung oder aufgrund eines Beschlusses des zuständigen Verwaltungsorgans zur Auftragserteilung befugt sind. Letzte Sicherheit erlangen Sie nur, wenn Sie sich einen Auszug aus der gültigen Geschäftsordnung vorlegen lassen oder wenn Ihnen eine Kopie des gefaßten Beschlusses übersandt wird. Was: hier für den Landrat, Bürgermeister, Kämmerer, Stadtbaumeister oder andere Bedienstete der öffentlichen Hand gilt, trifft erst recht auf deren Beauftragte wie Architekten, Ingenieure und Bauleiter zu. Diese haben praktisch keine Vollmachten, es sei denn, sie können Ihnen solche in Schriftform vorlegen. Üblicherweise dürfen nämlich Architekten, Ingenieure oder Bauleiter bei Bauvorhaben der öffentlichen Auftraggeber keinerlei Aufträge selbst vergeben. Erhalten Sie trotzdem einen solchen Auftrag, egal ob schriftlich oder mündlich, so tun Sie gut daran, ihn sich von der Behörde schriftlich bestätigen zu lassen.

Schweißarbeiten Für **Stundenlohnarbeiten**, für die keine vertragliche Regelung bezüglich des Leistungsumfanges getroffen wurde, werden nach VOB/B § 15 Nr. 1 folgende Aufwendungen unter Berücksichtigung angemessener Zuschläge für Gemeinkosten und Gewinn vergütet:

Lohn- und Gehaltskosten der Baustelle, Lohn- und Gehaltsnebenkosten der Baustelle, Stoffkosten der Baustelle, Kosten der Einrichtungen, Geräte, Maschinen und maschinellen Anlagen der Baustelle, Fracht-, Fuhr- und Ladekosten, Sozialkassenbeiträge und Sonderkosten.

Falls die vertragliche Regelung es nicht ausschließt, können Sie bei Schweißarbeiten auf Nachweis neben den Arbeitsstunden auch die **Maschinenstunden** und das Verbrauchsmaterial Ihrem Auftraggeber in Rechnung stellen. Damit sind folgende Kosten gemeint: Vorhaltekosten für Schweißtrafo- bzw. Autogenschweißanlagen sowie Kosten für die Schweißelektroden, das Lötmaterial, die verbrauchten Gas- und Sauerstoffmengen. Nach § 2 Nr. 6 der VOB/B haben Sie Anspruch auf besondere Vergütung, wenn vom Auftraggeber eine nicht im Vertrag vorgesehene Leistung gefordert wird. Wenn aus dem Vertrag nicht zu ersehen ist, daß Sie diese Kosten bei der Kalkulation der Stundenlohnsätze berücksichtigen müssen, dann wird von Ihnen eine Leistung verlangt, die im Vertrag nicht vorgesehen war.

Besonders zu beachten ist, daß Sie Ihren Vergütungsanspruch vor dem Beginn der Ausführung ankündigen müssen, z. B. durch ein Nachtragsangebot. Einmal verlangt das der § 2 Nr. 6 Abs. 1 der VOB/B, und zum anderen muß hier die enge Bindung an die Stundenlohnarbeiten gesehen werden. Auch diese werden nur vergütet, wenn sie vor Beginn ausdrücklich vereinbart wurden (VOB/B § 2 Nr. 10) (siehe auch **Prüfen von Schweißnähten**).

Sicherheitsleistung VOB/A § 17 Nr. 1 Abs. 2 sagt u. a. aus, daß bereits bei Bekanntmachung einer öffentlichen Ausschreibung, z. B. in Tageszeitungen, Angaben zu den eventuell geforderten Sicherheiten zu machen sind. Das hat seinen guten Grund, denn mit der VOB als alleinige Vertragsgrundlage haben Sie noch nicht vereinbart, daß für die vertragsgemäße Ausführung oder für die Gewährleistung eine Sicherheit zu leisten ist. Ganz im Gegenteil! Nach VOB/B § 17 muß die Sicherheitsleistung ausdrücklich vereinbart werden. Ohne Vereinbarung darf hierfür von Ihrem Rechnungsbetrag kein Geld einbehalten werden, auch Bürgschaften oder Geldhinterlegungen dürfen nicht verlangt werden (gilt auch für Werkverträge, denen das BGB zugrunde liegt).

Die Kürzung der Abschlagsrechnungen um die bekannten 10 % nach VOB/B § 17 Nr. 6 ist nur zulässig, wenn ausdrücklich im Vertrag (z. B. in den Zusätzlichen Vertragsbedingungen) das Leisten von Sicherheiten vereinbart wurde. Ist nur die VOB vereinbart und ansonsten bezüglich der Sicherheitsleistung keine vertragliche Regelung getroffen worden, darf der Auftraggeber Ihren geforderten Rechnungsbetrag nicht um diese 10 % (bei Schlußrechnungen 3–5 %) kürzen. Macht er es doch, fordern Sie Ihr Geld notfalls mit Setzen einer Nachfrist und ab Verstreichen dieser mit zusätzlichen Zinsforderungen zurück.

Wurde das Leisten einer Sicherheit vereinbart, und kürzt Ihr Auftraggeber jede Zahlung um 10 v. H. bis zum Gesamtbetrag von 5 v. H. der Auftragssumme, und behält er dann auch noch diesen Betrag 2 oder 5 Jahre (je nach Dauer der Gewährleistung) ein, so gilt diese Vereinbarung nicht unumstößlich. Kommentatoren der VOB vertreten hierzu die Ansicht, daß das Wahlrecht des Auftragnehmers nach VOB/B § 17 Nr. 3 nicht eingeschränkt werden darf. Nach dieser Bestimmung haben Sie die Wahl unter den verschiedenen Arten der Sicherheit. Sie können eine Sicherheit, z. B. Geldeinbehalt, durch eine andere Sicherheit, z. B. Bankbürgschaft oder Geldhinterlegung, ersetzen. Da die Bankbürgschaft meistens die kostengünstigste Sicherheitsleistung ist, sollten Sie jeden Geldeinbehalt, auch den von Abschlagszahlungen, umgehend durch Bankbürgschaften ablösen.

Werden Bankbürgschaften nicht gewünscht, ist zumindest bei öffentlichen Auftraggebern die Sicherheit durch Hinterlegen von Geld für Sie kostengünstiger als die Sicherheit durch Einbehalt von Geld. Letztere darf der öffentliche Auftraggeber unverzinst auf ein Verwahrgeldkonto nehmen. Das Hinterlegen von Geld dagegen muß auf ein Sperrkonto erfolgen, über das beide Vertragspartner immer nur gemeinsam verfügen können und bei dem die anfallenden Zinsen Ihnen zustehen. Das hat also neben den Zinsen auch noch den Vorteil, daß der öffentliche Auftraggeber sich nicht, wie sonst bei der Bankbürgschaft oder dem Einbehalt von Geld, einseitig aus der Sicherheitsleistung bedienen kann. Es muß jeweils ein Einvernehmen über den Gewährleistungsfall erzielt werden, bzw. der Auftraggeber muß für den Fall, daß der Auftragnehmer anderer Meinung ist, den Klageweg beschreiten.

Behält Ihr Auftraggeber von den Abschlagszahlungen regelmäßig 10 % der Auszahlungssumme als Sicherheit ein, so darf er das nur so lange machen, bis die vereinbarte Sicherheitshöhe erreicht ist. Da diese meist nur 5 % der Auftrags- oder Abrechnungssumme beträgt, hat der Auftraggeber in einem solchen Fall bereits bei einem Leistungsstand von 50 % die vereinbarte Sicherheit einbehalten. Weitere Abzüge sind danach nicht mehr zulässig.

Bei Sicherheitsleistungen tritt der seltene Fall ein, sofern die VOB vereinbart wurde, daß der Einbehalt durch einen privaten Auftraggeber von dem eines öffentlichen Auftraggebers abweicht. Wird bei einem privaten Auftraggeber Sicherheit nicht durch eine Bürgschaft, sondern durch Einbehalt von Geld geleistet, so muß der Auftraggeber den Betrag bei einem zu vereinbarenden Geldinstitut auf ein Sperrkonto einzahlen, über das beide Partner nur gemeinsam verfügen können. Die Zinsen stehen dem Auftragnehmer zu! Der Auftraggeber muß Ihnen mitteilen, welche Beträge er einbehalten hat, auch bei Teil- oder Abschlagszahlungen, und diese dann innerhalb von 18 Werktagen auf das Sperrkonto einzahlen. Er muß außerdem veranlassen, daß die Bank oder Sparkasse Sie über die erfolgten Einzahlungen benachrichtigt. Bei kleinen oder kurzfristigen Aufträgen ist einmalige Einzahlung bei Schlußzahlung zulässig. Wichtig für Sie ist aber folgende Regelung (VOB/B § 17 Nr. 6 Abs. 3): Zahlt der Auftraggeber den einbehaltenen Betrag nicht rechtzeitig ein, so können Sie ihm hierfür eine angemessene Nachfrist setzen. Zahlt der Auftraggeber auch dann das einbehaltene Geld nicht auf das Sperrkonto ein, können Sie die sofortige Auszahlung des einbehaltenen Betrages verlangen und brauchen ab diesem Zeitpunkt keine Sicherheit mehr zu leisten. Zahlt der Auftraggeber das Geld nicht aus, sind Sie nach einer weiteren Fristsetzung berechtigt, Zinsen zu fordern.

Anders sieht es bei öffentlichen Auftraggebern aus. Diese dürfen den einbehaltenen Betrag unverzinst auf ein eigenes Verwahrgeldkonto nehmen. Aber auch hier gibt es Möglichkeiten, Geld zu sparen. Voraussetzung ist die vertragliche Vereinbarung der Zusätzlichen Vertragsbedingungen für die Ausführung von Bauleistungen im Hochbau (ZVH) oder ähnliche Bedingungen. Haben Sie z. B. nach Auftragserteilung eine Ausführungsbürgschaft geleistet, so müssen Sie einem Aufstockungsverlangen für Nachtragsaufträge erst dann nachkommen, wenn die Auftragssumme um über 10 % des ursprünglichen Auftragswertes, mindestens aber um 10.000 DM gestiegen ist. Noch wichtiger aber ist für Sie der in fast allen diesen Zusätzlichen Vertragsbedingungen enthaltene Passus, der es Ihnen ermöglicht, nach vorbehaltloser Annahme der Schlußzahlung die Verringerung der Sicherheitsleistung (unabhängig, ob Geld oder Bürgschaft) von 5 % auf 2 % der Abrechnungssumme zu verlangen.

Eine Prüfung der Vertragsbestimmungen wegen der vereinbarten Sicherheitsleistung kann sich also auszahlen. Sie können auch, sollten die vereinbarten Vertragsbedingungen hierüber nichts aussagen, auf die VOB/A verweisen, an deren Bestimmungen sich der öffentliche Auftraggeber ja halten soll. Nach § 14 Abs. 1 soll ganz oder teilweise darauf verzichtet werden, Sicherheitsleistungen zu verlangen, wenn Mängel der Leistung voraussichtlich nicht eintreten oder wenn der Auftragnehmer hinreichend bekannt ist und genügende Gewähr für die vertragsgemäße Leistung und die Beseitigung etwa auftretender Mängel bietet. Weiter heißt es in § 14 Abs. 2 der VOB/A, daß die Sicherheit für die Erfüllung sämtlicher Verpflichtungen aus dem Vertrag 5 v. H. der Auftragssumme nicht überschreiten soll. Wird lediglich noch Sicherheit für Gewährleistung verlangt, soll sie 3 % der Abrechnungssumme nicht überschreiten.

Wenn Sie sich auf diesen Absatz 1 berufen, können Sie die Rückgabe der gesamten Sicherheit verlangen.

Wird als Sicherheitsleistung ein bestimmter Prozentsatz der Auftragssumme vertraglich vereinbart, so ist diese Regelung nie wörtlich zu nehmen. Als endgültige Auftragssumme ist nämlich die Abrechnungssumme anzusehen. Ist Ihr Schlußrechnungsbetrag niedriger als die ursprüngliche Auftragssumme, so darf Ihr Auftraggeber den vereinbarten Prozentsatz auch nur von dieser niedrigen Rechnungssumme errechnen. Als Basis für die Sicherheit ist immer der tatsächlich erbrachte Leistungsumfang heranzuziehen.

Viel zu wenig Aufmerksamkeit wird dem § 17 Nr. 1 der VOB/B geschenkt. Wenn nämlich eine Sicherheitsleistung vereinbart, aber keine Festlegung über die im § 17 Nr. 2 aufgeführten „Kann"-Möglichkeiten (Einbehalt oder Hinterlegung von Geld oder Bankbürgschaft) getroffen wurde, gilt das BGB mit den §§ 232 bis 240. Hiernach kann auch Sicherheit geleistet werden durch Hinterlegung von Wertpapieren, Verpfändung von Forderungen oder beweglichen Sachen, Bestellung von Hypotheken, Verpfändungen von Grundschulden oder Rentenschulden an inländischen Grundstücken oder durch Stellung eines tauglichen Bürgen.

Bei der Stellung von Sicherheiten gibt es für Sie viele individuelle Möglichkeiten, Geld zu sparen, so daß es meistens sehr lohnend ist, die Vertragslage daraufhin zu überprüfen, welche Freiheit sie Ihnen in bezug auf das Wahlrecht nach der Art der Sicherheit läßt.

Manche Auftraggeber versuchen, durch Klauseln in ihren Allgemeinen Geschäftsbedingungen die Rechte der Vertragspartner bezüglich der Sicherheitseinbehalte zu begrenzen. Sie verwenden z. B. folgende Klausel: „Der Auftragnehmer stellt dem Auftraggeber nach Vertragsabschluß eine unbefristete Bürgschaft über 10 % der Auftragssumme zur Verfügung. Außerdem behält der Auftraggeber 10 % aller anerkannten Rechnungsbeträge ein". Hier wird entgegen den Bestimmungen in § 17 der VOB/B Sicherheit in einer Höhe verlangt, die den Auftragnehmer im Sinne des § 9 des AGB-Gesetzes in unangemessener Weise benachteiligt. Ist diese Klausel in den Allgemeinen Vertragsbedingungen oder Zusätzlichen Vertragsbedingungen (manchmal auch Besonderen Vertragsbedingungen) enthalten, so ist sie unwirksam (siehe auch **Bankbürgschaft, Hinterlegung von Geld**).

Skonto   Wird Ihre Zahlungsforderung vom Auftraggeber um Skontoabzüge gemindert, so sollten Sie prüfen, ob und in welcher Höhe diese Abzüge berechtigt sind. Skontoabzüge müssen vertraglich vereinbart oder ausdrücklich auf Ihrem Rechnungsformular erwähnt worden sein. Nach VOB/B § 16 Nr. 5 Abs. 2 sind nicht vereinbarte Skontoabzüge unzulässig. Nimmt der Auftraggeber von sich aus ohne vertragliche Regelung, z. B. nur, weil er schnell zahlt, von der Ihnen zustehenden Summe einen Skontoabzug vor, so können Sie diesen zurückfordern. Sie legen fristgerecht innerhalb von 24 Werktagen Einspruch gegen diese Zahlung ein und erläutern und begründen, mit welchem Abzug von Ihren Zahlungsforderungen Sie nicht einverstanden sind. Ähnlich gehen Sie vor, wenn Ihr Auftraggeber, obwohl eine Skontovereinbarung mit Ihm getroffen und die Frist, bis zu deren Ablauf Sie mit einem Skontoabzug von der Zahlung einverstanden sind, festgelegt wurde, bei Fristüberschreitung trotzdem den Skontoabzug vornimmt.

Eine Skontovereinbarung besteht also aus der Höhe des Skontoabzuges, der meistens in Prozent der zu zahlenden Rechnungsbeträge angegeben wird, und der Skontofrist, bis zu deren Ablauf der Skontoabzug vorgenommen werden kann. Fehlt eines dieser beiden Skontierungsmerkmale bei einer gewollten Skontovereinbarung, so ist diese unwirksam. So jedenfalls hat am 22.2.1985 das Landgericht Aachen entschieden. Haben Sie also mit Ihrem Auftraggeber die Höhe eines Skontoabzuges festgelegt, ohne auch zu vereinbaren, für welchen Zeitraum nach Eingang der Rechnung ein Skonto gewährt wird, und er nimmt von der Zahlung diesen Abzug vor (der Zahlungstermin spielt hierbei keine Rolle), so können Sie wiederum Einspruch einlegen und die Zahlung dieses Einbehaltes unter Hinweis auf das Urteil des Landgerichts Aachen fordern. Hat der Auftraggeber die Zahlungen innerhalb der in der VOB/B festgelegten Fristen geleistet, so hat auch das in diesem Fall keine für ihn positiven Auswirkungen. Sollen im Zusammenhang mit einem vereinbarten Skonto die in der VOB vorgeschriebenen Zahlungsfristen gelten, so muß das jeweils in der Skontovereinbarung deutlich festgehalten werden.

Die teilweise gebräuchliche Praxis, einen Angebotsnachlaß als Skonto zu bezeichnen, kann sich unter den eben erläuterten Gesichtspunkten als nachteilig für den Auftraggeber auswirken. Da kein Termin vereinbart wurde, ist die Skontovereinbarung unwirksam, und ein Abzug muß vom Auftragnehmer nicht akzeptiert werden. Auch die folgenden Vertragsklauseln sind nach Auffassung der Landgerichte Mainz und Saarbrücken unwirksam:

„Bei Zahlung innerhalb von 14 Tagen räumen wir 2 % Skonto ein."
„3 % Skonto bei einer Zahlung innerhalb von 14 Kalendertagen."

Beide Klauseln sind unklar, weil nicht festgelegt ist, ab wann die Zahlungsfrist zu laufen beginnt und ob ein Skonto nur auf die Schlußzahlung oder auch auf Abschlagszahlungen gewährt wird.

Nimmt Ihr Auftraggeber nach Ablauf einer vereinbarten Skontofrist den Skontoabzug mit dem Hinweis vor, daß die Rechnung nicht prüffähig war und deshalb die Skontofrist erst begann, als die letzten fehlenden Unterlagen eingetroffen sind, so ist das zwar ein Hinweis auf die VOB, die bestimmt, daß die Schlußrechnung prüffähig sein soll, aber das Vorgehen

Ihres Auftraggebers war nicht korrekt. Nach einem Urteil des Oberlandesgerichts München vom 27.2.1987 darf sich ein Auftraggeber nicht auf die mangelnde Prüffähigkeit einer Rechnung berufen, wenn er die vereinbarte Skontofrist verstreichen läßt, ohne innerhalb der Frist den Auftragnehmer auf die Gründe aufmerksam zu machen, warum er nicht zahlen kann. Das bedeutet, daß bei Vorliegen einer nicht prüffähigen Rechnung die Skontofrist sich nur dann verlängert, wenn innerhalb der ursprünglich vereinbarten Frist der Auftraggeber Ihnen eine entsprechende Mitteilung macht. Die Skontofrist beginnt dann nach Eintreffen der letzten zur Prüfung benötigten Unterlagen wieder neu zu laufen (siehe auch **Preisnachlaß**).

Spekulationspreise   Häufig werden Spekulationspreise bei Angebotspositionen abgegeben, von denen der Anbieter annimmt, daß die ausgeschriebene Leistung nicht mit den angegebenen Mengen auszuführen ist oder daß die Leistung selbst sich ändert oder daß die Leistung überhaupt entfällt. Ein Spekulationspreis kann demnach sowohl über als auch unter dem Durchschnitts-Kalkulationsniveau liegen.

Das Einsetzen von Spekulationspreisen im Angebot ist durchaus zulässig. Die VOB verlangt nur die Angemessenheit des Angebotspreises, also des Gesamtpreises und nicht der Einzelpreise. Wenn Angebote wegen darin enthaltener Spekulationspreise von der Wertung ausgeschlossen werden, so ist das ein Verstoß gegen die VOB/A. Ist Ihnen durch einen Ausschluß von der Wertung ein Schaden entstanden, so können Sie hierfür vom Auftraggeber Ersatz fordern. Für die Schadenhöhe sind Sie jedoch beweispflichtig.

Prüft der Auftraggeber sein Risiko, das bei Ihrem Angebot durch mögliche Mengenänderungen gegeben ist, so darf er in der Regel hierzu nur Mengenänderungen bis zu 10 % annehmen. Größere Mengenänderungen würden eine unzutreffende Leistungsbeschreibung voraussetzen, für deren Aufstellung der Auftraggeber aber selbst verantwortlich war und daher die Folgen auch selbst zu tragen hat. Auf keinen Fall darf er zur Angebotswertung ein unzutreffendes Leistungsbild entsprechend dem neuesten Erkenntnisstand korrigieren, indem er z. B. Positionen ganz streicht oder Mengenangaben ändert.

Haben Sie einen hohen Spekulationspreis abgegeben, so sollten Sie alles versuchen, was in Ihrer Macht steht, um zu erreichen, daß soviel wie möglich von der beauftragten Leistung auszuführen ist. Theoretisch ist es möglich, daß in diesem Fall der Auftraggeber von seinem Recht Gebraucht macht, bei Mengenmehrungen von mehr als 10 % eine Preisminderung zu verlangen. Das geschieht aber in der Praxis äußerst selten, da viele Auftraggeber, besonders die der Komunen, die hierfür einschlägigen Bestimmungen der VOB/B (§ 2 Nr. 3) durch vertragliche Regelungen außer Kraft setzen und sich selbst dann auch danach richten, obwohl Sie als Auftragnehmer sich im umgekehrten Fall ganz anders verhalten können (siehe auch **Mengenänderung**).

Haben Sie einen niedrigen Spekulationspreis abgegeben, wäre es gut, wenn die Leistung entfällt. Manchmal muß man allerdings selbst aktiv werden, z. B. Nebenangebote einreichen oder Änderungen vorschlagen, um dieses Ziel zu erreichen. Zumindest sollten Sie bei Mengenänderungen versuchen, Einfluß in der Weise auszuüben, daß es bei diesen Leistungen mit niedrigen Spekulationspreisen nur Mengenminderungen gibt. Gelingt Ihnen das nicht, sind Sie noch lange nicht verpflichtet, bei Mengenmehrungen generell den niedrigen Preis abzurechnen. Hier wird es fast immer möglich sein, dem Auftraggeber oder seinem Beauftragten unvollständige oder unsorgfältige Planung vorzuwerfen. Ein nicht hinreichend fundiertes und daher der Wirklichkeit nicht entsprechendes Leistungsbild ist als ausreichender Grund anzusehen, die Mehrmengen mit einem Preis abzurechnen, der eine angemessene, der Wirklichkeit entsprechende Preisgrundlage hat. Weiterhin können Sie vorbringen, daß die Ausführung der Leistung durch die nicht vorhersehbaren Mengenmehrungen auf einen Zeitpunkt verschoben wurde, bis zu dem erhebliche, wiederum nicht vorhersehbare Preissteigerungen aufgetreten sind.

Ergeben sich Leistungsänderungen, so ermöglichen diese Ihnen, der VOB/B § 2 Nr. 5 entsprechend, da die Grundlage des Preises für die im Vertrag vorgesehene Leistung sich geändert hat, einen neuen Preis zu vereinbaren. Der Haken hierbei ist, daß Sie diesen neuen Preis nur unter Berücksichtigung der Mehr- oder Minderkosten bilden sollen. Demnach würde Ihr niedriger Spekulationspreis als Preisbasis erhalten bleiben. Falls ein Auftraggeber Sie auf diesem niedrigen Preisniveau halten will, können Sie wie folgt argumentieren: Das Verlangen der geänderten Leistung war eindeutig dem Bereich des Auftraggebers zuzuordnen. Sie waren gewillt, die so günstig angebotene ursprüngliche Leistung auch zu erbringen. Wenn nach Änderung der Leistung durch geänderten Bauentwurf oder andere Anordnung des Auftraggebers ein neuer Preis zu vereinbaren ist, so muß von einer angemessenen, der Wirklichkeit entsprechenden Preisgrundlage ausgegangen werden und nicht von der ursprünglich gewählten, da die Ursache letztlich nach Treu und Glauben dem Auftraggeber zuzurechnen ist. Ihren Anspruch auf Vereinbarung eines höheren Einheitspreises bestätigt auch der Kommentar Ingenstau/Korbion (zu § 2 Nr. 3 VOB/B und zu § 2 Nr. 5 VOB/B).

Spülen der Rohrleitungen Im Anschluß an die Druckprüfung sind Kalt- und Warmwasserleitungen getrennt mit einem Luft-Wasser-Gemisch intermittierend zu spülen. Es ist abschnittsweise zu spülen; die jeweilige Leitungslänge sollte 100 m nicht überschreiten. Empfindliche Apparate und Armaturen sollten vorher ausgebaut und durch Paßstücke ersetzt werden. Auch Entwässerungsleitungen sollten gespült werden, um Schmutz- und Baustoffreste zu entfernen. Wer hat diese Arbeiten zu zahlen?

DIN 18 381, Gas-, Wasser- und Abwasser-Installationsarbeiten innerhalb von Gebäuden, enthält zu Vergütungsregelung mehrere Angaben. Die Hinweise für die Aufstellung der Leistungsbeschreibung sehen vor (Punkt 0.2.21), daß für das Spülen der Rohrleitungen der Trinkwasserinstallation neben Art, Verfahren und Umfang insbesondere anzugeben sind:

Länge (m) und Nennweite (DN) der Kellerverteilleitungen,
Anzahl und Nennweite (DN) der Steigleitungen,
Anzahl der Geschosse (Stockwerke),
Anzahl der Entnahmestellen,
Art der Entnahmestellen (Aufputz-, Unterputz-Armaturen, Unterputz-Spülkästen und dergleichen),
Lage der Abwasserentsorgung.

Für das Spülen der Abwasserleitungen sind in der Leistungsbeschreibung (Punkt 0.2.22) neben Art, Verfahren und Umfang insbesondere anzugeben:

Länge (m) und Nennweite (DN) der zu spülenden Leitungen,
Möglichkeiten der Ableitung des Spülwassers.

Für die Desinfektion und das Nachspülen der Trinkwasserleitungsanlagen bedarf es nach Punkt 0.2.23 ebenfalls der Angabe von Art, Verfahren und Umfang im Leistungsverzeichnis. Als Abrechnungseinheiten sieht die DIN 18 381 unter Punkt 0.5 für Spülen und Desinfizieren von Rohrleitungen das Längenmaß (m) und für das Spülen und Desinfizieren von Entnahmestellen die Anzahl (Stück) vor.

Punkt 3.2.1.2 bestimmt, daß für die Ausführung die DIN 1988, Technische Regeln für Trinkwasserinstallation (TRW), gelten, betont aber ausdrücklich, daß das vorzunehmende Spülen der Trinkwasserleitungen oder von Teilen davon nach DIN 1988, Teil 2, Ausgabe Dezember 1988, Punkt 11.2, nicht enthalten ist. Weiterhin ist festgelegt (Punkt 4.2.17 u. 4.2.18), daß das Spülen von Abwasserleitungen oder Teilen davon und das Desinfizieren und Nachspülen von fertiggestellten Trinkwasserleitungen einschließlich der Gestellung der dazu erforderlichen Geräte, Betriebsstoffe und Reinigungsmittel **Besondere Leistungen** sind, die nur dann zur beauftragten Leistung gehören, wenn sie im Leistungsverzeichnis ausdrücklich erwähnt sind.

Enthält die Leistungsbeschreibung Ihres Auftrages keinen Hinweis auf das Spülen und Desinfizieren der Rohrleitungen, sollten Sie Ihrem Auftraggeber noch vor der Ausführung ein Nachtragsangebot über diese technisch unbedingt erforderlichen zusätzlichen Arbeiten unterbreiten. Hat der Auftraggeber den Hinweis gemacht, daß DIN 1988 zu beachten sei (worin das Spülen vorgeschrieben ist), so reicht das nicht aus, um damit Ihre Forderung nach zusätzlicher Vergütung abzulehnen. Bereits die VOB/C, DIN 18 381 schreibt die Anwendung dieser DIN vor, aber betont ausdrücklich, daß das Spülen der Trinkwasserleitung oder von Teilen davon nicht im Leistungsumfang enthalten ist.

Hat Ihr Auftraggeber im Leistungsverzeichnis verlangt, daß die Kosten für Spülen und Desinfizieren der Leitungsanlagen in die jeweiligen Einheitspreise einzurechnen oder als Pauschale anzubieten sind, so reicht das allein nicht aus, um kostengerechte Preise kalkulieren zu können. Hierzu sind immer ausführliche Angaben über Rohrleitungslänge – unterteilt in Keller- und Steigleitungen –, Anzahl der Geschosse und Entnahmestellen usw. nötig (vergleiche DIN 18 381 Punkt 0.2.21 bis 0.2.23). Sind diese Daten noch nicht oder nur teilweise bekannt, so sollten Sie Ihrer Kalkulation angenommene Werte zugrunde legen und diese im Begleitbrief zum Angebot Ihrem Auftraggeber mitteilen. Nur so haben Sie die Chance, bei Änderung des Leistungsumfanges gegenüber Vorgaben oder Annahmen Ihre Preise anzupassen.

In jedem Fall lohnt es sich, die Leistungsbeschreibung genau zu studieren, da häufig nicht alle von Ihnen zu erbringenden Leistungen erwähnt werden. Das Spülen und Desinfizieren der Rohrleitungen in mehreren Teilabschnitten, sofern es technisch notwendig und nicht ausgeschrieben ist, erhöht Ihre Kosten erheblich. Auch das Anfertigen der Paßstücke für den Austausch von empfindlichen Geräten und Armaturen können Sie Ihrem Auftraggeber in Rechnung stellen. Bitte beachten Sie hierbei wieder, daß Sie Ihren Vergütungsanspruch bereits vor der Ausführung Ihrem Auftraggeber ankündigen, am einfachsten mit einem Nachtragsangebot.

Störungsbeseitigung Werden Sie während der Bauphase oder in der Gewährleistungszeit von Ihrem Auftraggeber zur Beseitigung von Störungen gerufen, so müssen Sie diese Leistungen nicht immer kostenlos erbringen. Lassen Sie sich von Ihren Monteuren ganz genau die Störungsursachen darlegen, um beurteilen zu können, ob es sich um Regieleistungen handelt, die Sie weiterberechnen können, oder nicht.

Vor Abnahme Ihrer Leistung können Schäden an der Entwässerungsanlage auftreten, die von anderen am Bau tätigen Handwerkern verursacht wurden, z. B. Verstopfungen durch Farbreste, andere Baustoffe oder Bauschutt. Auch die Bewässerungsleitungen können durch unsachgemäße Handhabung anderer am Bau beschäftigter Monteure undicht werden oder auch durch Vandalismus. In allen diesen Fällen hat der Bauherr die Ursachen zu vertreten. Sie dürfen Ihm die Kosten in Rechnung stellen, und er hat dann die Möglichkeit, dem jeweiligen Verursacher den Betrag von der Schlußrechnung abzuziehen oder den Schaden der Bauleistungsversicherung, sofern sie dieses Risiko abdeckt, zu melden.

Während der Gewährleistungszeit treten häufig Störungen auf, deren Ursache Bedienungsfehler des zuständigen technischen Personals sind, oder von Unbefugten werden Eingriffe in den Betrieb der Anlage vorgenommen, z.B durch Verstellen von Regler- oder Armatureneinstellungen. Beseitigungen dieser Störungen stellen keine kostenlos zu erbringenden Gewährleistungsarbeiten dar. Ihre Monteure sollten sich immer die Ursache der Störung vom Auftraggeber oder seinem Personal bestätigen lassen, damit Sie in Fällen, die Sie nicht zu vertreten haben, Regierechnungen schreiben können.

Strangschema Enthält Ihr Auftrag das Anfertigen von **Bestandszeichnungen**, ohne im einzelnen aber anzugeben, welche Pläne oder Schemata zu liefern sind, kommt es vor, daß der Auftraggeber auch ein Strangschema verlangt. Hat er das Recht dazu? Was fällt unter die Begriffe „Bestandsunterlagen", „Bestandszeichnungen"?

Die DIN 18 381, Gas-, Wasser- und Abwasser-Installationsarbeiten innerhalb von Gebäuden, gibt hierzu folgende Hinweise:

Nach Punkt 0.2.19 hat der Auftraggeber in der Leistungsbeschreibung anzugeben, ob zu liefern sind:

Strangschema zum Anlagenschema,
Bestandszeichnungen (Darstellung der ausgeführten Arbeiten in den Bauplänen),
Stückliste, enthaltend alle Meß-, Steuerungs- und Regelgeräte (MSR),
Stromlaufplan und gegebenenfalls Funktionsplan der Steuerung.

Nach Punkt 3.5 hat der Auftragnehmer, auch ohne besondere Erwähnung im Leistungsverzeichnis, neben den Bedienungs-, Wartungs- und Prüfunterlagen zu liefern:

Anlagenschema,
Elektrischer Übersichtsschaltplan nach DIN 40 719 Teil 1,
Anschlußplan nach DIN 40 719 Teil 9,
Zusammenstellung der wichtigsten technischen Daten.

Nach Punkt 4.2.27 ist das Herstellen von Bestands- und Revisionsplänen eine **Besondere Leistung**.

Aus diesen Angaben geht ganz klar hervor, daß lediglich folgende Bestandsunterlagen immer – ohne besonderen Auftrag und ohne besondere Bezahlung – zu liefern sind:

Anlagenschema,
Elektrischer Übersichtsschaltplan,
Anschlußplan,
Zusammenstellung der wichtigsten technischen Daten.

Alle anderen Unterlagen, besonders Bestandspläne, Strangschema und Stromlaufpläne, sind nur dann zu liefern, wenn der Auftraggeber es in seiner Leistungsbeschreibung verlangt hat und Sie die Kosten bei der Kalkulation der Leistung berücksichtigen konnten. Hat der Auftraggeber versäumt, in der Leistungsbeschreibung auf die Lieferung eines Strangschemas hinzuweisen und verlangt trotzdem die Anfertigung, so hat er diese Leistung extra zu vergüten. Auch hier gilt wieder VOB/B § 2 Nr. 6 mit der Forderung, daß Sie Ihren Vergütungsanspruch vor Ausführung der Leistung ankündigen müssen (siehe auch **Schalt- und Stromlaufpläne**).

Streitigkeiten Meinungsverschiedenheiten, insbesondere über die Höhe der Bezahlung, sind bei fast jedem Auftrag zu erwarten. Vor allen

Dingen führen **Nachtragspreise** für geänderte oder zusätzliche Leistungen häufig zu Streitigkeiten. Was können Sie tun, wenn Ihr Auftraggeber die Preishöhe Ihrer Nachträge nicht anerkennt, aber trotzdem auf deren sofortiger Ausführung besteht? Dürfen Sie die Arbeit unterbrechen? Wenn dem Vertrag die VOB zugrunde liegt, dürfen Sie das leider nicht. Die VOB/B enthält in § 1 Nr. 4 folgende Bestimmung, die Sie verpflichtet, die notwendigen Leistungen auszuführen:

„Nicht vereinbarte Leistungen, die zur Ausführung der vertraglichen Leistung erforderlich werden, hat der Auftragnehmer auf Verlangen des Auftraggebers mit auszuführen, außer wenn sein Betrieb auf derartige Leistungen nicht eingerichtet ist."

Sie können zwar eine Zeitlang versuchen, die Ausführung der zusätzlichen oder geänderten Leistung hinauszuzögern, um auf den Auftraggeber etwas Druck auszuüben, aber letztendlich müssen Sie diese Leistungen auch ohne Preisvereinbarung erbringen. Das bedeutet aber nicht, daß Sie die Preisvorstellungen des Auftraggebers akzeptieren müssen. Die Preisverhandlungen sind lediglich auf einen späteren Termin verschoben worden.

Die Niedersächsische VOB-Stelle hat sich bereits im Jahre 1985 mit dem Thema der „ewig" dauernden Prüfung der **Nachtragsangebote** durch den Bauherrn befaßt. Sie ist zu dem Ergebnis gekommen, daß der Auftraggeber aufgrund anderer in der VOB enthaltener Fristen (z. B. VOB/A § 19 Nr. 2 und VOB/B § 16 Nr. 3 Abs. 5) verpflichtet ist, eine ausstehende Preisvereinbarung möglichst schnell zu treffen, wobei 24 Werktage (nach VOB/A Ausgabe 1992, 30 Kalendertage) nach Eingang des Nachtragsangebotes nicht überschritten werden sollten. Berufen Sie sich bei Ihren Mahnungen auf diese Feststellung! Auch ein Hinweis auf die Bestimmungen der VOB/B in § 2 Nr. 5 und 6 kann hier hilfreich sein. Darin heißt es, daß die Vereinbarung neuer Preise bei geänderter Leistung vor der Ausführung getroffen werden soll und bei zusätzlichen Leistungen möglichst vor Beginn der Ausführung.

Auftraggeber lehnen es häufig ab, Leistungen, die Ihnen nicht vorher angekündigt wurden, zu vergüten. Sie verweisen dann auf VOB/B § 2 Nr. 6 (1) und Nr. 8 (2). Dort steht zwar, daß Sie als Auftragnehmer verpflichtet sind, Forderungsansprüche vor Ausführung anzukündigen bzw. ohne Auftrag ausgeführte Leistungen, die für die Vertragserfüllung notwendig waren, unverzüglich anzuzeigen, aber es gibt auch Ausnahmen von diesen Regelungen. Die Ankündigung oder das Anzeigen der zusätzlichen Leistung kann dann entfallen, wenn es dem Auftraggeber nicht verborgen bleiben konnte, daß diese Zusatzarbeiten notwendig waren und daß Sie dafür eine zusätzliche Vergütung erwarten, weil diese Leistungen nicht mehr im Auftragsumfang enthalten sind.

Ist es Ihnen nicht möglich, bei Streitigkeiten mit dem Auftraggeber zu einer annehmbaren Lösung zu gelangen, sollten Sie immer einen Rechtsanwalt einschalten. Aber nicht einen Anwalt, der auch Scheidungsfälle und Verkehrsdelikte bearbeitet, sondern einen Fachanwalt, der sich gut im Baurecht auskennt. Fragen Sie Ihren Fachverband nach guten Anwälten. Aber allein mit der Beauftragung eines guten Anwaltes gewinnen Sie keinen Rechtsstreit. Sie müssen den Anwalt umfassend unterrichten und mit allen Unterlagen versorgen, damit er Ihre Forderungen auch begründen und belegen (beweisen) kann.

__Stundenlohnarbeiten__ Damit die Vergütung von Stundenlohnarbeiten sichergestellt ist, sind drei sehr wichtige Voraussetzungen zu beachten: Stundenlohnarbeiten müssen vor ihrem Beginn ausdrücklich vereinbart werden (VOB/B § 2 Nr. 10); ihre Ausführung ist vorher anzuzeigen und die Arbeitszeitnachweise müssen vom Auftraggeber bestätigt werden. Diese Nachweise sollten nicht gesammelt werden, sondern umgehend, möglichst täglich, spätestens jedoch wöchentlich dem Auftraggeber oder einem vertretungsberechtigten Bauleiter oder Fachingenieur zur Unterschrift vorgelegt werden. Dadurch sehen Sie am schnellsten, ob derjenige, der die Regiearbeiten angeordnet hat, auch bereit ist, die aufgewendeten Stunden anzuerkennen, oder ob er diese Kosten vertuschen will, z.B durch Umlegung auf andere Leistungen.

Es gibt hier meistens zwei Probleme: das eine ist das Sammeln und spätere Einbringen diverser Regiezettel in die Schlußrechnung, ohne daß sie anerkannt wurden, und das andere ist das Umlegen der Regieleistung auf andere Rechnungspositionen. Sie sollten möglichst beiden Problemen aus dem Weg gehen. Legen Sie nämlich erst bei der Schlußrechnung die nicht unterschriebenen Regiezettel vor, so bestehen laut VOB/B § 15 Nr. 5 Zweifel über den Umfang der Stundenlohnleistungen mangels rechtzeitiger Vorlage der Regiezettel. Als rechtzeitig bezeichnet die VOB die tägliche oder wöchentliche Vorlage der Stundenlohnzettel (je nach Verkehrssitte). Als Folge der nicht rechtzeitigen Vorlage kann der Auftraggeber verlangen, daß für die nachweisbar ausgeführten Leistungen eine Vergütung vereinbart wird, die einem wirtschaftlich vertretbaren Aufwand angemessen wäre. Das bedeutet, daß die von Ihren Monteuren tatsächlich benötigte Zeit und der tatsächliche Kostenanfall völlig unberücksichtigt bleiben. Das ist für Sie bestimmt unbefriedigend. Sie können diese theoretische Kostenermittlung nur vermeiden, wenn Sie sich zeitig die Regiearbeiten durch Unterschrift des Auftraggebers bestätigen lassen.

Folgen Sie etwaigen Wünschen nach Umlegung der Regieleistung auf andere Leistungen, z. B. werden mehr Rohrleitungen als tatsächlich vorhanden sind aufgemessen und abgerechnet, dann sind Sie bei einer Rechnungsprüfung, bei der die Leistung durch ein neues Aufmaß vor Ort oder nach Zeichnung überprüft wird, nicht nur der Blamierte, sondern auch der finanziell Geschädigte. Sie müssen die Differenz zwischen tatsächlicher und abgerechneter Leistung dem Auftraggeber erstatten – aber wer erstattet Ihnen jetzt die Kosten der Regieleistung? Hier ist es für Sie besser, auf der Anerkennung dieser beauftragten und auch tatsächlich ausgeführten Stundenlohnarbeiten zu bestehen.

Was können Sie tun, wenn Ihr Auftraggeber Ihnen die eingereichten Stundenlohnnachweise nicht zurückgibt? Am besten gar nichts! Die VOB/B schreibt im § 15 Nr. 4 vor, daß der Auftraggeber die von Ihm anerkannten oder nicht anerkannten Stundenlohnzettel unverzüglich, spätestens jedoch innerhalb von 6 Werktagen nach Zugang, zurückzugeben hat. Regiezettel, die er nicht innerhalb dieser Frist zurückgibt, gelten als anerkannt! Sie müssen also nur dafür sorgen, daß Sie immer die Übergabe oder Zusendung der Regiezettel beweisen können.

Unter Punkt 4 der VOB/B § 15 wird für die Abrechnung von Stundenlohnarbeiten ein Zeitraum vorgeschrieben, den Sie beachten sollten. Wörtlich heißt es dort: „Stundenlohnrechnungen sind alsbald nach Abschluß der Stundenlohnarbeiten, längstens jedoch in Abständen von 4 Wochen, einzureichen." Sind abzurechnende Stundenlohnarbeiten Bestandteil eines größeren Auftrages, der auch andere nach Einheitspreisen abzurechnende Arbeiten enthält, so müssen Sie diese Frist meistens nicht einhalten. Häufig enthalten die Vertragsbedingungen hinsichtlich der Einreichung von Abschlagsrechnungen, Teilrechnungen oder Teil-Schlußrechnungen entsprechende Vereinbarungen, die dann auch für die im Rahmen des Gesamtauftrages enthaltenen Stundenlohnarbeiten gelten (VOB/B § 15 Nr. 1). Bestehen jedoch keine vertraglichen Abrechnungsvereinbarungen, dann sollten Sie spätestens alle 4 Wochen Ihrem Auftraggeber eine Stundenlohnrechnung zukommen lassen. Das hat für Sie den Vorteil, daß Sie schneller zu Ihrem Geld kommen und daß Ihr Auftraggeber sich später nicht unter Berufung auf diese Frist vor der Bezahlung drücken kann. Bei kleineren Regieaufträgen, die innerhalb von 4 Wochen ausgeführt werden, müssen Sie die Schlußrechnung unbedingt spätestens 4 Wochen nach Abschluß der Arbeiten einreichen. Bei größeren Regieaufträgen oder Stundenlohnarbeiten, die im Zuge einer größeren Baumaßnahme anfallen, müssen Sie die erste Stundenlohnrechnung spätestens 4 Wochen nach Beginn der Regiearbeiten einreichen und alle weiteren längstens im Rhythmus von 4-Wochen-Abständen. Das gilt, wie gesagt, nur, wenn keine vertragliche Vereinbarung zur Abrechnung getroffen wurde.

Was passiert, wenn Sie diese Fristen nicht einhalten? Sie verlieren zwar Ihren Vergütungsanspruch nicht, aber da Sie Ihr Geld erst später als nötig erhalten, verlieren Sie Zinsen. Darüber hinaus hat der Auftraggeber, nachdem er Ihnen eine angemessene Nachfrist zur Einreichung der Rechnung eingeräumt hat, das Recht, die Rechnung auf Ihre Kosten aufstellen zu lassen. Dabei hat er die Möglichkeit, Ihnen für Ihre Leistung lediglich eine Vergütung zuzugestehen, die für einen wirtschaftlich vertretbaren Aufwand an Arbeitszeit, Materialverbrauch und Geräteerhaltung angemessen ist. Damit stehen Sie schlechter da als bei eigener Rechnungsaufstellung.

Die Grundlage der Abrechnung der Stundenlohnarbeiten ist jeweils die vertragliche Regelung. Enthält Ihr Vertrag keine weiteren Angaben über den mit dem Stundensatz vergüteten Leistungsumfang, so können Sie neben den Lohnsummen folgende Leistung in Rechnung stellen (wie auch wörtlich der VOB/B § 15 Nr. 3 zu entnehmen ist): „. . .besonders zu vergütenden Aufwand für den Verbrauch von Stoffen, für Vorhaltung von Einrichtungen, Geräten, Maschinen und maschinellen Anlagen, für Frachten, Fuhr- und Ladeleistungen sowie etwaige Sonderkosten. . .". Danach können Sie sämtliche Verbrauchsstoffe, wie Schrauben, Dichtungsmittel, Dübel, Bohrer, Schweißdraht, Schweißelektroden, Lötmaterial und Putz- und Reinigungsmittel, zusätzlich in Rechnung stellen. Weiterhin können Sie anteilige Kostenerstattung für die Baustelleneinrichtungen, Baugeräte, Maschinen und maschinellen Anlagen verlangen, z. B. für Bohrhämmer und Schweißmaschinen in Form von **Maschinenstunden**-Sätzen. Aber auch der Aufwand an Fracht-, Fuhr- und Ladeleistungen muß Ihnen erstattet werden, genauso wie Überstunden- und Schmutzzuschläge, die zu den in der VOB erwähnten Sonderkosten zu rechnen sind.

T

Tauchstutzenlänge In den seltensten Fällen werden im Leistungsverzeichnis die Tauchstutzenlängen angegeben. Für die ausgeschriebenen Bimetall-Zeigerthermometer z. B. werden zwar häufig die Gehäusedurchmesser vorgegeben, aber es wird keine Tauchstutzenlänge festgelegt. Zugegebenermaßen ist das zum Ausschreibungszeitpunkt nicht immer möglich. Wie sollen Sie aber Ihren Angebotspreis kalkulieren, wenn die Listen der Großhändler Preise für Bimetall-Zeigerthermometer enthalten, die bis zu 300 % voneinander abweichen, je nachdem, welche Tauchstutzenlänge zugrunde gelegt wird? Es kann auch kein Bauherr, Architekt oder Ingenieur von Ihnen verlangen, immer die extrem teuerste Möglichkeit zu kalkulieren, weil Sie dann nie mehr einen Auftrag erhalten würden.

Wenn Sie bereits während der Ausführung daran denken, wäre es am günstigsten, ein Nachtragsangebot einzureichen. Die Preisänderung (Mehrpreis) sollte begründet werden, z. B.:

„Isolierstärken am Einbauort der Bimetall-Zeigerthermometer verlangen eine größere Tauchlänge."

Aber auch zum Zeitpunkt der Schlußrechnungserstellung kann noch ein Mehrpreis für nicht kalkulierbare Tauchstutzenlängen verlangt werden. Am einfachsten ist es für Sie, wenn Ihr Angebotsbegleitschreiben die kalkulierte Tauchlänge enthält. Unter Hinweis auf diese Daten können Sie dann Ihren Mehrpreis bei der Schlußabrechnung geltend machen. Grundlage Ihrer Forderung ist neben VOB/A § 9 Nr. 1, 2 und 3 Abs. 1 (die Leistung war nicht erschöpfend beschrieben) VOB/B § 2 Nr. 5.

Teilabnahmen Haben Sie für die Abnahmen keine besonderen vertraglichen Vereinbarungen getroffen und ist die VOB Bestandteil des Vertrages, so gelten folgende Bedingungen für Teilabnahmen: Auf Ihren Wunsch hin muß der Auftraggeber auch Teilabnahmen durchführen. Die VOB/B schreibt unter § 12 Nr. 2 vor, welche Anlagenteile auf Wunsch gesondert abzunehmen sind:

a) in sich abgeschlossene Teile der Leistung,
b) andere Teile der Leistung, wenn sie durch die weitere Ausführung der Prüfung und Feststellung entzogen werden.

Unter Punkt b) fallen im wesentlichen Rohrleitungen im Erdreich, in

Schächten und Schlitzen, hinter abgehängten Decken und Isolierungen. Diese Teilabnahmen dienen mehr der Beweissicherung und stellen üblicherweise keine richtigen Teilabnahmen mit allen rechtlichen Auswirkungen dar, es sei denn, im Vertrag ist das ausdrücklich doch so gewollt. Normalerweise beginnt die Gewährleistungfrist für diese Leistungsteile auch erst mit der später durchzuführenden Gesamtabnahme. Die Vergütung wird meistens noch mit Abschlagszahlungen verlangt und nicht wie bei der unter Punkt a) nachfolgend beschriebenen Teilleistung mit einer Teilschlußrechnung.

Was fällt nun unter a)? Was sind in sich abgeschlossene Teile der Leistung? Hierunter versteht man Anlagenbereiche, die entweder durch den Baukörper oder durch den Verwendungszweck als ein zusammengehörender Anlagenteil anzusehen sind. Das können bei einer Sanitäranlage z. B. folgende Bereiche sein:

Gasversorgungsanlage
Wasserübergabestation
Hebeanlage
Wasseraufbereitungsanlage
Gartenbewässerungsanlage
Feuerlöschanlage
Sprinkleranlage
Installationen stockwerksweise
Installationen in Steigschächten
Gesamte Bewässerungsanlage
Gesamte Entwässerungsanlage

Hier sollten Sie Ihrer Fantasie freien Lauf lassen und so viele Anlagenbereiche wie möglich als abgeschlossene Leistungsteile festlegen und dafür Teilabnahmen beantragen, denn das hat nicht nur bezüglich des Gefahrenüberganges (siehe **Abnahme**) Vorteile, sondern ist auch vom finanziellen Aspekt her sehr interessant. Unter dem Titel **Zahlung** führt die VOB/B in § 16 Nr. 4 hierzu folgenden für Sie sehr wichtigen Satz auf:

„In sich abgeschlossene Teile der Leistung können nach Teilabnahmen ohne Rücksicht auf die Vollendung der übrigen Leistungen endgültig festgestellt und bezahlt werden."

Nach dieser Vorschrift können Sie für jeden Bereich, für den Sie eine Teilabnahme erreichen konnten, eine Teilschlußrechnung stellen. Damit kommen Sie viel schneller zur Auszahlung der Ihnen zustehenden vollen Vergütung. Zu beachten ist jedoch, daß das Recht zur Stellung von Teilschlußrechnungen nur für die oben unter Punkt a) aufgeführten „in sich abgeschlossenen Leistungen" und nicht für die unter b) genannten Teile gilt.

Was aber können Sie tun, wenn der Auftraggeber die von Ihnen gewünschten Teilabnahmen ablehnt oder wenn er nicht reagiert? Nach den Vorschriften der VOB/B in § 12 ist der Auftraggeber nach Ihrer Aufforderung, die aus Beweisgründen möglichst schriftlich erfolgen sollte, zur Abnahmedurchführung innerhalb von 12 Werktagen verpflichtet. Nimmt er ohne wichtigen Grund am Abnahmetermin nicht teil, so können Sie ihm eine Mahnung mit einem zweiten Termin senden. Läßt er auch diesen Termin verstreichen, so haben Sie ab diesem Zeitpunkt Anspruch auf volle Bezahlung und Erstattung sämtlicher Schäden und Kosten, die Ihnen z. B. für den Schutz der installierten Anlagenteile entstehen.

Teilfertigstellungen   Wird von Ihnen zur Angebotsabgabe verlangt, die Kosten für mehrere im einzelnen noch anzugebende Teilfertigstellungen in die Einheitspreise einzurechnen, so ist das für Sie ein unmöglich zu kalkulierendes Kostenrisiko. Diese Forderung verstößt gegen die VOB/A § 9 Nr. 2. Anders sieht es aus, wenn der Auftraggeber genaue Termine und Bauabschnitte mit den zugehörigen Leistungsumfängen genannt hat, so daß Sie in die Lage versetzt wurden, Personal- und Materialbedarf kalkulatorisch zu erfassen. Dagegen kann nichts eingewendet werden. Im anderen Fall aber, der pauschalen Ankündigung ohne nähere Angaben, wird Ihnen ein ungewöhnliches Wagnis aufgebürdet für Umstände und Ereignisse, auf die Sie keinen Einfluß haben und deren Einwirkung auf die Preise und Fristen Sie nicht im voraus schätzen können.

Verlangt Ihr Auftraggeber während der Bauzeit von Ihnen, bestimmte Bereiche vorzeitig fertigzustellen, so sollten Sie sofort Ihre Forderungen hinsichtlich der dabei entstehenden Kosten anmelden. Diese können sein: Überstundenzuschläge, höhere Lohnkosten durch Leiharbeitereinsatz, zusätzliche Kosten für **Druckproben**, **Spülen der Rohrleitungen** u. ä. Einer Ablehnung Ihrer Forderungen seitens des Auftraggebers können Sie mit dem Hinweis auf VOB/A § 9 Nr. 3 Abs. 1 entgegentreten. Danach sind, um eine einwandfreie Preisermittlung zu ermöglichen, alle sie beeinflussenden Umstände festzustellen und in den Verdingungsunterlagen anzugeben. Hat der Auftraggeber das zum Ausschreibungszeitpunkt versäumt bzw. waren die Angaben zu ungenau, so haben Sie das Recht, Ihre dadurch entstandenen Kosten in Rechnung zu stellen.

Auch die DIN 18 381 schreibt unter Punkt 0.2.15 und 0.2.17 vor, daß zu einer ordnungsgemäßen Leistungsbeschreibung die Angabe von Terminen für Beginn und Ende der vertraglichen Leistung und von Zeitpunkten der – gegebenenfalls stufenweisen – Inbetriebnahme gehört. Als besonders zu vergütende Leistung werden dort unter Punkt 4.2.21 und 4.2.25 auch die zusätzlich nötig werdenden Druckprüfungen und das zusätzliche Füllen und Entleeren der Leitungen aus Gründen, die der Auftraggeber zu vertreten hat, und das Betreiben von Anlagenteilen vor der Abnahme auf Anordnung des Auftraggebers aufgeführt. Hierdurch wird deutlich, daß die zusätzlichen Kosten von Teilfertigstellungen der Auftraggeber zu tragen hat.

Telefax-Angebote Im Gegensatz zu fernschriftlichen Angeboten, die vom öffentlichen Auftraggeber nicht zur Angebotswertung zugelassen werden können, weil sie nicht unterschrieben sind, werden Telefax-Angebote durch Fernkopierer und damit mit Unterschrift dem Auftraggeber übermittelt. Darf ein solches fernkopiertes Angebot bei der Submission eines öffentlichen Auftraggebers mit in die Angebotswertung aufgenommen werden? Die VOB/A schreibt einen Eröffnungstermin vor, an den sehr strenge Anforderungen gestellt werden. Keiner der Bieter soll vor Abgabeschluß Kenntnis vom Angebotsinhalt anderer Mitbieter erhalten. Deshalb sind folgende Inhalte der VOB/A von Bedeutung:

§ 22 Nr. 1: Bis zum Eröffnungstermin sind die Angebote, die beim Eingang auf den ungeöffneten Umschlag zu kennzeichnen sind, unter Verschluß zu halten.
§ 22 Nr. 3 Abs. 1: Der Verhandlungsleiter stellt fest, ob der Verschluß der Angebote unversehrt ist.
§ 22 Nr. 3 Abs. 2: Die Angebote werden geöffnet und in allen wesentlichen Teilen gekennzeichnet.

Diese Bestimmungen dienen dem Schutz der Anbieter, also auch Ihrem Schutz. Kein Mitbewerber soll vor dem Eröffnungstermin Ihre Angebotspreise erfahren. Andernfalls könnte er sonst seine Preise leicht darauf abstimmen. Das ist auch der Grund dafür, daß Telefax-Angebote nicht zum Wettbewerb zugelassen werden. Ein Telefax-Angebot erreicht den Auftraggeber offen, also ohne Umschlag, und ist deshalb für jedermann lesbar und auswertbar. Damit weichen Telefax-Angebote erheblich von den Bestimmungen der VOB/A ab. Da der öffentliche Auftraggeber sich aber an diese Bedingungen zu halten hat, darf er Telefax-Angebote nicht zur Wertung zulassen. Hier sind zwar Bestrebungen im Gange, doch eine Zulassung zu erreichen, aber bevor Ihnen hierfür nicht konkrete Angaben vorliegen sollten Sie bei öffentlichen Auftraggebern auf Telefax-Angebote verzichten.

Tempokralle Entsteht in Entwässerungsleitungen ein Innendruck, z. B. in Regenfalleitungen oder in Leitungen nach Hebeanlagen, so bietet sich für die kraftschlüssige Verbindung von muffenlosen Gußrohren die Verwendung von Sicherungsschellen, sogenannten Tempokrallen an, die über die üblichen Verbindungselemente (z. B. CV-Verbinder) gesetzt werden. In den Leistungsbeschreibungen wird die Tempokralle häufig nicht aufgeführt. Manchmal glaubt aber der Auftraggeber auch, wenn er Gußrohre einschließlich Verbindungen ausschreibt, daß dann im Rohr-Einheitspreis auch die Tempokrallen enthalten sind. Dem ist nicht so!

Tempokrallen werden zusätzlich zu den normalen Verbindungselementen benötigt und über den CV-Verbindern montiert. Bei der Angebotsabgabe können Sie ohne entsprechende Angaben nicht wissen, wie viele Tempokrallen in die Rohr-Einheitspreise einzukalkulieren sind. Damit handelt es sich, sofern im Vertrag nichts anderes vereinbart worden ist, um eine zusätzliche Leistung, für die Sie nach VOB/B § 2 Nr. 6 auch eine zusätzliche Vergütung verlangen können. Voraussetzung für Ihren Vergütungsanspruch ist aber immer, daß Sie ihn vor der Ausführung entweder mündlich oder mit Nachtragsangebot ankündigen. Ein schriftlicher Auftrag oder eine Preisvereinbarung muß nicht vorliegen. Letztere kann auch noch zum Zeitpunkt der Schlußrechnung getroffen werden (siehe auch **CV-Verbinder**).

Thermometer Den Anforderungen der üblichen Sanitäranlagen an eine örtliche Temperaturmessung genügen in fast allen Fällen Bimetall-Zeigerthermometer. Sie sind deswegen auch in praktisch jedem Leistungsverzeichnis und damit in fast jedem Auftrag enthalten. In den Leistungsbeschreibungen wird allerdings häufig vergessen, den Durchmesser des Zeigergehäuses oder die Tauchstutzenlänge anzugeben, manchmal sogar beide Maße. Da für die Preiskalkulation diese beiden Angaben unbedingt benötigt werden, bleibt Ihnen als Anbieter gar nichts weiter übrig, als ein Zeigerthermometer mit dem kleinsten Gehäusedurchmesser und der geringsten Tauchstutzenlänge zu kalkulieren. Dieses Vorgehen ist zulässig, wenn Ihre Nachfrage beim Auftraggeber keinen Erfolg hat und wenn Sie den Auftraggeber im Begleitschreiben darauf hinweisen. Erfahrungsgemäß ist zum Ausschreibungszeitpunkt keine Sanitäranlage so durchkonstruiert, daß für sämtliche Bimetall-Zeigerthermometer die geeigneten Durchmesser und notwendigen Tauchstutzenlängen vorliegen.

Bei der Leistungsausführung werden dann später in Abhängigkeit von der Lage der Temperaturmeßstelle und der Dicke der Rohrisolierung der geeignete Gehäusedurchmesser und die Tauchstutzenlänge festgelegt. Aber auch wenn der Auftraggeber den Gehäusedurchmesser vorgibt, kann es technisch notwendig werden, weil z. B. der Ableseabstand mehrere Meter beträgt, ihn größer auszuführen. Für diese geänderte Leistung ist es am günstigsten, wenn Sie vor der Ausführung durch ein entsprechendes Nachtragsangebot versuchen, eine neue Preisvereinbarung zu erreichen. War Ihnen das nicht möglich, so können Sie die durch die **Leistungsänderung** entstandenen Kosten trotzdem noch in die Schlußrechnung aufnehmen.

Grundlage Ihrer Forderung ist VOB/B § 2 Nr. 5. Darin heißt es zwar: „Die Vereinbarung soll vor der Ausführung getroffen werden", aber das ist keine Mußvorschrift. Die Vereinbarung neuer Preise kann auch zu einem späteren Zeitpunkt erfolgen, etwa mit der Schlußabrechnung. Der neue Preis muß unter Berücksichtigung der Mehr- und Minderkosten des ursprünglichen Preises gebildet werden, und es muß eine Änderung des Bauentwurfs oder eine andere Anordnung des Auftraggebers die Grundlagen des Vertragspreises geändert haben. Eine technische Notwendigkeit, die zur Leistungsänderung führt, ist immer als „andere Anordnung des Auftraggebers" zu werten. Hat sich die Änderung der ausgeführten gegenüber der kalkulierten Leistung allein aus der unvollständigen Leistungsbeschreibung ergeben, so können Sie noch zusätzlich argumentieren: Die Leistung war aufgrund mangelhafter Beschreibung nicht eindeutig zu kalkulieren. Die Ausschreibung entsprach nicht § 9 Nr. 1, 2 und 3 Abs.1 der VOB/A. Um konkurrenzfähig zu bleiben, konnte lediglich eine Mindestleistung, die jedoch voll dem Ausschreibungstext entspricht, kalkuliert werden.

Sieht das Leistungsverzeichnis eines Ihnen erteilten Auftrages die Lieferung von Quecksilber-Zeigerthermometer vor, so haben Sie hier die Möglichkeit (nach Auftragserteilung), dem Auftraggeber eine Kostenersparnis anzubieten, indem Sie vorschlagen, die preisgünstigeren Bimetall-Zeigerthermometer zu verwenden. Stimmt Ihr Auftraggeber zu, können Sie diese Thermometer einbauen. Hier ist es unbedingt erforderlich, die Zustimmung des Auftraggebers vorher einzuholen. Andernfalls führen Sie eine Leistung unter eigenmächtiger Abweichung vom Vertrag durch, die der Auftraggeber nicht vergüten muß. Liegt jedoch die Genehmigung vor, so handelt es sich um eine „nicht im Vertrag vorgesehene, aber geforderte Leistung, für die der Auftragnehmer Anspruch auf besondere Vergütung hat" (VOB/B § 2 Nr. 6). Eine solche Änderung der Ausführung sollte jedoch nur angestrebt werden, wenn abzusehen ist, daß der zusätzliche Aufwand, wie Kalkulation, Angebot und Schriftverkehr, in den Preisen berücksichtigt werden kann und sich für Sie lohnt (siehe auch **Zusätzliche Leistung, Leistungsänderung, Tauchstutzenlängen**).

Toiletten   Zu den unbedingt notwendigen Einrichtungen einer Baustelle gehören geeignete Toilettenanlagen. Wer muß diese sanitären Einrichtungen stellen bzw. die Kosten für Beschaffung, Reinigung, Beleuchtung und Beheizung übernehmen?

Wenn keine besondere vertragliche Regelung getroffen wurde, kann zur Beantwortung der Frage die VOB herangezogen werden. VOB/B § 4 Nr. 4 sagt aus, daß der Auftraggeber die notwendigen Arbeitsplätze dem Auftragnehmer unentgeltlich zur Benutzung oder Mitbenutzung (gemeinsam mit anderen Firmen) zu überlassen hat. Nach VOB/C, DIN 18 381 Punkt 4.2.2 ist das Vorhalten von Aufenthaltsräumen, wenn der Auftraggeber solche Räume nicht zur Verfügung stellt, eine **Besondere Leistung**, die auch besonders zu vergüten ist.

Die vorgenannten VOB-Bestimmungen sprechen zwar nur von Arbeitsplätzen und Aufenthaltsräumen, aber da das Vorhandensein sanitärer Einrichtungen eine wesentliche Voraussetzung für einen ordentlichen Arbeitsplatz und Aufenthaltsraum ist, muß davon ausgegangen werden, daß auch Toiletten unter diese Bestimmungen fallen. Bestätigt wird diese Auffassung durch Punkt 4.1.5 der DIN 18 299 der VOB/C (Allgemeine Regelungen für Bauarbeiten jeder Art), denn hier wird nicht nur von Aufenthalts-, sondern auch von Sanitärräumen gesprochen. Und zwar sieht diese Vorschrift vor, daß das Beleuchten, Beheizen und Reinigen der Aufenthalts- und Sanitärräume, die den Beschäftigten des Auftragnehmers zur Verfügung stehen, eine Nebenleistung ist, die auch ohne Erwähnung im Vertrag zur vertraglichen Leistung gehört.

Aus den zitierten VOB-Bestimmungen geht eindeutig hervor, daß der

Auftraggeber ausreichende und geeignete Toilettenanlagen bereitstellen muß. Ist er hierzu nicht in der Lage, so muß er die Kosten für das Vorhalten der sanitären Einrichtungen durch den Auftragnehmer übernehmen. Hierzu sollten Sie jedoch immer beachten, daß bereits vor der Anschaffung oder Anmietung dieser Einrichtungen dem Auftraggeber anzukündigen ist, daß Sie diese Kosten von Ihm erstattet haben wollen (siehe auch **Zusätzliche Leistung**). Anders sieht es bei den Kosten für das Beleuchten, Heizen und Reinigen der Toilettenanlage aus, diese Kosten müssen Sie in jedem Fall selbst tragen.

Tragschalen Enthält Ihr Auftrag auch das Liefern und Verlegen von Kunststoffrohren (z. B. PVC-, HT-, PE- oder PP-Rohr), so sollten Sie vor Beginn der Montagearbeiten prüfen, in welchen Bereichen die Verwendung von Tragschalen notwendig wird. Hat der Auftraggeber es versäumt, in der Leistungsbeschreibung eine Position für Tragschalen mit aufzunehmen, so sollten Sie Ihm den Einsatz empfehlen und vor Beginn der Montage ein Nachtragsangebot einreichen. Tragschalen werden besonders für Warmwasserleitungen verwendet, bei denen sich durch die Temperaturunterschiede erhebliche Längenausdehnungen ergeben können. Bei einer Temperaturdifferenz von 50 Grad (Kelvin) dehnt sich jeder Meter Kunststoff- Rohrleitung um bis zu 1 cm aus. Auch haben erwärmte Rohre, vor allem die kleineren Durchmesser, nur eine geringe Biegesteifigkeit, die im Zusammenhang mit der auftretenden Ausdehnung leicht zum Durchhängen der Rohrleitung zwischen den einzelnen Befestigungen führt. Aber auch bei den Kaltwasserleitungen mit kleinerem Durchmesser kann der Einsatz von Tragschalen durchaus geboten sein.

Die Verwendung von Tragschalen erlaubt es, die Abstände der Befestigungspunkte doppelt so groß zu machen wie bei einer normalen Rohrverlegung. Je nach Ausschreibungsart der Befestigung kann sich hierdurch ein erheblicher Einsparungseffekt ergeben. Sind z. B. die Befestigungen in den Rohreinheitspreisen enthalten, sparen Sie die Hälfte der einkalkulierten Material- und Montage-Kosten.

Behauptet Ihr Auftraggeber, daß Tragschalen zum Befestigungsmaterial gehören, auch wenn er es nicht besonders erwähnt hat, so irrt er. VOB/C, DIN 18 381 zählt unter Punkt 4.2.8 die Tragschalen zu den besonderen Befestigungskonstruktionen, die eine **Besondere Leistung** darstellen. Sie gehören nur dann zur vertraglichen Leistung, wenn sie in der Leistungsbeschreibung besonders erwähnt werden. Zum Beispiel der Hinweis eines Auftraggebers, daß sämtliche Befestigungen und Befestigungskonstruktionen mit den Einheitspreisen (oder den Zuschlagssätzen) abgegolten sind, reicht nicht aus, um Ihnen Ihre geforderte Vergütung abzulehnen.

Transportwege Ist die Montageöffnung so klein oder sind die Transportwege so schmal, daß Sie nur unter größten Schwierigkeiten die zu liefernden Apparate, Pumpen und Rohrstangen zu ihrem Aufstell- oder Einbauort bringen können, so haben Sie ein Recht auf Kostenerstattung des Mehraufwandes. Voraussetzung ist aber, daß Ihr Auftraggeber Sie nicht bereits mit der Leistungsbeschreibung auf diese Transport- oder Einbringprobleme aufmerksam gemacht hat. Die VOB/C, DIN 18 299 sieht nämlich vor, daß in der Leistungsbeschreibung insbesondere anzugeben sind:

0.1.1 u. a.: „Lage der Baustelle . . . und Beschaffenheit der Zufahrt sowie etwaige Einschränkungen bei ihrer Benutzung."

0.1.3: „Verkehrsverhältnisse auf der Baustelle, insbesondere Verkehrsbeschränkungen."

Und VOB/C, DIN 18 381 verlangt folgende Angabe:

0.2.10: „Transportwege für alle größeren Anlagenteile auf der Baustelle und im Gebäude."

Für einen Anbieter ist es unzumutbar, wenn die Baustelle nicht gerade in unmittelbarer Nähe seines Firmensitzes liegt, erst jedes Objekt zu besichtigen, um zu einer richtigen Preisfindung zu gelangen. Hierzu verlangt bereits die VOB/A im § 9, daß die Leistung eindeutig und so erschöpfend zu beschreiben ist, daß alle Bewerber die Beschreibung im gleichen Sinne verstehen müssen und ihre Preise sicher und ohne umfangreiche Vorarbeiten berechnen können. Eine Reise zur Baustelle gilt schon als umfangreiche Vorarbeit.

Hat Ihr Auftraggeber versäumt, die Vorschriften der VOB/A § 9 Nr. 1, 2 und 3 zu beachten, so wurde Ihnen dadurch ein ungewöhnliches Wagnis aufgebürdet. Die Ihnen nicht bekanntgegebenen baulichen Umstände haben Auswirkungen auf Ihre Preisgestaltung, die Sie nicht im voraus schätzen und deswegen auch nicht berücksichtigen konnten. Sie können die über das übliche Maß hinaus aufgewendeten Transportstunden, Krankosten und weitere durch die Transporterschwernisse bedingte Kosten Ihrem Auftraggeber zusätzlich in Rechnung stellen. Ihre Forderung stützt sich auf § 2 Nr. 6 der VOB/B, da Sie zusätzliche, im Vertrag nicht vorgesehene Leistungen erbringen mußten, die zur Erfüllung des Vertrages notwendig waren.

Tropfwasserbehälter Enthält Ihr Auftrag Wassererwärmer oder Druckbehälter, z. B. für Druckerhöhungs- oder Eigenwasserversorgungsanlagen, welche Sicherheitsventile benötigen, so wird auch häufig für den jeweiligen Ablauf eine Entwässerungsrinne oder ein Tropfwasserbehälter erforderlich. Hat Ihr Auftraggeber versäumt, diese in das Leistungsverzeichnis mit aufzunehmen, so können Sie auch ohne Nachtragsauftrag diese Teile fertigen und einbauen. Sie müssen lediglich vor der Ausführung Ihrem Auftraggeber mitteilen, daß Sie dafür eine zusätzliche Vergütung fordern. Die Vergütungshöhe kann auch noch später vereinbart werden. Einfacher ist es aber in jedem Fall, wenn Sie Ihre Forderungen mit einem Nachtragsangebot bekanntgeben.

Ihr Vergütungsanspruch leitet sich aus § 2 Nr. 6 der VOB/B her. Darin heißt es: „Wird eine im Vertrag nicht vorgesehene Leistung gefordert, so hat der Auftragnehmer Anspruch auf besondere Vergütung. Er muß jedoch den Anspruch dem Auftraggeber ankündigen, bevor er mit der Ausführung der Leistung beginnt." Das „Fordern" dieser Leistung muß nicht direkt durch den Auftraggeber erfolgen. Auch die technische Notwendigkeit kann als Forderung im Sinne dieser Bestimmung gelten.

Tropfwasserleitung Auch Lüftungsgeräte, Kühlaggregate, Kälte- und Klimageräte sind häufig an Entwässerungsleitungen anzuschließen. Das anfallende Leck- oder Kondenswasser muß abgeführt werden. Hierzu ist die Verlegung von zusätzlichen Stahl- oder PVC-Abflußleitungen notwendig. Diese Arbeiten sind jedoch nicht mit den üblichen Einheitspreisen für die Entwässerungsleitungen abzurechnen, es sei denn, sie sind dort ausdrücklich erwähnt.

Tropfwasserleitungen müssen gesondert ausgeschrieben werden, weil der Verlegungsaufwand erheblich höher ist als bei den normalen Entwässerungsleitungen. Tropfwasserleitungen müssen an eine Fremdleistung angepaßt werden. Ihre Leitungslänge ist meistens relativ kurz, aber kompliziert und zeitaufwendig an Geräten, Gerüsten oder auf dem Boden zu verlegen. Der Ablaufanschluß muß oft nachträglich in eine bereits vorhandene Falleitung eingepaßt werden. Wurde versäumt, Tropfwasserleitungen unter gesonderten Positionen auszuschreiben, so rechtfertigen die aufgezählten Umstände ein Abrechnen als Stundenlohnarbeit. Nach VOB/B § 15 Nr. 3 sind **Stundenlohnarbeiten** vor Beginn dem Auftraggeber anzuzeigen. Um Ihre Ansprüche nicht zu verlieren, sollten Sie das nie versäumen. Stundenlohnzettel sind täglich, spätestens jedoch wöchentlich, einzureichen. Auch das gesamte verbrauchte und eingebaute Material sollten Sie auf diesem Regiezettel mit aufführen. Der Auftraggeber muß Ihnen innerhalb von 6 Werktagen die anerkannte Stundenlohnbescheinigung zurückgeben; diese dient Ihnen dann als Grundlage Ihrer Vergütungsansprüche. Erhalten Sie den Stundenlohnzettel nicht innerhalb von 6 Werktagen zurück, gilt er automatisch als anerkannt.

Will Ihr Auftraggeber nicht, daß die Verlegung der Tropfwasserleitungen als Regieleistung ausgeführt wird, können Sie auch Nachtragspreise einreichen. Um richtig zu kalkulieren, sollten Sie sich immer die örtlichen Gegebenheiten genau ansehen und Ihre Leistung detailliert aufführen. Jeder Bogen, Geruchsverschluß, Abzweig und jedes **Paßstück** sollte neben den Verbindungselementen und den Rohren im Angebot aufgenommen werden. Und wenn das möglich ist, sollten Sie mit der Ausführung solange warten, bis Ihnen der Auftrag schriftlich erteilt wurde. Sie dürfen sich zwar nicht weigern, diese Leitungen zu verlegen (VOB/B § 1 Nr. 4), um aber leistungsgerecht bezahlt zu werden, hilft es manchmal, etwas Druck auf den Auftraggeber auszuüben.

U

Überstundenzuschlag Die Stundensätze für Regiearbeiten werden in den meisten Fällen bereits mit dem Angebot festgelegt. Welche Leistung ist in den Stundenlohnsätzen enthalten? Zur Beantwortung dieser Frage sollten Sie sich die Leistungsbeschreibung im Angebot (bzw. im Auftrag) genau durchlesen. Der Auftraggeber versucht häufig, Regiestundensätze zu vereinbaren, in denen sämtliche Zuschläge enthalten sein sollen. Das sind z. B. Beiträge für Krankenkassen, Abgaben für Arbeitslosen- und Rentenversicherungen, anteilige Kosten für Fehlzeiten (Urlaubs- und Krankenzeiten), vermögenswirksame Abgaben und Wagnis- und Gewinnzuschläge. Aber auch die Zuschläge für Überstunden, Sonn- und Feiertagsarbeit sowie Schmutzzulagen sollen in den Regiestundensätzen enthalten sein. Oft wird auch versucht, Kosten für Bohrmaschinen und Schweißapparate in die Stundensätze einrechnen zu lassen.

Es stellt sich die Frage, was Sie als Unternehmer bei diesen Stundensätzen überhaupt kalkulatorisch berücksichtigen können! Neben dem reinen Stundenlohn sind das praktisch nur die feststehenden Kostenanteile der Krankenkassen- und Sozialversicherungsbeiträge, die Anteile für Fehlzeiten, vermögenswirksame Leistungen und für Wagnis und Gewinn – eventuell auch noch für firmeneigene Sozialleistungen. Es können eigentlich nur Kosten sein, die sich in direkter Abhängigkeit den Stundenlöhnen zuordnen lassen. Alle weiteren Kosten, die Ihnen bei der Ausführung der Leistung entstehen, müssen Sie zusätzlich erfassen und hierfür von Ihrem Auftraggeber Kostenerstattung fordern. Sieht das **Leistungsverzeichnis** hierfür keine Position vor, so handelt es sich um **zusätzliche Leistungen**, die Sie Ihrem Auftraggeber in Rechnung stellen können.

Überstundenzuschläge, Sonn- und Feiertagsarbeitszuschläge, Erschwerniszuschläge und Kosten für Maschinenstunden können Sie immer zusätzlich zu den vereinbarten Regiestundensätzen abrechnen. Voraussetzung ist jedoch, daß Ihr Auftraggeber diese Leistungen verlangt hat. Wenn Sie z. B. durch selbstverschuldeten Terminverzug den vertraglich vereinbarten Fertigstellungstermin nur noch durch Leisten von Überstunden einhalten können, dann müssen Sie Überstundenzuschläge natürlich selbst tragen (siehe auch **Stundenlohnarbeit**).

Überzahlung Man spricht von einer Überzahlung, wenn Ihr Auftraggeber Ihnen so hohe Abschlagszahlungen geleistet hat, daß Sie insgesamt einen höheren Betrag erhalten haben, als die Schlußrechnung ausweist. Diese Überzahlung ist gut für Sie und aus folgenden Gründen immer anzustreben: Sie müssen nicht ewig auf die Ihnen zustehende Schlußzahlung warten. Ganz im Gegenteil: Stellt Ihr Auftraggeber diese Überzahlung fest, wird er umgehend versuchen, sein Geld zurückzuerhalten. Er wird Sie also um schnellste Rückzahlung ersuchen. Und damit dem auch nicht viele Hindernisse im Wege stehen, wird er bei der Rechnungsprüfung nicht so kleinlich sein wie sonst. Sollten doch strittige Kürzungen Ihres Schlußrechnungsbetrages vorgenommen worden sein, so fällt es Ihnen viel leichter, Ihre Ansicht von der Angemessenheit der berechneten Kosten durchzusetzen, weil in diesem Fall nicht Sie, sondern Ihr Auftraggeber eine Klage auf Herausgabe des strittigen Betrages einreichen müßte.

Wie können Sie erreichen, daß Ihr Auftraggeber Sie überzahlt? Hierfür gibt es verständlicherweise keine Patentrezepte. Ob Sie z. B. geschätzte Massen abrechnen können oder ob Sie sich, bei geringerem als dem beauftragten Leistungsumfang, zuerst auf die Mengen des Leistungsverzeichnisses oder des Auftrages stützen und erst zur Schlußrechnung ein echtes Aufmaß erstellen können, hängt sehr stark vom Einzelfall ab. In jedem Fall müssen Sie, um dieses Ziel zu erreichen, so viele Abschlagsrechnungen wie möglich stellen. Besonders wichtig ist es, noch kurz vor Einreichung der Schlußrechnung eine Abschlagszahlung zu fordern.

Eine andere Möglichkeit der Überzahlung kann sich für Sie nach Erhalt der Schlußzahlung ergeben. Prüft der Auftraggeber oder ein anderer (z. B. bei einem öffentlichen Bauvorhaben ein Rechnungsprüfer) später, das kann auch noch Jahre nach Erhalt der Schlußzahlung sein, Ihre Schlußrechnung und stellt fest, daß Sie Zahlungen zu Unrecht erhalten haben, so wurden Sie überzahlt. Den überzahlten Betrag kann nur Ihr Vertragspartner, also Ihr Auftraggeber, zurückfordern – nicht der Architekt oder der Rechnungsprüfer. Dieser Rückzahlungsaufforderung müssen Sie Folge leisten, da es sich bei einer Überzahlung – die Beweislast liegt jedoch beim Auftraggeber – um eine ungerechtfertigte Bereicherung im Sinne des Bürgerlichen Gesetzbuches handelt.

Es gibt zwei interessante Möglichkeiten, sofern dafür die Voraussetzungen vorliegen, diese Rückzahlung zu vermeiden. Das ist einmal die Verwirkung der Ansprüche und zum anderen die Aufrechnung mit eigenen Forderungen. Die Verwirkung setzt voraus, daß seit der Schlußzahlung mindestens fünf Jahre vergangen sind und daß besondere Umstände vorliegen, die dieses späte Geltendmachen von Rückforderungsansprüchen als unzumutbar erscheinen lassen. Die Aufrechnung oder Nachberechnung setzt voraus, daß Sie noch Forderungen gegen den Auftraggeber haben, die Sie bisher, z. B. wegen der bereits erfolgten Schlußzahlung, die Sie ohne Vorbehalt angenommen haben, nicht mehr berechnen konnten. Werden diese Nachforderungen vom Auftraggeber anerkannt oder von seinem Vertreter (z. B. dem Fachingenieur) bestätigt, so dürfen Sie Ihre Forderungen bis zur Höhe der festgestellten Überzahlung aufrechnen.

Für die ermittelten Überzahlungen verlangen öffentliche Auftraggeber aufgrund entsprechender Vertragsklauseln meistens **Zinsen**, und zwar von dem Zeitpunkt an, von dem Sie überzahlt wurden. Diese Zinsforderungen können Sie zurückweisen, denn in den meisten Fällen verstoßen die Vertragsklauseln gegen den § 9 des AGB-Gesetzes (unangemessene Benachteiligung des Vertragspartners des Verwenders der Allgemeinen Geschäftsbedingungen), oder sie verstoßen gegen wesentliche Grundgedanken der gesetzlichen Regelungen. Die in den Zusätzlichen Vertragsbedingungen der öffentlichen Auftraggeber enthaltene Verzinsungspflicht wird von keiner gesetzlichen Bestimmung über die Verzinsung gedeckt, so daß diese Verzinsung bei Rückforderungsansprüchen unbegründet ist und vom Auftraggeber nicht gefordert werden darf (siehe auch **Zinsen, Aufrechnung, Nachberechnung**).

Unterangebot   Ein Angebot mit einem Gesamtpreis, der unter der Kostenschätzung des Auftraggebers liegt und der nach seinen Erkenntnissen eindeutig nicht ausreicht, um die bei der Auftragsausführung anfallenden Kosten zu decken, bezeichnet man als Unterangebot. Stellt der öffentliche Auftraggeber fest, daß durch zu niedrige Angebotspreise eine fachkundige, technisch einwandfreie und terminlich sichere Durchführung der Auftragsleistung nicht zu erwarten ist, so muß er dieses Angebot als Unterangebot aus der Wertung nehmen (VOB/A § 25 Nr. 3). Es nimmt dann nicht mehr am Angebotswettbewerb teil. Macht der Auftraggeber das nicht und erteilt auf dieses Unterangebot den Auftrag, so nutzt er seine Position, die er wegen der Angebotsbindefrist gegenüber dem Anbieter hat, zum Nachteil des Bieters aus. Ist dem Anbieter diese Situation bekannt, muß er diesen Auftrag, trotz Einhaltung der Zuschlagsfrist durch den Auftraggeber, nicht annehmen. Auch Ersatz des Schadens, der dem Auftraggeber möglicherweise durch die Verweigerung der Auftragsannahme entsteht, kann der Auftraggeber dann nicht verlangen. Wenn Sie selbst einmal ein sehr niedriges Angebot abgeben mußten, z. B., um eine drohende Beschäftigungslücke zu füllen, aber bis zur Auftragserteilung bessert sich Ihre Lage wieder, sollten Sie prüfen, ob Ihr Angebot nicht auch als Unterangebot zu werten ist. Trifft das zu, können Sie unter Hinweis auf das vom Landgericht Siegen gesprochene Urteil (Baurecht 1985, 213) versuchen, von der Auftragsannahme entbunden zu werden (siehe auch **Bindefrist, Zuschlagsfrist**).

Unterlassene Preisanpassung   Ändert sich während der Ausführung eine beauftragte Leistung, so soll hierfür ein neuer Preis unter Berücksichtigung der Mehr- und Minderkosten vereinbart werden (VOB/B § 2 Nr. 5). Falls es sich nur um Minderkosten handelt, z. B. Verringerung der Nennweite oder des Nenndrucks einer Armatur, so wird diese Preisanpassung häufig vergessen. In diesen Fällen spricht man von unterlassener Preisanpassung. Wird das Versäumnis bei der Prüfung der Schlußrechnung, also noch vor der Schlußzahlung, vom Auftraggeber bemerkt, so muß ein neuer Preis vereinbart werden. Gegen eine einseitige Preisdiktatur Ihres Auftraggebers können Sie sich jedoch erfolgreich wehren, denn entsprechend VOB/B ist der neue Preis zu vereinbaren und nicht einseitig festzulegen. Außerdem kann der Auftraggeber gar nicht wissen, welche Kosten Ihnen insgesamt im Zusammenhang mit dieser Leistungsänderung entstanden sind. Hier fallen z. B. Rückgabekosten an, Verteuerungen wegen neuer Preislisten oder geringerer Rabatte, Bestell- und Versandkosten und eventuell auch Aufwendungen für planerische oder zeichnerische Änderungsarbeiten.

Anders sieht es aus, wenn Ihre Leistung bereits abgenommen wurde und Sie die Schlußzahlung erhalten haben, ohne daß die unterlassene Preisanpassung reklamiert wurde. Wird dann später gefordert, den betreffenden Preis noch zu mindern, das kann z. B. im Zuge einer erneuten Rechnungsprüfung geschehen, so können Sie diese Forderung ablehnen. Mit der Abnahme und Bezahlung der Leistung hat nämlich der Auftraggeber dargelegt, daß er auf eine Preisänderung für die betreffende Leistung verzichtet bzw. den ursprünglich einmal vereinbarten Preis nach wie vor für angemessen hält (siehe auch **Preisanpassung**).

Urheberschutz Zeichnungen, Berechnungen, Nachprüfungen von Berechnungen und andere Unterlagen, die Sie zur Ausführung einer beauftragten Leistung Ihrem Auftraggeber übergeben haben, bleiben Ihr Eigentum. Auch wenn im Vertrag oder in den Technischen Vertragsbedingungen enthalten ist, daß Sie diese Unterlagen zu liefern haben, so geben Sie Ihre Besitzansprüche daran nicht auf. Der Auftraggeber muß Ihnen diese Unterlagen, allerdings erst auf Ihr Verlangen hin, wieder zurückgeben. Auf Wunsch des Auftraggebers müssen Sie ihm die Unterlagen jedoch bis zum Abschluß der Rechnungsprüfung überlassen.

Solange Ihr Auftraggeber diese Unterlagen in Besitz hat, darf er sie nicht vervielfältigen, veröffentlichen oder für andere als den vorgesehenen Zweck verwenden, es sei denn, Sie haben es ihm ausdrücklich erlaubt. Benutzt er z. B. Ihre Ausführungszeichnungen und Berechnungen für weitere Bauabschnitte, sei es zur Angebotseinholung oder zur Auftragsdurchführung, so steht Ihnen ein Anspruch auf Schadenersatz zu (Urteil des Bundesgerichtshofes vom 2.5.1985). Dieser Anspruch entsteht nicht aus dem Urheberrecht, denn in diesem Fall sind neben den Zeichnungen auch Berechnungen und Nachprüfungen von Berechnungen einbezogen, die nicht dem Urheberschutz unterliegen. Dieser Anspruch begründet sich viel mehr auf § 3 Nr. 6 der VOB/B, wonach eine andere Benutzung der Unterlagen, als es für den vereinbarten Zweck vorgesehen war, nicht zulässig ist. Legen Sie keinen besonderen Wert auf die Rückgabe der Ausführungsunterlagen durch Ihren Auftraggeber, so können Sie ihm unter Hinweis auf diese VOB-Bestimmung anbieten, die Unterlagen gegen eine angemessene Vergütung zu erwerben.

Zu den Ausführungsunterlagen, die unter die Rückgabebestimmung fallen, gehören nicht Abrechnungszeichnungen und -berechnungen und auch nicht Revisions- und Bestandszeichnungen sowie Bedienungs- und Wartungsanweisungen (siehe auch **Bestandszeichnungen, Wartungsanweisungen, Betriebsanleitung**).

V

Verfugung   Immer häufiger verlangt der Bauherr im Anschluß an die Montage, daß die Fugen zwischen den Sanitärgegenständen und den Fliesen mit dauerelastischem Material auszufüllen sind. Wer hat für diese Arbeiten die Kosten zu tragen?

Enthält das Leistungsverzeichnis keinen Hinweis auf eine eventuelle Verfugung, so haben Sie diese Leistung auch nicht zu erbringen, es sei denn, Sie erhalten hierüber noch einen Nachtragsauftrag.

Wird im Leistungsverzeichnis ohne nähere Angaben zum Leistungsumfang verlangt, daß Sie sämtliche Fugen zwischen Waschbecken, WC, Urinalen und Dusch- bzw. Badewannen und den Fliesen auszufüllen haben, so liegt eine VOB-widrige Ausschreibung vor. Verlangt der Auftraggeber das Verfugen, so ist nach VOB/C, DIN 18 381 Punkt 0.5.2 im Leistungsverzeichnis das Verfüllen von Fugen nach Längenmaß (m) aufzunehmen. Ohne nähere Angaben zur Fugenlänge und zum Füllmaterial ist diese Leistung nicht exakt zu kalkulieren. Sie sollten in einem solchen Fall anhand der anzubietenden Stückzahl der Sanitärgegenstände die Fugenlänge schätzen und mit dem Begleitschreiben Ihrem Auftraggeber diese Kalkulationsgrundlage mitteilen. Vergrößert sich bei der Ausführung später die Gesamtfugenlänge, so können Sie die Mehrkosten zusätzlich abrechnen.

Verlangt der Bauherr nach Montage der Sanitärgegenstände das zusätzliche Verfugen, so handelt es sich hierbei um eine gesondert zu vergütende Leistung. Bestätigt wird das in der VOB/C, DIN 18 381. Dort wird als **Besondere Leistung** unter Punkt 4.2.15 aufgeführt:

Verfüllen der Fugen zwischen Sanitär-Einrichtungen und Wand- und Bodenbelägen mit elastischen Stoffen.

Ihr Anspruch auf Vergütung der Verfugung richtet sich nach VOB/B § 2 Nr. 6. Um diesen Vergütungsanspruch zu wahren, müssen Sie nicht nur eine Aufforderung für das Verfüllen der Fugen haben, sondern Ihrem Auftraggeber auch ankündigen, daß Sie für diese Arbeit eine zusätzliche Vergütung verlangen werden. Die Höhe des Preises muß vor der Ausführung nicht unbedingt vereinbart werden, wichtig ist nur die Ankündigung. Um aber späteren Streitigkeiten aus dem Wege zu gehen, ist es am besten, so bald wie möglich ein **Nachtragsangebot** einzureichen.

Verhandlung mit Bietern Verhandlungen des öffentlichen Auftraggebers mit Bietern über Änderungen der Angebote oder Preise sind nach VOB/A § 24 Nr. 3 nicht erlaubt. Er darf jedoch Verhandlungen über die technische und wirtschaftliche Leistungsfähigkeit der Anbieter selbst sowie über Nebenangebote, Änderungsvorschläge und Angebote aufgrund eines Leistungsprogramms führen. Dabei können sich durch geringfügige technische Änderungen, die der Bauherr für unumgänglich hält, auch Änderungen des Angebotspreises ergeben. Wann dabei die Grenze des Zulässigen überschritten wird, ist in der VOB nicht näher erläutert. Da geringfügige technische Änderungen einer Anlage nicht erhebliche preisliche Veränderungen im Angebot nach sich ziehen sollten, könnte hier eine Grenze bei weniger als 1 % des Angebotswertes für die anderen Bieter als noch zumutbar angesehen werden.

Verhandelt aber ein öffentlicher Auftraggeber mit den Bietern in der Absicht, den Angebotspreis zu senken, und haben Sie bei der Auftragsvergabe dadurch das Nachsehen (Sie müssen deshalb vorher nicht der günstigste Bieter gewesen sein), so haben Sie gegenüber dem Auftraggeber einen Schadenersatzanspruch. Sie können in jedem Fall Ihre gesamten Kosten für die Erstellung des Angebotes geltend machen. Hätten Sie darüber hinaus bei wettbewerbsgerechtem Verhalten des Auftraggebers eine gute Chance gehabt, den Auftrag zu erhalten, so können Sie außerdem noch sämtliche in die Preise einkalkulierten Umlagen mit Wagnis und Gewinn vom Auftraggeber fordern. Sie müssen lediglich die reinen Lohn- und Materialkosten von Ihrem Angebotspreis abziehen, es sei denn, der folgende Fall tritt ein: Sollte es Ihnen nach dieser Angebotsabgabe trotz größter Bemühungen (für die Sie beweispflichtig wären) nicht mehr gelungen sein, einen Auftrag zu erhalten, und konnten Sie Ihre Mitarbeiter nicht mehr beschäftigen, so haben Sie recht gute Aussichten, den Auftraggeber auch für die Lohnkosten schadenersatzpflichtig zu machen.

Verjährung Gewährleistungsansprüche des Auftraggebers verjähren entsprechend den vereinbarten **Gewährleistungsfristen**. Zwei Jahre sind es, wenn der Vertrag auf der Grundlage der VOB abgeschlossen wurde, und fünf Jahre, wenn die Bestimmungen des Bürgerlichen Gesetzbuches zur Verjährungsfrist der Gewährleistung zugrunde liegen. Schadenersatzansprüche dagegen, die der Auftraggeber an Sie stellt, verjähren nach den Grundsätzen des BGB. Die Fristen liegen zwischen 2 und 30 Jahren. Sie sind sehr von den Anspruchsgrundlagen und Anspruchsinhalten abhängig. Hier muß also immer deutlich zwischen Gewährleistungsansprüchen und Schadenersatzansprüchen unterschieden werden.

Für Sie ist aber viel interessanter, in welchen Fristen Ansprüche, die Sie gegenüber Ihrem Auftraggeber geltend machen können, verjähren. Schadenersatzansprüche, die Sie nach dem § 6 Nr. 6 der VOB/B haben, also aus Behinderung und Unterbrechung, verjähren bereits nach 2 Jahren. Voraussetzung ist aber, daß diese Ansprüche aus geleisteter Arbeit oder aus in engem Zusammenhang damit stehenden Mehraufwendungen entstanden sind. Grundlage dieser sehr kurzen Verjährungsfrist ist der § 196 des BGB.

Die kurze Verjährungsfrist von 2 Jahren gilt es auch in folgenden Fällen zu beachten: Ansprüche, die Sie gegenüber Ihrem Auftraggeber erheben aus Schäden bzw. Kosten, die Ihnen bei **Aufhebung der Ausschreibung** oder **Kündigung des Bauvertrages** oder durch **Verhandlung**, die der Auftraggeber **mit** anderen **Bietern** geführt hat, entstanden sind. Auch Schäden, die Ihnen durch einen zu Unrecht nicht erteilten **Zuschlag** oder durch **Rücknahmekosten**, durch **entfallene Leistung**, **Baustellenräumung** und **-unterbrechung** entstanden sind, unterliegen der kurzen Verjährungsfrist von 2 Jahren. Diese Verjährungsfrist von 2 Jahren verlängert sich auf 4 Jahre, wenn Sie Ihre Leistung nicht für den Auftraggeber als Privatperson erbracht haben, sondern für dessen Gewerbebetrieb. Es ist also ein Unterschied, ob Herr Schulze für sein Landhaus oder für einen Fabrikbau eine neue Sanitäranlage einbauen läßt.

Andere Ansprüche aus Behinderung und Unterbrechung verjähren dagegen erst nach 30 Jahren (§ 195 BGB). Verjährungsfristen sind innerhalb der Rechtsprechung ein großes Thema. Die Fristlänge ist stark vom Einzelfall, d. h. vom Anspruch bzw. von der Rechtsgrundlage, abhängig. Um keine Verjährungsfristen zu versäumen, empfiehlt es sich immer, juristischen Rat einzuholen.

Wann beginnt die Verjährungsfrist zu laufen? Entgegen der häufig vertretenen Meinung beginnt sie nicht mit dem Tag des Schadeneintritts, sondern erst am Ende des Jahres, in dem Ihnen der Schadenersatzanspruch entsteht (siehe auch **Gewährleistungsfrist**).

Verschraubungen Häufig werden Rohrleitungen einschließlich Form- und Verbindungsstücke ausgeschrieben und beauftragt. Zu den

Verbindungsstücken zählen auch die Verschraubungen, die innerhalb der Rohrleitung benötigt werden. Verschraubungen, die für das Einbinden von Armaturen, Meßgeräten, Pumpen und für bauseitige Anschlüsse benötigt werden, zählen jedoch nicht zu den Form- und Verbindungsstücken der Rohrleitung und können zusätzlich abgerechnet werden.

Vorrangig ist aber immer die vertragliche Regelung. Sie sollten genau die Vorbemerkungen und den Text des Leistungsverzeichnisses prüfen, um die Möglichkeiten herauszufinden, zusätzliche Verschraubungen, die von der Leistungsbeschreibung nicht erfaßt werden, abzurechnen. Die Verbindung zu Armaturen und sonstigen Geräten mit Verschraubungen haben praktisch den gleichen Stellenwert wie Gegenflansche. Sieht das Leistungsverzeichnis das Abrechnen von Flanschen und Gegenflanschen vor, so können auch Verschraubungen an Armaturen, Geräten und Einrichtungsgegenständen zusätzlich berechnet werden. Ist im Leistungsverzeichnis hierfür keine Position vorgesehen, so müssen Sie Ihrem Auftraggeber vor der Ausführung ankündigen, daß Sie hierfür eine besondere Vergütung nach § 2 Nr. 6 Abs. 1 der VOB/B beanspruchen (siehe auch **Zusätzliche Leistung, Rotgußflansche**).

Versicherung Mitunter verlangen Auftraggeber von ihren Auftragnehmern für die Ausführungszeit bis zur Abnahme den Abschluß einer Sachversicherung zu ihren Gunsten. Die Versicherung soll für Schäden aufkommen, die durch Feuer, Diebstahl und Beschädigung jeglicher Art entstehen. Im Falle eines größeren Schadens deckt der Auftraggeber mit der ihm dann zustehenden Entschädigung seine Verluste durch bereits geleistete Vorauszahlungen. Diese Sicherheit muß er auch bezahlen. Nach Punkt 4.2.5 der DIN 18 299 VOB/C ist diese Versicherung keine Nebenleistung, sondern eine **Besondere Leistung**. Die Versicherungsprämie ist vom Auftraggeber zu bezahlen.

Auch die Versicherung eines außergewöhnlichen Haftpflichtwagnisses muß der Auftraggeber bezahlen, selbst dann, wenn er von Ihnen den Versicherungsabschluß verlangt hat. Ein außergewöhnlich hohes Haftpflichtrisiko besteht z. B. bei bereits installierten Maschinen, die im Falle eines Mangels an der Sanitäranlage (Rohrbruch, Wasserschaden) unbrauchbar werden können. Verlangt hierfür Ihr Auftraggeber den Abschluß einer Haftpflichtversicherung mit einer besonders hohen Deckungssumme, so können Sie ihm die anfallende Prämie in Rechnung stellen. Auch diese Leistung ist nach Punkt 4.2.5 der DIN 18 299 keine Nebenleistung.

Üblicherweise werden diese Versicherungsleistungen nicht als Extraposition aufgeführt, wie es die DIN 18 299 unter Punkt 4.2 vorsieht, sondern in den Allgemeinen oder Besonderen Vertragsbedingungen verlangt. Hat der Auftraggeber hier nicht ausdrücklich darauf aufmerksam gemacht, daß die Kosten für diese Versicherungsleistung in die Einheitspreise einzurechnen sind, können Sie ihm die Versicherungsprämie zusätzlich in Rechnung stellen (siehe auch **Bauwesenversicherung**).

Versorgungsleitungen Zum Verlegen von Be- und Entwässerungsleitungen im Erdreich ist es für Sie sehr wichtig zu wissen, ob Sie bei der Herstellung der Gräben auf Hindernisse stoßen werden oder nicht. Das können Elektrokabel sein, Gas- oder Fernheizleitungen, Kanäle oder Dränen. Damit Sie zum Angebotszeitpunkt in die Lage versetzt werden, Ihre Preise ohne Risikozuschläge sicher zu kalkulieren, muß der Auftraggeber Art und Lage dieser Hindernisse bereits in der Leistungsbeschreibung angeben. Versäumt er das und entstehen Ihnen Kosten durch Maßnahmen zur Feststellung der Lage der Hindernisse und durch deren Sicherung und Beseitigung, so können Sie diese Kosten Ihrem Auftraggeber in Rechnung stellen. Ihre Forderung ist durch die VOB/C, DIN 18 300, Erdarbeiten, gedeckt. Nach Punkt 4.2.1 (Abschnitt 3.1.4 und 3.1.5) ist ausdrücklich festgelegt, daß es sich bei diesen Leistungen nicht um Nebenleistungen handelt, sondern um vergütungsfähige **Besondere Leistungen**.

Verlangt Ihr Auftraggeber bereits in den Verdingungsunterlagen, daß Sie sich um die Lage dieser Versorgungsleitungen und sonstiger Hindernisse selbst kümmern sollen und daß sämtliche Kosten, die Ihnen im Zusammenhang mit diesen Hindernissen entstehen, in die Angebotspreise mit einzukalkulieren sind, so verlangt er zuviel. Mit dieser Forderung verstößt er gleich mehrfach gegen die Vorschriften der VOB. Nach VOB/A § 9 Nr. 1 muß der Auftraggeber die Leistung eindeutig beschreiben. Nach Punkt 0.1.13 und 0.1.14 der DIN 18 299 muß er die Lage der im Baugelände vorhandenen Anlagen und Hindernisse angeben, denn Ihnen soll kein ungewöhnliches Wagnis aufgebürdet werden für Ereignisse, deren Einwirkung Sie auf Ihre Preise und Lieferzeiten nicht im voraus schätzen können (VOB/A § 9). Weiterhin darf der Auftraggeber die Bestimmungen der VOB/B über Behinderung und deren kostenmäßige Auswirkungen (§ 6) nicht einseitig außer Kraft setzen. Über diese VOB-Verstöße hinaus liegt auch ein Verstoß gegen § 9 des AGB-Gesetzes vor, falls die Forderungen des Auftraggebers in einem Teil der Verdingungsunterlagen zu finden sind, der zu den vorformulierten Vertragsbedingungen zählt und damit dem **AGB-Gesetz** unterliegt. Also selbst wenn Sie einen Vertrag unterschrieben haben, der fordert, daß Sie sich selbst um die Versorgungsleitungen und ähnliche Hindernisse zu kümmern haben, so können Sie doch sämtliche in diesem Zusammenhang anfallenden Leistungen Ihrem Auftraggeber in Rechnung stellen (siehe auch **Erdaushub**).

Verstöße gegen VOB und AGB-Gesetz Nachfolgend werden die Vertragsbestimmungen aufgeführt, die sehr häufig vorkommen und die sämtlich gegen die Bestimmungen der VOB und gegen das AGB-Gesetz verstoßen. Die ausführliche Behandlung des jeweiligen Verstoßes erfolgt unter dem angegebenen Stichwort:

a) „Für die angebotene Leistung übernimmt der Bieter die Gewähr der Vollständigkeit, d. h., Leistungen, die sich mit der Ausführung der ausgeschriebenen Gesamtleistung, wie auch der Einzelposition, zwangsläufig ergeben bzw. zur Ausführung der Leistung erforderlich werden, hat er mit einzukalkulieren, auch wenn sie in der Leistungsbeschreibung nicht ausdrücklich erwähnt sind."
Verstoß gegen § 9 Nr. 1 VOB/A und § 5 bzw. § 9 AGB-Gesetz
Stichwort: **Vollständigkeit der Leistung**

b) „Die Erteilung des Zuschlages hängt von der Bereitstellung der Mittel sowie von den zur Zeit laufenden Grundstücksverhandlungen ab."
Verstoß gegen § 16 Nr. 1 VOB/A
Stichwort: **Zuschlag**

c) „Der Bauherr behält sich vor, den Auftrag nach freiem Ermessen zu vergeben."
Verstoß gegen § 24 Nr. 1 und Nr. 3 VOB/A
Stichwort: **Verhandlung mit Bietern**

d) „Der Auftraggeber behält sich vor, die Ausschreibung ohne Entschädigungsverpflichtung aufzuheben und keinem der Bieter den Zuschlag zu erteilen."
Verstoß gegen § 26 Nr. 1 VOB/A und § 3 AGB-Gesetz
Stichwort: **Aufhebung der Ausschreibung**

e) „Der Auftraggeber behält sich vor, die Ausschreibung aufzuheben, falls der Grunderwerb nicht rechtzeitig abgeschlossen werden kann

oder die notwendigen Finanzierungsmittel ihm nicht rechtzeitig zur Verfügung gestellt werden."
Verstoß gegen § 16 Nr. 1 VOB/A
Stichwort: **Aufhebung der Ausschreibung**

f) „Auch wenn die ausgeführten Mengen der Leistung, die unter einem Einheitspreis zusammengefaßt sind, um mehr als zehn vom Hundert von dem im Vertrag vorgesehenen Umfang abweichen oder ganz entfallen, gelten die vertraglichen Einheitspreise."
Verstoß gegen § 2 Nr. 3 VOB/B und § 9 AGB-Gesetz
Stichwort: **Mengenänderung**

g) „Abweichend von § 2 Nr. 3 VOB/B gilt hinsichtlich der Abweichung des Massenansatzes statt zehn Prozent fünfundzwanzig Prozent."
Verstoß gegen § 2 Nr. 3 VOB/B und § 9 AGB-Gesetz
Stichwort: **Mengenänderung**

h) Der Auftraggeber behält sich vor, den Auftragsumfang jederzeit zu verändern bzw. Lose, Abschnitte, Teile, Positionen zu streichen oder anderweitig zu vergeben, ohne daß dem Auftragnehmer ein Recht zu Mehr-, Nachforderungen oder entgangenem Gewinn gegeben wird."
Verstoß gegen § 2 Nr. 5 VOB/B, § 9 und § 10 Nr. 3 und Nr. 4 AGB-Gesetz
Stichwort: **Leistungsänderung** und **Entfallene Leistung**

i) „Der Auftraggeber darf vom Auftragnehmer zusätzliche, im Vertrag nicht genannte Leistungen ohne besondere Vergütung verlangen, wenn sie zur Erfüllung der vertraglichen Leistung notwendig werden."
Verstoß gegen § 2 Nr. 6 VOB/B, § 9 und § 10 Nr. 3 und Nr. 5 AGB-Gesetz, § 9 VOB/A und § 631 ff. BGB
Stichwort: **Zusätzliche Leistung**

k) „Der Auftragnehmer hat fehlende Ausführungsunterlagen auf eigene Kosten zu beschaffen und dem Auftraggeber zwecks schriftlicher Genehmigung vorzulegen."
Verstoß gegen § 3 Nr. 1 VOB/B, § 9 Nr. 1 und Nr. 2 VOB/A, § 9 AGB-Gesetz
Stichwort: **Ausführungsunterlagen**

l) „Der Auftragnehmer ist verpflichtet, sämtliche Maße am Bau zu prüfen. Er hat sämtliche Pläne, Leistungsbeschreibungen und zugehörige Unterlagen auf Vollständigkeit und Richtigkeit zu prüfen. Er haftet dem Auftraggeber für Schäden, er kann sich hinsichtlich der Schadensursache nicht auf andere berufen."

Verstoß gegen § 3 Nr. 3 VOB/B und § 9 AGB-Gesetz
Stichwort: **Prüfungspflicht**

m) „Bedenken sind vom Auftragnehmer vor Ausführungsbeginn schriftlich geltend zu machen; spätere Einwendungen werden nicht mehr berücksichtigt."
Verstoß gegen § 4 Nr. 3 VOB/B, § 9 und § 10 Nr. 5 AGB-Gesetz
Stichwort: **Bedenken anmelden**

n) „Zusatzaufträge in angemessenem Rahmen sowie Sonderwünsche geben keinen Anspruch auf Terminverschiebung oder Fristverlängerung."
Verstoß gegen § 6 Nr. 2 VOB/B, § 9 VOB/A
Stichwort: **Fertigstellungstermin**

o) „Zeitliche Unterbrechungen, gleich aus welcher Ursache, schließen Nachforderungen aus."
Verstoß gegen § 6 Nr. 6 VOB/B, § 9 und § 11 Nr. 8 AGB-Gesetz
Stichwort: **Arbeitsunterbrechung**

p) „Der Auftragnehmer trägt die Gefahr für seine Leistung bis zur Gebrauchsabnahme."
Verstoß gegen § 12 Nr. 1 und Nr. 5 VOB/B, § 9 und § 10 Nr. 4 AGB-Gesetz
Stichwort: **Abnahme**

q) „Der Auftraggeber ist berechtigt, aus wichtigem Grund den Bauvertrag zu kündigen, ohne daß dem Auftragnehmer irgendwelche Ansprüche auf Schadenersatz zustehen."
Verstoß gegen § 8 Nr. 1 VOB/B und § 9 AGB-Gesetz
Stichwort: **Kündigung des Bauvertrages**

r) „Der Auftraggeber kann die Vertragsstrafe auch dann verlangen, wenn er sich diese bei der Abnahme nicht ausdrücklich vorbehalten hat oder im Falle der fiktiven Abnahme innerhalb der genannten Frist ein entsprechender Vorbehalt nicht erklärt wurde."
Verstoß gegen § 11 VOB/B, § 3 und § 9 AGB-Gesetz
Stichwort: **Vertragsstrafe**

s) „Eine Abnahme kann vom Auftragnehmer erst dann verlangt werden, wenn der Auftragsgegenstand insgesamt mängelfrei gebrauchsfertig erstellt und abgerechnet, die Abrechnung vom Auftraggeber anerkannt und die einzelnen Bauobjekte von den Bauherren bzw. Kaufanwärtern ohne Beanstandungen übernommen wurden und die behördliche Gebrauchsabnahme erfolgt ist."

Verstoß gegen § 12 VOB/B, § 9 und § 10 Nr. 1 AGB-Gesetz
Stichwort: **Abnahme**

t) „Die Abnahme aller Leistungen des Auftragnehmers erfolgt frühestens mit der Bezugsfertigkeit der letzten Wohneinheit und dem Vorliegen einer Mängelfreiheitsanzeige von den Käufern bzw. Mietern."
Verstoß gegen § 12 VOB/B, § 9 und § 10 Nr. 1 AGB-Gesetz
Stichwort: **Abnahme**

u) „Der Auftragnehmer ist auch nach der Abnahme verpflichtet zu beweisen, daß seine Leistungen mängelfrei sind."
Verstoß gegen § 11 Nr. 15 AGB-Gesetz
Stichwort: **Mängelfreiheit**

v) „Der Auftragnehmer ist verpflichtet, festgestellte Mängel innerhalb von acht Werktagen zu beseitigen, da andernfalls der Auftraggeber berechtigt ist, dies auf Kosten des Auftragnehmers zu tun."
Verstoß gegen § 13 Nr. 5 VOB/B und § 9 AGB-Gesetz
Stichwort: **Mängelbeseitigung**

w) „Der Auftraggeber ist berechtigt, die Mängel ohne weiteres durch Dritte beseitigen zu lassen."
Verstoß gegen § 13 Nr. 5 VOB/B und § 9 AGB-Gesetz
Stichwort: **Mängelbeseitigung**

x) „Die Schlußzahlung wird innerhalb einer Frist von drei Monaten nach Zugang der Schlußrechnung geleistet."
Verstoß gegen § 16 Nr. 3 VOB/B und § 9 AGB-Gesetz
Stichwort: **Schlußzahlung**

y) „Der Auftragnehmer stellt dem Auftraggeber nach Vertragsabschluß eine unbefristete Bürgschaft über zehn Prozent der Auftragssumme zur Verfügung. Außerdem behält der Auftraggeber zehn Prozent aller Rechnungsbeträge ein."
Verstoß gegen § 17 VOB/B und § 9 AGB-Gesetz
Stichwort: **Sicherheitsleistung**

z) „Folgende besondere Leistungen gehören zu den Vertragsleistungen und werden nicht gesondert vergütet: Herstellen und Schließen aller Aussparungen und Schlitze nach Plan und Angaben des Bauleiters."
Verstoß gegen § 9 AGB-Gesetz
Stichwort: **Nebenleistungsklausel**

Verteiler Jede Änderung eines Verteilers gegenüber der Ausschreibung bedeutet auch eine Änderung des Einheitspreises. Im einzelnen können das sein: zusätzliche Rohrstutzen, größere Verteilerlänge, Vergrößerung der Rohrdurchmesser sowohl für den Verteiler selbst als auch für die Rohrstutzen. Zur Anzahl der Verteilerrohrstutzen sind immer die Füll- und Entleerungsstutzen sowie die Manometer- und Thermometerstutzen hinzuzurechnen, denn auch das sind Verteilerstutzen. Das bedeutet z. B., daß ein Verteiler mit fünf Rohrabgängen, rechnet man diese Stutzen dazu, ein Verteiler mit acht Rohrstutzen ist. Waren nur fünf Rohrstutzen ausgeschrieben, können Sie hierfür einen Mehrpreis verlangen.

Weiterhin ist es aufgrund der vorliegenden Platzverhältnisse mitunter erforderlich, anstelle des einen geraden Verteilers eine Eckausführung zu installieren. Auch hier erbringen Sie eine geänderte Leistung, die entsprechend zu vergüten ist.

Ihre Forderung begründet sich generell bei einer Änderung des Verteilers auf § 2 Nr. 5 der VOB/B (siehe **Leistungsänderung**). Hiernach können Sie einen neuen Preis verlangen, sofern eine Änderung des Bauentwurfs oder eine andere Anordnung des Auftraggebers die Grundlage des Preises der im Vertrag vorgesehenen Leistung geändert hat. Auch unzureichende Platzverhältnisse gelten im Sinne dieser Bestimmung als Anordnung des Auftraggebers.

Vertragsabweichung Führen Sie eine Leistung aus, die nicht in Ihrem Auftrag enthalten ist und die Sie Ihrem Auftraggeber auch nicht angekündigt haben, so sind Sie eigenmächtig vom Vertrag abgewichen. Diese Leistung muß Ihr Auftraggeber Ihnen nicht bezahlen. Er kann sogar verlangen, daß Sie diese Leistung wieder entfernen. Und wenn Sie diesem Verlangen nicht entsprechen, darf er diese Leistung auf Ihre Kosten beseitigen lassen. Sind Ihm durch Ihr Abweichen vom Vertrag weitere Schäden entstanden, kann er Sie dafür haftbar machen (VOB/B § 2 Nr. 8 Abs. 1). Solch eine Vertragsabweichung kann sich danach für Sie als ein folgenschwerer Umstand erweisen.

Wie können Sie dem Vorwurf, eine Leistung ohne Auftrag ausgeführt zu haben, entgehen? Erst einmal ist es wichtig zu klären, um welche Art von Leistung es sich handelt. Massenmehrungen einer im Auftrag vorgesehenen Leistung sind hierunter nicht zu verstehen, da mit Änderungen der geplanten Mengen immer zu rechnen ist. Für diese Mengenabweichungen sind die Vergütungen bereits in § 2 Nr. 3 der VOB/B geregelt. Auch

Leistungen, die technisch notwendig waren, zählen nicht dazu. Diese Leistungen sind für die Erfüllung des Vertrages unbedingte Voraussetzung und deshalb nach § 2 Nr. 8 Abs. 2 auch zu vergüten. Das gleiche gilt für Leistungen, die dem mutmaßlichen Willen des Auftraggebers entsprechen, wobei hier die Nachweisführung doch recht schwer ist. Damit bleiben nur Leistungen übrig, die Sie aus eigenem Willen erbracht haben, die weder technisch noch zur Vertragserfüllung unbedingt notwendig waren.

Wichtig ist in diesem Zusammenhang, daß Sie sämtliche Leistungen, für die Sie keinen Auftrag haben, die Sie aber doch ausführen wollen (oder müssen), Ihrem Auftraggeber unverzüglich anzeigen. Hier wird verlangt, daß Sie, bevor Sie mit der Ausführung beginnen, Ihrem Auftraggeber ankündigen, daß Sie diese zusätzliche Leistung vergütet haben möchten (VOB/B § 2 Nr. 6 Abs. 1).

Unterstellt ein Auftraggeber, daß Sie eine Leistung ohne Auftrag ausgeführt haben und will er dafür Ihren Rechnungsbetrag nicht akzeptieren, bleiben Ihnen folgende Möglichkeiten:

Sie müssen glaubhaft versichern oder belegen, daß Sie die Ausführung dieser Leistung schriftlich oder mündlich angekündigt haben.

Sie müssen beweisen oder glaubhaft machen, daß die zusätzlich erbrachte Leistung technisch oder zur Vertragserfüllung notwendig war; sie kann z. B. eine Verringerung des Energie- oder Wasserverbrauchs bewirken.

Sie müssen auf eine erfolgte **Abnahme** hinweisen. Die vorliegende Abnahmebescheinigung sagt eindeutig aus, daß der Auftraggeber mit der ausgeführten Leistung einverstanden ist.

Sie müssen einwenden, daß der Bauherr, sein Bauleiter oder Architekt gesehen hat, welche Leistung Sie zusätzlich erbracht haben. Da kein Einspruch kam, kann von einem Einverständnis ausgegangen werden. Damit entsprach diese Leistung dem mutmaßlichen Willen des Auftraggebers.

Aber ob diese Argumente zu einem positiven Ergebnis führen, hängt in jedem Einzelfall von Ihrem Verhandlungsgeschick ab. Die Anerkenntnis Ihrer Leistung durch den Auftraggeber ist aber Voraussetzung des Vergütungsanspruches. Da die Leistung dem Auftraggeber immer unverzüglich anzuzeigen ist, sollten Sie grundsätzlich für nicht im Auftrag enthaltene Leistungen umgehend Nachtragsangebote einreichen. Das geht zwar nicht immer schon vor Ausführung der Leistung (diese Fälle lassen sich erklären), sollte aber auch nicht erst zum Zeitpunkt der Stellung der Schlußrechnung geschehen, sondern so schnell wie möglich.

Vertragsstrafe Verlangt Ihr Auftraggeber von Ihnen die Zahlung einer Vertragsstrafe, z. B. wegen Terminüberschreitung, oder behält er von der Schlußzahlung einen entsprechenden Betrag dafür ein, so rechtfertigt ein tatsächlich eingetretener Terminverzug allein noch lange nicht die Forderung einer Vertragsstrafe. Sie sollten zuerst einmal prüfen, ob folgende Tatbestände vorliegen:

- Ist Ihr Unternehmen an der Terminverzögerung allein schuld?
- War die Vertragsstrafe im Bauvertrag vereinbart?
- War der vereinbarte Fertigstellungstermin für den Bauherrn äußerst wichtig?
- Hat der Auftraggeber Sie gemahnt, Ihre Leistungen terminlich der vertraglichen Vereinbarung anzupassen?
- Hat der Auftraggeber bei der Abnahme Ihrer Leistung sich das Recht auf Einbehalt einer Vertragsstrafe ausdrücklich vorbehalten?
- Ist dem Auftraggeber durch die Terminverzögerung ein Schaden entstanden?

Ist eine dieser Fragen mit Nein zu beantworten, so ist es zumindest fraglich, ob die Forderung nach Vertragsstrafe zu Recht besteht. Die Einhaltung eines vereinbarten Fertigstellungstermins kann sich z. B. verzögert haben, weil erst später als vereinbart begonnen werden konnte – weil andere Unternehmer, von deren Leistung Ihre Arbeit abhängig ist, in Verzug waren – weil durch Mengenmehrungen und Nachtragsaufträge sich Ihr Leistungsumfang vergrößert hat – oder weil sonstige Umstände eingetreten sind, die Ihr Unternehmen nicht zu vertreten hat (Streik, Schlechtwetter). In allen diesen Fällen können Sie die Forderung nach Vertragsstrafe zurückweisen.

Verzögerte sich z. B. die Bauausführung durch Umstände, die nicht von Ihnen beeinflußt werden konnten, so erheblich, daß sich Ihr Montagezeitplan total geändert hat und Sie sich auf einen völlig anderen Montagezeitraum neu einrichten mußten, so ist sogar Ihre vertraglich gegebene Zusage auf Zahlung einer Vertragsstrafe hinfällig geworden. Das gilt auch dann, wenn der Vertrag kein festes Datum als Fertigstellungstermin nennt, sondern einen Montagezeitraum (z. B. in Arbeitstagen).

Die Vertragsstrafe muß im Bauvertrag besonders vereinbart worden sein, um wirksam zu werden. Das bloße Vereinbaren der VOB reicht nicht aus, um von Ihnen eine Vertragsstrafe zu fordern!

Wird die Zahlung einer Vertragsstrafe verlangt, nur weil ein vertraglich fixierter Termin oder eine vereinbarte Baufrist nicht eingehalten wurde, ohne daß dem Bauherrn bzw. Auftraggeber dadurch ein Nachteil entstanden ist, können Sie versuchen, auch gegen dieses Verlangen vorzugehen. Die Vertragsstrafe hat nämlich lediglich den Zweck, Sie davon abzuhalten, Vertragsverletzungen zu begehen und für den Fall, daß das doch geschehen ist, dem Auftraggeber den Nachweis eines Schadens zu ersparen. Liegt Ihnen jedoch der Beweis vor, oder ist es anderweitig eindeutig, daß dem Auftraggeber gar kein Schaden entstanden ist, so ist meistens auch die Grundlage für die Zahlung einer Vertragsstrafe entfallen.

Haben Sie mit Ihrem Auftraggeber eine bestimmte Frist vereinbart, innerhalb derer Sie die beauftragten Arbeiten ausführen sollten, so kann der Ablauf der Frist nicht einfach als Fälligkeit für die Vertragsstrafe (bei Vorliegen aller sonstigen Voraussetzungen) herangezogen werden. Hier muß Sie der Auftraggeber erst noch einmal mahnen und Ihnen eine angemessene Nachfrist zum Erreichen des Vertragszieles einräumen. Sind Sie nach Verstreichen dieser Nachfrist noch immer in Verzug, kann der Auftraggeber unverzüglich die Zahlung der vereinbarten Vertragsstrafe fordern. Anders sieht es jedoch aus, wenn vertraglich als Fertigstellungstermin ein festes Datum vereinbart worden ist. Hier sind Mahnung und Nachfrist entbehrlich, der Auftraggeber kann sofort die Zahlung der Vertragsstrafe verlangen.

Die Anwendung der Vertragsstrafe muß bei der Abnahme vorbehalten werden (VOB/B § 11 Nr. 4). Wird der Vorbehalt erst nach der Abnahme ausgesprochen, ist er in jedem Fall unwirksam. Teilt Ihnen der Auftraggeber jedoch bereits vor der Abnahme mit, daß er sich vorbehält, die vereinbarte Vertragsstrafe auch zu verlangen, so ist nicht sicher, ob er damit tatsächlich seinen Anspruch aufrechterhalten hat. Die Meinungen der Kommentatoren gehen hierüber auseinander. Weiterhin ist ein Vorbehalt dann nicht wirksam, wenn er während der Abnahme nicht ausgesprochen wird, aber in dem Abnahmeprotokoll, das der Bauherr oder sein Fachingenieur einige Tage später schreiben läßt, plötzlich enthalten ist. Ein Vorbehalt, die Vertragsstrafe noch zu verlangen, der mündlich während der Abnahme ausgesprochen, aber dann nicht ins Protokoll übernommen wurde, ist ebenfalls unwirksam.

Manche Bauherren versuchen, mit einer Klausel in ihren Allgemeinen Geschäftsbedingungen diese Vorbehalts-Bestimmung nach VOB/B § 11 Nr. 4 zu umgehen. Diese Klausel könnte z. B. wie folgt lauten:

Der Auftraggeber kann die Vertragsstrafe auch dann verlangen, wenn er sich diese bei der Abnahme nicht ausdrücklich vorbehalten hat oder im Falle der fiktiven Abnahme innerhalb der genannten Frist ein entsprechender Vorbehalt nicht erklärt wurde.

Diese Klausel steht im Gegensatz zu den Bestimmungen der VOB und zur gesetzlichen Regelung des BGB. Sie ist im Sinne des AGB-Gesetzes als überraschende Klausel (§ 3) und als unangemessene Benachteiligung des Vertragspartners des Verwenders der Allgemeinen Geschäftsbedingungen (§ 9) zu sehen und daher unwirksam.

Wird während der Bauausführung die Planung so grundlegend geändert, daß sich Massenüberschreitungen, Umgestaltungen des Leistungsumfanges und zusätzliche Leistungen ergeben, die Auswirkungen auf die ursprüngliche Bauzeit haben, so ist an einer vereinbarten Vertragsstrafe wegen Fristüberschreitung nicht mehr festzuhalten. Das gleiche gilt auch, wenn sich der Ausführungsbeginn erheblich verzögert hat. Verringert sich dadurch die Frist bis zum Fertigstellungstermin, so ist eine darauf bezogene Vertragsstrafenvereinbarung ungültig. Das gilt auch, wenn anstelle des Fertigstellungstermins eine Ausführungsfrist vereinbart war. Durch die Verschiebung müssen Sie Ihre Terminplanung völlig neu aufstellen, neue Ausführungsfristen ermitteln (die können jetzt viel länger sein als vorher) und danach eine neue Vertragsstrafenregelung treffen.

Zur Höhe der Vertragsstrafe ist zu sagen, daß eine vertragliche Vereinbarung von 0,1 % bis 0,2 % der Auftrags- oder Abrechnungssumme je Wochentag der Terminüberschreitung gerichtlich als angemessen beurteilt wurde. Das entspricht also höchstens 0,3 % je Arbeitstag. Verlangt Ihr Auftraggeber eine höhere Vertragsstrafe, sollten Sie versuchen, diesen Wert bereits bei Vertragsabschluß zu ändern. Verlangt der Auftraggeber auch für Zwischenfristen Vertragsstrafe, dann ist sogar der genannte Prozentsatz von 0,1 % zu hoch, da die einzelnen Vertragsstrafen sich zu einem erheblichen Betrag summieren können (nicht rechtskräftiges Urteil des Oberlandesgerichts Bremen vom 7.10.1986).

Eine Vertragsstrafenvereinbarung, selbst in der zulässigen Höhe, ist unwirksam, wenn sie in Allgemeinen Geschäftsbedingungen enthalten und in ihrer Gesamthöhe nicht begrenzt ist. Neben der Begrenzung der Gesamthöhe sind auch andere Beschränkungen der Gesamtauswirkungen zulässig. Wo muß die Grenze der Gesamthöhe ungefähr gezogen werden? In einem Urteil von 25.9 1986 hat der Bundesgerichtshof (BGH) eine formularmäßige Vereinbarung von 0,1 % je Tag, jedoch höchstens 10 % der Angebotssumme, nicht beanstandet.

Vertragsstrafen, die nicht wegen Terminüberschreitung, sondern wegen möglicher Preisabsprachen vertraglich vorgesehen sind, unterliegen meistens den Bestimmungen des AGB-Gesetzes und sind vor allem dann unwirksam, wenn die Vertragsstrafe nicht nur dem Schadenausgleich des Auftraggebers dient und nicht entsprechend begrenzt ist (siehe auch **Preisabsprache**).

Vertragswidersprüche Den meisten Vertragsverhältnissen liegen neben der Leistungsbeschreibung noch weitere Vertragsbedingungen und technische Vorschriften zugrunde, die häufig sich widersprechende Vertragsbestimmungen enthalten. Regeln diese Vertragswerke die Geltungsreihenfolge der Vertragsbedingungen nicht selbst, so kann es für Sie von Nutzen sein, bei Bedarf auf eine festgelegte Rangfolge für die Vertragsteile zurückgreifen zu können. Die VOB/B gibt unter § 1 Nr. 2 eine solche Rangfolge bekannt. Danach gelten bei Widersprüchen im Vertrag (und nur dann benötigen Sie eine Rangfolge) nacheinander:

a) die Leistungsbeschreibung
b) die Besonderen Vertragsbedingungen
c) etwaige Zusätzliche Vertragsbedingungen
d) etwaige Zusätzliche Technische Vertragsbedingungen
e) die Allgemeinen Technischen Vertragsbedingungen für Bauleistungen (VOB Teil C)
f) die Allgemeinen Vertragsbedingungen für die Ausführung von Bauleistungen (VOB Teil B)

Wichtig für Sie kann hierbei die Tatsache werden, daß ausschließlich die reine Leistungsbeschreibung an erster Stelle steht. Der Text, mit dem die Leistung beschrieben ist, ist wichtiger als sonstige Technische Vertragsbedingungen, ja sogar wichtiger als die Bestimmungen der VOB Teil B und C. Folgendes Beispiel kann den Vorteil einer solchen Rangfolge bei widersprüchlichen Vertragsbestimmungen erläutern:

1. Das Leistungsverzeichnis enthält eine Position mit 50 Stück Rohrschellen mit Gummieinlage (DN 50 bis DN 100), für die Sie einen Einheitspreis und einen Gesamtpreis eingetragen haben.

2. Die Zusätzlichen Technischen Vertragsbedingungen enthalten folgende Bestimmung: Rohrbefestigungen und Rohraufhängungen sind mittels Rohrschellen mit Gummieinlage vorzunehmen. Die Kosten hierfür sind in die Einheitspreise der Rohrleitungen einzurechnen.

In diesem Fall kann der Auftraggeber nicht behaupten, daß die Rohrschellen in die Einheitspreise einzurechnen waren und er keine Stückpreise zusätzlich zu zahlen hat. Die obengenannte VOB-Bestimmung legt fest, daß der Text in der Leistungsbeschreibung absoluten Vorrang vor den Zusätzlichen Technischen Vertragsbedingungen hat. Deshalb könnten Sie in diesem Fall jede Rohrschelle dieser Abmessungen Ihrem Auftraggeber in Rechnung stellen, selbst wenn es mehr als die angebotenen 50 Stück werden. Dann wäre nach VOB/B § 2 Nr. 3 zu verfahren (siehe auch **Mengenänderung**).

**Verwirkung** Häufig versuchen Auftraggeber, noch mehrere Jahre, nachdem sie die Schlußzahlung geleistet haben, Rückzahlungsansprüche geltend zu machen. Das passiert sehr oft bei öffentlichen Auftraggebern. Diese müssen ihre Bauausgaben von verschiedenen Kontrollorganen (z. B. Rechnungsprüfungsämter, Bundesrechnungshof) auch noch Jahre nach Abschluß der Baumaßnahme prüfen lassen. Werden von den Prüfungsbehörden dann Überzahlungen festgestellt, so fordert der Auftraggeber diese Beträge zurück. Erhalten Sie auch einmal eine dieser Rückforderungen, so sollten Sie nicht versuchen, sich auf eine Verjährung zu berufen. Rückforderungsansprüche aus Überzahlungen (gemäß § 812 Bürgerliches Gesetzbuch, ungerechtfertigte Bereicherung, und § 195, Verjährungsfrist) verjähren erst nach 30 Jahren. Vielmehr sollten Sie den Einwand der Verwirkung geltend machen. Die Verwirkung setzt voraus, daß seit der Schlußzahlung bereits eine längere Zeit verstrichen ist und Sie sich als Zahlungsempfänger wegen ausgebliebener anderer Hinweise des Auftraggebers darauf einrichten durften und auch eingerichtet haben, daß dieser keine Ansprüche mehr gegen Sie geltend macht. Deswegen ist jedes späte Geltendmachen von Rückzahlungsansprüchen ein Verstoß gegen Treu und Glauben.

Da jedoch der bloße Zeitablauf für diese Annahme der Verwirkung nicht genügt, weil noch besondere Umstände vorliegen müssen, die die verspätete Geltendmachung des Rückzahlungsanspruches als unzumutbar erscheinen lassen, kommt es sehr auf die Umstände jedes einzelnen Falles, bei dem Verwirkung geltend gemacht wird, an. Dies können z. B.

die Größe Ihres Auftrages im Verhältnis zur geringen Rückforderungs-
summe sein oder die Erfahrungen, die Sie als Auftragnehmer bereits
früher mit diesem Auftraggeber gemacht haben.

Wie mehrere rechtskräftige Urteile belegen, können Sie ab einem Zeitraum von 6 bis 7 Jahren nach dem Datum der Schlußzahlung die Rückzahlungsforderungen Ihres Auftraggebers mit Erfolg abweisen, indem
Sie geltend machen, daß der Anspruch verwirkt ist. Beträgt die Zeitspanne jedoch nur 5 Jahre oder weniger, so können Sie der Rückforderung nur eigene Forderungen entgegensetzen, die dann aufgerechnet
werden müssen (siehe auch **Aufrechnung**).

Verzinkungszuschlag Zur Ausführung der Aufträge werden fast
immer verzinkte Profileisen benötigt. Meistens sind es Halterungen,
Rohrleitungsbefestigungen, Gleitlager, Rohrstützen, Abdeckbleche,
Wand- und Deckenhülsen sowie Profilstahlkonstruktionen, die wegen
des besseren Korrosionsschutzes in verzinkter Ausführung geliefert werden. Wenn auch Sie solche verzinkten Teile geliefert haben, sollten Sie
anhand der Leistungsbeschreibung feststellen, ob dieser Oberflächenschutz überhaupt verlangt war. Falls eine verzinkte Ausführung nicht
ausdrücklich im Auftrag erwähnt wird, können Sie mit Ihrer Schlußrechnung einen Verzinkungszuschlag verlangen. Da es sich hierbei um eine
Leistungsänderung gegenüber dem Auftrag handelt, ist § 2 Nr. 5 der
VOB/B die Grundlage Ihrer Forderung. Für das gelieferte Profileisen in
verzinkter Ausführung anstelle des im Auftrag enthaltenen grundierten
Materials können Sie einen Mehrpreis verlangen. Voraussetzung ist jedoch immer, daß entweder Ihr Auftraggeber der Verwendung von verzinktem Material zugestimmt hat oder daß für diese Ausführung eine
technische Notwendigkeit bestand. In Bereichen mit häufiger und erheblicher Feuchtigkeit ist der Einsatz von verzinktem Profileisen technisch
immer zu vertreten.

Die Vereinbarung neuer Preise für die geänderte Leistung soll zwar vor
der Ausführung getroffen werden, aber da es sich hier nicht um ein
unumstößliches „Muß" handelt, können Sie auch noch zum Zeitpunkt der
Stellung der Schlußrechnung Ihre Mehrforderung für die Verzinkung geltend machen. Nicht vergessen sollten Sie in diesem Zusammenhang, daß
bei der Gewichtsermittlung, z. B. der Profilstahlkonstruktion oder anderer
verzinkter Bauteile, für die Verzinkung ein Zuschlag von 5 % des errech-
neten Eisengewichtes angesetzt werden kann. Das gilt auch, wenn die

Leistungsbeschreibung vorsieht, das Gewicht der Profileisenteile nach den „DIN- oder Norm-Gewichten" zu ermitteln. Sie können sich dazu auf die VOB/C berufen. Sowohl DIN 18 381 (Gas-, Wasser- und Abwasser-Installationsarbeiten innerhalb von Gebäuden) Punkt 5.3.3 als auch DIN 18 360 (Metallbauarbeiten, Schlosserarbeiten) Punkt 5.1.3.5 enthalten diese Abrechnungsbestimmung. Weitere Einzelheiten zur Ermittlung der Eisengewichte sind unter dem Stichwort **Profileisen** aufgeführt.

VOB Die Verdingungsordnung für Bauleistungen, kurz VOB genannt, wird weder durch Gesetz noch durch Rechtsverordnung Bestandteil eines Vertrages. Sie muß stets vertraglich vereinbart werden, wenn sie Gültigkeit haben soll. Die VOB gliedert sich in drei Hauptbereiche: Teil A enthält die Allgemeinen Bestimmungen für die Vergabe von Bauleistungen, Teil B die Allgemeinen Vertragsbedingungen für die Ausführung von Bauleistungen und Teil C die Allgemeinen Technischen Vertragsbedingungen für Bauleistungen.

Teil A (Allgemeine Bestimmungen für die Vergabe von Bauleistungen) regelt das gesamte Anfrageverfahren über die Angebotseinholung bis hin zur Angebotsprüfung, -wertung und Zuschlagserteilung. Dieser Teil ist eigentlich nur für die öffentlichen Auftraggeber gedacht gewesen, die auch durch entsprechende Verordnungen verpflichtet sind, sich bei der Vergabe öffentlicher Bauleistungen an diese Bestimmungen zu halten. Inzwischen beachten aber auch private Bauherren immer mehr diese Richtlinie, vor allen Dingen die Bereiche Leistungsbeschreibung, Vertragsbedingungen, Ausführungsfristen, Vertragsstrafen, Gewährleistung und Sicherheitsleistung. In jedem Fall aber wird der Teil A der VOB nie Vertragsbestandteil, unabhängig davon, ob Ihr Auftraggeber ein privater oder ein öffentlicher Bauherr ist. Das regelt der § 10 der VOB/A, wonach in den Verdingungsunterlagen vorzuschreiben ist, daß die Allgemeinen Vertragsbedingungen für die Ausführung von Bauleistungen (VOB/B) und die Allgemeinen Technischen Vertragsbedingungen für Bauleistungen (VOB/C) Bestandteile des Vertrages werden. VOB/A wird also nicht erwähnt (auch in Teil B der VOB wird der Teil A nicht als Vertragsteil aufgeführt). Das soll Sie aber nicht hindern, im Bedarfsfall die Vorschriften der VOB/A in Ihre Argumentation miteinzubeziehen, denn immerhin muß sich der öffentliche Auftraggeber danach richten. Aber auch der private Bauherr tut gut daran, den Teil A der VOB zu berücksichtigen, wenn er bei einem Rechtsstreit für ihn nachteilige Auswirkungen vermeiden will.

Teil B (Allgemeine Vertragsbedingungen für die Ausführung von Bauleistungen) regelt die Rechte und Pflichten der Vertragsparteien bis zum Ablauf der Gewährleistungsfrist. Er muß Vertragsbestandteil bei jeder Bauleistung sein, die ein öffentlicher Bauherr vergibt. Auch bei den meisten Bauverträgen der privaten Bauherren wird Teil B Vertragsbestandteil. Die Aufnahme des Teils B in den Vertrag ist sowohl für den Auftraggeber als auch für Sie als Auftragnehmer von großem Vorteil, denn kein anderes Vertragswerk ist so gut auf die Bedürfnisse bei der Erbringung von Bauleistungen abgestimmt wie die VOB. Wird die Verdingungsordnung nicht vereinbart, greifen die Vorschriften des BGB (Bürgerliches Gesetzbuch), die für die Erfordernisse der Bauabwicklung völlig unzureichend sind und damit bei auftretenden Differenzen gerichtliche Klärungen erforderlich machen.

Der Teil B der VOB regelt u. a. Art und Umfang der Leistung, die Vergütung, die Voraussetzung für die Ausführung der Leistung, die Ausführungsbedingungen und -fristen, Behinderung und Unterbrechung, Vertragskündigung, Haftungsfragen, Vertragsstrafen, Abnahme, Gewährleistung, Abrechnung der Bauleistung und Stundenlohnarbeiten, Zahlung, Sicherheitsleistung und Streitigkeiten.

Teil C (Allgemeine Technische Vertragsbedingungen für Bauleistungen) beinhaltet für viele Sachgebiete die DIN-Normen. Teil C der VOB ist automatisch dann Vertragsbestandteil, wenn die VOB/B als Teil des Vertrages vereinbart wurde (siehe auch VOB/B § 1 Nr. 1). Aber selbst wenn die VOB keine Erwähnung in den Auftragsunterlagen fand, ist es unbedingt erforderlich, daß Sie bei der Ausführung der Leistung diese Technischen Vertragsbedingungen beachten. Sie sind DIN-Normen und ihre Vorschriften geben den Stand der Technik wieder. Auch Gerichte, die über den technischen Standard einer erbrachten Leistung urteilen müssen, bzw. die beauftragten Gutachter, orientieren sich an diesen Allgemeinen Technischen Vertragsbedingungen für Bauleistungen.

Für Sie sind sowohl für die Ausführung als auch für die Abrechnung Ihrer Leistung folgende DIN-Normen, die im Teil C enthalten sind, interessant:

DIN 18 299 Allgemeine Regelungen für Bauarbeiten jeder Art
DIN 18 300 Erdarbeiten
DIN 18 303 Verbauarbeiten
DIN 18 307 Gas- und Wasserleitungsarbeiten im Erdreich
DIN 18 360 Metallbauarbeiten, Schlosserarbeiten
DIN 18 363 Maler- und Lackiererarbeiten
DIN 18 380 Heizanlagen und zentrale Wassererwärmungsanlagen

DIN 18 381 Gas-, Wasser- und Abwasser-Installationsarbeiten innerhalb von Gebäuden
DIN 18 382 Elektrische Kabel- und Leitungsanlagen in Gebäuden
DIN 18 421 Dämmarbeiten an technischen Anlagen

Wenn die VOB oder auch nur Teil B alleine vertraglich vereinbart wurde, sind sämtliche Allgemeinen Technischen Vertragsbedingungen auch Vertragsbestandteil. Bei einem Auftrag über Sanitärinstallationen ist also nicht nur die DIN 18 381 Teil des Vertrages, sondern sämtliche im Teil C enthaltenen DIN-Normen, auch die obengenannten. Enthält z. B. Ihr Auftrag das Herstellen von Rohrleitungsgräben, so sind für Sie auch die DIN 18 300, Erdarbeiten, DIN 18 303, Verbauarbeiten und DIN 18 307, Gas- und Wasserleitungsarbeiten im Erdreich, soweit sie auf Ihre Leistung zutreffen, verbindlich. Das gleiche gilt für DIN 18 363, Maler- und Lackiererarbeiten, beim Grundieren und Streichen von Rohrleitungen; DIN 18 382, Elektrische Kabel- und Leitungsanlagen in Gebäuden, beim Verkabeln der Pumpen, Meßwertgeber und Schaltschränke und DIN 18 421 für sämtliche Dämmarbeiten an der Sanitäranlage. Neben den Ausführungsvorschriften, die Sie zu beachten haben, sind auch die Abrechnungsmöglichkeiten, die diese DIN-Vorschriften enthalten, sehr wichtig (Hinweise siehe jeweilige Stichworte).

Die VOB ist ein besonderes in sich abgeschlossenes Regelwerk. Wird z.B die VOB/B vereinbart, ohne daß einzelne Bestimmungen durch Vorschriften in den Zusätzlichen Vertragsbedingungen oder in den Besonderen Vertragsbedingungen geändert oder gar außer Kraft gesetzt werden, unterliegen die einzelnen Bestimmungen nicht der Kontrolle durch das **AGB-Gesetz**. In diesem Fall wurde die VOB/B „als Ganzes" vereinbart und die Rechtsprechung geht dann davon aus, daß sie in sich ausgewogen ist und weder den Auftraggeber noch den Auftragnehmer benachteiligt. Wird jedoch vom Auftraggeber mit Zusätzlichen oder Besonderen Vertragsbedingungen (die dem AGB-Gesetz unterliegen) auch nur eine wesentliche VOB-Bestimmung außer Kraft gesetz oder erheblich geändert, so muß sich der Auftragnehmer an VOB-Bestimmungen, die für ihn nachteilig sind und die im einzelnen einer Kontrolle durch das AGB-Gesetz nicht standhalten, auch nicht mehr halten.

Der Bundesgerichtshof hat z. B. 1990 folgende in Zusätzlichen Vertragsbedingungen enthaltene Regelungen als so schwerwiegenden Eingriff in die Rechte des Auftragnehmers eingestuft, daß dadurch die VOB/B in ihrem Kernbereich betroffen und nicht mehr als Ganzes vereinbart ist:

„Die für Bedarfspositionen vereinbarten Preise gelten auch bei einer Über- bzw. Unterschreitung des Mengenansatzes bis zu 100 %."

„Beansprucht der Auftragnehmer wegen einer über 10 v. H. hinausgehenden Überschreitung des Mengenansatzes einen höheren Preis, so muß er dies dem Auftraggeber unverzüglich schriftlich ankündigen."

„Beansprucht der Auftragnehmer wegen Änderung des Bauentwurfs oder anderer Anordnungen des Auftraggebers eine erhöhte Vergütung, so muß er dies dem Auftraggeber vor der Ausführung schriftlich ankündigen."

Finden Sie solche oder ähnliche Bestimmungen in Vertragsbedingungen, die dem AGB-Gesetz unterliegen, so sind für Sie Bestimmungen der VOB/B, die im Sinne des § 9 des AGB-Gesetzes Sie entgegen den Geboten von Treu und Glauben unangemessen benachteiligen, z. B. § 16 Nr. 3 Abs. 2, auch nicht mehr gültig.

VOB-Stellen Verstößt Ihrer Meinung nach ein öffentlicher Auftraggeber gegen die Vergabevorschriften der VOB/A, so können Sie sich bei der für Sie zuständigen VOB-Stelle beschweren. Diese wird den Sachverhalt prüfen. Sie fordert dazu vom Auftraggeber die notwendigen Unterlagen und Akten an und stellt dann nach Rücksprache mit den Beteiligten fest, ob ein VOB-Verstoß vorliegt. War Ihre Beschwerde berechtigt, so versucht die VOB-Stelle, diesen öffentlichen Auftraggeber zur Rücknahme seiner VOB-widrigen Entscheidung zu bewegen. Gelingt ihr das nicht oder war eine Rücknahme aus zeitlichen Gründen nicht mehr möglich, informiert sie einerseits die Aufsichtsbehörde, und außerdem wird überprüft, ob die gewährten Zuwendungen für die Baumaßnahme (z. B Gelder des Landes oder des Bundes) wieder zu entziehen sind.

Beharrt der öffentliche Auftraggeber aber auf seiner gegen die Bestimmungen der VOB/A verstoßende Vergabe, so können Sie nicht, auch nicht mit Hilfe von Rechtsmitteln, eine Auftragsvergabe an Sie selbst erzwingen. In diesem Fall bleibt Ihnen nur ein Ersatzanspruch für den Schaden, der Ihnen durch die Angebotsabgabe entstanden ist. Sie können z. B. geltend machen: Kosten für die Ausschreibungsunterlagen, und zwar für deren Anforderung, Abholung und Einreichung; Kosten für die Angebotskalkulation, das Ausfüllen des Leistungsverzeichnisses und eventuelle Baustellenbesichtigungen oder Planeinsichtnahmen beim Bauherrn oder dessen beauftragten Fachingenieur; Kosten der Schreibarbeiten; Kosten der Anwesenheit beim Eröffnungstermin und Kosten, die Ihnen durch Rückfragen und Schreiben an die VOB-Stelle entstanden sind. Wenn es Ihnen gelingt nachzuweisen, daß bei einer VOB-gerechten Vergabepraxis der Auftraggeber Ihnen den Auftrag hätte erteilen müssen, können Sie darüber hinaus auch den entgangenen Gewinn geltend machen.

Die VOB-Stellen sind aufgrund jahrelanger Bemühungen der Bauwirtschaft von den Landesregierungen eingerichtet worden. Ihr Wirken ist offiziell begrenzt auf die Bestimmungen der VOB/A und endet praktisch mit dem Vertragsabschluß. Da sich aber in den Jahren seit Schaffung der VOB-Stellen gezeigt hat, daß die Vertragsparteien auch bei Streitigkeiten über Bestimmungen der VOB/B die VOB-Stellen konsultieren, werden fast immer auch für diesen Bereich der VOB Auskünfte erteilt. Eine Liste mit den Adressen der VOB-Stellen erhalten Sie von Ihrem Fachverband oder von der Handwerkskammer bzw. von der Landesregierung (siehe auch **Aufhebung der Ausschreibung**).

VOL Das ist die Abkürzung für „Verdingungsordnung für Leistungen – ausgenommen Bauleistungen". Nach den Haushaltsgrundsätzen von Bund, Ländern und Gemeinden haben sich diese beim Abschluß von Verträgen über Lieferungen an die VOL zu halten. Sie als Sanitärfirma werden seltener mit dieser Vorschrift zu tun haben, da fast alle Leistungen, die Sie erbringen, dem Geltungsbereich der VOB (Verdingungsordnung für Bauleistungen) zuzurechnen sind.

Nach Richtlinien, die der Bundesfinanzminister herausgegeben hat, können folgende Leistungen der VOL unterliegen: Pumpen für Pumpwerke, Elektromotoren und andere elektrische Maschinen, Schalt- Steuer- und Regeleinrichtungen. Also selbst das Liefern von Umwälzpumpen oder anderen Ersatzteilen der sanitären Installationen regelt nicht die VOL, sondern die VOB. Legt Ihnen Ihr Auftraggeber trotzdem einen VOL-Vertrag vor, sollten Sie die Bestimmungen der Verdingungsordnung für Leistungen (VOL) auf etwaige kostenerhöhende Abweichungen von der VOB hin untersuchen. Besonders bei Lieferungen an Bundesbahn, Bundespost, Bundeswehr, Bundesinnenministerium und Finanzbauverwaltungen der Länder ist auf zusätzliche Bestimmungen zu achten, die mit der VOL Vertragsbestandteil werden.

Vollständigkeit der Leistung Unter dem Stichwort **Verstöße gegen VOB und AGB-Gesetz** wird unter „a" ein Vertragstext beispielhaft aufgeführt, in dem vom Auftragnehmer verlangt wird, daß er weitere Leistungen, deren Notwendigkeit sich aus der Durchführung der beauftragten Leistung ergibt, in seine Preise einzukalkulieren hat. Das soll er auch dann tun, wenn diese zusätzlichen Leistungen in der Leistungsbeschreibung nicht aufgeführt werden. Mit dieser sogenannten „Vollständigkeitsklausel" verlangt der Auftraggeber praktisch Unmögliches. Diese Klausel stellt einen Verstoß gegen VOB/A § 9 Nr. 1 dar, wonach die Leistung eindeutig und so erschöpfend zu beschreiben ist, daß alle Bewerber die Beschreibung im gleichen Sinne verstehen müssen und ihre Preise sicher und ohne umfangreiche Vorarbeiten berechnen können.

Mit der Vollständigkeitsklausel will sich der Auftraggeber oder der Fachingenieur absichern. Der Anbieter soll damit die Gewähr der Vollständigkeit übernehmen, obwohl er zum Angebotszeitpunkt gar nicht wissen kann, ob die ausgeschriebene Leistung lückenlos ist. Diese Klausel verlagert Pflichten und Risiken vom Auftraggeber und Ingenieur auf den Bieter und Auftragnehmer, und zwar auf eine sehr rigorose Art und Weise. Sie können beruhigt mit Ihrer Unterschrift derartige Klauseln in vorformulierten Vertragsbedingungen anerkennen. Im Anwendungsfall ist diese Klausel unwirksam.

Diese Klausel verstößt sowohl gegen die VOB/A als auch gegen § 5 und § 9 des AGB-Gesetzes. In § 5 AGB-Gesetz ist ganz klar geregelt, daß Zweifel bei der Auslegung Allgemeiner Geschäftsbedingungen zu Lasten des Auftraggebers, der die Bedingungen aufgestellt hat, gehen. Und Zweifel sind bei dieser Klausel schon angebracht. Was müssen den Sie als Anbieter alles einkalkulieren? Was ist denn alles erforderlich für die Ausführung der ausgeschriebenen Gesamtleistung? Das kann ja bis hin zu Planungsleistungen oder baulichen Leistungen gehen. Nach § 9 des AGB-Gesetzes ist diese Vollständigkeitsklausel auch deswegen unwirksam, weil sie den Anbieter und Auftragnehmer, entgegen den Geboten von Treu und Glauben, unangemessen benachteiligt. Diese Benachteiligung liegt u. a. darin begründet, daß der Bieter bei Angebotsabgabe schon aus zeitlichen Gründen meist nicht in der Lage ist, genau zu prüfen, welche Leistungen, die zu der geforderten Leistung unbedingt dazugehören, in der Leistungsbeschreibung nicht enthalten sind. Weiterhin kann ein Teil dieser zusätzlich zu einer ausgeschriebenen Leistung erforderlichen und daher einzukalkulierenden Leistung erst bei der Ausführung festgestellt werden. In jedem Fall werden Sie häufig erst im nachhinein merken, ob die Ausschreibung alle Angaben enthielt, die Sie zur richtigen

Kalkulation Ihrer Preise benötigen. Zusammenfassend kann also gesagt werden: Sie können die Klausel ohne Sorge unbeachtet lassen, und Sie können Ihre Preise so kalkulieren, daß sie genau die im einzelnen beschriebene Leistung kostenmäßig abdecken. Ergeben sich bei der Auftragsausführung zusätzliche Arbeiten, so können Sie entsprechende Nachtragsangebote einreichen und diese **Zusätzlichen Leistungen** in Rechnung stellen.

Vorauszahlungen Die wenigsten Auftragnehmer nutzen die Möglichkeit der Vorauszahlung, die Ihnen die VOB/B in § 16 Nr. 2 einräumt. Danach können Vorauszahlungen auch nach Vertragsabschluß vereinbart werden. Das bedeutet doch aber für den Auftragnehmer, daß er nur noch überzeugende Gründe und Argumente vorbringen muß, um in den meisten Fällen zu einer günstigen Vorauszahlung zu kommen. Hierfür sind folgende Umstände denkbar: Bevorstehende Preiserhöhungen des Materials können nur noch durch eine pauschale Vorauszahlung aufgefangen werden, oder Bauzeitverzögerungen bringen diverse Kostensteigerungen mit sich, die durch eine Vorauszahlung ausgeglichen werden könnten. Stimmt Ihr Auftraggeber einer Vorauszahlung zu, ist selbstverständlich Sicherheit, z. B. durch eine Bankbürgschaft, zu leisten.

Vorauszahlungen – und das ist der wichtigste Punkt – sind, wenn nichts anderes vereinbart wird, zu verzinsen. Was nützt Ihnen eine Vorauszahlung, wenn Sie dafür Zinsen in Höhe von 1 % über dem Lombardsatz der Deutschen Bundesbank zahlen müssen? Hier ist es also unbedingt nötig, eine Vereinbarung mit dem Auftraggeber zu treffen, damit diese Vorauszahlung entweder nur mit einem sehr geringen Zinssatz belastet wird oder überhaupt nicht zu verzinsen ist. Es muß unbedingt eine schriftliche Abmachung zustande kommen, damit später kein Rechnungsprüfer unter Berufung auf den VOB-Text eine Nachzahlung der Zinsen von Ihnen verlangen kann.

Diese Vorauszahlungen, so verlangt es die VOB, sind auf die nächstfälligen Zahlungen anzurechnen. Das gilt aber nur, wenn die Vorauszahlungen für Leistungen gewährt wurden, die diese Zahlung auch betreffen. Als Beispiel sei hier angeführt, daß eine Vorauszahlung dazu diente, einer drohenden Materialpreissteigerung bei den Einrichtungsgegenständen entgegenzuwirken, indem eine Vorausbestellung beim Lieferanten vorgenommen wurde. Wenn die ersten Abschlagsrechnungen aber Leistungen in der Zentrale und an den Rohrleitungen im Gebäude betreffen, ist in diesem Fall eine Anrechnung nicht zulässig (siehe auch **Abschlagszahlung**).

Wärmedämmung   Nach den Abrechnungsvorschriften der VOB/C, DIN 18 421, Dämmarbeiten an technischen Anlagen, kann noch zu den Wärmedämmungen an Rohren (nach Längenmaß) eine ganze Reihe besonderer Leistungen abgerechnet werden, z. B. für das Herstellen von Bögen, Paßstücken, Konussen, Abkantungen, Endstellen, Stutzen, Ausschnitten, Blenden, Einsätzen, Trennungen, Manteleinschnürungen, Kreisringen usw, wie im einzelnen unter Punkt 4.2.5 bis 4.2.20 beschrieben wird. Aber die meisten Ausschreibungen ignorieren diese Möglichkeit rigoros – es wird lediglich die Wärmedämmung nach Längenmaß aufgeführt. Wie die niedersächsische VOB-Auslegungs- und Beratungsstelle in einem diesbezüglichen Fall festgestellt hat, ist diese Ausschreibungspraxis nicht VOB-gerecht. Die VOB schreibt im Teil A vor, daß die einschlägigen Normen bei der Beschreibung der Leistung zu beachten sind. Und in der VOB/B in § 14 Nr. 2 heißt es wörtlich: „Die Abrechnungsbestimmungen in den Technischen Vertragsbedingungen und den anderen Vertragsunterlagen sind zu beachten." Das bedeutet, daß auch die Abrechnungsmöglichkeiten der DIN-Vorschriften genutzt werden können. Allerdings wird nicht ausgeschlossen, daß auch eine andere als in der DIN vorgesehene Abrechnungsart vertraglich vereinbart werden kann, aber dann muß diese Abrechnungsregelung auch der VOB/A § 9 Nr. 1 und 2 entsprechen. Dort heißt es unter anderem: „Die Leistung ist eindeutig und so erschöpfend zu beschreiben, daß alle Bewerber die Beschreibung im gleichen Sinne verstehen müssen und ihre Preise sicher und ohne umfangreiche Vorarbeiten berechnen können. Dem Auftragnehmer soll kein ungewöhnliches Wagnis aufgebürdet werden für Umstände und Ereignisse, auf die er keinen Einfluß hat und deren Einwirkung auf Preise und Fristen er nicht im voraus schätzen kann."

Bei der reinen Abrechnung der Wärmedämmung nach Längenmaß kann aber zum Kalkulationszeitpunkt vorher nicht gesagt werden, wieviele Teile und Arbeiten, die alle mit einem Stückpreis oder als **Besondere Leistung** abgerechnet werden sollten, tatsächlich zur Ausführung kommen. Damit ist es aber für den Auftragnehmer sehr schwierig, wenn nicht fast unmöglich, seine Angebotspreise richtig zu kalkulieren. Dem steht entgegen, daß der Auftraggeber aber auf seine Ausschreibung hin ein Angebot haben möchte, das eine Komplettleistung enthält. Wie sollen Sie sich jetzt verhalten?

Sie müssen in einem solchen Fall tatsächlich den Auftraggeber fragen, ob er die Anzahl der Formstücke und die als Zuschlag nach DIN 18 421 verrechnungsfähigen Arbeiten kennt und Ihnen mitteilen kann. Kann er das nicht, was meistens der Fall sein dürfte, so sollten Sie ihm ankündigen, daß Sie in Ihr Angebot eine bestimmte Stückzahl der Teile und Leistungen, die Sie mit dem Begleitbrief bekanntgeben, einrechnen werden. Sollten darüber hinaus weitere Formstücke und Leistungen, für die nach DIN 18 421 Zuschläge verrechnet werden können, zu Erfüllung der beauftragten Leistung notwendig werden, so stellen Sie diese dann zusätzlich in Rechnung (weitere Einzelheiten siehe hierzu unter **Dämmung**).

Wartungsanleitungen Nach VOB/C, DIN 18 381 Punkt 3.5 haben Sie Wartungsanleitungen aufzustellen und spätestens bei der Abnahme zu übergeben. Erhält der Auftraggeber jedoch mehrere Exemplare, entweder weil er sie gefordert hat oder weil es notwendig war, so sollten Sie anhand der vertraglichen Regelung prüfen, wie viele Exemplare Sie liefern mußten. Wenn im Vertrag nichts vereinbart wurde, haben Sie drei Exemplare der Wartungsanleitung zu liefern. Übersteigt die Lieferung diese Anzahl, können Sie die Erstattung der Kosten fordern (siehe auch **Betriebsanleitung**).

Wartungsvertrag Sie sollten Ihrem Auftraggeber entweder bereits mit dem Angebot oder spätestens mit der Schlußrechnung ein Wartungsangebot zusenden. Diese zusätzliche Geschäftsmöglichkeit sollten Sie sich nicht entgehen lassen. Überzeugen Sie Ihren Auftraggeber, daß auch während der Gewährleistung auf eine Wartung nicht verzichtet werden kann. Ein störungsfreier und wirtschaftlicher Betrieb ist nur bei optimal eingestellten, gut gewarteten und einwandfrei funktionierenden Anlagenteilen, wie z. B. Pumpen, Wasserzähler, Motorschieber, Filter, Wärmeaustauscher, Armaturen, Regler und elektrischen Schalt- und Meldeeinrichtungen möglich. Auch ist es wegen der Gewährleistung natürlich besser, wenn die Wartung der Anlagen von der gleichen Firma durchgeführt wird, die sie auch installiert hat. Wird während der Gewährleistungszeit ein anderes Unternehmen mit der Wartung beauftragt, führt das im Störungsfall zwangsläufig zu Streitereien. Sie als Installateur der Sanitäranlage sind dann nie sicher, ob die Anlagen einwandfrei gewartet wurden oder ob nicht sogar der Störfall durch die fremde Wartungsfirma verursacht wurde.

Wurde Ihnen kein Wartungsauftrag erteilt und ruft Ihr Auftraggeber Sie in der Gewährleistungszeit wegen einer Störung herbei, dann kann es sich herausstellen, daß der Schaden ganz oder auch nur teilweise durch eine mangelhafte Wartung verursacht wurde. In diesem Fall können Sie ihm die Kosten berechnen. Sie sind nicht verpflichtet, während der Gewährleistung die von Ihnen gelieferten Anlagen so zu betreuen, daß der Auftraggeber die Wartung einspart.

Will der Auftraggeber, daß Sie während der Dauer der Verjährungsfrist für Gewährleistungsansprüche die Anlagen für ihn pflegen und warten, so muß er das sehr deutlich in seinen Hinweisen zur Ausführung der ausgeschriebenen Leistung aufnehmen. Das verlangt auch VOB/C, DIN 18 299 unter Punkt 0.2.19. Ansonsten wäre auch das Einkalkulieren der hierfür anfallenden Kosten nicht möglich.

Wasserzähler Der im Leistungsverzeichnis fixierte Auftragsumfang enthält zwar fast immer auch Wasserzähler, jedoch entspricht die ausgeschriebene Anzahl selten dem wirklichen Bedarf. Meistens stellt sich erst während der Ausführung heraus, welche verschiedenen Wasserverbräuche gemessen werden sollen. Zum Beispiel soll auch noch der Warmwasserverbrauch festgestellt werden, oder es sind Wasserzähler für den Garten, die Hausmeisterwohnung, den Pächter und die Gaststätte nachzurüsten. Diese Wasserzähler sollten Sie nicht zu den Preisen des Angebotes in Rechnung stellen, sondern teurer abrechnen.

Nachträgliche Beschaffung und Installation von Wasserzählern ist aus folgenden Gründen aufwendiger: Der Rabatt des Großhändlers ist jetzt wieder niedriger, weil nur die Bestellung des Hauptauftrages zu besonders günstigen Bedingungen vereinbart war. Es fallen zusätzliche Planungskosten an, zusätzliche Zeichnungskosten für Montage- und Bestandspläne und auch zusätzliche Bestell- und Versandkosten. Da die Installation von Wasserzählern an diesen Stellen nicht geplant war, muß die Rohrleitungsführung so umgeplant werden, daß der Einbau möglich wird und das spätere Ablesen ohne große Umstände erfolgen kann.

Für diese zusätzlichen Leistungen sollten Sie, um späteren Verdruß zu vermeiden, schon vor der Ausführung ein Nachtragsangebot einreichen. Sie kündigen damit an, daß Sie die zusätzlich verlangten Wasserzähler nur einbauen können, wenn Sie dafür eine besondere Vergütung erhalten. Die Bestimmung des § 2 Nr. 6 der VOB/B ist damit erfüllt. Zu beachten ist hierbei jedoch immer, daß Sie die Höhe des neuen Preises nicht diktieren können; die VOB verlangt eine Preisvereinbarung.

Sind auch Änderungsarbeiten an den Rohrleitungen durchzuführen, bietet sich die Ausführung in Regie und die Abrechnung als **Stundenlohnarbeiten** an.

Winterbaumaßnahme Nach DIN 18 381 Punkt 0.2.9 der VOB/C sind in der Leistungsbeschreibung, falls es der Einzelfall erfordert, Art und Umfang von notwendigen Winterbaumaßnahmen anzugeben. Das heißt, erwartet der Bauherr Winterarbeit, so muß er das in der Ausschreibung angeben, damit der Bieter diese zusätzlichen Kosten kalkulieren kann. Versäumt er es, entsprechende Angaben zu machen, so muß der Anbieter davon ausgehen, daß bei Ausführung der Sanitärinstallation die Räume gegen direkte Witterungseinflüsse bereits geschützt sind. Er wird keine Kosten für eine eventuelle Winterbaumaßnahme (Wetterfestmachen der Räume durch Abdichten der Öffnungen, Winterarbeitskleidung, Heizprovisorium) in seine Preise einkalkulieren.

Wurde jedoch von Ihnen verlangt, während sehr niedriger Außentemperaturen in ungeschützten Räumen zu arbeiten, so können Sie die durch diese Winterarbeiten zusätzlich anfallenden Kosten Ihrem Auftraggeber in Rechnung stellen. Grundlage ist die VOB/C, DIN 18 299 Punkt 4.2.14, wonach zusätzliche Maßnahmen für die Weiterarbeit bei Frost und Schnee, soweit sie dem Auftragnehmer nicht ohnehin obliegen, keine **Nebenleistungen** sind. Die Vergütung regelt sich nach VOB/B § 2 Nr. 6. Sie haben danach für nicht im Vertrag vorgesehene Leistungen Anspruch auf besondere Vergütung. Wichtig ist in diesem Zusammenhang jedoch die Forderung der VOB, daß dieser Anspruch dem Auftraggeber anzukündigen ist, bevor Sie mit der Ausführung der Leistung beginnen (siehe auch **Zusätzliche Leistung**).

Z

Zahlungen Auftraggeber verzögern fällige Zahlungen häufig so extrem, daß das zumutbare Maß weit überschritten wird. Besonders den öffentlichen Auftraggebern fällt es schwer, Zahlungen termingerecht zu leisten. Ein Grund hierfür ist sicherlich der lange Weg, den die Rechnung vom Fachingenieur über den Architekten zum Bauamt und von dort zum Kämmerer und zur Kasse zurücklegt. Das aber kann keine Entschuldigung sein, denn auch der öffentliche Auftraggeber ist genauso wie der private Auftraggeber an die vertraglichen Fristen gebunden. Hält er diese Zahlungsfristen nicht ein, so muß er auch für die Folgen aufkommen.

Falls vertraglich nichts besonderes vereinbart wurde, aber die VOB/B Grundlage ist, sind **Abschlagszahlungen** innerhalb von 18 Werktagen nach Zugang der Rechnung zu leisten. Haben Sie jedoch die Schlußrechnung eingereicht, so ist diese Zahlung alsbald nach Prüfung und Feststellung zu leisten, spätestens innerhalb von zwei Monaten nach Zugang. Die Frist beginnt also jeweils erst nach „Zugang" der Rechnungen zu laufen. Das bedeutet, daß Sie für den Postweg noch zwei Tage dazurechnen müssen. Somit wird die Zahlung einer Abschlagsrechnung nach 20 Werktagen, das sind 3 Wochen und 2 Tage, und die der Schlußrechnung nach 2 Monaten und 2 Tagen fällig.

Generell verlangt die VOB, daß alle Zahlungen aufs äußerste zu beschleunigen sind, wobei nicht vereinbarte Skontoabzüge als unzulässig gelten. Zahlt Ihr Auftraggeber trotzdem bei Fälligkeit nicht, so sollten Sie ihm umgehend eine Mahnung zusenden und ihm eine angemessene Nachfrist von 5 bis 10 Tagen setzen. Eine Mahnung allein genügt also nicht, um den Auftraggeber zur Zahlung aufzufordern, sondern auf das Setzen der Nachfrist kommt es an! Läßt Ihr Auftraggeber auch diese neue Frist verstreichen, ohne die fällige Zahlung zu leisten, beginnt Ihr Anspruch auf Verzinsung Ihres Guthabens. Und zwar haben Sie vom folgenden Tag der verstrichenen Frist an Anspruch auf **Zinsen**, deren Höhe 1 % über dem zu dieser Zeit gültigen Lombardsatz der Deutschen Bundesbank liegt. Die Angemessenheit der Höhe dieser Zinsen müssen Sie nicht nachweisen. § 16 Nr. 5 der VOB/B schreibt diese Zinsen vor. Den jeweiligen Lombardsatz erfragen Sie am einfachsten bei Ihrer Bank oder Sparkasse.

Können Sie einen höheren Schaden nachweisen, z. B., weil Sie hohe Schuldzinsen für einen Überbrückungskredit zahlen mußten, so können Sie anstelle der vorgenannten Zinsen auch die Erstattung dieser Kosten geltend machen.

Zahlt Ihr Auftraggeber bis zur gesetzten Nachfrist nicht, so dürfen Sie bis zur Zahlung die Arbeit einstellen. Zahlt er auch dann nicht, so beauftragen Sie am besten umgehend einen Anwalt mit der Durchsetzung Ihrer Ansprüche. Wichtig ist also bei jeder Anmahnung einer fälligen Zahlung, daß Sie eine Nachfrist setzen, die mit der Angabe eines Zahlungstermins abschließt. Nur so kommen Sie zu einem festen Termin, ab dem Ihr Zinsanspruch zweifelsfrei feststeht.

Es gibt nur eine Situation, in der Sie auf diese Mahnung mit Nachfristsetzung verzichten können – wenn sich Ihr Auftraggeber entweder schriftlich oder mündlich vor Zeugen „ernstlich weigert", die fälligen Zahlungen zu leisten. In diesem Fall haben Sie ab dem Tag der Weigerung einen Zinsanspruch in der vorher erwähnten Höhe, falls Sie nicht noch nachweislich höhere Kosten geltend machen wollen (siehe auch **Vorauszahlungen**).

Zahlt Ihr Auftraggeber nach Abschluß der Arbeiten einen Teil der Ihnen zustehenden Vergütung nicht aus, weil Sie noch Gewährleistungsarbeiten auszuführen haben, so darf er das. Der Bundesgerichtshof hat in zwei in den Jahren 1982 und 1992 ergangenen Entscheidungen festgelegt, daß der Auftraggeber trotz vorliegender Sicherheiten, wie Geldeinbehalt oder Bürgschaften, für noch offene Nachbesserungsarbeiten ein zusätzliches Leistungsverweigerungsrecht hat. Es wurde aber auch festgelegt, wieviel Geld der Auftraggeber hier zurückhalten kann. In Abhängigkeit von der Höhe der voraussichtlichen Nachbesserungskosten hält das Gericht einen Betrag in Höhe des zwei- bis dreifachen Wertes für angemessen. Bei niedrigen Kosten kann der dreifache Wert zurückbehalten werden und bei höheren Nachbesserungskosten der zweifache.

Die Zahlungsverweigerung großer Beträge wegen kleiner Gewährleistungsmängel ist also nicht zulässig!

Zeichnungssätze Nach VOB/C, DIN 18 381 Punkt 3.5 ist festgelegt, daß Sie die folgenden Zeichnungen und Unterlagen entweder dreifach in schwarz/weiß oder einfach pausfähig übergeben müssen, und zwar ohne besondere Erwähnung im Leistungsverzeichnis:

Anlagenschema
Elektrischer Übersichtsschaltplan
Anschlußplan
Datenblätter
Betriebs- und Wartungsanleitungen
Prüfbescheinigungen und Werksatteste
Protokolle über die Dichtheitsprüfung
Protokoll, Einweisung des Wartungs- u. Bedienungspersonals

Verlangt Ihr Auftraggeber mehr als jeweils drei Exemplare, so können Sie zusätzliche Paus- und Kopierkosten sowie Kosten für die Zusammenstellung und den Versand der Unterlagen in Rechnung stellen.

Für alle weiteren Unterlagen, wie z. B. Ausführungszeichnungen, Schlitz- und Durchbruchpläne, Bestandszeichnungen und Stromlaufpläne, muß sowohl die Vergütung als auch die Stückzahl vertraglich vereinbart werden. Die Lieferung dieser weiteren Pläne ist keine **Nebenleistung**, sie ist entweder nach einer eigenen Position zu vergüten, oder es muß festgelegt werden, daß die Kosten in die Einheitspreise einzukalkulieren sind. Hat Ihr Auftraggeber versäumt, im Leistungsverzeichnis Angaben zur Stückzahl von Bestandsplänen oder anderen zu vergütenden Zeichnungen zu machen, so sind Sie lediglich verpflichtet, jeweils ein Exemplar in Ausführung schwarz/weiß zu liefern. Für weitere Exemplare können Sie auch die obengenannten Kosten für Pausen, Kopieren, Zusammenstellen und Versenden in Rechnung stellen. Das gleiche gilt für farbige Ausführungen oder Pläne, die auf Leinen aufgezogen oder hinter Glas aufgehängt wurden, wenn diese Ausführung im Leistungsverzeichnis nicht erwähnt worden ist.

Zinsen Verlangt Ihr Auftraggeber mit der Rückforderung einer **Überzahlung** auch Zinsen für den überzahlten Betrag, so können Sie diese Forderung rundweg ablehnen. Das gilt auch dann, wenn in den „Zusätzlichen Vertragsbedingungen für die Ausführung von Bauleistungen", die der öffentliche Auftraggeber häufig zum Bestandteil der Bauverträge macht, die Verzinsung des überzahlten Betrages vereinbart ist.

Bei der Verzinsung von Überzahlungen sind zwei wesentliche Fälle zu unterscheiden: Überzahlung vor der Schlußzahlung und Überzahlung nach vorbehaltloser Annahme der Schlußzahlung. Im ersten Fall wird meistens bei Prüfung der Schlußrechnung festgestellt, daß die Abschlagszahlungen den Endbetrag bereits überschritten haben. Hier nimmt der Auftraggeber an, daß Sie aus dieser Überzahlung auch einen zusätzlichen Nutzen gezogen haben, z. B. einen Zinsgewinn. Deshalb verlangt er die Verzinsung des überzahlten Betrages, häufig mit 2 % über dem Diskontsatz der Deutschen Bundesbank. Sie können dieses Verlangen ablehnen, denn erstens muß Ihr Auftraggeber Ihnen beweisen, daß Sie einen zusätzlichen Nutzen aus dem überzahlten Betrag gezogen haben, und zweitens dürfte es Ihnen nicht schwerfallen zu beweisen, daß Ihre Leistungen immer höher als die erhaltenen Zahlungen waren (jedenfalls bis zum Überzahlungszeitpunkt). Zusätzlich können Sie auch noch eventuelle vom Auftraggeber nicht eingehaltene Zahlungsfristen anführen und dadurch entstandene Zinsverluste gegenrechnen. **Abschlagszahlungen** sind vom Auftraggeber nach VOB/B § 16 Nr. 1 spätestens nach 18 Werktagen nach Zugang der Rechnung zu leisten.

Wird erst nach vorbehaltloser Annahme der Schlußzahlung eine Überzahlung festgestellt, das kann auch noch Jahre später geschehen, und die Verzinsung des zu erstattenden Betrages verlangt, so muß auch hier der Auftraggeber den Beweis führen, daß Sie aus der Überzahlung einen zusätzlichen Nutzen gezogen haben. Stützt er sich dabei jedoch nur auf die Klausel in den Zusätzlichen Vertragsbedingungen, so können Sie diese Forderung mit dem Hinweis auf das Urteil des Amtsgerichts München vom 27.6.1984 ablehnen. In dem behandelten Fall enthielten die dem Bauvertrag zugrundeliegenden Zusätzlichen Vertragsbedingungen folgenden Text: „. . .hat der Auftragnehmer bei einer Überzahlung den zu erstattenden Betrag mit 4 v. H. p. a. zu verzinsen." In der Begründung zum Urteil heißt es unter anderem, daß die zitierte Vertragsbestimmung gegen § 9 des **AGB-Gesetzes** verstoße und somit unwirksam sei. Nach § 9 AGB-Gesetz ist eine Bestimmung in Allgemeinen Geschäftsbedingungen unwirksam, wenn sie den Vertragspartner entgegen dem Gebot von Treu und Glauben unangemessen benachteiligt. Das Urteil wurde im Revisionsverfahren am 8.10.1987 vom Bundesgerichtshof bestätigt.

Dieses Urteil kann jedoch nicht herangezogen werden, wenn die Gültigkeit der Zinsklausel zeitlich begrenzt ist, wenn die Vertragsbestimmungen auch für den Auftragnehmer die Möglichkeit der Zinsforderung vorsehen, also eine einseitige Benachteiligung nicht gegeben ist, wenn die Regelung im Vertrag selbst aufgeführt ist oder in besonders für diesen Auftrag erstellten Vertragsbedingungen steht, die frei ausgehandelt wurden und somit nicht dem AGB-Gesetz unterliegen.

In Sachen Verzinsung von Rückforderungsbeträgen sind bereits mehrere teilweise sehr unterschiedliche Gerichtsurteile gefällt worden. In den letzten Jahren gaben diese Urteile jedoch zunehmend den Unternehmern Recht. Sie berücksichtigten, daß der Unternehmer bereits erhebliche Vorfinanzierungen bei der Auftragsabwicklung leisten muß und daß daher ein von der Auftraggeberseite angeführter Zinsgewinn aus einer Überzahlung, falls überhaupt vorhanden, bei weitem durch die Kreditzinsen der Vorfinanzierung ausgeglichen wird. Bei einem öffentlichen Bauvorhaben werden Sie als Auftragnehmer mit dieser Verzinsungsklausel in den Verträgen außerdem dafür bestraft, daß Sie einen Vertragspartner haben, der sich von mehreren Kontrollorganen prüfen lassen muß (örtlicher Rechnungsprüfer, überörtliche Rechnungsprüfungsstelle, Landesrechnungshof, Bundesrechnungshof). Diese führen noch Jahre nach Beendigung des Bauvorhabens Prüfungen durch und lassen die dabei festgestellten Überzahlungen zurückfordern. Solche Rückforderungen bestehen zu Recht, sofern nicht bereits **Verwirkung** eingetreten ist. Aber eine Verzinsung dieser Beträge sieht das Gesetz lediglich ab dem Zeitpunkt vor, ab dem Sie in Zahlungsverzug sind. Ein Geltendmachen von Verzugszinsen kann aber erst nach Bekanntwerden der Überzahlung, Aufforderung zur Rückerstattung und, falls nötig, Setzen einer angemessenen Nachfrist möglich sein und nicht, wie es diese Vertragsklauseln vorsehen, ab Überzahlung, also meistens ab dem Schlußzahlungsdatum.

Zusammengefaßt kann gesagt werden, daß in den meisten Fällen die in den Zusätzlichen Vertragsbedingungen enthaltenen Klauseln, die eine Verzinsung des überzahlten Betrages vom Tag der Überzahlung an vorsehen, gegen das AGB-Gesetz verstoßen und daher unwirksam sind. Außerdem wird diese vertragliche Verzinsungspflicht von keiner gesetzlichen Bestimmung über die Verzinsung gedeckt, so daß Ihr Auftraggeber diese Verzinsungsart nicht fordern darf. Mit Urteil vom 8.10.1987 hat der Bundesgerichtshof im gleichen Sinne entschieden. Aufgrund dieses Urteils verlangen öffentliche Auftraggeber jetzt, daß Sie die aus einer Überzahlung tatsächlich erhaltenen Zinsbeträge oder den anderweitig gezogenen Nutzen herausgeben sollen. Wenn Sie daraufhin angeben, keinen Nutzen gehabt zu haben, muß Ihr Auftraggeber Ihnen erst das Gegenteil beweisen, bevor er etwas zurückverlangen kann.

Aber auch Sie haben die Möglichkeit, Zinsen zu berechnen. Erhalten Sie **Zahlungen** Ihres Auftraggebers nicht fristgerecht, so sieht § 16 Nr. 5 Abs. 3 der VOB/B vor, daß Sie vom Ende der Nachfrist an einen Zinsanspruch in Höhe von 1 % über dem Lombardsatz der Deutschen Bundesbank haben. Hier ist es aber ganz wichtig, daß Sie folgendermaßen vorgehen: Zahlt Ihr Auftraggeber bei Fälligkeit nicht, dann müssen Sie ihm eine angemessene Nachfrist setzen, 5 bis 10 Tage, möglichst mit eingeschriebenem Brief. Wann werden Ihre Anforderungen (Rechnungen) zur Zahlung fällig? Abschlagszahlungen werden nach 18 Werktagen nach Zugang Ihrer Rechnung fällig (2 Tage für den Postweg dazurechnen) und die Schlußrechnung spätestens nach 2 Monaten nach Zugang. Den jeweils gültigen Lombardsatz erfahren Sie von Ihrer Bank oder Sparkasse. Sie können auch einen höheren Schaden aufgrund des Zahlungsverzuges geltend machen, wenn Sie ihn nachweisen können, z. B. Kreditzinsen oder Kontoüberziehungszinsen. Falls Sie ein Druckmittel benötigen, dürfen Sie bis zur Zahlung Ihrer offenen Forderungen unter Hinweis auf VOB/B § 16 Nr. 5, letzter Satz, die Arbeit einstellen. Hierunter sind nicht Ihre Zinsforderungen zu verstehen, sondern offene Abschlagszahlungen, die Ihnen trotz Nachfristsetzung nicht überwiesen wurden.

Zusätzliche Leistungen Führen Sie bei der Auftragsabwicklung zusätzliche Leistungen aus, die zur Erfüllung des Vertragszweckes erforderlich wurden, so steht Ihnen dafür auch eine zusätzliche Vergütung zu. Bevor Sie mit der Ausführung beginnen, müssen Sie Ihrem Auftraggeber aber ankündigen, daß Sie dafür einen zusätzlichen Vergütungsanspruch erheben. Für diese Ankündigung ist keine besondere Form vorgeschrieben, sie kann also auch mündlich gemacht werden. Ratsam ist es jedoch, wegen der späteren Beweislage Ihren Vergütungsanspruch in schriftlicher Form, am besten mit einem **Nachtragsangebot**, anzukündigen. In Ausnahmefällen, wenn Ihrem Auftraggeber nicht verborgen bleiben konnte, daß erhebliche Zusatzarbeiten notwendig und diese durch keine der vereinbarten Vergütungen abgedeckt werden, können Sie sogar auf die vorherige Ankündigung des Vergütungsanspruches verzichten. Nach Urteilen des Landgerichts Köln und des Oberlandesgerichts Frankfurt kann mit guten Aussichten auf Erfolg ein Anspruch auf Mehrvergütung nach § 2 Nr. 6 der VOB/B auch dann durchgesetzt werden, wenn eine vorherige Ankündigung unterblieben ist.

Eine zusätzliche Leistung liegt dann vor, wenn eine Leistung, die in unmittelbarem Zusammenhang mit der beauftragten Leistung steht, zur Vertragsleistung hinzugekommen ist. Der Hinweis in der VOB/B, daß diese Leistung „gefordert" sein muß, bedeutet nicht, daß immer eine Anordnung des Auftraggebers vorzuliegen hat. „Gefordert" ist eine im Vertrag nicht vorgesehene Leistung auch dann, wenn sie für den technisch einwandfreien Betrieb der Anlage unbedingt notwendig ist.

Die Vereinbarung der Vergütungshöhe soll zwar möglichst auch vor Beginn der Ausführung getroffen werden, aber ein unbedingtes Muß liegt hier nicht vor. Haben Sie Ihren Vergütungsanspruch angekündigt, ist es vertraglich durchaus zulässig, die Preise der Leistung erstmals mit der Schlußrechnung dem Auftraggeber bekanntzugeben. Das bedeutet aber nicht, daß er Ihre Wunschpreise auch akzeptieren muß. Sie können zwar für zusätzliche Leistungen eine besondere Vergütung fordern, leider heißt das aber nicht, daß Sie in der Preisgestaltung freie Hand haben. Vielmehr schreibt hierfür die VOB/B § 2 Nr. 6 Abs. 2 eindeutig vor, daß sich die Preisermittlung nach der Kalkulationsgrundlage des Hauptangebotes richten muß. Auf Verlangen des Auftraggebers müssen Sie Grund und Höhe der angestrebten Preisvereinbarung darlegen und nachweisen, daß der Preis auf der Grundlage der Preisermittlung des Hauptangebotes gebildet wurde. Der Nachweis ist so zu erbringen, wie es vertraglich vereinbart wurde. Ist im Vertrag hierzu nichts besonderes festgelegt, können Sie den Nachweis durch Vorlage der Kalkulationsunterlagen führen oder mit Preisen vergleichbarer Leistungen desselben Auftrages oder auch anderer Aufträge. Folgende Kosten sollten Sie bei der Preiskalkulation, sofern sie angefallen sind, immer berücksichtigen: Kosten für Preiseinholung, Angebotsabgabe, Bestellung, Planungsänderung, Abholung, Auslieferung, Monteurunterweisung und gesonderte Abrechnung.

Ist eine Einigung über die Preishöhe einer zusätzlichen Leistung mit dem Auftraggeber nicht sofort möglich, so müssen Sie auf seinen Wunsch hin trotzdem die Leistung erbringen. Das Einstellen der Arbeiten oder Nichtausführen der geforderten zusätzlichen Leistung, nur weil Sie keinen schriftlichen Auftrag haben, ist nicht zulässig (siehe **Nachtragsangebot**).

In bezug auf die Preisermittlungen bei zusätzlichen Leistungen gibt es eine Ausnahme, bei der die Kalkulationsgrundlage des Hauptangebotes keine Rolle spielt und bei der Sie die Preise frei vereinbaren können: der „selbstständige Nachtragsauftrag". Das sind Zusatzleistungen, die Sie für Ihren Auftraggeber ausführen sollen, die aber nicht unbedingt zur Fertigstellung der vertraglichen Leistung erforderlich sind, z. B. das Anfertigen eines Treppengeländers. Nach VOB/B § 1 Nr. 4, letzter Satz, können Ihnen solche Leistungen nur mit Ihrer Zustimmung übertragen werden. Das bedeutet, daß hier zwischen Ihnen und Ihrem Auftraggeber eine Vereinbarung über die Ausführung und deren Vergütungshöhe zu treffen ist. Vergessen Sie neue Preise anzugeben, so daß die Vergütungshöhe nicht geregelt ist, greift wieder der für Sie nachteilige § 2 Nr.6 der VOB/B, der die Preisbildung nur auf der Grundlage des Hauptangebotes zuläßt.

Verlangt Ihr Auftraggeber für zusätzliche Leistungen die Vereinbarung von Selbstkostenpreisen mit dem Hinweis, daß § 13 VO PR Nr. 1/72 (Preisverordnung) das vorsieht, so können Sie diese Forderung ablehnen. Denn was die Preisverordnung alles enthält, hat hier nicht zu interessieren, weil Wettbewerbspreise nicht der Preisverordnung unterliegen. Die Vergütung zusätzlicher Leistungen wird ausschließlich nach VOB/B § 2 Nr. 6 festlegt. Sie folgt damit den Grundlagen der Preisermittlung der vertraglichen Leistung unter Berücksichtigung der besonderen Kosten der zusätzlich geforderten Leistung. Da hierbei die wesentlichen Preisbestandteile den Wettbewerbspreisen entnommen werden, sind sie auch als solche zu behandeln und nicht der Preisprüfung nach VO PR Nr. 1/72 zu unterwerfen.

Schließt der Auftraggeber durch eine Klausel aus den zum Vertrag gehörende Allgemeine Geschäftsbedingungen (Zusätzliche und Allgemeine Vertragsbedingungen, auch Besondere Vertragsbedingungen können u. U. dazu zählen, siehe **AGB-Gesetz**) den § 2 Nr. 6 der VOB/B aus, so handelt es sich hierbei um eine unzulässige und unwirksame Vertragsklausel. Diese Klausel könnte z. B. folgenden Text haben: „Der Auftraggeber darf vom Auftragnehmer zusätzliche, im Vertrag nicht genannte Leistungen ohne besondere Vergütung verlangen, wenn sie zur Erfüllung der vertraglichen Leistung notwendig werden." Diese Klausel verstößt nicht nur gegen das AGB-Gesetz (§ 9 und § 10 Nr. 3 und Nr. 5), sondern widerspricht auch der Vorschrift des § 9 der VOB/A, wonach nicht nur die Leistung eindeutig und erschöpfend zu beschreiben ist, sondern dem Auftragnehmer kein ungewöhnliches Wagnis aufgebürdet werden soll. Darüber hinaus ist diese Regelung nicht mit dem Werkvertragsrecht in Einklang zu bringen. Sie verstößt gegen Treu und Glauben und ist unwirksam.

Zuschlag Erhält bei einer Ausschreibung Ihr Angebot den Zuschlag und erreicht Sie die Mitteilung noch vor Ablauf der Zuschlagsfrist, so sind Sie an Ihr Angebot gebunden. Anders sieht es für Sie aus, wenn die Zuschlagsfrist bereits abgelaufen war. Sie haben dann wieder die Möglichkeit, neu zu entscheiden, ob Sie zu den im Angebot genannten Preisen den Auftrag annehmen wollen oder ob Sie Ihre Angebotspreise erhöhen müssen. Einzelheiten sind hierzu unter dem Stichwort **Zuschlagsfrist** aufgeführt.

Ähnlich verhält es sich, wenn Ihr Angebot erweitert, eingeschränkt oder sonstwie verändert wurde und Ihnen der Zuschlag auf diesen geänderten Leistungsumfang erteilt wird. In diesem Fall liegt wieder die Entscheidung bei Ihnen, ob Sie unter diesen veränderten Bedingungen den Auftrag überhaupt noch annehmen wollen. Mit dem veränderten Leistungsumfang, aber mit Ihren ursprünglichen Preisen, gilt dieses Angebot nicht mehr als Ihre Offerte, sondern als neues Angebot des Auftraggebers. Sie können neu festlegen, ob Sie zu diesen Bedingungen die Leistung ausführen wollen. Für geschickte Unternehmer eröffnen sich hierbei neue Möglichkeiten der Angebotspreisaufbesserung.

Entgegen verbreiteter Meinung muß bei einem Ausschreibungswettbewerb der Zuschlag nicht auf das niedrigste Angebot erteilt werden. Der Auftraggeber hat durch die Bestimmungen der VOB/A die Möglichkeit, dem zweiten, dritten oder vierten Bieter (theoretisch auch einem weiter hinten liegenden Bieter) den Auftrag zu erteilen, wenn ihm gerade dieses Angebot unter Berücksichtigung aller technischen und wirtschaftlichen, gegebenenfalls auch gestalterischen und funktionsbedingten Gesichtspunkten als das annehmbarste erscheint. Hier hat der öffentliche Auftraggeber einen gewissen Spielraum, aber nur einen sehr kleinen, denn in der Regel wird der Auftrag dem preisgünstigsten Bieter erteilt.

Sollten Sie einmal trotz des preisgünstigsten Angebots den Auftrag nicht erhalten, können Sie den Auftraggeber um Angabe der Gründe bitten. Falls diese Ihnen dann nicht ausreichend erscheinen, steht Ihnen der Beschwerdeweg zur nächsten **VOB-Stelle** offen. Erhalten Sie von dort die Bestätigung, daß eigentlich Sie den Auftrag hätten erhalten müssen, können Sie Ihre Angebotskosten sowie sämtliche in die Preise einkalkulierten Umlagen einschließlich Wagnis und Gewinn in Rechnung stellen. Sie müssen also lediglich die reinen Lohn- und Materialkosten von Ihrem Angebotspreis abziehen. Wird Ihnen jedoch mitgeteilt, daß kein Bieter den Zuschlag erhalten hat, weil die Mittel für das Bauvorhaben nicht bereitgestellt werden konnten oder das Grundstück nicht mehr zu erwerben war, ändert das nichts. Sie können auch in diesem Fall Ihre Angebotskosten und sämtliche in die Preise einkalkulierten Umlagen mit Wagnis und Gewinn vom Ausschreiber der Leistung fordern. Grundlage Ihrer Forderung ist die VOB/A § 16 Nr. 1, wonach der Auftraggeber erst ausschreiben soll, wenn alle Verdingungsunterlagen fertiggestellt sind und wenn innerhalb der angegebenen Fristen mit der Ausführung begonnen werden kann. Hiergegen hat er verstoßen.

Falls Ihnen in einem der aufgeführten Fälle der Zuschlag nicht erteilt wurde, obwohl Sie der günstigste Bieter waren, und Ihnen danach, trotz größter Bemühungen (für die Sie beweispflichtig wären) auch anderweitig kein Auftrag erteilt wurde, haben Sie recht gute Aussichten, den Auftraggeber auch für die Lohnkosten, die Sie Ihren Mitarbeitern in dieser Zeit zahlen mußten, schadenersatzpflichtig zu machen (siehe auch **Aufhebung der Ausschreibung; Entfallene Leistung**).

Zuschlagsfrist Es ist heute fast die Regel, daß der spätere Auftraggeber in seinen Ausschreibungsunterlagen angibt, wie lang die Zuschlagsfrist ist. Richtet er sich bei seiner Ausschreibung nach den Bestimmungen des Teils A der VOB, so wird er die Frist so legen, daß sie nicht mehr als 30 Kalendertage beträgt. In Ausnahmefällen kann er auch eine längere Frist angeben, wenn z. B. abzusehen ist, daß die Prüfung der Angebote wegen ihrer Anzahl, ihres Umfangs oder der Zahl der Alternativangebote viel Zeit in Anspruch nehmen wird. Mit der Abgabe Ihres Angebotes akzeptieren Sie die vorgeschriebene Zuschlagsfrist und binden Ihr Angebot automatisch an diese Frist, die deshalb auch **Bindefrist** genannt wird. Der Auftraggeber hat noch eine Möglichkeit, die Zuschlagsfrist zu verlängern, z. B., wenn er merkt, daß die verbleibende Zeit doch nicht zur Prüfung der eingegangenen Angebote ausreicht, bittet er um Verlängerung der Zuschlagsfrist. Hierzu ist aber Ihre Zustimmung und die sämtlicher anderer Bieter erforderlich. Geben Sie Ihre Zustimmung nicht, bleibt die Zuschlags- und Bindefrist entsprechend den Angaben in den Angebotsbedingungen bestehen. Einseitig kann die Zuschlagsfrist also nicht mehr verlängert werden.

Schreibt der Auftraggeber keine Zuschlagsfrist vor oder geben Sie ein Angebot ohne Ausschreibung ab, so liegt es bei Ihnen, eine Frist anzugeben, bis zu deren Ablauf Sie sich an Ihr Angebot halten. Wichtig ist, daß überhaupt eine Frist genannt wird. Erteilt der Auftraggeber Ihnen innerhalb dieser Frist den Auftrag, so sind Sie verpflichtet, ihn zu den vorgegebenen Bedingungen und genannten Preisen anzunehmen. Tun Sie das wider Erwarten nicht, kann der Auftraggeber Sie für den ihm entstandenen Schaden haftbar machen (Schaden aus Verschulden bei Vertragsanbahnung).

Für Sie als Auftragnehmer ist aber der Fall viel interessanter, bei dem der Auftraggeber die Zuschlagsfrist nicht eingehalten hat. Hierzu sei generell bemerkt, daß Sie nicht verpflichtet sind, den Auftraggeber auf das mögliche Ablaufen der Zuschlagsfrist hinzuweisen. Erteilt Ihnen der Auftraggeber erst nach Ablauf der Frist den **Zuschlag**, so ist zu diesem Zeitpunkt auch die Bindefrist Ihres Angebotes bereits beendet. Sie müssen sich danach nicht mehr an Ihr Angebot halten. Das bedeutet aber, daß Sie über die Annahme des Auftrages neu entscheiden und Bedingungen und Preise neu überdenken können. Ist Ihnen z. B. das Ergebnis der Ausschreibung bekannt, ist es denkbar, daß Sie Ihre Angebotspreise gerade soviel anheben können, daß Sie doch noch preisgünstigster Bieter bleiben.

Versucht ein Auftraggeber, eine nicht begründete, unangemessen lange Zuschlagsfrist durch eine entsprechende Klausel in seinen Allgemeinen Geschäftsbedingungen (siehe auch **AGB-Gesetz**) zu vereinbaren, so sind derartige Klauseln unwirksam. Zum Beispiel kommt folgende Klausel vor: „Der Bieter ist bis 8 Wochen nach Einreichtermin an das Angebot gebunden." Diese und ähnliche Klauseln verstoßen gegen § 10 Nr. 1 des AGB-Gesetzes und werden daher, selbst wenn Sie es versäumt haben, diesen Angebotsbedingungen zu widersprechen, nicht wirksam. Voraussetzung ist jedoch immer, daß die Klausel in Allgemeinen Geschäftsbedingungen im Sinne des § 1 Abs. 1 des AGB-Gesetzes steht (siehe auch **Angebotsbindung**).

Zuschlagposition VOB Teil C sieht in der DIN 18 381 unter Punkt 0.5.4 vor, daß im Leistungsverzeichnis Prozentsätze der Preise der Rohrleitungen für Formstücke, Verbindungs- und Befestigungselemente einschließlich Schweiß-, Löt- und Dichtungsmaterial als Abrechnungseinheiten vorzusehen sind. Diese Vorschrift gilt jedoch nur für Rohrleitungen unter DN 50. Das ist ein Beispiel für eine Zuschlagposition, aber es gibt davon noch viele Varianten. In diesen Positionen werden meist mehrere Leistungen zusammengefaßt und dann einer Hauptleistung prozentual zugeschlagen. Am häufigsten kommt die Zuschlagposition aber doch bei Rohrleitungen vor. Den Rohren werden z. B. folgende Leistungen zugeschlagen: Rohrbogen, Form- und Verbindungsstücke, Dichtungs-, Befestigungs-, Löt- und Schweißmaterial. Wie sollen Sie diese Angebotsposition richtig kalkulieren, wenn Ihnen der Auftraggeber hierfür keine Mengenangaben macht? Bei diesen Positionen lohnt es sich immer, dem Auftraggeber im Angebotsbegleitbrief mitzuteilen, in welchen Mengen oder Stückzahlen Sie diese Teile in Ihrer Kalkulation berücksichtigt haben. Nach Abschluß der Arbeiten sollten Sie dann eine Analyse der benötigten Materialien durchführen (beim Aufmaß diese Teile also nicht vergessen). Hier ergeben sich häufig zusätzliche Abrechnungsmöglichkeiten sowohl durch Stückzahlveränderung als auch durch den Einbau zusätzlicher Teile und **Formstücke**, die Sie Ihrem Auftraggeber in Rechnung stellen können. Das können z. B. sein: SML-Beruhigungsbogen, Doppelabzweige, Fallrohrstützen, Reinigungsrohre, Enddeckel, Konfix-Verbinder, Tempokrallen, Elektro-Schweißmuffe für PE-Rohr, Festpunkte, besondere Auflager oder Gleitlager, Pendelaufhängungen oder Schellen mit Dämpfungseinlagen (Einzelheiten hierzu siehe unter **Formstücke** , **Form- und Verbindungsstücke** und **Pauschalierte Teilleistung**).

Abrechnungscheckliste

Kurzform der für die Abrechnung wichtigen und im Zusammenhang mit der Schlußrechnung bedeutsamen Stichworte.

Abgasrohr Änderungen des Lieferumfanges erlauben auch Änderungen eines Pauschalpreises.

Abschlagszahlung Verlangen Sie bei Einreichung der Schlußrechnung für das unbestrittene Guthaben eine sofortige Abschlagszahlung.

Absperrventile Für geänderte Nennweiten, Druckstufen und Materialien sowie besondere Qualitätsmerkmale können Sie Preiserhöhungen verlangen.

Abstopfen Zusätzliches Abstopfen der Rohrleitungen, z. B. wegen bauseitiger Putzarbeiten, kann in Rechnung gestellt werden.

Änderungen Die vom Bauherrn während der Ausführung geäußerten Änderungswünsche verursachen Planungs- und Ausführungskosten, die Sie abrechnen können.

Altbestand Zustandsprüfungen an bestehenden Ver- und Entsorgungsleitungen sind vom Auftraggeber zu bezahlen.

Alternativposition Wird vom Auftraggeber erst während der Ausführung verlangt, daß die im Leistungsverzeichnis aufgeführten, aber nicht im Auftrag enthaltenen Alternativpositionen zum Einbau kommen, so können Sie hierfür neue Preise vereinbaren.

Angaben liefern Enthält Ihr Auftrag keine Anlage der Meß-, Steuer-, Regelungs- und der zentralen Leittechnik, sollten Sie sich das Liefern der Vorgaben vergüten lassen.

Anschlüsse Sind für bauseitige Geräte, Fremdlieferungen oder vorhandene Anlagen Anschlüsse notwendig geworden, so können hierfür zusätzliche Vergütungen gefordert werden.

Arbeitsunterbrechung Durch Behinderung und Unterbrechung werden nicht nur die Ausführungstermine verlängert, sondern es entstehen auch zusätzliche Kosten. Sie können Schadenersatz, oft auch entgangenen Gewinn geltend machen.

Aufenthaltsräume Wenn vertraglich nichts anderes vereinbart ist, sind Aufenthaltsräume, Lagerräume und Arbeitsräume vom Auftraggeber kostenlos zur Verfügung zu stellen. Tut er das nicht, können Sie die Erstattung sämtlicher Kosten verlangen.

Aufmaß Fragen Sie Ihre Monteure, ob es bei der Ausführung der Leistung Änderungen gab oder ob erschwerte Montagebedingungen auftraten, damit Sie diese Kosten zusätzlich zur aufgemessenen Leistung in Rechnung stellen können.

Aufstellungszeichnungen Haben Sie Aufstellungszeichnungen anfertigen müssen, so können Sie vom Auftraggeber die Erstattung der Ihnen dabei entstandenen Kosten fordern.

Ausführungsunterlagen Hat der Auftraggeber Ihnen keine Ausführungszeichnungen zur Verfügung gestellt, und haben Sie diese Leistung selbst erbracht, so steht Ihnen hierfür eine zusätzliche Vergütung zu.

Ausführungszeichnungen Hat Ihr Auftraggeber die Ausführungszeichnungen so spät geliefert, daß Ihre Monteure nicht weiterarbeiten konnten, so können Sie die Kosten, die Ihnen durch diesen Stillstand entstanden sind, in Rechnung stellen.

Außenkorrosion Haben Sie Rohrleitungen zusätzlich mit PE- oder PVC-Bändern umwickelt, ohne daß die Leistungsbeschreibung das vorsah, so können Sie die Kosten in Rechnung stellen.

Bankbürgschaft Versuchen Sie die Bürgschaftssumme ganz zu streichen oder mindestens auf 3 % des Abrechnungsbetrages zu reduzieren.

Bau-WC Vergessen Sie nicht, sämtliche Leistungen für die sanitären Einrichtungen der Baustelle abzurechnen.

Bauleistungsversicherung Akzeptieren Sie nur einen Abzug vom Schlußrechnungsbetrag in anteiliger Höhe der wirklich gezahlten Versicherungsprämie.

Bauseitige Geräte Hat Ihr Auftraggeber selbst Geräte oder Teile, die Sie einbauen und anschließen mußten geliefert, so sind das zusätzlich zu vergütende Leistungen.

Baustellenräumung Mußten Sie eine Baustelle entweder für immer oder auch nur vorübergehend räumen und geschah das aus Gründen, die allein der Bauherr zu vertreten hat, so können Sie den Räumungsaufwand in Rechnung stellen.

Baustellentransport   War Ihr Aufwand für den Transport der Materialien auf der Baustelle wesentlich höher, als Sie aufgrund der Ausschreibungsangaben kalkulieren konnten, so ist der Mehraufwand verrechnungsfähig.

Baustellenunterbrechung   Bei längerer Unterbrechung, z. B. durch Behinderung, können Sie sofort die fertige Leistung in Rechnung stellen. Auch Kosten, die Ihnen bereits für die noch zu erbringende Leistung entstanden sind, dürfen Sie in diese Rechnung mit aufnehmen.

Baustrom und -wasser   Wasser für Druckproben oder Netzspülungen und Strom für Inbetriebnahmen und Probebetrieb hat der Auftraggeber zu bezahlen.

Befestigungskonstruktion   Der Aufwand für spezielle Befestigungskonstruktionen sollte jeweils mit Stückpreisen als zusätzliche Leistung abgerechnet werden und nicht als Form- und Profilstahl.

Behälterabmessungen   Haben sich gegenüber dem Auftrag die Abmessungen der gelieferten Behälter und Boiler geändert, so sollten Sie hierfür entsprechende Mehrpreise geltend machen.

Behälterisolierung   In Abhängigkeit eventuell geänderter Behälterabmessungen ist auch der Preis für die Isolierung zu über prüfen.

Behinderung   Haben Sie während der Bauzeit bei Ihrem Auftraggeber Behinderung angemeldet, so ist mit der Stellung der Schlußrechnung auch der Ihnen entstandene Schaden geltend zu machen.

Beigestellte Stoffe   Mußten Stoffe und Bauteile, die der Auftraggeber beigestellt hat, ausgebessert oder entrostet werden, so können Sie diese Arbeiten in Rechnung stellen. Sollten nach dem Vertragstext ursprünglich Sie diese jetzt vom Bauherrn beigestellten Stoffe und Bauteile liefern, können Sie trotz Nichtlieferung Anteile Ihrer Vertragspreise in Rechnung stellen.

Berechnungen   Es ist gleich, ob Sie notwendige Berechnungen (z. B. Rohrnetz- oder Wirtschaftlichkeitsberechnungen) selbst durchgeführt oder nur die von anderer Seite erstellten Berechnungen nachgerechnet haben: Ihren Aufwand können Sie Ihrem Auftraggeber in Rechnung stellen.

Besondere Leistungen   Haben Sie Leistungen ausgeführt, die unter Punkt 4.2 der jeweiligen DIN-Vorschrift der VOB/C aufgeführt sind, handelt es sich um Besondere Leistungen, die zu vergüten sind. Entweder sind sie bereits in der Leistungsbeschreibung erwähnt, oder es sind Zusätzliche Leistungen, die Sie in Rechnung stellen können.

Bestandszeichnungen Sind vertraglich keine Bestandspläne verlangt worden, sind Pläne, die auf Wunsch des Auftraggebers geliefert werden, zusätzlich zu vergüten. Enthält die vertragliche Regelung lediglich den Hinweis, daß Bestandszeichnungen zu liefern sind, ohne Angabe der Stückzahl und der Ausführungsart (z. B. farbig angelegt), so müssen Sie nur einen Satz (schwarzweiß) liefern. Weitere Sätze oder eine andere Ausführung sind zusätzlich zu vergüten.

Betonstemmarbeiten Enthielt Ihr Auftrag lediglich Durchbrüche, Schlitze oder Stemmarbeiten ohne Angabe, ob sie in Mauerwerk oder Beton auszuführen sind, so können Sie für Betonstemmarbeiten Mehrpreise verlangen.

Betriebsanleitung Wenn der Vertrag keine eigene Position vorsieht, haben Sie drei Exemplare in schwarz/weiß zu liefern. Weitere Ausfertigungen oder andere Ausführungen (farbig, eingeschweißt) können Sie zusätzlich in Rechnung stellen.

Betriebseinweisung Für das Betriebspersonal müssen Sie eine Einweisung kostenlos geben, und zwar gleichzeitig für alle zusammen. Jedes weitere Einweisen muß Ihnen der Auftraggeber bezahlen.

Bezeichnungsschilder Generell sind montierte Bezeichnungsschilder in Rechnung zu stellen. Sie sind eine Besondere Leistung und daher zusätzlich vergütungsfähig. Ändert sich die Größe, die Zeilenzahl oder das Material, können Sie Mehrpreise verlangen.

Bodenablauf Zum Anschließen der Abläufe sind häufig die nicht von Ihnen verlegten Grundleitungen erst freizulegen und von Rückständen zu säubern. Diese Leistungen können Sie zusätzlich in Rechnung stellen.

Bürgschaftskosten Nach der Abnahme, aber spätestens mit der Schlußrechnung, sollten Sie die Rückgabe der Ausführungsbürgschaft und durch Vorlage einer Gewährleistungsbürgschaft auch die Auszahlung des Sicherheitseinbehalts verlangen.

CV-Verbinder Hat sich der benötigte Anteil der CV-Verbinder (wenn hierfür keine eigene Position im LV vorgesehen war) gegenüber Ihrem Kalkulationsansatz, wenn Sie ihn dem Auftraggeber im Angebotsbegleitbrief mitgeteilt haben, erhöht, können Sie die zusätzliche Stückzahl in Rechnung stellen.

Druckprobe Bei den Bewässerungsleitungen tragen Sie für die erste Druckprobe selbst die Kosten; jede weitere Druckprobe können Sie zusätzlich in Rechnung stellen. Bei den Entwässerungsleitungen ist jede Druckprobe zu vergüten.

Einschweißmuffen Die für den Einbau von Meßinstrumenten benötigten Tauch-hülsen und Einschweißmuffen sind nicht Bestandteil der Rohrleitung oder der Form- und Verbindungsstücke. Sie können zusätzlich abgerechnet werden.

Elektroleitungen Diese Leistung kann nicht mit einer Pauschalsumme beauf-tragt werden. Haben Sie mit der Angebotsabgabe Ihren kalkulierten Leistungs-umfang genannt, können Sie mit der Schlußrechnung Ihren tatsächlichen Auf-wand abrechnen.

Emaillierte Gußrohre Hier sind auch Paßstücke von mehr als 0,5 m Länge als Formstücke zusätzlich abrechnungsfähig.

Entfallene Leistung Soll eine Leistung, die Sie in Auftrag haben, nicht ausge-führt werden oder wird sie vom Auftraggeber selbst oder einer anderen Firma erbracht, so können Sie trotzdem anteilig den vereinbarten Preis in Rechnung stellen.

Erdaushub Größtmögliches Aushubvolumen ermitteln. Zusätzliche Leistungen wie Materialabfuhr, Sandbettung, Mutterbodenlagerung, Freilegen eingestürz-ter Gräben, Überfahrrampen oder Handaushub können berechnet werden.

Ersatzteile Mit der Schlußrechnung sollten Sie ein Ersatzteilangebot einrei-chen. Teile, die Sie bereits übergeben haben, z. B. an den Hausmeister, können Sie unter Vorlage der Übergabebescheinigung gleich mit abrechnen.

Erschwernisse Konnten Ihre Monteure nicht zügig arbeiten, weil die Platzver-hältnisse unzureichend waren, z. B. durch zu geringe Raumhöhe oder zu hohe Installationsdichte, weil die Raumtemperatur zu hoch war oder weil auf den laufenden Geschäftsbetrieb Rücksicht genommen werden mußte, so können Sie den Mehraufwand in Rechnung stellen.

Fallrohrstütze Fehlt in der Leistungsbeschreibung eine Position für Fallrohr-stützen und haben Sie diese Sonderformstücke einbauen müssen, so ist das eine zusätzliche Leistung, für die Ihnen eine Vergütung zusteht.

Farbanstrich Auch ohne Auftrag können Sie technisch notwendige Farbanstri-che nach vorheriger Ankündigung durchführen und die Kosten für Entrosten, Grundieren, Voranstrich und Deckanstrich in Rechnung stellen.

Festpreise Hat sich der Fertigstellungstermin ohne Ihr Verschulden verlängert, so können Sie zwischenzeitlich eingetretene Lohn- und Materialkostensteige-rungen zusätzlich abrechnen.

Festpunktkonstruktionen Das sind keine Rohrbefestigungen im üblichen Sin-ne. Festpunktkonstruktionen sollten nach einer eigenen Position abgerechnet werden oder als zusätzliche Leistung.

Flansche Wenn die Leistungsbeschreibung keine Einzelpositionen enthält, können Flanschverbindungen und Gegenflansche, sofern sie nicht in anderen Leistungen enthalten sind, extra abgerechnet werden.

Formstücke Viele Auschreibungen sind hinsichtlich der Formstücke VOB-widrig. Hier sollten Sie anhand der Leistungsbeschreibung genau prüfen, welche Teile Sie zusätzlich abrechnen können.

Fremdunternehmer Haben Sie die Arbeiten anderer Unternehmer, z. B. Schlitz- oder Durchbrucharbeiten der Rohbaufirma, beaufsichtigt, so können Sie die Ihnen hierbei entstandenen Kosten in Rechnung stellen.

Frostgefahr Das Schließen der Gebäudeöffnungen und das Entleeren der Bewässerungsleitungen, der Heizleitungen oder anderer Versorgungsleitungen sind zusätzliche Leistungen, die Sie Ihrem Auftraggeber weiterberechnen können.

Fugenschnitt Waren Armaturen und Anschlüsse im Fugenschnitt anzuordnen, sind Ihnen zusätzliche Kosten entstanden, die der Auftraggeber zu tragen hat.

Fundamente Haben sich die Fundamentabmessungen geändert, so haben sich auch bei den einzulegenden Korkplatten, Winkeleisenrahmen u. ä. Änderungen ergeben und damit Mehrkosten, deren Erstattung Sie verlangen können.

Gebühren Fallen für Abnahmen oder Genehmigungen (z. B. durch den TÜV) Gebühren an, so sind diese von Ihrem Auftraggeber zu tragen.

Genehmigungsanträge Haben Sie selbst Anträge für Betriebsgenehmigungen gestellt oder eingereicht, so können Sie sämtliche dabei entstandenen Kosten weiterberechnen.

Gerätezuschlag Sind die Kosten der Maschinen, Geräte und maschinellen Anlagen der Baustelle in den Stundensätzen bereits enthalten? Wenn nicht, können Sie sie in Rechnung stellen.

Gerüst Kosten für Gerüste über 2 m Höhe trägt der Auftraggeber, manchmal auch dann, wenn sie in die Einheitspreise einzurechnen waren.

Gleitlager Ein Gleitlager zählt nicht zur üblichen Rohrbefestigung. Es ist zusätzlich zu vergüten.

Gummiisolatoren War es technisch notwendig, Korkplatten, Mafundstreifen oder Gummiisolatoren einzubauen, so sollten Sie prüfen, ob diese Teile bereits im Leistungsumfang enthalten sind oder zusätzlich abgerechnet werden können.

Gutachten Wasseranalysen, Wirtschaftlichkeits-, Boden- und Wasserstands-untersuchungen, die Sie auftragsgemäß oder aus technischer Notwendigkeit durchgeführt haben, hat Ihr Auftraggeber zu vergüten.

Haltekonstruktion Hatten Sie im Bereich von Ständerwänden einen besonde-ren Montageaufwand, so können Sie die Kosten hierfür und für besondere Haltekonstruktionen zusätzlich in Rechnung stellen.

Hausanschluß Sind alle ausgeführten Leistungen im Auftrag enthalten oder können z. B. das Anbohren der Versorgungsleitung und das Anbinden an den Abwasserkanal noch extra abgerechnet werden?

Ingenieurleistung Entwurfs-, Ausführungs- und Genehmigungsplanungen hat der Auftraggeber zu vergüten.

Isolieren von Doppelarmaturen Werden zwei Armaturen, die direkt hinterein-ander montiert sind, isoliert, so können Sie für diese längere Isolierkappe einen höheren Preis verlangen, als für die normale Armaturenkappe.

Isolieren von Flanschen Isolierkappen für Flanschverbindungen sind vom Auf-wand her fast mit den Isolierkappen für Armaturen vergleichbar und können zusätzlich zur Rohrleitungsisolierung abgerechnet werden.

Isolieren von Paßstücken Die Isolierung kurzer Rohrlängen zwischen Bögen, Dämmungsendstellen, Einbauten, Flanschen, Konussen und Kombinationen davon gilt als Paßstückisolierung und kann als Mehrpreis zur Rohrleitungsiso-lierung abgerechnet werden.

Isolieren von Rohren Das Vorbehandeln der Rohre, z. B. Entrosten und Grun-dieren, hat der Auftraggeber zu vergüten. Die isolierte Rohrlänge wird an der längsten Strecke gemessen, bei Rohrbogen am Außenbogen. Dadurch kann die abzurechnende Isolierlänge größer werden als die Rohrlänge.

Isolieren von Verteilern Bei Änderung der Abmessung und/oder der Stutzen-zahl ändert sich auch der Preis der Isolierung. Nicht zu vergessen sind bei der Kalkulation die Kosten für das zusätzliche Isolieren der Stirnseiten der Verteiler und der Zulagepreis für jeden Stutzen für das Anpassen des abzweigenden Isoliermantels und das Ausschneiden des durchgehenden Isoliermantels.

Isolierstärken Die durch die Heizanlagenverordnung vorgeschriebenen Min-destdicken der Dämmschichten sind einzuhalten. Ändern sich dadurch die Isolierstärken gegenüber Ihrem Auftrag, so können Sie neue Preise vereinba-ren.

Isolierungsbeschädigungen Die Kosten für das Ausbessern von beschädigten Isolierungen trägt der Auftraggeber, sofern es nicht in Ihrer Macht lag, diese Beschädigungen mit vertretbarem Aufwand zu verhindern.

Kennzeichnung der Rohrleitung Die Kennzeichnung der Rohre mit Klebestreifen für Durchflußrichtung und Medium ist keine Nebenleistung. Enthält der Auftrag keine Vergütungsregelung, so hat der Auftraggeber diese Leistung zusätzlich zu bezahlen.

Konsolen Werden Wandkonsolen anstelle von Standkonsolen benötigt oder umgekehrt, so sollten Sie prüfen, ob Ihnen dadurch nicht Mehrkosten entstanden sind, die Sie Ihrem Auftraggeber in Rechnung stellen müssen.

Küchengeräte Anschlüsse an bauseits gelieferte Spülen, Geschirrspülmaschinen oder Waschmaschinen sind vom Auftraggeber zu vergüten. Wegen der ungünstigen Platzverhältnisse sind diese Geräte meistens nur unter erschwerten Bedingungen anzuschließen. Hierfür können Sie Mehrkosten in Rechnung stellen.

Lagerräume Mußten Sie selbst Lagerräume anmieten, weil der Auftraggeber keine bereitstellen konnte, so können Sie die Kosten abrechnen.

Langmuffen Lang- oder Dehnungsmuffen werden nicht zu den üblichen Form- und Verbindungsstücken gezählt. Hat Ihr Auftraggeber es versäumt, neben den Formstücken auch Langmuffen auszuschreiben und war deren Einbau technisch notwendig, so handelt es sich um eine zusätzliche Leistung, die Sie auch zusätzlich in Rechnung stellen können.

Leistungsänderung Jede Änderung der beauftragten Leistung bringt Mehrkosten mit sich, die Sie Ihrem Auftraggeber weiterberechnen können.

Leistungsangaben Sind z. B. Pumpenleistungen oder das Volumen der Speicher, Boiler oder Ausdehnungsgefäße größer geworden, oder sind die Armaturen, Anschlüsse oder Druckgefäße für einen höheren Druck zugelassen als ausgeschrieben, so können Sie einen höheren Preis fordern.

Leistungsbeschreibung Durch unklare Leistungsbeschreibung entstandene Kosten hat der Auftraggeber zu übernehmen.

Leistungsverzeichnis Vor der Rechnungsstellung sollten Sie den beauftragten Leistungsumfang mit dem ausgeführten vergleichen und sämtliche zusätzlichen Leistungen mit in die Rechnung aufnehmen.

Lieferantenrechnungen Als zusätzliche Kontrolle, ob erbrachte Leistungen überhaupt und, wenn ja, in der richtigen Höhe abgerechnet wurden, können Lieferantenrechnungen hilfreich sein.

Lohngleitklausel Ist die Lohnerhöhung des A-Monteurs des Sanitärhandwerks höher als die des Baufacharbeiters, sollten Sie diese in die Gleitklausel einsetzen, auch wenn im Vertrag der für Sie nicht zutreffende Baufacharbeiterlohn genannt ist. Das getrennte Abrechnen von Nachträgen und Zusatzaufträgen mindert die Höhe des Abzugs für den Selbsteinbehalt.

Lohnmehrkosten Auch bei Festpreisverträgen können Sie oft Lohnmehrkosten fordern. Zum Beispiel, wenn die Lohnsteigerungsrate gegenüber den vergangenen Jahren ungewöhnlich groß war oder wenn der vereinbarte Baufertigstellungstermin überschritten wurde.

Manometer Für geänderte Manometerausführungen können Sie Mehrpreise verlangen. Zusätzlich gelieferte Manometerhähne und -ventile können auch zusätzlich abgerechnet werden. Manometer, die mit Speichergefäßen oder Boiler geliefert wurden, sind abrechnungsfähig, wenn die Leistungsbeschreibung sie nicht erwähnt.

Maschinenschrauben Fehlt der Hinweis, daß Flansche, Gegenflansche oder Blindflansche einschließlich Schrauben, Muttern und Dichtungen zu liefern sind, können Sie diese Teile zusätzlich in Rechnung stellen.

Maschinenstunden Bohrmaschinen und Boschhämmer verursachen auch Kosten. Waren diese nicht in die Montagestundensätze einzukalkulieren, so können sie zusätzlich abgerechnet werden.

Mauerdurchbrüche Enthält das Leistungsverzeichnis keine Position für Bohr-, Stemm- und Schlitzarbeiten, so können Sie diese zusätzlich abrechnen. Ein Einrechnen in die Einheitspreise ist ohne Mengenangabe nicht möglich.

Mengenänderung Ändern sich bei einem VOB-Vertrag die Teilleistungsmengen um mehr als 10 %, so können Sie sowohl bei Mengenmehrungen als auch bei Mengenminderungen Preiserhöhungen verlangen.

Muster Die Kosten für den Bemusterungsvorgang, verursacht durch Bestellung, Transport, Montage, Begutachtung, Demontage und Abtransport sowie Rückgabekosten der Muster, hat, wenn keine vertragliche Regelung getroffen wurde, der Auftraggeber zu tragen.

Mutterpausen Mußten Sie nach den Plänen des Auftraggebers oder des Fachingenieurs die Mutterpausen für das Anfertigen von Schlitz- und Durchbruchplänen oder Bestandszeichnungen selbst herstellen, so können Sie die Kosten hierfür Ihrem Auftraggeber in Rechnung stellen.

Nachberechnungen Auch nach vorbehaltloser Annahme der Schlußzahlung bleiben Ihnen noch mehrere Möglichkeiten, bisher „vergessene Leistungen" nachzuberechnen (ausführliche Angaben enthält das Stichwort).

Nachbesserung Die Wertsteigerung, die Ihr Auftraggeber anläßlich einer Nachbesserung durch den Einbau neuwertiger Teile erhält, muß er Ihnen bezahlen.

Nachtragsauftrag Nachtragspreise sollten Sie sich möglichst während der Bauausführung schriftlich genehmigen lassen. Zu diesem Zeitpunkt ist der Bauherr viel eher bereit, einen für Sie günstigen Nachtragspreis zu akzeptieren, als nach Fertigstellung der Sanitäranlage, wenn er durch Ihre Schlußrechnung bereits die Gesamtkosten kennt.

Nachtragspreise Durch die „besonderen Kosten" (VOB/B § 2 Nr. 6), die Ihnen durch kleine Bestellmengen, geänderte Händlerrabatte, kurze Lieferzeiten und zusätzlichen Fracht-, Fahrt- und Verwaltungsaufwand entstehen, erhöhen sich Nachtragspreise im Vergleich zu den Angebotspreisen erheblich, obwohl die Kalkulationsgrundlage die gleiche geblieben ist.

Paßstücke Kurze Rohrstücke mit Flansch- oder Schraubverbindungen sind Paßlängen, die nach DIN 18 381 Punkt 0.5.2 als Paßstücke nach Stückzahl und Einheitspreis abgerechnet werden sollten.

Pauschalierte Teilleistung Wurden Einheitspreise erhöht oder Abrechnungsmengen größer, so können Sie auch die davon abhängigen Pauschalpreise, wie z. B. für Druckproben, Inbetriebnahme und Bestandspläne, angemessen erhöhen.

Preisanpassung Hat sich die Leistung geändert, so können Sie eine Preisanpassung verlangen. Vergessen Sie hierbei nicht, die Kosten für Bestellung, Versand, Verpackung, Porto, geänderte Rabatte, Rückgabekosten u. ä. zu berücksichtigen.

Profileisen Für die Gewichtsermittlung können Sie bei Blechen und Bandstahl mit 8,0 kg/m^2 je mm Stoffdicke rechnen, Formstahl nur nach Handelsgewicht berechnen oder 2 % Zuschlag für Walzwerktoleranzen berücksichtigen, für Konstruktionen weitere 2 % und für Verzinkung nochmal 5 % zuschlagen.

Provisorium Sämtliche Kosten, die durch einen vorzeitigen Betrieb entstanden sind, durch Winterbaumaßnahmen oder z. B. das Installieren provisorischer Regenablaufleitungen verursacht wurden, können Sie zusätzlich in Rechnung stellen.

Prüfen von Schweißnähten Wurden Durchstrahlungsprüfungen von Schweißverbindungen verlangt, so ist das keine Nebenleistung, sondern muß vergütet werden.

Prüfungspflicht Ihre Pflicht ist es, Berechnungen und Ausführungspläne des Auftraggebers zu prüfen. Hierzu reicht häufig schon die Feststellung der Berechnungsansätze und die Planeinsichtnahme. Kosten, die durch eine umfassende Prüfung entstanden sind, können Sie in Rechnung stellen.

Pumpen Gummikompensatoren, Rohrreduzierstücke und Befestigungskonstruktionen können zusätzlich abgerechnet werden.

Putzreste Das Entfernen von Putzresten und anderem Schmutz von sanitären Einrichtungsgegenständen ist eine zusätzlich zu vergütende Leistung.

Regenfalleitung Wurden zusätzlich für die Regenentwässerung provisorische Falleitungen verlegt, so sind sie nicht nach den Einheitspreisen für normale Entwässerungsleitungen abzurechnen. Diese Leistung ist aufwendiger und verlangt höhere Preise.

Reinigung Ihren Bauschutt und selbstverursachte Verschmutzung Ihrer Sanitärinstallation müssen Sie selbst kostenlos beseitigen. Waren jedoch andere Unternehmer dafür verantwortlich, so können Sie sich die durch die zusätzliche Reinigung entstandenen Kosten von Ihrem Auftraggeber erstatten lassen.

Reservestutzen Verteiler sollten immer mit einem Reservestutzen gefertigt werden. Enthält der Text Ihres Auftrages keinen Hinweis auf den Reservestutzen, so sollten Sie ihn zusätzlich anbieten. Bei der Abrechnung ist auch der Blindflansch oder das Absperrventil zu berücksichtigen.

Rohrbefestigungen Prüfen Sie den Vertragstext sehr genau! Häufig können Sie Wandauflager, Rohrstützen, Festpunktkonstruktionen, Gleitlager, Profilstahlhalterungen oder Montageschienen mit Schiebemuttern zusätzlich abrechnen.

Rohrformstücke Bei ungewöhnlich hohem Anteil an Form- und Verbindungsstücken können Sie diese Kosten selbst dann zusätzlich in Rechnung stellen, wenn diese Teile kostenmäßig in die Rohreinheitspreise einzurechnen waren oder in einer Zuschlagposition enthalten sind.

Rohrschellen Enthält das Leistungsverzeichnis keinen Hinweis auf Dämpfungseinlagen für Rohrschellen, so können Sie für Rohrschellen mit Gummieinlage Mehrpreise in Rechnung stellen.

Rohrstützen Sind Rohraufhängungen oder Rohrbefestigungen kostenmäßig bereits in den Rohrpreisen oder in Zuschlagpositionen berücksichtigt, so fallen Rohrstützen nicht darunter. Diese können Sie zusätzlich abrechnen.

Rohrverstopfung Jede größere Rohrreinigungsaktion sollten Sie Ihrem Auftraggeber vorher ankündigen, sich die benötigten Stunden bestätigen lassen und in Rechnung stellen.

Rotgußflansche Selbst wenn Sie Form- und Verbindungsteile für zu verlegende Kupferrohrleitungen ohne zusätzliche Vergütung liefern müssen, so gehören Kupfer- oder Rotgußflansche und -verschraubungen mit Lötstutzen, die zur Montage von Armaturen benötigt werden, nicht dazu.

Rücknahmekosten Bei Umplanungen und Änderungen können Sie für bestellte, aber nicht benötigte Teile Rücknahmekosten in Rechnung stellen.

Sandhinterfüllung Wird in der Leistungsbeschreibung für Grubenaushub und Rohrgrabenaushub oder in einer Behälterposition die Sandhinterfüllung oder Sandbettung für die einzubringenden Behälter oder Rohrleitungen nicht aufgeführt, so können Sie diese zusätzlich abrechnen.

Sanitäre Einrichtungsgegenstände Kosten für Bemusterung, Änderung der Ausführung und das Verfüllen der Fugen mit dauerelastischem Material hat der Auftraggeber Ihnen zu erstatten.

Schadenersatz Nicht vergessen, Ersatz für Schäden durch Diebstahl oder Beschädigung zu verlangen.

Schalldämmung Jede Maßnahme zur Vermeidung von Schall- und Schwingungsübertragung ist eine Besondere Leistung, die zu vergüten ist.

Schalt- und Stromlaufpläne Haben Sie Ihrem Auftraggeber Stromlaufpläne geliefert, so dürfen Sie die Kosten für diese Pläne zusätzlich in Rechnung stellen.

Schaltschrank Häufig ändern sich die Bestückung oder die Größe oder es müssen bauseits gestellte Geräte mit eingebaut werden. Auch das Kabelauflegen, -absetzen und -anklemmen ist nicht immer im Preis enthalten. Für geänderte und zusätzliche Leistungen können Sie zusätzliche Vergütung verlangen.

Schlitze Herstellen und Schließen von Schlitzen sind Besondere Leistungen, die auch besonders zu vergüten sind. Ein Einrechnen in die Einheitspreise ist nur zulässig, wenn die Angaben eine genaue Kalkulation zulassen.

Schlitz- und Durchbruchpläne Das Anfertigen von Schlitz- und Durchbruchplänen ist eine Planungsleistung, die Ihnen zu vergüten ist.

Schmutzzulage Mußten Ihre Monteure in besonders schmutzigen Räumen und Gebäuden arbeiten und waren diese Umstände bei Angebotsabgabe nicht bekannt, so können Sie von Ihrem Auftraggeber eine angemessene Schmutzzulage verlangen.

Schutzmaßnahmen Haben Sie Maßnahmen zum Schutz gegen Witterung, Hochwasser- oder Grundwasserschäden ergriffen, so steht Ihnen hierfür eine Vergütung zu.

Schutz vor Winterschäden und Grundwasser Verlangt Ihr Auftraggeber, daß Sie Ihre Lieferung und Leistung vor Winterschäden und Grundwasserschäden schützen und Schnee und Eis beseitigen sollen, so können Sie Ihm diesen Aufwand in Rechnung stellen.

Schweißarbeiten Prüfen Sie, ob nach der Vertragslage nicht doch das zusätzliche Abrechnen von Schweiß- und Lötmaterial, des Gas- und Sauerstoffverbrauchs und der Ansatz von sogenannten „Maschinenstundensätzen" für Schweißtrafo und Autogenschweißanlagen zulässig ist.

Skonto Abzüge vom Rechnungsbetrag sollten Sie nur dann akzeptieren, wenn ein Skonto vereinbart war und der Auftraggeber innerhalb der festgelegten Frist gezahlt hat.

Spülen der Rohrleitung Die Kosten für das Spülen der Rohrleitung hat der Auftraggeber zu tragen. Nach VOB/C, DIN 18 381 handelt es sich dabei um eine Besondere Leistung und nicht um eine Nebenleistung.

Stundenlohnarbeiten Kosten für Verbrauchsmaterial (z. B. Schrauben, Dichtungen, Schweißdraht usw.) und für die maschinellen Einrichtungen (z. B. Schweißtrafo, Bohrhämmer usw.) hat Ihr Auftraggeber neben den Stundensätzen zu vergüten.

Tauchstutzenlänge Entsprechend den tatsächlich benötigten Tauchstutzenlängen sollten Nachtragsangebote eingereicht und Mehrkosten abgerechnet werden.

Tempokralle Zur kraftschlüssigen Verbindung wird die Tempokralle zusätzlich zu dem normalen Verbindungsmaterial benötigt. Ist sie in der Leistungsbeschreibung nicht enthalten, kann sie zusätzlich abgerechnet werden.

Thermometer Mußten Thermometer mit abweichenden Gehäuseabmessungen und Tauchstutzenlängen eingebaut werden, können Sie hierfür Mehrpreise verlangen.

Tragschalen War der Einbau von Tragschalen erforderlich, so hat der Auftraggeber sie zu vergüten. Tragschalen gehören weder zu den Nebenleistungen, noch sind sie im normalen Befestigungsmaterial enthalten.

Transportwege Gab es Transport- oder Einbringprobleme, ohne daß der Auftraggeber in der Leistungsbeschreibung darauf hingewiesen hat, so können Sie die zusätzlichen Kosten in Rechnung stellen.

Tropfwasserleitung Werden für Befeuchtungseinrichtungen in Lüftungsgeräten Tropfwasserleitungen verlegt, so ist der Aufwand wesentlich höher als bei normalen Entwässerungsleitungen. Hierfür sind neue Preise zu vereinbaren.

Überstundenzuschlag Ein Einkalkulieren der Überstundenzuschläge sowie der Sonn- und Feiertagszuschläge in die anzubietenden Stundensätze ist ohne Angabe der Anzahl der Überstunden und Zahl der Sonn- und Feiertage nicht möglich. Diese Kosten sind zusätzlich abzurechnen.

Verfugung Das Füllen der Fugen zwischen Wand oder Boden und den Sanitäreinrichtungen ist eine Besondere Leistung, die der Auftraggeber zu vergüten hat.

Verschraubungen Enthält der Vertrag Einheitspreise für Rohrleitungen einschließlich Form- und Verbindungsteile, so können Sie Verschraubungen, die für Armaturen, Pumpen, Boiler u. ä. benötigt werden, zusätzlich abrechnen.

Verteiler Jede Änderung eines Verteilers im Vergleich zur Leistungsbeschreibung, und sei es durch Hinzukommen der Füll- und Entleerungsstutzen sowie der Thermometer- und Manometerstutzen, ergibt eine Preisänderung.

Verzinkungszuschlag Für zusätzliche Verzinkung können Sie Mehrpreise verlangen. Bei der Gewichtsermittlung von verzinkten Profileisen sind 5 % Verzinkungszuschlag zu berücksichtigen.

Wärmedämmung Auch wenn die Wärmedämmung der Rohrleitungen nur nach Längenmaß abzurechnen ist, besteht die Möglichkeit, weitere Leistungen für Formstücke, Abkantungen, Endstellen, Stutzen, Armaturenkappen und Ausschnitte in Rechnung zu stellen.

Wasserzähler Mußten Sie während der Ausführung weitere Wasserzähler einplanen, beschaffen und montieren, so ergeben sich hierfür höhere Einheitspreise als für vergleichbare Leistungen aus dem Ursprungsauftrag.

Winterbaumaßnahme War zur Angebotsabgabe noch nicht bekannt, daß es sich um eine Winterbaumaßnahme handelt, so können Sie die zusätzlichen Kosten, z. B. für Wetterfestmachen der Räume, Abdichten der Tür- und Fensteröffnungen, Winterarbeitskleidung usw. Ihrem Auftraggeber in Rechnung stellen, jedoch muß das Weiterarbeiten bei Schnee und Frost vom Auftraggeber verlangt worden sein. Für das Arbeiten in kalten ungeschützten Räumen können Sie einen Erschwerniszuschlag verlangen.

Zeichnungssätze Ausführungszeichnungen, Schlitz- und Durchbruchpläne sind entsprechend der vertraglichen Regelung zu liefern. Anlagenschema, elektrischer Übersichtsschaltplan, Bedienungs- und Wartungsanleitungen sind dreifach zu liefern. Für weitere Exemplare können Sie Paus- und Zustellkosten berechnen.

Zusätzliche Leistungen Jeder Mitarbeiter, der mit dem Auftrag zu tun hatte (Monteure, Meister, Ingenieur, Techniker und Kaufmann), sollte bei Abschluß der Baustelle gefragt werden, welche zusätzlichen Leistungen erbracht werden mußten, welche Erschwernisse auftraten und welche Behinderungen es gab, damit in die Schlußrechnung sämtliche Leistungen Ihrer Firma aufgenommen werden können.

Stichwortverzeichnis

340

	→ Unterangebot
	→ Verhandlung mit Bietern
	→ Zuschlag
Angebotssumme aufgliedern	→ Aufgliedern der Angebotssumme
Angebotswertung	→ Angebotswertung
	→ Änderungssatz
	→ Einheitspreis
	→ Koppelungsangebot
	→ Rechenfehler
	→ Telefax-Angebote
Angebotswettbewerb	→ Beschränkte Ausschreibung
Anklemmen der Kabel	→ Schaltschrank
Anlagenschema	→ Strangschema
	→ Zeichnungssätze
Anpaßarbeiten	→ Bedenken anmelden
Anpassen	→ Fremdleistung
Anschließen	→ Anschlüsse
	→ Bauseitige Geräte
	→ Hausanschluß
	→ Regenfalleitungen
Anschlüsse	→ Anschlüsse
	→ Bauseitige Geräte
	→ Beigestellte Stoffe
	→ Fugenschnitt
	→ Küchengeräte
Anschlußkanal	→ Hausanschluß
Anschlußkosten	→ Anschlüsse
Anschlußleitungen	→ Hausanschluß
Anschlußplan	→ Strangschema
	→ Zeichnungssätze
Anschlußteile für Meßgeräte	→ Einschweißmuffen
Anwalt	→ Streitigkeiten
Arbeitsabschnitte	→ Arbeitsunterbrechung
Arbeitsbühnen	→ Gerüst
Arbeitsnachweis	→ Stundenlohnarbeiten
Arbeitsplätze	→ Arbeitsplätze
	→ Aufenthaltsräume
	→ Toiletten
Arbeitsraumbreite	→ Erdaushub
Arbeitsunterbrechung	→ Arbeitsunterbrechung
	→ Baustellenunterbrechung
Armatur	→ Absperrventile
	→ Fugenschnitt
	→ Isolieren von Armaturen
	→ Isolieren von Doppelarmaturen

Ausschnitte an Kappen	→	Isolierung von Armaturen
Ausschreibung	→	Ausschreibung
	→	Beschränkte Ausschreibung
	→	Öffentliche Ausschreibung
Ausschreibung aufheben	→	Aufhebung der Ausschreibung
Ausschreibungskosten	→	Ausschreibungskosten
	→	Öffentliche Ausschreibung
	→	Öffentlicher Teilnahmewettbewerb
Außendämmung	→	Behälterisolierung
Außenkorrosion	→	Außenkorrosion
Bagatellklausel	→	Lohngleitklausel
Bandstahl	→	Profileisen
Bankauskunft	→	Angebotswertung
Bankbürgschaft	→	Bankbürgschaft
	→	Bürgschaftskosten
Banküberweisung	→	Schlußzahlung
Bau- und Vergabeausschuß	→	Auftragserteilung
Bau-WC	→	Bau-WC
Bauabschnitte	→	Teilfertigstellungen
Baugenehmigung	→	Baugenehmigung
Baugruben	→	Erdaushub
Bauherr	→	Auftragserteilung
Bauleistungsversicherung	→	Bauleistungsversicherung
	→	Diebstahl
Baumängel	→	Baumängel
Bauschild	→	Bautafel
Bauschutt	→	Pumpenschacht
	→	Reinigung
Bauseitige Geräte	→	Bauseitige Geräte
	→	Beigestellte Stoffe
Bauseitige Leistungen	→	Anschlüsse
Baustaub	→	Reinigung
Baustelle	→	Transportwege
Baustelleneinrichtung	→	Bau-WC
Baustellenkosten	→	Behinderung
	→	Entfallene Leistung
Baustellenräumung	→	Baustellenräumung
	→	Baustellenunterbrechung
Baustellenstillegung	→	Arbeitsunterbrechung
Baustellentransport	→	Baustellentransport
Baustellenunterbrechung	→	Baustellenunterbrechung
	→	Arbeitsunterbrechung
	→	Baustellenräumung
Baustrom	→	Baustrom und -wasser
Bautafel	→	Bautafel

Bauteile, bauseitige	→	Bauseitige Geräte
Bauüberwachung	→	Ingenieurleistung
Bauvertrag kündigen	→	Kündigung des Bauvertrages
Bauwasserleitung	→	Bauwasserleitung
Bauwesenversicherung	→	Bauleistungsversicherung
Bauzeitverzögerung	→	Behinderung
	→	Vorauszahlung
Bedarfsposition	→	Bedarfsposition
Bedenken anmelden	→	Bedenken anmelden
	→	Leistungsbeschreibung
Bedienungseinweisung	→	Betriebseinweisung
Befestigungen	→	Haltekonstruktion
	→	Tragschalen
Befestigungsbänder	→	Rohrbefestigungen
Befestigungselemente	→	Formstücke
Befestigungskonstruktion	→	Befestigungskonstruktion
Befestigungsmaterial	→	Rohrbefestigungen
Befestigungsschienen	→	Rohrbefestigungen
Beglaubigungen	→	Gebühren
Behälter	→	Abschlagszahlungen
	→	Behälterabmessungen
Behälterabmessungen	→	Behälterabmessungen
Behälterisolierung	→	Behälterisolierung
Behinderung	→	Behinderung
	→	Arbeitsunterbrechung
	→	Ausführungszeichnungen
	→	Baugenehmigung
	→	Baustellenräumung
	→	Baustellenunterbrechung
	→	Erschwernisse
	→	Fertigstellungstermin
	→	Festpreise
Beigestellte Stoffe	→	Beigestellte Stoffe
Beleuchtung	→	Arbeitsplätze
	→	Aufenthaltsräume
Bemusterung	→	Muster
	→	Sanitäre Einrichtungsgegenstände
Bemusterungskosten	→	Muster
Beratungen	→	Ingenieurleistung
Berechnungen	→	Berechnungen
	→	Angebotskosten
	→	Ausführungsunterlagen
	→	Ingenieurleistung
	→	Prüfungspflicht
Berufsgenossenschaft	→	Angebotswertung

344

Beschädigung	→	Abnahme
	→	Bauleistungsversicherung
	→	Diebstahl
	→	Isolierungsbeschädigung
	→	Schadenersatz
Beschränkte Ausschreibung	→	Beschränkte Ausschreibung
Beschreibung	→	Leistungsbeschreibung
Besondere Leistungen	→	Besondere Leistungen
Besondere Vertragsbedingungen	→	AGB-Gesetz
Bestandspläne	→	Bestandszeichnungen
	→	Mutterpausen
Bestandsunterlagen	→	Strangschema
Bestandszeichnungen	→	Bestandszeichnungen
	→	Strangschema
	→	Zeichnungssätze
Bestellung, schriftliche	→	Abrechnungshöhe
Betonstemmarbeiten	→	Betonstemmarbeiten
Betrieb, vorzeitiger	→	Provisorium
Betriebs- und Wartungsanleitungen	→	Zeichnungssätze
Betriebsanleitung	→	Betriebsanleitung
Betriebseinweisung	→	Betriebseinweisung
Betriebsfremde Leistung	→	Betriebsfremde Leistung
Betriebsstoffe	→	Baustrom und -wasser
	→	Druckprobe
Betrug	→	Absprache
	→	Angebotsmanipulation
	→	Preisabsprache
Bevorzugte Bewerber	→	Bevorzugte Bewerber
Bevorzugtenrichtlinien	→	Bewerber
	→	Bevorzugte Bewerber
Beweislast	→	Abnahme
Bewerber	→	Bewerber
	→	Bevorzugte Bewerber
Bewerber, bevorzugte	→	Bewerber
Bezahlung	→	Abrechnungshöhe
Bezeichnungsschilder	→	Bezeichnungsschilder
Bezugsquellen	→	Fabrikatsangabe
Bietergemeinschaft	→	Absprache
Bimetall-Zeigerthermometer	→	Tauchstutzenlänge
Bindefrist	→	Bindefrist
	→	Angebotsbindung
	→	Unterangebot
	→	Zuschlagsfrist
Bindung	→	Bindung an Schlußrechnung
Blechstärke	→	Abgasrohr

DIN-Normen	→	VOB
Doppelarmaturen	→	Isolieren von Doppelarmaturen
Druckprobe	→	Druckprobe
	→	Baustrom und -wasser
Druckrohr	→	Flanschen-Paßrohr
Durchbrüche	→	Betonstemmarbeiten
	→	Schlitze
Durchbruchpläne	→	Mutterpausen
	→	Schlitz- und Durchbruchpläne
Durchmesser	→	Abgasrohr
Durchstrahlungsprüfungen	→	Prüfen von Schweißnähten
Eigentumsübertragung	→	Abschlagszahlungen
Eigentumsverletzung	→	Eigentumsverletzung
Einbauen	→	Bauseitige Geräte
Einbausituation	→	Aufstellungszeichnung
Einbehalt von Geld	→	Hinterlegung von Geld
Einbinden	→	Hausanschluß
	→	Sattelstutzen
Einheitspreis	→	Einheitspreis
Einheitspreisvertrag	→	Einheitspreisvertrag
Einrichtungsgegenstände	→	Anschlüsse
	→	Diebstahl
	→	Muster
	→	Sanitäre Einrichtungsgegenstände
Einschweißmuffen	→	Einschweißmuffen
Einweisung	→	Betriebseinweisung
Einweisung des Personals	→	Zeichnungssätze
Eis	→	Schutz vor Winterschäden
Eisenkonstruktion	→	Rohrstützen
Elektrischer Übersichtsschaltplan	→	Strangschema
Elektroaufmaß	→	Elektroinstallation
Elektroinstallation	→	Elektroinstallation
Elektroleitungen	→	Elektroleitungen
Emaillierte Gußrohre	→	Emaillierte Gußrohre
Entfallene Leistung	→	Entfallene Leistung
Entfetten	→	Farbanstrich
Entgangener Gewinn	→	Entgangener Gewinn
Entrosten	→	Beigestellte Stoffe
	→	Farbanstrich
	→	Isolieren von Rohren
Entschädigung	→	Angebotskosten
	→	Ausschreibungskosten
	→	Öffentliche Ausschreibung
	→	Öffentlicher Teilnahmewettbewerb
Entwässerung	→	Tropfwasserleitung

Entwässerungsleitungen	→	Regenfalleitungen
Entwässerungsrinne	→	Tropfwasserbehälter
Entwürfe	→	Angebotskosten
Entwurfsplanung	→	Ausführungszeichnungen
Erdarbeiten	→	Erdaushub
Erdaushub	→	Erdaushub
	→	Sandhinterfüllung
	→	Versorgungsleitungen
Eröffnungstermin	→	Eröffnungstermin
	→	Angebotswertung
	→	Telefax-Angebote
Ersatzteilangebot	→	Ersatzteilangebot
Ersatzteilbeschaffung	→	Nachbesserung
Ersatzteile	→	Ersatzteile
	→	Ersatzteilangebot
Ersatzteilliste	→	Ersatzteilangebot
Erschwernisse	→	Erschwernisse
	→	Bedenken anmelden
	→	Schmutzzulage
Erschwerniszuschläge	→	Überstundenzuschlag
Erstattungen	→	Nachberechnungen
Eventualposition	→	Bedarfsposition
Fabrikat	→	Pumpen
Fabrikatsangabe	→	Fabrikatsangabe
Fachkunde	→	Fachkunde
	→	Angebotswertung
	→	Beschränkte Ausschreibung
Fälligkeit	→	Schlußzahlung
	→	Zahlungen
Fallrohrstütze	→	Fallrohrstütze
Farbanstrich	→	Farbanstrich
Farbkennzeichnung	→	Kennzeichnung der Rohrleitungen
Farbreste	→	Rohrverstopfung
Fehlerberichtigung	→	Rechenfehler
Fertigmeldung	→	Abnahme
Fertigstellungstermin	→	Fertigstellungstermin
	→	Arbeitsunterbrechung
	→	Behinderung
	→	Vertragsstrafe
Festpreise	→	Festpreise
	→	Lohnmehrkosten
Festpunkte	→	Festpunktkonstruktionen
	→	Rohrbefestigungen
	→	Rohrstützen
Festpunktkonstruktionen	→	Festpunktkonstruktionen

Gegenflansche	→	Flansche
	→	Verschraubungen
Gehäusedurchmesser	→	Thermometer
Genehmigungen, behördliche	→	Gebühren
Genehmigungen	→	Baugenehmigung
	→	Genehmigungsanträge
Genehmigungsanträge	→	Genehmigungsanträge
Genehmigungsplanung	→	Ausführungszeichnungen
Genehmigungsunterlagen	→	Genehmigungsunterlagen
Geräte, bauseitige	→	Bauseitige Geräte
Gerätekosten	→	Gerätezuschlag
Gerätezuschlag	→	Gerätezuschlag
Gerichtsstand	→	Gerichtsstand
Gerichtsort	→	Gerichtsstand
Geruchsverschlüsse	→	Formstücke
	→	Reinigungsöffnung
Gerüst	→	Gerüst
Geschäftsbedingungen	→	AGB-Gesetz
Gewährleistung	→	Eigentumsverletzung
	→	Mängelbeseitigung nach Abnahme
	→	Schwarzarbeit
	→	Sicherheisleistung
	→	Störungsbeseitigung
	→	Wartungsvertrag
Gewährleistungfrist	→	Teilabnahmen
Gewährleistungsansprüche	→	Verjährung
Gewährleistungsbürgschaften	→	Bürgschaftskosten
Gewährleistungsfall	→	Baumängel
	→	Nachbesserung
Gewährleistungsfrist	→	Gewährleistungsfrist
Gewährleistungszeit	→	Abnahme
Gewicht	→	Verzinkungszuschlag
Gewichtsermittlung	→	Schlosserarbeiten
Gewinn	→	Entgangener Gewinn
Gleitlager	→	Gleitlager
	→	Rohrbefestigungen
Graben	→	Erdaushub
Gräben	→	Versorgungsleitungen
Grabenübergänge	→	Erdaushub
Grundanstrich	→	Schlosserarbeiten
Grundieren	→	Farbanstrich
	→	Isolieren von Rohren
Grundleitungen freilegen	→	Bodenablauf
Grundrahmen	→	Pumpen
Grundwasser	→	Schutz vor Winterschäden

	→	Schutzmaßnahmen
Gummieinlagen	→	Rohrschellen
Gummiisolatoren	→	Gummiisolatoren
Gummikompensatoren	→	Kompensatoren
	→	Pumpen
Guß-Druckrohre	→	Flanschen-Paßrohr
Gußrohre	→	CV-Verbinder
	→	Emaillierte Gußrohre
Gutachten	→	Gutachten
Haftpflichtversicherung	→	Versicherung
Haftung	→	Abnahme
Haltekonstruktion	→	Haltekonstruktion
Halterungen	→	Haltekonstruktion
Handaushub	→	Erdaushub
Handelsgewicht	→	Profileisen
Hauben	→	Isolieren von Armaturen
Hausanschluß	→	Hausanschluß
Heizen	→	Aufenthaltsräume
	→	Arbeitsplätze
Heizprovisorium	→	Winterbaumaßnahme
Heizungsanlagen-Verordnung	→	Isolierstärken
Hindernisse	→	Versorgungsleitungen
Hinterlegung von Geld	→	Hinterlegung von Geld
Hinweispflicht	→	Bedenken anmelden
Hinweisschilder	→	Bezeichnungsschilder
HOAI	→	Ingenieurleistung
Hochwasser	→	Schutzmaßnahmen
Honorar	→	Ingenieurleistung
Honorarordnung	→	Ingenieurleistung
Hülsenrohre	→	Rohrfutter
Inbetriebnahme	→	Baustrom und -wasser
Ingenieurleistung	→	Ingenieurleistung
Ingenieur-Honorar	→	Ingenieurleistung
Installationsdichte	→	Erschwernisse
	→	Schmutzzulage
Irrtum	→	Kalkulationsirrtum
Isolieren von Armaturen	→	Isolieren von Armaturen
Isolieren von Bogen	→	Isolieren von Bogen
Isolieren von Doppelarmaturen	→	Isolieren von Doppelarmaturen
Isolieren von Flanschen	→	Isolieren von Flanschen
Isolieren von Konussen	→	Isolierung von Konussen
Isolieren von Rohren	→	Isolieren von Rohren
Isolieren von Stutzen	→	Isolieren von Stutzen
Isolieren von Verteilern	→	Isolieren von Verteilern
Isolierstärken	→	Isolierstärken
Isolierung	→	Außenkorrosion

Lötnähte	→	Prüfen von Schweißnähten
Mafundstreifen	→	Gummiisolatoren
Mahnung	→	Zahlungen
Mängel	→	Abnahme
	→	Baumängel
	→	Mängelbeseitigung nach Abnahme
Mängelbeseitigung	→	Mängelbeseitigung nach Abnahme
Manschettenverbindungen	→	CV-Verbinder
Markennamen	→	Fabrikatsangabe
	→	Pumpen
Maschinenstunden	→	Schweißarbeiten
	→	Überstundenzuschlag
Massenänderung	→	Pauschalpreisvertrag
Massenermittlung	→	Aufmaß
Materialänderung	→	Leistungsangaben
Materialkosten	→	Behinderung
Mehr- und Minderkosten	→	Leistungsänderung
Mehrleistungen	→	Leistungsverzeichnis
Mehrwertsteuer	→	Mehrwertsteuer
Mengenänderung	→	Mengenänderung
	→	Einheitspreisvertrag
	→	Spekulationspreise
Mengenberechnungen	→	Angebotskosten
Mengenermittlung	→	Pauschalpreisvertrag
Mengenmehrungen	→	Mengenänderung
Mengenminderung	→	Mengenänderung
Meßfehler	→	Aufmaß
Metallbauarbeiten	→	Verzinkungszuschlag
	→	Schlosserarbeiten
Montageaufwand	→	Erschwernisse
Montagekosten	→	Fugenschnitt
Montageöffnung	→	Transportwege
Montageplan	→	Aufstellungszeichnung
	→	Mutterpausen
Montageplanung	→	Ausführungszeichnungen
Mörtel	→	Putzreste
Mörtelreste	→	Rohrverstopfung
Motorleistungen	→	Schaltschrank
Mündlicher Auftrag	→	Auftragserteilung
Muster	→	Muster
	→	Sanitäre Einrichtungsgegenstände
Musterbäder	→	Muster
Mutterboden	→	Erdaushub
Mutterpausen	→	Mutterpausen
Nacharbeiten	→	Bedenken anmelden

354

Nachberechnung	→ Nachberechnung
	→ Aufrechnung
	→ Bindung an Schlußrechnung
	→ Überzahlung
Nachbesserung	→ Nachbesserung
	→ Mängelbeseitigung nach Abnahme
Nachbesserung	→ Schönheitsfehler
Nachforderung	→ Aufrechnung
	→ Lieferantenrechnungen
	→ Schlußzahlung
Nachfrist	→ Abschlagszahlungen
	→ Zahlungen
	→ Zinsen
Nachlaß	→ Abgebot
	→ Kalkulationsgrundlage
	→ Preisnachlaß
	→ Skonto
Nachlaßangebot	→ Koppelungsangebot
Nachrechnung	→ Berechnungen
Nachträge	→ Auftragserteilung
	→ Lieferantenrechnungen
Nachtragsangebot	→ Nachtragsangebot
	→ Änderungskosten
	→ Nachtragsauftrag
	→ Zusätzliche Leistungen
Nachtragsauftrag	→ Nachtragsauftrag
	→ Nachtragsangebot
	→ Zusätzliche Leistungen
Nachtragspreise	→ Nachtragspreise
	→ Alternativposition
	→ Streitigkeiten
Nachunternehmer	→ Fremdunternehmer
Nässeschäden	→ Nässeschäden
Nebenangebote	→ Angebotswertung
	→ Eröffnungstermin
Nebenleistung	→ Nebenleistung
Nebenleistungsklausel	→ Nebenleistungsklausel
Nettopreise	→ Mehrwertsteuer
Neuberechnung	→ Berechnungen
Oberflächenbeschädigung	→ Außenkorrosion
Oberflächenschutz	→ Farbanstrich
	→ Verzinkungszuschlag
Objektanschlußbogen	→ Rohrbogen
Objektbetreuung	→ Ingenieurleistung
Öffentliche Ausschreibung	→ Öffentliche Ausschreibung

Schadenbehebung	→	Nachbesserung
Schadenersatz	→	Schadenersatz
	→	Angebotsausschluß
	→	Arbeitsunterbrechung
	→	Aufhebung der Ausschreibung
	→	Behinderung
	→	Schwarzarbeit
Schadenersatzansprüche	→	Verjährung
Schadenersatzforderung	→	Absprache
	→	Preisabsprache
Schalldämmung	→	Rohrbefestigungen
	→	Schalldämmung
Schaltplan	→	Schalt- und Stromlaufpläne
Schaltschrank	→	Schaltschrank
Schemata	→	Strangschema
Schieber	→	Absperrventile
Schilderausführung	→	Bezeichnungsschilder
Schlamm	→	Pumpenschacht
Schlitz- und Durchbruchpläne	→	Zeichnungssätze
Schlitze	→	Betonstemmarbeiten
	→	Schlitze
Schlitzklausel	→	Nebenleistungsklausel
Schlitzpläne	→	Mutterpausen
	→	Schlitz- und Durchbruchpläne
Schlosserarbeiten	→	Schlosserarbeiten
	→	Verzinkungszuschlag
Schlußabnahme	→	Gewährleistungsfrist
Schlußrechnung	→	Schlußrechnung
	→	Abgebot
	→	Bindung an Schlußrechnung
	→	Rechnungserstellung
	→	Schlußzahlung
Schlußzahlung	→	Schlußzahlung
	→	Aufrechnung
	→	Bindung an Schlußrechnung
	→	Nachberechnung
	→	Schlußrechnung
Schmutz	→	Rohrverstopfung
Schmutzzulage	→	Schmutzzulage
	→	Überstundenzuschlag
Schnee	→	Schutz vor Winterschäden
	→	Winterbaumaßnahme
Schönheitsfehler	→	Schönheitsfehler
	→	Nachbesserung
Schrägsitzventile	→	Absperrventile

Stopfen	→	Abstopfen von Leitungen
Störfall	→	Wartungsvertrag
Störungsbeseitigung	→	Störungsbeseitigung
Strafbehörden	→	Absprache
Strangschema	→	Strangschema
Straßenkanal	→	Hausanschluß
Streitigkeiten	→	Streitigkeiten
Strom	→	Baustrom und -wasser
Stromlaufplan	→	Schalt- und Stromlaufpläne
	→	Strangschema
	→	Zeichnungssätze
Stundenlohnarbeiten	→	Stundenlohnarbeiten
	→	Gerätezuschlag
Stundenlohnsätze	→	Angebotsausschluß
	→	Überstundenzuschlag
Stutzen	→	Isolieren von Stutzen
Stutzenisolierung	→	Isolierung von Verteilern
Stützgerüste	→	Befestigungskonstruktion
	→	Fallrohrstütze
	→	Haltekonstruktion
	→	Konsolen
Submission	→	Aufhebung der Ausschreibung
Subunternehmer	→	Schwarzarbeit
Tariferhöhung	→	Lohngleitklausel
Tariflohn	→	Änderungssatz
Tauchhülsen	→	Einschweißmuffen
Tauchstutzenlänge	→	Tauchstutzenlänge
	→	Thermometer
Teilabnahmen	→	Teilabnahmen
	→	Abnahme
Teilauftrag	→	Angebotslose
Teilfertigstellungen	→	Teilfertigstellungen
Teilkündigung	→	Kündigung des Bauvertrages
	→	Pauschalpreisvertrag
Teilleistung	→	Abnahme
	→	Teilabnahmen
Teilnahmewettbewerb	→	Teilnahmewettbewerb
	→	Freihändige Vergabe
	→	Öffentlicher Teilnahmewettbewerb
Teilnehmer am Wettbewerb	→	Bewerber
Teilrechnungen	→	Abgebot
Teilschlußrechnung	→	Bindung an Schlußrechnung
	→	Nachberechnung
	→	Schlußrechnung
	→	Teilabnahmen

Teilzahlungen	→	Abschlagszahlungen
Telefax-Angebote	→	Telefax-Angebote
Tempokralle	→	Tempokralle
	→	CV-Verbinder
Termine	→	Fertigstellungstermin
Terminüberschreitung	→	Behinderung
	→	Vertragsstrafe
Terminverzögerungen	→	Arbeitsunterbrechung
Terrasseneinläufe	→	Regenfalleitungen
Thermometer	→	Thermometer
Toiletten	→	Toiletten
	→	Aufenthaltsräume
Traggestelle	→	Haltekonstruktion
Tragkonstruktionen	→	Rohrbefestigungen
	→	Rohrstützen
Tragschalen	→	Tragschalen
	→	Rohrbefestigungen
Transportkosten	→	Baustellentransport
Transportwege	→	Transportwege
	→	Baustellentransport
Tropfwasserbehälter	→	Tropfwasserbehälter
Tropfwasserleitung	→	Tropfwasserleitung
TÜV-Abnahme	→	Genehmigungsanträge
Typenangabe	→	Pumpen
Überfahrrampen	→	Erdaushub
Übergangsstücke	→	Rohrformstücke
Überprüfen	→	Altbestand
Überstunden	→	Überstundenzuschlag
Überstundenzuschlag	→	Überstundenzuschlag
Übertragungsfehler	→	Schlußzahlung
Überwachungspflicht	→	Abnahme
Überzahlung	→	Überzahlung
	→	Aufrechnung
	→	Rückforderung
	→	Verwirkung
	→	Zinsen
Umändern	→	Änderungskosten
Ummantelung	→	Behälterisolierung
Umplanungen	→	Rücknahmekosten
Umzug	→	Lagerräume
Unfallverhütung	→	Fremdunternehmer
Ungerechtfertigte Bereicherung	→	Rückforderung
Unterangebot	→	Unterangebot
	→	Angebotswertung
Unterbrechung	→	Arbeitsunterbrechung

	→ Abschlagszahlungen
	→ Isolieren von Verteilern
	→ Reservestutzen
Vertragsabweichung	→ Vertragsabweichung
Vertragsanbahnung	→ Beschränkte Ausschreibung
Vertragsbedingungen	→ AGB-Gesetz
Vertragspreis	→ Leistungsänderung
Vertragsstrafe	→ Vertragsstrafe
	→ Abnahme
Vertragsverhältnis, zweites	→ Aufrechnung
Vertragswidersprüche	→ Vertragswidersprüche
Verwahrgeldkonto	→ Hinterlegung von Geld
Verwirkung	→ Verwirkung
	→ Rückforderung
	→ Überzahlung
Verzinken	→ Farbanstrich
	→ Profileisen
Verzinkungszuschlag	→ Verzinkungszuschlag
Verzinsung	→ Schlußzahlung
	→ Zahlungen
	→ Zinsen
Verzug	→ Fertigstellungstermin
Verzugsstrafe	→ Fertigstellungstermin
Verzugszinsen	→ Abschlagszahlungen
VOB „als Ganzes"	→ Schlußzahlung
VOB-Stelle	→ VOB-Stellen
	→ Zuschlag
VOB-Verstoß	→ VOB-Stellen
VOB	→ VOB
VOB/A	→ VOB-Stellen
VOL	→ VOL
Vollständigkeit der Leistung	→ Vollständigkeit der Leistung
Vollständigkeitsklausel	→ Vollständigkeit der Leistung
Voranstrich	→ Farbanstrich
Vorauszahlungen	→ Vorauszahlung
Vorbehalt	→ Bindung an Schlußrechnung
	→ Nachberechnung
	→ Schlußzahlung
	→ Vertragsstrafe
Vorbehaltlose Annahme der Schlußzahlung	→ Aufrechnung
	→ Schlußzahlung
Vorgaben	→ Angaben liefern
Vorhaltekosten	→ Schweißarbeiten
Vorleistung	→ Fremdleistung

Vorzeitiger Betrieb	→	Provisorium
Wahlposition	→	Alternativposition
Wandausleger	→	Rohrstützen
Wanddurchbrüche	→	Betonstemmarbeiten
Wanddurchführungen	→	Rohrfutter
Wandkonsolen	→	Konsolen
	→	Rohrstützen
Wärmedämmarbeiten	→	Behälterisolierung
Wärmedämmung	→	Wärmedämmung
Wartung, mangelnde	→	Baumängel
Wartungsanleitung	→	Wartungsanleitungen
	→	Betriebsanleitung
Wartungsvertrag	→	Wartungsvertrag
Wasser	→	Baustrom und -wasser
Wasseranalysen	→	Gutachten
Wasserstandsuntersuchungen	→	Gutachten
Wasserzähler	→	Wasserzähler
WC-Anschlußbogen	→	Formstücke
	→	Rohrbogen
Werksatteste	→	Zeichnungssätze
Werkstattplanung	→	Ausführungszeichnungen
Werkstattwagen	→	Arbeitsplätze
Wertminderung	→	Nachbesserung
	→	Schönheitsfehler
Wertpapiere	→	Sicherheitsleistungen
Wertung der Angebote	→	Angebotsausschluß
	→	Angebotswertung
Wettbewerb	→	Bewerber
Wettbewerbsergebnis	→	Beschränkte Ausschreibung
	→	Eröffnungstermin
Wettbewerbssperre	→	Angebotsmanipulation
Wettbewerb, unlauterer	→	Absprache
Widerlager	→	Befestigungskonstruktion
	→	Fallrohrstütze
	→	Rohrbefestigungen
Winterarbeit	→	Winterbaumaßnahme
Winterbaumaßnahme	→	Winterbaumaßnahme
Winterschäden	→	Frostschäden
	→	Schutz vor Winterschäden
Witterungseinflüsse	→	Winterbaumaßnahme
Witterungsschäden	→	Frostgefahr
	→	Schutzmaßnahmen
Zahlungen	→	Zahlungen
	→	Abschlagszahlungen
	→	Schlußrechnung
	→	Schlußzahlung

Zustandsprüfung   → Altbestand
Zuverlässigkeit   → Beschränkte Ausschreibung